本书获用友基金会"商的长城"项目资助

Guilds and Local Power Networks

Eight Provincial Guilds
in Chongqing
from Qing Dynasty
to the Republic of China

梁 勇 著

会馆与地方权力网络

清至民国重庆八省会馆

社会科学文献出版社
SOCIAL SCIENCES ACADEMIC PRESS (CHINA)

目　录

绪　论

民国初年，重庆辛亥革命倡导者、民国《巴县志》主编、八省移民后裔朱之洪（又名朱叔痴）在给《重庆八省积谷办事处产业图说》一书所作的序中回顾了清代中后期重庆八省会馆在以下诸方面所发挥的作用，"当时如保甲、团练、城防、厘金、育婴、掩埋、消防、救生、积谷、赈灾，以及九门之码头，订各帮之规则，并管理善堂诸大端"。[①] 朱之洪还特意指出八省首事，也就是八省客长积极参与地方行政事务及其他公共事务，包括"如税捐征收，消防、团练、重大债务清理，赈济款项的筹措和发放，孤儿院、养老院的管理，以及类似的慈善事业"。[②] 八省客长及其所属机构——八省会馆，在清至民国的重庆地方社会中扮演了重要的角色。

本书将从八省会馆"生命史"的角度，详细勾勒清至民国重庆八省各个会馆的创建、发展、繁荣及衰落的过程，呈现一个全历程、多角度，时代特点清晰、会馆内在因素讨论充分的研究个案。同时将对这一过程的考察置于清代、民国大历史演变的脉络之中，揭示国家政策及宏观大事件与八省会馆自身小事件之间的紧密联系。

研究回顾及展望

明代以降，受国家统一、商品经济发展、边疆与山区开发、人口快速增长及赋役不均等因素的影响，人口流动的频率明显提高，规模扩大，在一些政治中心、商贸城镇、移民集中的区域，旅居异乡的官员、士子、商人、移民纷纷建立会馆，希望借助这种具有地缘因素的人际关系慰藉乡愁，实现在

---

① 窦季良编著《同乡组织之研究》，正中书局，1943，第 76 页。

② 卓德全等：《重庆布匹商业的早期概况》，政协四川省重庆市委员会文史资料研究委员会编印《重庆文史资料选辑》第 3 辑，1979，第 41 页。

异乡共同发展的目的。

什么是会馆？一般认为，会馆首先是一组建筑物，有宽敞的房舍和场地，其职能一是供来往的同乡商人住宿、存储货物，二是为同乡提供酬神、演戏和娱乐的场所。根据会馆的成员构成，学界一般把会馆分为官绅士子会馆、工商会馆、移民会馆等三种类型。

由于会馆这一历史现象与科举制度的完备、区域性商帮的兴起、人口流入地的区域开发、民间信仰的跨区域传播、资本主义萌芽及其在近代的发展等诸多学界关注热点联系密切，会馆研究在改革开放后成为国内外学术界关注的热点之一。2023 年 10 月 11 日，在中国知网上以"会馆"作为篇名进行检索，结果有 1643 篇文章。鉴于国内已有多篇综述性的文章对国内外会馆史研究的现状进行了梳理，笔者便不再对国内外的会馆史研究进行总体评价，而是对三篇有价值的研究综述进行评点，从中提炼出会馆史研究潜在的理路，并以此为基础，结合本书的内容进行相关研究的综述。因此，本书对会馆史的研究综述是从本书的研究主旨出发，挂一漏万实难避免。

目前国内学者对会馆史的研究综述以王日根，冯筱才，王兴文、王红的最全面，综述了一百多年国内外会馆史研究所取得的成果和研究旨趣的转变，同时准确、恰当地指出了国内外会馆研究的不足和潜在的研究方向。王日根的《国内外中国会馆史研究评述》是较早对国内外会馆史研究进行综述的文章。该文共分三节，分别从国内学界会馆史研究、日本学界会馆史研究、欧美学界会馆史三个方面进行了综述，视野十分开阔，不仅有助于我们了解日本、欧美学界会馆史研究的情况，也对三方会馆史研究的特点进行了点评。王日根在文中还特别提出应该将会馆研究放在整个社会中进行考察。①

冯筱才在 21 世纪初的一篇综述性文章中谈及了当时会馆研究一些需要提升的地方。在研究方法一节，他写道："由于中国地域辽阔，各地情形不尽相同。因此如要得出一些共性，则必须先将个案的研究工作做好。但已有的关于会馆史的研究中，仍以通论性质为多。这其中既有史料搜求的困难，亦是一种取巧的做法。但个案的生疏，使得研究者的归纳概括往

---

① 王日根：《国内外中国会馆史研究评述》，《文史哲》1994 年第 3 期。

往流于空泛。"① 换言之，他主张对于会馆史，应多做一些有价值的个案研究，在此基础上才有可能推动整个会馆史研究的发展。

王兴文、王红以"会馆"为主要检索词，对近百年国内学者的会馆研究主题进行了概括，认为主要集中在四个方面，即会馆成因探究、性质界定、功能作用分析、演变考察，并进一步认为会馆的基本属性为"地域性"。该综述提出："深入研究会馆的实质，还需将会馆与其实际运作相结合。"② 换言之，结合具体地域来讨论会馆的运作实态，是会馆史研究的潜在发展方向。

一般认为，会馆以乡情为纽带，"迎神麻、联嘉会、襄义举、笃乡情"为其主要活动和职能。但我们若把会馆的活动和职能放在地域社会长时段的演变中进行考察，会发现其作用与职能远非如此。上述三篇综述性文章都强调，会馆史研究发展的新路径之一是要与地域社会相结合，从地域社会的变动中对会馆进行考察。同时，我们亦要注意制度、体制在地域社会演变中的重要作用，正如陈春声教授在一场讲座中强调，做区域史研究一定要懂制度史，"若在制度史的研究上没有贡献，那你的研究是没有价值的"，"对国家的制度研究有帮助，你的研究就有价值"。③

同时，本书也希望能够在以下这个问题上有所反思，即"中国地方史的叙述，长期以来被置于一个以抽象中国为中心的框架内，也是导致许多具有本土性的知识点点滴滴地流失，或至少被忽视或曲解的原因"。④ 换言之，在宏观的国家的大历史背景下，讨论地方性知识在统一制度演变中的作用。

基于上述理念，本书认为从移民社会长时段变动的角度，可将会馆视为一个具有移民底色的区域社会演变的"轴"，一种在移民地区推行的社会管理制度，在此基础上强调会馆职能变化的时间感，强调会馆职能变化与地域

---

① 冯筱才：《中国大陆最近之会馆史研究》，《近代中国史研究通讯》第 30 期，2000 年 9 月。
② 王兴文、王红：《明清会馆研究的四大论题——基于近百年学界研究的分析》，《中国史研究动态》2019 年第 2 期。
③ 陈春声教授"中国区域社会史研究的若干理论思考"讲座报告，国务院学位委员会第七届中国史学科评议组主办，2020 年 7 月 25 日。
④ 程美宝：《地方史、地方性、地方性知识——走出梁启超的新史学片想》，杨念群等主编《新史学——多学科对话的图景》（上），中国人民大学出版社，2003，第 687 页。

社会演化之间的互动关系。本书试图将会馆放在具体的地域社会之中，考察移民客商自身组织体系、移民客商参与本土社会的过程，进而从长时段的角度考察王朝制度及重大政治、军事事件对会馆发展的影响。因此，本书的旨趣不在于讨论会馆的起源，会馆与行会、公所的关系，会馆在祀神、合乐、义举、公约等方面发挥的社会功能，会馆是否具有西方基尔特组织的性质，而在于将会馆视为观察特定地域社会长时段演变的触角，从会馆与地域社会互动的角度出发，观察在地域社会演变过程中，会馆自身在功能、组织体系等方面发生的变化。因而，下面的研究述评将从地域社会与会馆发展、演变双向互动的角度展开，而不追求对一百余年会馆史的研究进行全面评价。

何炳棣不仅是国内外学界中较早关注会馆研究的学者，同时亦是最早对会馆这一地缘组织从制度史的角度进行考察的学者。他认为："自历史观点看来，血缘组织如家族制度，地缘组织如会馆制度，皆系应传统社会某些阶段中的实际需要而产生，曾具有积极的社会与经济功能。"① 何炳棣所著《中国会馆史论》一书从会馆兴起、发展与地域社会的演变互动角度双向、动态地考察会馆在地域社会中的功能、作用与性质的变化。

国外学者对会馆（行会）与地域社会的研究以罗威廉（William T. Rowe）、白思奇（Richard Belsky）及顾德曼（Bryna Goodman）为代表。罗威廉以汉口为研究地域，对清代城市社会组织——行会进行了全面剖析，包括行会的文化、商业、团体、社会服务功能，行会与地方权力的关系，行会内部的权力分配，行会间的结合与行会联盟，行会力量兴起过程中官府的作用，行会与城市自治的关系等方面。②

白思奇以晚清民国北京的会馆为研究对象，其讨论不再聚焦会馆的结构、功能，而是把会馆视作地方行省与政治中心的沟通渠道，从一个较长的时段讨论会馆如何参与北京的政治运动，会馆内的旅居者如何团结邻近行省，笼络作为整体的士人阶层，而国家又如何借此维持都城的秩序，控制国

---

① 何炳棣：《中国会馆史论》，中华书局，2017，"序言"。
② 罗威廉：《汉口：一个中国城市的商业和社会（1796—1889）》，江溶、鲁西奇译，中国人民大学出版社，2005，第261—414页。

家的官僚系统。①

　　顾德曼将对上海会馆的研究置入近代上海城市发展的进程中，在讨论会馆内部功能的基础上，使用大量笔墨讨论会馆与地方公共事务、外国租界当局的关系，会馆在近代反帝反封建革命、现代国家建设中的作用等方面。② 可以说其研究视野已经不再拘泥于对会馆本身的研究，而是将近代上海会馆自身的演变与上海城市的发展、现代国家的形成串联了起来。

　　国内部分学者对会馆与地域社会的关系的研究也主要从会馆与地域社会整合、会馆与地方政府的关系、会馆与地方经济发展、会馆与地方公益等方面展开。王日根在《中国会馆史》一书中专节讨论了"会馆与地方社会的整合"。他认为在四川，各会馆在彼此的交流中走向融合，"不同会馆的联合行动也有"。该书还从地域社会出发，讨论了会馆与政府的关系，"会馆作为民间自发性组织能够有效地执行社会整合功能是由会馆本身与封建政府两方面的因素决定的"，"地域性会馆成为对流寓人员实行有效管理的最佳社会组织"。③ 范金民强调，地域性会馆"是祀神祇的公共建筑，联乡谊的聚会场所，办善举的社会组织，谋商务的地域团体，甚至还是地方政府加强治安的辅助力量"。④ 何绪军、王银田以地方志为主要分析史料，讨论了清代湖广会馆在推进地方社会整合方面的作用。⑤

　　亦有部分学者强调会馆在地域社会中与地方官府的合作关系。1932 年，根岸佶发表的《中国的行会》注意到会馆与政府权力之间的关系，认为政府将部分管理经济的权力让渡给了商人。⑥ 张忠民专文讨论了清代上海会馆公所在地方事务中的作用，认为在清末地方自治运动开展时，上海地方事实上出现了两个并行不悖的行政中心，一个是以传统皇权为背景、正式的政府机

　　① 白思奇：《地方在中央：晚清帝都内的同乡会馆、空间和权力》，秦兰珺、李新德译，中国社会科学出版社，2018。
　　② 顾德曼：《家乡、城市和国家——上海的地缘网络与认同（1853—1937）》，宋钻友译，上海古籍出版社，2004。
　　③ 王日根：《中国会馆史》，东方出版中心，2007，第 324—347 页。
　　④ 范金民：《清代江南会馆公所的功能性质》，《清史研究》1999 年第 2 期。
　　⑤ 何绪军、王银田：《清代四川地区湖广会馆的产生与社会整合》，《三峡论坛》2017 年第 4 期。
　　⑥ 转引自王日根《中国会馆史》，第 16 页。

构，另一个则是以民间工商势力和会馆公所为背景的市民化自治中心。①

近年来，一些学者也注意到会馆与地域社会经济发展的关系。如袁月就简要讨论了清代成都会馆与成都经济恢复、城市建设、文化交融之间的关系。② 马晓粉利用会馆碑刻、会馆志等资料，对清代云南会馆的内部运行机制、会馆在云南社会及经济中的作用进行了详细的研究，拓展了我们对会馆的认识。③

关于会馆与地方公益的关系，1925年郑鸿笙发表《中国工商业公会及会馆、公所制度概论》一文，认为公馆并非西方的基尔特组织，会馆、公会、公所这三种社会团体之间有着微妙区别，会馆具有财团法人（资产具有特定目的）和公益团体（祭祀享宴及其他公益事业）的双重性质。④

我们再进一步讨论会馆发展与具体地域之间的关系，即对本书要讨论的重庆会馆，特别是八省会馆与重庆地域社会之间的关系进行回顾。清代，重庆是一个移民城市，与汉口一样，属于"人才输入区"；⑤ 在包括重庆在内的四川，"一般州县会馆为他省客民所建无疑，往往一县城乡竟有宫、馆数十之多"；⑥ 在以重庆为代表的长江中上游地区，"会馆的密度远较其他省区一般州县为高"。⑦ 清代巴县档案和重庆各会馆都保留有数十份会馆碑刻资料和不动产买卖契约，这便利了学术界对重庆八省会馆的研究，研究成果极为丰富，主要研究取向大致可以分为对重庆会馆功能、性质的总体认识，重庆会馆的经济、政治、社会等方面的职能，重庆会馆与重庆商业经济、商业纠纷的调处等方面。

对于重庆会馆的研究，窦季良先生做出了重要贡献。抗战时期，窦季良避难重庆，任职国民政府社会部，利用职务之便对重庆八省会馆进行了较为

---

① 张忠民：《清代上海会馆公所及其在地方事务中的作用》，《史林》1999年第2期。
② 袁月：《清代成都会馆与成都社会发展》，《成都大学学报》2018年第5期。
③ 马晓粉：《清代云南会馆研究》，西南交通大学出版社，2019。
④ 郑鸿笙：《中国工商业公会及会馆、公所制度概论》，《国闻周报》第2卷第19期，1925年5月18日，第19—20页。
⑤ 罗威廉：《汉口：一个中国城市的商业和社会（1796—1889）》，第263页。
⑥ 何炳棣：《中国会馆史论》，第76页。
⑦ 何炳棣：《中国会馆史论》，第65页。

全面的调查，搜集保存了各会馆的碑刻等资料，出版《同乡组织之研究》一书，该书对清至民国重庆的八省会馆、同乡会的组织演变、乡土神信仰、功能变动进行了分析研究，认为清代重庆八省会馆经历了创建时期、全盛阶段、浸假衰微、功能转化等四个时期。① 王日根认为在四川等移民比较集中的地区，会馆"既是一种经济性组织，也是一种社会性组织"，② 注意到了会馆在社会管理方面可能存在的职能。

王笛认为清代重庆的会馆、公所和同业行会体现了同乡与同业双重组合的结构特征。会馆不仅是同籍移民举办各种社会活动的场所，也对城市政治、宗教、社会的发展起到重要作用，它几乎参与了城市管理和建设的各项事务。③ 谯珊讨论了清代重庆八省会馆的功能、作用及其所体现的城市管理的特征，认为后者的实质仍然是一种"专制下的自治"。④ 骆振宇对清代重庆的火灾与火政进行了讨论，内容包括清代重庆的火神祭祀，各类火灾的形成原因，八省会馆主导的水会局、水会公所在重庆火灾防范中的作用。⑤ 史玉华讨论了清代巴县财政的运作过程，并论及八省会馆在厘金、斗捐、水捐及差费征收中的作用。⑥

陈亚平利用巴县档案，较为详细地论述了18—19世纪重庆商人群体的构成、商人组织的类型、重庆八省会馆的历史实践，并在此基础上"分析商人组织与城市社会秩序的联系"，认为清代城市构成了"国家主导、民间治理"的基本社会秩序，18—19世纪重庆城市的商人组织的历史实践"反映了他们谋求官府的认可，与官府相互依存的一面，也透露着他们对城市公共生活的秩序理想"。⑦ 张渝讨论了清代重庆商业团体与商业秩序、商业纠纷的

① 窦季良：《同乡组织之研究》，"序"。
② 王日根：《明清会馆的时代演进》，《历史研究》1994年第4期。
③ 王笛：《清代重庆移民、移民社会与城市发展》，天津社会科学院历史研究所、天津城市科学研究会编《城市史研究》第1辑，天津教育出版社，1989。
④ 谯珊：《专制下的自治：清代城市管理中的民间自治——以重庆八省会馆为研究中心》，《史林》2012年第1期。
⑤ 骆振宇：《清代渝城（重庆）的火灾与火政》，重庆出版集团，2011。
⑥ 史玉华：《清代州县财政与基层社会：以巴县为个案的考察》，经济日报出版社，2008，第129—143页。
⑦ 陈亚平：《寻求规则与秩序：18—19世纪重庆商人组织的研究》，科学出版社，2014，"前言"。

调处过程，特别是八省客长在其中发挥的作用。① 付春杨从合伙纠纷、雇用纠纷、消费纠纷、工商业竞争、牙行纠纷、合同纠纷、经营权纠纷、侵权纠纷、经济管理等层面进一步讨论了清代巴县的商业纠纷。② 周琳专文讨论了清代重庆八省会馆的发展历程及八省客长参与渝城商业活动的多种方式，认为八省客长处理商业事务的经验可以用"各种利益主体之间的平衡""新情况与旧格局之间的平衡""各种市场规则之间的平衡"三个"平衡"来概括。③

何智亚以新发现的十余通碑刻、有关八省会馆的档案，对清代八省会馆的创建、主要活动等进行了十分详细的叙述，厘清了八省会馆建立及发展过程中的诸多细节。④ 重庆湖广会馆管理处编的《重庆会馆志》对清代重庆八省会馆及现存的湖广会馆、广东公所、齐安公所的现状进行了介绍。⑤ 重庆三峡博物馆藏有 300 余件清代民国江南会馆文书，岳精柱等人将其分为慈善、工商、捐赠、土地房产、征借、租佃及其他七类进行了整理与选编，对学界进一步深入讨论八省会馆提供了有价值的史料。⑥

通过对前贤时俊的研究综述，可以得出深化会馆史研究的几个方向：一是在使用会馆志、征信录的基础上，可进一步挖掘包括碑刻、契约、档案在内的相关资料，厘清会馆发展、壮大、衰落过程中的各种因素及其时代背景；二是将会馆史研究和地域史研究相结合，从政治、经济、社会等多方面研究会馆在地域社会中所扮演的角色；三是将会馆史研究与清至民国的政治社会发展大趋势相结合，从时代变迁的洪流中讨论会馆的个体演变。

材料与框架

本书主要以藏于四川省档案馆的清代巴县档案、藏于重庆市档案馆的民

---

① 张渝：《清代中期重庆的商业规则与秩序：以巴县档案为中心的研究》，中国政法大学出版社，2010。
② 付春杨：《清代工商业纠纷与裁判——以巴县档案为视点》，武汉大学出版社，2016。
③ 周琳：《商旅安否——清代重庆的商业制度》，社会科学文献出版社，2021。
④ 何智亚：《重庆湖广会馆——历史与修复研究》，重庆出版社，2006。
⑤ 重庆湖广会馆管理处编《重庆会馆志》，长江出版社，2014。
⑥ 岳精柱主编《江南会馆文书选编》，重庆出版集团，2023。

国八省各个省籍会馆档案为主要史料，辅以晚清、民国时期的报刊及部分会馆残存的碑刻、契约资料，从地域社会与八省会馆互视的角度对重庆八省会馆长达两百多年的"生命史"进行研究；力争通过对清至民国重庆八省会馆的详细解剖，讨论会馆职能的演变及其诱发因素，同时讨论这一变化对地域社会所产生的影响。在此基础上，本书希望能在某些方面突破我们对会馆的既有认识。

清代巴县档案是保存数量最多、跨度时间长达一百余年的州县档案。按照现在四川省档案馆对巴县档案的分类，含政务、农业、工商业、手工业、司法、军事、交通运输、财税、金融、文教卫生、重大事件等 11 个大类，共计 11.3 万余卷，是"一座内容丰富的文献宝库"。[①] 20 世纪 60 年代，有关单位按照"事由原则"对清代巴县档案进行了整理，打破了档案的保存原状，将其分为政务、农业、工商业、手工业、司法等 11 大类，导致后世利用者无法整体、全面地对某一卷宗进行了解和利用。这大大局限了学术界对巴县档案的利用，在一定程度上也限制了对巴县档案这一"国宝"史料价值的挖掘。

与重庆八省会馆有关的资料散见于政务、司法、工商业、手工业、交通运输、财税、金融、文教卫生、重大事件等多个卷宗中，十分分散。现在四川省档案馆有关巴县档案的题名并没有实现关键词检索工作，笔者在搜集、整理八省会馆资料时只能以最原始的办法，逐一浏览、抄录各卷宗中可能与八省会馆有关的资料。考虑到巴县档案总卷数多达 11.3 万余卷，这不仅加大了笔者全面、完整搜集相关资料的难度，同时有遗珠之憾，必然存在许多散于如司法、政务等相关卷宗中的八省会馆资料未被充分利用。

重庆市档案馆收藏了大量民国时期八省各会馆，包括各省坐渝同乡会、旅渝同乡会及八省公益协进会的资料。相较于藏于四川省档案馆的清代巴县档案，藏于重庆市档案馆的民国八省会馆的资料已经实现了数字化，这为本书提供了方便。

除绪论与结论外，本书正文从历时性的角度分为八章。

---

① 伍仕谦：《一座内容丰富的文献宝库——巴县档案》，《文献》1979 年第 1 期。

第一章的内容包括三个方面。一是清初重庆城市的重建与经济的恢复。明末清初，包括重庆在内的四川部分州县由于长期经历战火，不仅人口大量流失，市政设施亦损坏严重。整个康熙一朝，重庆城市建设一直都处于缓慢的恢复之中。二是清政府对民间兴办会馆态度的转变。从整体来说，民间兴办会馆经历了从严禁到逐步放开，最后纳入官方既有管理体系的过程。三是重庆八省各个会馆的创办历程。八省各个会馆创办的时间、机缘、模式均各有特征，因为具有共同的移民客商属性，这八个省籍移民会馆在乾隆时期最终形成了八省会馆这一移民客商的联合组织。第三部分是本章讨论的重点。

第二章讨论重庆八省会馆与重庆商贸之间的关系，主要内容包括三个方面。一是聚焦八省会馆会首——八省客长，详细讨论八省客长的选任、职责等方面内容。二是重庆八省商人与重庆商贸发展间的关系。三是八省客长对重庆商业纠纷的调处及其成效。

第三章从日常生活史的角度讨论八省会馆与移民商人之间的关系，主要内容包括两个方面。一是从"迎神麻、聚嘉会、襄义举、笃乡情"的角度讨论八省会馆为联络乡情、服务移民商人而举办的活动。二是讨论八省会馆在经济生活领域与移民商人之间的关系。

第四章讨论咸同之际八省会馆与重庆地方事务之间的关系，主要包括三个方面。一是讨论咸同之际地方军事化之后，八省会馆在维持地方秩序方面所扮演的角色。二是讨论八省客长在重庆厘金征收过程中的作用。三是讨论八省会馆参与地方公共事务的情况。

第五章讨论光绪中叶以后八省会馆的发展情况，主要内容有两个方面。一是讨论重庆开埠后八省商人在洋商的冲击下所面临的困局，八省会馆参与清末一系列改革的情况，如办理新式学堂、推广蚕桑种植及推动银元流通等。二是讨论围绕着八省客长职位的争充及会产权益的争夺所发生的司法诉讼。

第六章从个体的角度讨论八省客长与地方绅粮之间的关系，主要内容包括两个方面。一是对江宗海、程益轩等八省客长进行素描，梳理其作为客长参与的地方活动。二是讨论八省客长与地方绅粮在地方社会中既竞争又合作的关系。

第七章集中讨论民国初年八省会馆的命运。一方面，由于军阀混战、地方动荡不安及政府不断地提拨公产，八省会馆的会产不断被侵蚀；另一方面，八省后裔也在合理利用制度规定兴办学校、参与地方公益事务，特别是积极参与筹建重庆大学。

第八章讨论八省会馆的结局。全面抗战爆发后，重庆成为抗战大后方，大量"下江人"涌入重庆。由于八省各个会馆拥有大量的不动产，国民政府便利用八省会馆进行难民安置和救济工作、兴办教学事业，并租用八省馆址作为各类行政事业机构的办公场所。同时，此一时期围绕会馆会产的诉讼出现新的特征，即"坐渝同乡"与"旅渝同乡"之间的会产诉讼不断。

第一章　重庆八省移民会馆的创立

自明万历中期始，位于四川盆地东部、两江汇聚之地的重庆先后经历了播州杨应龙之乱、永宁奢安之乱、张献忠农民起义、南明政权军阀混战及平西王吴三桂反清等多场战乱，这些持续多年的战争造成重庆人口大量流失，城市化为灰烬，良田长满荒草。康熙二年（1663），四川总督李国英补筑重庆城垣，开始了重庆城市重建的进程。在"湖广填四川"移民运动的推动下，清代重庆的城市经济逐渐恢复、商业贸易渐次展开。这为重庆移民商人会馆的创立提供了条件。

清政府的会馆政策经历了一个从严禁到弛禁的过程。与四川其他府州县类似，自康熙中后期始，部分外省商人开始在重庆建立会馆，逐渐兴建起了湖广、江西、福建、广东、山西、陕西、浙江、江南等八个省籍会馆，移民人口较多的省份甚至还建立了若干府籍甚至县籍会馆。各会馆内部也包括多种性质的"会"①，这些会亦拥有数量不等的会产。由于移民商人的构成、数量及贸易类型与方式的不同，清代重庆八省各会馆的创建历程、方式也都存在区别。

第一节　清初重庆城市的重建

由于秦岭—大巴山的阻挠，自古以来，四川盆地和中原的交通颇为不

---

① 会有多种类型，除具有同乡性质的会以外，还有神明会，如同治六年三月，徐祥发、赖世坤等人称，其祖上在嘉庆年间集资在渝城土主庙设立雷祖、水官、清明、中元四会，置买南纪坊周姓铺房五间，每年招佃获租，备作祀神费用（6-5-3402）；行业协会，如同治七年二月，临江厢职员夏石城、首事罗存铭等人称，乾隆五十三年，其祖上等人"醵金建立永德会，复在临江厢置买铺房八间，年收佃钱一百余钏以作每年庆祝祖师神诞及七月修醮追荐"（6-5-356）。

便，主要依靠几条狭窄、难行的蜀道与汉中、关中等地相连。唐宋以后，随着长江中下游地区的开发和长江航运条件的改善，长江逐步成为中原地区与四川盆地交流的主要通道。位于长江、嘉陵江交汇之地的重庆的战略地位凸显，"水陆交冲，山川刚险，从来为战守必争之地"。① 乾隆《巴县志》在谈到重庆的"形势"时亦称："惟渝城会三江、冲五路，鞭长四百三十余里，俯瞰夔门、声息瞬应。而西玉垒，北剑阁，南邛崃、祥牁，左挟右带，控驭便捷。故渝州能守，可俾锦官风雨，坐安和会矣。"② 这形象地展示了重庆在长江上游地区独特的地理区位优势。

明洪武四年（1371），朱元璋派汤和、廖永忠灭亡了明升以重庆为都城的夏政权，改设重庆府，属川东道。随后，明政府在重庆推行里甲制度，重庆城"编户十坊七十里，万历十年并坊为八十里"。③ 成化年间，指挥戴鼎重修重庆城，有门十七，九开八闭，即朝天、东水、太平、储奇、金紫、南纪、通远、临江、千厮九门开，翠微、金汤、人和、凤凰、大安、定远、洪崖、西水八门闭。④ 沿长江，可从朝天门到南纪门；沿嘉陵江，可从朝天门到临江门。只有通远门接连陆地，为重庆到成都的东大路的起点。

重庆三面环江，一面靠陆，易守难攻，历史上曾有"铁打的重庆"之称。但明代中后期的重庆城池并不牢固，多次被攻破。如天启元年（1621），四川永宁宣慰使奢崇明趁明军在辽东迭遭败绩之际，以援边赴辽为借口，派其婿樊龙、部将张彤率领土兵三万，进驻重庆，后以"增行粮"为名发动武装叛乱，占据重庆七个月之久。此次战乱对重庆影响甚大，时人刘时俊在《渝城功罪纪略》中说，官兵攻占重庆后，"满城庐舍一夜尽成焦土"，官兵"逢人乱杀，逢妇女即掳，又搜捡抢掠，寸土皆翻"，⑤ 给重庆百姓带来无穷灾难。张献忠军攻进重庆后的情形，公私文献具有记载，兹不赘述。

清初的重庆可谓满目疮痍、人烟稀少。康熙三年，四川巡抚张德地在一

① 道光《重庆府志》卷1《舆地志·形势》，第17页 b。

② 乾隆《巴县志》卷1《形势》，第9页 a。

③ 万历《重庆府志》，转引自蓝勇主编《稀见重庆地方文献汇点》上册，重庆大学出版社，2013，第172页。

④ 同治《巴县志》卷1，第18页 b。

⑤ 道光《重庆府志》卷4《职官志·统纪》，第22页 b。

份官方报告中谈及了他路经重庆的观感，重庆虽为"督臣驻节之地，哀鸿稍集，然不过数百家；此外州县，非数十家，或十数家，更止一二家者"。① 乾隆《巴县志》称："巴渝自奢献频蹒，闾阎旧家，存者益寡；耰锄里氓，亦鲜土著。"② 这时的重庆城，"明季奢献蹂躏，城社为墟，倾圮过半，复累遭祝融之患，灿毁更多"。③

清廷平定四川各方势力后，令地方政府实行积极的招民、移民政策。④ 清代第一任重庆知府何毓秀，顺治十七年（1660）上任，"时渝甫平，招集流移，劳心抚字，郡邑赖有起色"。⑤ 对于因战乱离乡而后又返乡的民众，地方官员在政策上给予牛只、粮种、税收等方面的优惠；对于新来的移民，部分地方官员不仅提供生活保障，而且在土地产权的确认方面予以支持。如康熙六年一代循吏于成龙任合州知州，为了鼓励外省民众来合州开垦土地，推行了一套有助于移民入籍、占有无主土地的政策，"土著、流寓，既入版籍，俱系县民，理宜和也。夫食毛践土，悉属朝廷赤子。兼奉定例，凡一插标，即为己业，后亦不得争论。今载册者，多属流寓萍踪，以充户口，在流寓之民，见有房有地，愿自整理，整时别无人言，及至料理齐备，土著则云'族人之业'，或云'母党之产'，彼此争夺，禁人插占，甘心倾圮。若不严示地方，终无起色，不惟不广招来，即见住之民，日益思散矣"。⑥ 这一政策得到了当时清朝中央政府的认可和推广。康熙十年，清政府在入川移民的户籍管理上采取了宽松政策，"定各省贫民携带妻子入蜀开垦者，准其入籍"。⑦ 同年，为了鼓励更多的移民来川，清政府对招民有功的低级官员和士绅实行奖励政策，"为候选州同、州判、县丞等，及举贡、监生、生员人等，有力

① 康熙《四川总志》卷 10《贡赋》，第 15 页 a。
② 乾隆《巴县志》卷 2《建置·乡里》，第 16 页 b。
③ 乾隆《巴县志》卷 2《坊表》，第 20 页 a。
④ 谭红主编《巴蜀移民史》（巴蜀书社，2006）和拙著《移民国家与地方权势——以清代巴县为例》（中华书局，2004）均进行过详细讨论，此不赘述。
⑤ 乾隆《巴县志》卷 8《治绩》，第 16 页 a。
⑥ 于成龙：《于清端政书》卷 1，《景印文渊阁四库全书》第 1318 册，台湾商务印书馆，1986，第 560 页。
⑦ 道光《重庆府志》卷 3《户口》，第 8 页 b。

招民者，授以署职之行，便之招民，不限年数，不拘蜀民流落在外及各省愿垦荒之人，统以三百户为率"。① 从该政策中可以看出，凡招民300户，不管这些民户是外省移民还是本省流落外省之民，均可获得"署职"，以示鼓励。

在上述诸多利好政策的推动之下，从康熙至嘉庆年间，形成了一股"湖广填四川"移民浪潮，来自两湖、江西、广东、福建的移民入川时，要么选择长江水道，要么经黔江的渝湘古道"闯四川"。② 重庆成为移民进入四川后最大的落脚点。"巴擅山水之秀，游者乐之，名人韵士多侨居焉"，③ 山水美景也吸引了部分官绅文人"落业"重庆。如乾隆《巴县志》提到的徐启后，浙江海盐人，"康熙庚寅辛卯间游蜀，家于渝，终焉"；④ 余涧，浙江山阴人，"修髯伟貌，洒落不群，与人交，醇如也。游渝乐之，买田终老"。⑤

康熙后期，四川的社会经济已逐步恢复，至雍正时，"蜀中元气既复，民数日增，人浮八口之家，邑登万户之众，盈宁富庶虽历代全盛之时，未能比隆于今日也"。⑥ 按照曹树基先生的统计，乾隆四十一年（1776）重庆府人口为133.3万人，乾隆六十年为274.4万人，嘉庆二十五年（1820）为364.9万人，宣统二年（1910）为692.7万人，人口增长速度较快。⑦ 对于农业经济的恢复，我们以最有标志性的大米产量为例进行考察。雍正时，四

---

① 《清实录》第4册《圣祖仁皇帝实录》卷36，中华书局，1985年影印本，第485页。
② 对"湖广填四川"历史过程的研究，四川省社会科学院陈世松先生取得了优异的成果，其"湖广填四川"研究三部曲《大迁徙："湖广填四川"历史解读》（四川人民出版社，2016）、《大移民："湖广填四川"故乡记忆》（四川人民出版社，2015）、《大变迁："湖广填四川"影响解读》（四川人民出版社，2016）分别从"湖广填四川"的历史过程、移民的故乡记忆及移民过程带来的历史影响三个方面进行了讨论。蓝勇、黄权生合著的《"湖广填四川"与清代四川社会》（西南师范大学出版社，2009）主要对清代四川地区的环境、会馆、地名以及与移民有关的竹枝词进行了专题讨论。
③ 乾隆《巴县志》卷9《流寓》，第55页a。
④ 乾隆《巴县志》卷9《流寓》，第54页b。
⑤ 乾隆《巴县志》卷9《流寓》，第54页a。
⑥ 雍正《四川通志》卷5《户口》，第1页a。
⑦ 曹树基：《清代中期四川分府人口——以1812年数据为中心》，《中国经济史研究》2003年第1期。

川米产量已经跃居各省之冠，"各省米谷，惟四川所出最多"，① 四川大米开始大量经由重庆运至长江中下游地区贩卖、赈灾，重庆成为川粮外运的中转站。雍正四年（1726），浙江巡抚李卫派员携银 10 万两来川购米，自长江运回，平抑了嘉湖地区的粮价；次年，再次派员携银 7 万两购米出川。乾隆年间，川米通过重庆出川赈灾更加频繁，如乾隆五十年，碾运常平仓谷 30 万石至下游各省；乾隆五十二年，碾运仓谷 92 万余石至福建接济台湾军米。② 据研究，清代前期，川米每年外运数量在 100 万—150 万石。③ 农业经济的恢复也带动了手工业、商业特别是长途贸易的发展，"清代四川在盐业、茶叶、酿酒业、制糖业和印刷业等方面都有了长足的进步和发展"，④ 这些都为重庆商贸的繁荣提供了条件。

随着人口的增加，重庆的城市规模逐渐变大。康熙十一年，刑部尚书王士慎在《蜀道驿程记》中说，重庆城外"结舫水居者五百余家"，"市肆民居，鳞次栉比，虽更献贼姚黄之乱，尚郁然一都会"。⑤ 此时重庆和其他州县相比，尚属繁荣。但接下来的吴三桂反清，让重庆又陷入战乱之中。康熙四十七年，已平定吴三桂乱 20 余年，此时的重庆"府治颇敝荒凉，不禁有举目萧条之感"。⑥ 清代重庆的城市恢复经历了一个较为漫长的过程。

城市的重建首先是官署的重建。重庆是道、府、县三级机构同城而治，道和府的官署大都建于康熙八年。如川东道道署，在东水门内，康熙八年设；重庆知府府署，在太平门内，明末毁于战火，康熙八年重建；重庆镇总兵署，在金紫门内，康熙八年建；重庆府经历署和巴县知县署则改建于乾隆二十四年前后。

一些官员在重庆任职期间为城市建设做出了较大贡献。如陈邦器，汉军镶红旗，康熙四十七年任重庆知府，他在《丰瑞楼记》一文中详细说道，在当了四年知府后，"嚣风渐息，政有余闲，遍览城垣，学校多在荒烟蔓草

---

① 台北故宫博物院编《宫中档雍正朝奏折》第 6 辑，台北故宫博物院，1978，第 99 页。
② 嘉庆《四川通志》卷 72《食货·仓储》，第 35 页 a—b。
③ 隗瀛涛主编《重庆城市研究》，四川大学出版社，1989，第 5 页。
④ 谭红主编《巴蜀移民史》，第 461 页。
⑤ 乾隆《巴县志》卷 12《记》，第 67 页 b—68 页 a。
⑥ 乾隆《巴县志》卷 12《记》，第 75 页 a。

中"，所以有了重修城内部分建筑的想法。首先是修缮黉宫，"令教授曾君光祖，诸生周子典、杨子世泰、雷子生春董其事，历六月告成"；随后又在商贸繁荣的太平门外修建二楼，"又念太平门外商贾鳞集之区，列廛而居，动遭回禄，因议建楼二所，令经历涂君廷俊专督工，奉水火二德星君以压其气。至于千斯、东水、临江各门，控带雄势，辐辏肩摩，城隍为一郡司命，岁时伏腊于焉"，历经三年新修了丰瑞楼、澄清楼、澄□亭、五福宫等城楼建筑。① 到乾隆十六年修撰《巴县志》时，重庆已经"计城关大小街巷二百四十余道，酒楼茶舍与市阓铺房鳞次绣错，攘攘者肩摩踵接"，② 再现城市繁荣的局面。

与此同时，重庆的城市行政管理体制得以重建。明代，重庆城内有 8 坊，城外有 2 厢。康熙四十六年，知县孔毓忠在城内设 29 坊，城外设 15 厢。据道光四年（1824）巴县地方政府的人口统计数据，渝城有 28 个坊、14 个厢，乡村地区有 9 里 84 甲，其中含农村集镇 75 个，居民 82053 户，人口 386478 人。城内 28 坊分别为朝天、东水、太平、仁和、金沙、翠微、宣花、巴字、神仙、储奇、杨柳、南纪、凤凰、金汤、太善、金紫、灵璧、临江、西水、崇因、红岩、华光、莲花、渝中、治平、通远、定远、千厮，共有 14214 户，55148 人，其中男 30311 人，女 24837 人。城外辖丰碑、太安、朝天、东水、太平、仁和、南纪、望江、储奇、临江、西水、红岩、千厮、金紫 14 个厢，3636 户 10138 人，其中男 5737 人，女4401 人。③

最后，我们还应注意，重庆城市移民的构成与其他州县特别是农村地区的移民构成有着重大的区别。移居重庆城市的异乡民众显然不完全都以"插占"、占有土地为主要目的，其成分更加复杂，包括商人、手工业者、流民等，农民的数量相对较少。如乾隆四十年，湖广移民周成泰称他一直在渝城

---

① 乾隆《巴县志》卷 12《记》，第 75 页 b。
② 乾隆《巴县志》卷 2《坊厢》，第 24 页 a—b。
③ 四川大学历史系、四川省档案馆主编《清代乾嘉道巴县档案选编》下册，四川大学出版社，1996，第 340—341 页。

"开白铜首饰铺生理"。① 这些工商业移民中，不少人并不以定居为目的，"凡城市之民，多五方杂处，为工为贾，贸迁靡常"。② 我们来看一份巴县档案中对城市人口职业的统计情况（表 1-1），该表应该是当时的衙门书吏为了维持地方稳定而对城市人口生计方式的调查。

表 1-1　乾隆三十八年渝城定远厢居民职业构成统计

单位：户

职业	数量	职业	数量	职业	数量
米贩	7	饭馆	1	布铺	1
茶贩	2	米铺	23	香铺	1
烟贩	2	油铺	3	手中铺	1
菜贩	23	轿铺	9	糕铺	1
木贩	27	鞋铺	3	杂货铺	5
竹贩	1	开铺	1	抬木匠	19
柴贩	15	饭铺	5	抬石匠	4
水贩	16	药铺	2	剃头匠	6
煤贩	3	蜡铺	1	豆腐贩	5
糕点贩	2	烟铺	3	轿夫	2
汤圆店	1	酒铺	2	皮房	2
糖房	1	府役	1	糟房	1
厨子	2	裁缝	4	左堂书役	3
草鞋铺	5	巴县书役	2	纸马铺	2
府堂书役	1	渡船	24	做香	1
背货力夫	3	做扇子	1	机房	1
铁货匠	1	石匠	1	抬米	1
测字	1	煤炭	4	屠户	3

---

① 《湖广周义泰具禀民抢子周依熙屡卷衣钱外嫖赌一案》，6-1-1570。此后凡是这种格式的注释，均出自四川省档案馆所藏清代巴县档案。按照四川省档案馆对巴县档案案宗的整理编目，第一个数字6为巴县档案的编号，第二个数字1为乾隆朝案卷的编号。清代各朝卷宗编目情况如下，由于顺治、康熙、雍正三朝卷宗极少，馆方将其与乾隆朝卷宗合编为1，嘉庆朝为2，道光朝为3，咸丰朝为4，同治朝为5，光绪朝为6，宣统朝为7。第三个数据是具体的案卷号，如1570号就是乾隆朝的1570卷。需特别说明的是，四川省档案馆方现提供的检索目录中，第二个数字是卷宗胶卷的盘号而不是朝代号，而档案胶卷内容上的编目是笔者所引的式样。

② 嘉庆《郫县志》卷18《风俗》，无页码。

续表

职业	数量	职业	数量	职业	数量
驾户	13	驾船	7	做戏	2
开行	2	孤老	1	木匠	1
和尚	4	腊心	6	读书	2

资料来源：《定远厢户籍册一本》，6-1-50。

据表1-1可知，乾隆三十八年，定远厢共有居民300户，其生计方式可以归纳为表1-2。

表1-2 乾隆三十八年渝城定远厢居民生计方式构成情况

单位：户，%

生计方式	数量	所占比例
开铺	77	25.7
商贩	103	34.3
手工匠人	95	31.7
书役	7	2.3
其他	18	6.0

可以发现，定远厢居民主要以商人和手工匠人为主，占到了91.7%，这些人群的流动性较强，不仅政府难于管理，且自身抗风险能力也不足，需要抱团取暖。

巴县档案中还保留有嘉庆十八年紫金坊、灵璧坊的烟户册，两坊共有534户2028人，其中紫金坊1017人，灵璧坊1011人。男性1211人，其中紫金坊600人，灵璧坊611人；女性817人，其中紫金坊417人，灵璧坊400人。表1-3为嘉庆十八年两坊民众的职业构成分类情况。

表1-3 嘉庆十八年渝城紫金坊、灵璧坊职业构成

职业	户数	职业	户数	职业	户数
钱铺	41	线铺	1	酱园铺	5
纸铺	11	玉器铺	1	粉铺	2
扇铺	12	书铺	1	糕铺	1

续表

职业	户数	职业	户数	职业	户数
剃头铺	6	蜡烛铺	1	木货铺	2
剃头	5	油腊铺	4	豆腐铺	3
茶铺	12	轿铺	5	罗盘铺	1
京果铺	8	香铺	2	银铺	1
酒铺	9	烟铺	10	铁铺	1
帽铺	3	布铺	3	针铺	3
鞋铺	4	饭铺	10	油漆铺	1
伞铺	4	棉衣铺	2	油果铺	1
菜铺	11	当铺	2	盐梅铺	1
麻铺	3	肉铺	7	小生意	15
杂粮铺	3	卖鸡生理	1	生理	32
油盐铺	1	卖布	1	小生理	24
油铺	1	卖广货	1	开行	6
油脂铺	2	卖烟	1	卦平	2
花铺	1	卖蛋	1	做扇子	3
砖瓦铺	2	卖小菜	2	打铜	1
米铺	2	卖笋子	3	红纸作坊	1
砂米铺	1	卖炭	3	竹厂	2
米房	2	卖炭园	1	钱桌生理	5
面房	1	炭房	3	命理	2
染房	3	炭行	4	包席	3
浆洗房	1	卖油	1	厨子	2
毡子房	1	卖菜	1	下力	8
站房	20	收牛皮	1	抬轿	2
卖米	19	担水	3	炀曹生理	1
帮人	42	板主	1	手艺	31
耕官	2	唱戏	1	种土	1
开馆	3	坐家	5	教书	2
收租	3	医生	5	孀妇	3
当差	6	出外生理	1	府差	1
捕府差	1	道差	1	县差	1
坊差	1	捕差	1	刻书	1

资料来源：《清代乾嘉道巴县档案选编》下册，第318—319页。

相较于乾隆三十八年定远厢居民的职业构成，嘉庆十八年渝城紫金坊、灵璧坊居民的职业构成更为多样，如出现了前者没有的钱铺、线铺、蜡烛铺、玉器铺、花铺、盐梅铺等，反映出清中期以后，渝城城市商业经济愈加繁荣。同时也出现了一些新的职业，如浆洗房、广货商等。

另据同治《巴县志》记载，嘉庆十八年，渝城紫金坊、灵璧坊共有534户，其中从事工商业者362户，为总户数的67.8%。[①] 这加大了政府城市管理的难度，但也为会馆的出现和长期存在提供了土壤。

第二节　清政府会馆政策的变化

清初，湖广、贵州、陕西、江西、广东、福建等各省移民来到四川，移民与土著、不同省籍的移民之间围绕着土地、房产、商业及日常生活中的琐事矛盾不断。乾隆《云阳县志》之《贞节志》就记载了多例移民强奸土著民妇的个案，如"李氏，云阳人，刘世禄妻，有楚民李周士乘其夫外出，欲行强污，氏厉声叱出，周士旋复来，氏持刀相拒，周士夺刀刺氏喉死"。[②] 这些纠纷与矛盾成为会馆成立的客观因素之一。而会馆的成立则又在一定程度上加深了这些矛盾，什邡县"张献忠蹂躏之后，土著稀少，四方侨寓，率多秦、楚、闽、粤之人，人心不谐，党类攸分，生气斗讼，往往有之"。[③] 清前期，会馆可能成为移民同乡之间进行动员的据点，移民以会馆为据点、以乡情为纽带的分类械斗较为常见，这导致地方官员严禁移民创建会馆。

巴县档案中虽未发现政府严禁会馆的公文，但在清代冕宁县的档案中，保留有严禁会馆的札文。该札文为雍正七年十一月四川宁远府札发给冕宁县的，内称：

再行严禁事。本年十一月十二日，奉署布政使司事四川等处提刑按

① 隗瀛涛主编《辛亥革命与四川社会》，成都出版社，1991，第141页。
② 乾隆《云阳县志》卷4，第3页下。类似的案件不少，如同卷记载的宋氏，"云阳人，适余上仁，夫亡守节。有楚民李廷贵戏污不从，自缢而死"。
③ 嘉庆《什邡县志》卷18《风俗》，第1页 b。

察使加二级吕宪牌，照得禁革会馆，未经本署司通行，严禁在案。近访
得各府州县竟未实力奉行，告示未张挂，会馆中无赖棍徒依旧妄称会
馆，借建修会馆名色，到处立薄（簿），强收银钱，以肥私囊，每遇□
介之事，依旧纠约多人，打降建（健）讼，招摇生事，地方官毫不留
心，殊属怠玩，合再严饬。为此，仰府官吏，严饬所属□到速将本司前
行严禁告示，再行抄录多张，遍贴会馆，其有胆玩棍徒，依旧借会馆名
色，三五成群、勒索肥己、包告与讼、招摇生事者，不时查拿，先行究
审。一面详明以凭批饬，按律定拟。如此檄通行之后，仍有阳奉阴违，
全不留心，视为具文失觉察者，定行详揭□处，决（绝）不宽贷，慎之
慎之。文到仍再具遵依，并将出示过各地方造册报查，速速毋违，等
因。须至牌者冕宁县。①

　　该告示的内容反映出，清初，冕宁县成立了不少会馆，有所谓的"无赖
棍徒"借办会之名强征银两，遇事纠集多人，扰乱地方治安，这是地方政府
不愿意看见的。我们再来看发生在乾隆二十二年的一个案例。厦门大学王日
根教授从台北故宫博物院档案馆所藏的档案中发现了一份乾隆年间成都湖广
会馆民众反抗政府的案卷，从政府官员的奏折中我们可以发现官员对会馆的
反对态度。

　　清代，成都湖广会馆位于布政司衙门右边，有后楼七间，但楼"过于高
耸"，在楼上能够"下瞰民房内室"，当然也能俯见布政司衙门之室内，据
说周边的百姓很有意见。时任四川总督黄廷桂认为该楼"地当离位，峻楼突
出，成都素堕草房竹笆，恐致易犯火灾"，且"象临白虎，虎头高起"，狰
狞之像"亦非地方宁谧所宜"。乾隆二十二年，新任四川布政使明德到任之
后，黄廷桂就跟明德说湖广会馆并不是住宅，不必建如此之高楼，"可遇便
传唤会首人等，量给工作之费，晓令拆低数尺，既与伊等会馆无碍，又与本
处居民各便，并可帖息群议"，提议将该楼拆掉几层。该年三月，布政使明
德便召集成都、华阳两县知县和湖广会馆会首，"商令改拆二三尺"，会首一

① 《宁远府牌仰冕宁县出示禁革会馆卷》，四川省档案馆藏，档案号：清 9 - 01 - 0212。

方"当即应允"，并收"修费银百两"。三月初六日开始拆除，未想有湖广会馆会众，也就是楚民，"聚集数百余人在彼鸣钟击鼓，拥挤喧哗，将成都县轿子损坏，衙役亦有被伤者"。事情发生后，四川提督岳钟璜、四川副都统富僧阿等遂带兵前往镇压，先后抓获喻文焕、丁松山等楚民百余人。对于此次湖广民众的聚众反抗，岳钟璜认为"成都地方，俱系五方杂处，楚民最多而最横，乃于省会之所，辄敢集众喧闹，目无官长。若不严加惩治，恐将来刁风日炽"，而会馆则成了此次民变的中心。乾隆帝批复道："知道了，刁风固不可长，然因浮言而轻举妄动，以致酿成事端，尔等亦属疏失。至此事已成，反不可不拆毁矣。所获要犯杖毙，致人亦警之矣。"① 乾隆帝虽然对黄廷桂、岳钟璜二人的工作失误有所不满，但考虑到地方稳定的问题，并未对其进行惩戒。此一案件源于四川总督要求成都湖广会馆降低楼层高度，原以为在支付了一些赔偿费后是小事一桩，未想引发了湖广籍民众的不满，不仅聚众抗议，还打伤了衙役，围了城池，后虽在军队的强力镇压下平定了动乱，但会馆的动员能力还是让清廷担心。联想到发生于此一时期的台湾林爽文起义，参与起义的人员大多为同乡，可知乾隆帝的担心还是有理由的。

但此一严禁的政策随着移民在移入地发展渐入正轨，清王朝地方行政管理体制日趋完善，特别是清政府意识到会馆可能有助于其加强对地方的管制而逐渐改变。从四川各地的方志来看，会馆大多建于雍正年间。如南川县城禹王庙，雍正八年修建；万寿宫，雍正二年建。② 首先将轮船开进重庆的英国商人立德夫妇从当时的重庆八省会馆首事处了解到，"清朝朝廷许可设立会馆是在乾隆年代（1736—1796 年）"。③ 南华宫和天后宫修建的时间相对较晚，一般在乾隆时期修建。可以说，雍正、乾隆之后，四川城乡进入了会馆建立的高潮，重庆八个省籍会馆也是创建于此一时期，下面对此进行详述。

---

① 《清代宫中档奏折及军机处档折件》，编号：403008914，转引自王日根《清中后期政府对会馆的监管》，《厦门大学学报》（哲学社会科学版）2013 年第 5 期。

② 光绪《南川县志》卷 5《厉坛》，第 38 页 b。

③ 周勇、刘景修译编《近代重庆经济与社会发展》，四川大学出版社，1987，第 71 页。

第三节　清代重庆移民会馆的创建

民国 16 年（1927），重庆八省旅渝同乡联合会在给川康督办、四川省省长的"呈"内认为八省会馆的兴起与康熙年间八省移民来到重庆，兴建会馆有密切的关系，"查前清康熙时代，外省商旅之来渝埠者，以八省居大多数，各建会馆，团结办公，渝埠始行繁华"。[①] 时过境迁，作为移民后裔的八省旅渝同乡联合会仅知其祖先于康熙年间来到重庆，但八省各个省籍会馆创建于何年，他们可能也并不完全清楚。

可惜的是，现在已经无法在重庆城区寻到当初各个会馆的碑刻资料，也就无法深入了解会馆每次兴修与扩建的过程。从巴县知县国璋所作的《重庆府治全图》、1891 年綦江人刘子如所作的《增广重庆地舆全图》等时人所绘的重庆城区地图来看，当时的各省会馆建筑无疑"崇宏壮丽，可为其团结力最富之明征"。[②] 幸运的是，四川省档案馆及重庆市档案馆还保留了部分有关会馆兴建过程中的契约文书和档案资料，重庆湖广会馆在 2004 年翻修过程中亦发现若干碑刻资料。通过对这些民间历史文献所载内容的研究，我们能够粗略了解到八省各个会馆的创建过程、创建机缘、会产的增置等情况。[③]

八省会馆的空间布局

清代，重庆以大梁子为界分为上下半城，下半城为东北至西南向的狭长沿江地带，长约 3000 米，宽仅 200—500 米，重庆城 9 个开放的城门中有 6 个位于下半城。[④] 清末出版的《重庆乡土志》称："大宗商业都集于下半城，

---

① 《呈川康督办四川省长整理积谷恳请备案存查之》，《重庆八省积谷办事处产业图说》，1928 年石印本，第 2 页。

② 民国《犍为县志》卷 3《居民志》，第 51 页 a—b。

③ 《重庆湖广会馆——历史与修复研究》一书第三章对重庆八省各会馆及其活动做了简要介绍，还详细叙述了湖广会馆、广东会馆修复前后的情况。何智亚：《重庆湖广会馆——历史与修复研究》，第 62—109 页。

④ 明成化年间，指挥戴鼎重筑重庆城，城门 17 座，9 开 8 闭，位于下半城长江沿岸的分别是朝天门、东水门、太平门、储奇门、金紫门、南纪门。

上半城不过零售分销小本贸易及住居宅院而已。"① 具体来说，重庆城最主
要的商业街如陕西街、白象街、新丰街、上下都邮街、新街口、县庙街、
三牌坊等均位于下半城，甚至到抗战时期，陕西街一带仍是富商大贾的居
住区。重庆的各级官署也都在下半城的主干道上，如紧接陕西街的是川东
道署，接下来是重庆府署、巴县县署、重庆镇署、右营游击（都司）署、
右营守备署，一直到南纪门（图1-1）。可以说，下半城为重庆的政治、
经济中心。

图1-1　重庆租界商埠图（1907年，局部）

说明：绘者不详，对该图的介绍可参见马剑、孙琳《日本京都大学藏清末〈重庆租界
商埠图〉》，《历史档案》2013年第3期。

资料来源：日本京都大学藏。

八省各个会馆全都在下半城长江沿岸的坡地上，移民会馆中陕西会馆和
福建会馆紧邻朝天门，湖广会馆、广东会馆和江南会馆面向东水门，江西会
馆位于朝天门与东水门之间，山西会馆前临太平门，浙江会馆位于储奇门三
牌坊。八省各个会馆与官府衙门、主要商业区比邻而居，地当繁华，体现了

---

① 《重庆乡土志》（稿本），全书无页码，无著者，大约成书在1918年后，藏于重庆市图书馆。

"背山面水""左右围护""金城环抱"的风水格局，[①] 亦显示了八省会馆与重庆商业发展之间的紧密关系。

八省各个会馆虽然修建的时间、过程不同，但起因基本类似，即所谓"聚乡人，联旧谊"。会馆的发展经历了先设会（或栈）募集资金，再置买房产、田产这样一个逐渐实体化的过程。下面我们对重庆八省各个会馆的创建过程逐一进行考察。

八省各会馆的建立

1. 湖广会馆

湖广会馆为湖南、湖北移民所建的省籍会馆。清代四川各地的湖广会馆名称不一，有禹王庙、禹王宫、三楚公所、三楚宫等多种说法，巴县档案中亦有"楚馆"一说。乾隆《巴县志》称："禹王庙，在东水门内，即湖广会馆。"[②] 这表明，至少在乾隆二十六年王尔鉴修纂《巴县志》之前，湖广会馆已经有了固定的建筑物。1896 年 12 月，班得瑞（F. S. A. Bourne）率领的英国兰开夏布莱克商会访华团来中国调查英国棉纺织品的销售情况，由上海经长江到达重庆，访问了湖广会馆。班得瑞描述道："会馆前有寺庙，后有戏台，中间是一片用石块砌就的场地，场地平整开阔，占据了会馆的大部。寺庙后面即是行会委员会的房子。会馆内有属于各府的祀庙和厅堂，例如属于黄州府的厅堂——该府是汉口附近的重要产棉区，原棉进口商公所就在那里举行会议。"[③] 晚清著名川籍文人赵熙[④]经过重庆时，赞叹了湖广会馆一带的繁盛之景："万家灯火气如虹，水势西回复折东。重镇天开巴子国，大城山压禹王宫。楼台市去笙歌出，朝暮江声鼓角钟。自古全川财富地，津亭红烛醉东风。"[⑤]

---

① 陈蔚、胡斌、张兴国：《清代四川城镇聚落结构与"移民会馆"——人文地理学视野下的会馆建筑分布与选址研究》，《建筑学报》2011 年第 S1 期。

② 乾隆《巴县志》卷 2《寺观》，第 65 页 a。

③ 彭泽益主编《中国工商行会史料集》下册，中华书局，1995，第 660 页。

④ 赵熙，四川荣县人，光绪十八年进士，授编修，转江西道监察御史，蜀中文士，多出其门，如主编民国《巴县志》的向楚即为其徒。

⑤ 转引自彭伯通《古城重庆》，重庆出版社，1981，第 43 页。

湖广会馆究竟修建于何时？20世纪40年代，窦季良先生在广泛地调查之后认为始建于康熙年间。据窦季良先生抄录的道光二十六年会馆重修楚庙碑记载，乾隆初，"各省桑梓敬恭，捐修公所，庙貌维新，宴会有时。惟我省向无会馆，只有一夏禹王庙，远隔大河，祭祀宴享，非舟楫不通。以往来不便，故乡亲聚会日少"。[①] 文中谈及的夏禹王庙，应指位于渝城对岸南山的禹王庙，建庙时间失考，元明两朝均对其进行过培修，该庙虽和各地的湖广会馆一样祭祀有治水之功的大禹，但并不是由湖广移民创建，因而算不上湖广移民的家庙，加之该庙又在长江对岸，平日往来祭祀不便，渝城湖广移民"一二有志之士欲在本城倡建家庙，如各公所，而人心不一，随议随息。康熙年间有邓公伯高者出力募捐，得买东水门城内孙姓空院"，"土木方兴，会有人从中阻挠，其功遂寝"，其原因系"禀请府、县，均不为楚人作主"。[②]此一时期湖广会馆未能修建，除了个别人为因素，也和当时政府严禁会馆创办的政策有关，具体来说，就是和地方官员的态度有关系。乾隆四年，湖广同乡方显[③]任四川巡抚，邓伯高"不惮跋涉，邀集同人直至巫山迎接，据情实禀。方公以同乡谊重，温言慰藉"，"本府本县禀见……惊惶不一"，"于是趋归，不分昼夜，就我楚所买公地，火速修造一台一殿"。[④] 在同乡官员的帮助之下，渝城湖广会馆终于兴建。

从上述碑刻内容来看，至迟在康熙年间，已经有湖广在渝民众成立的移民组织。但此时，由于资金不足、人心不齐，更主要的是清政府的政策限制、地方官员的处处为难，邓伯高等人虽然已经买好了房屋地基，却还没有兴修会馆建筑。这一计划直至乾隆四年才在同乡四川布政使方显的帮助下完成。另外，此一碑刻也暗示，在康熙年间，重庆也有其他省份移民的同乡组织，不过就凭碑刻内容还不能断定是否有会馆建筑。

乾隆初湖广会馆创建后，又经历了多次培修和扩建。现存湖广会馆一走

---

① 巴县旧有大禹庙，在长江对岸之南岸，祀大禹。民国《巴县志》引陶澍《蜀輶日记》称："山上有禹庙、涂后祠……询之坐中，咸云久废，只山麓龙门浩有小祠曰禹王宫，乃楚人公所也。"民国《巴县志》卷3，第20页下。窦季良：《同乡组织之研究》，第67页。

② 窦季良：《同乡组织之研究》，第67页。

③ 方显，字周谟，湖南巴陵人。乾隆三年授四川布政使。四年，署巡抚。

④ 窦季良：《同乡组织之研究》，第73—74页。

廊房梁的脊桁上，楷体阴刻有"楚省两湖十府绅粮士商捐资重建""大清道光丙□年岁律中中吕月穀旦"字样，湖广会馆的会众主要来自湖广"十府"，即常德、宝庆、衡州、潭州、永州、武昌、荆州、宜昌、黄州、汉阳等十府。经原重庆博物馆的同志结合其他材料考证后认为，湖广会馆在清嘉庆丁丑年、道光丙戌年、光绪己丑年（1889）进行过培修、扩修。①

　　档案资料显示，培修省籍会馆的资金往往通过向合省商民募集而来。嘉庆四年，湖广会馆为即将进行的培修募集资金，要求在渝的楚省十府民众"集齐禹庙，公议办理皇会"，通过抽收厘金的方式，筹集资金，"辉煌庙宇"。②

　　由于各省移民在重庆的人数不一，对于部分移民较多的省份，如湖广、江西、江南三省，省籍会馆下还有府籍，甚至县籍会馆，这从前文班得瑞的描述中也可得知。在清至民国时期的重庆，有"湖广会馆的台子多"这一说法，即说湖广会馆内供唱戏所用的万年台很多。一般来说，一个戏台就对应着一座会馆。湖广会馆据称有多至十几处戏台，换言之，湖广会馆至少包括十多座府籍和县籍会馆。清代《渝城图》显示，重庆湖广会馆左侧有湖南公所、黄州公所两栋会馆建筑，这说明湖广会馆下面还有多所府籍、县籍会馆。类似的情况也存在于四川其他州县。如位于川东地区的开江县，毗邻湖北，境内多两湖移民。同治《新宁县志》描述了各府县会馆建立的情况，"按邑多楚人，各别其郡，私其神，以祠庙分籍贯，故建置相望"。新宁县的护国祠，"楚籍黄州人公建"；禹王宫，"楚籍常德人公建"；帝主宫，"楚籍黄州人公建"；忠义宫，"楚籍荆州人公建"。③

　　至于省籍会馆与府籍、县籍会馆的关系，窦季良先生认为"湖广会馆创建于康熙年间"，"其余的府县会馆，如武昌、汉阳、宜昌、黄州、齐州、常德、宝庆等府会（馆），及咸丰等县会（馆），都是以后逐渐分立的"。④ 易言之，窦季良认为先有省籍会馆，而府籍、县籍会馆则是从省籍会馆中分立

---

① 冯庆豪：《重庆湖广会馆调查及初步研究》，重庆市博物馆《巴渝文化》编辑委员会编《巴渝文化》第 4 辑，重庆出版社，1999，第 207—228 页。

② 《千厮坊陈尚盛以修会馆估出钱不允统朋凶殴控徐正轻等》，6 - 2 - 5262。

③ 同治《新宁县志》卷 2，第 16 页 a—17 页 a。

④ 窦季良：《同乡组织之研究》，第 34 页。

而成，这一观点值得进一步讨论。

我们来看黄州会馆，也就是齐安公所①的创建过程。在湖广会馆下属的府籍会馆中，黄州会馆不仅规模最大且成员人数最多，这从巴县档案的一份嘉庆六年各省领帖牙行清单中可见端倪。清单中详细记载了各省牙行经营的商品类别及数量，湖广行省共有牙行43户，其中棉花行12家、靛行8家、杂粮行1家、麻行2家、布行2家、山货行7家、瓷器行1家、锅铁行3家、花板行2家、猪行2家、酒行3家。② 棉花批发是湖广移民客商在渝城经营的主要业务之一，而渝城的棉花主要进口地就是黄州府，这也是后来黄州府移民商人会单独成立齐安公所的原因。

湖广会馆旁的齐安公所，为湖北黄州籍人集资修建的移民商业性会馆。由于黄州人奉祀帝主，会馆亦称"帝主宫"。齐安公所位于下簧学巷44号，是现在湖广会馆建筑群中保存最好的建筑物。重庆博物馆的同志在20世纪90年代调查发现，公所大殿脊檩上刻有"嘉庆丁丑岁孟春月穀旦立、光绪己丑岁黄州阖府重建"字样，这表明齐安公所初建于嘉庆二十二年，光绪十五年重建。

2004年12月至2005年4月，在湖广会馆修复施工过程中，施工方先后出土了15通石碑，其中最早的是乾隆十五年的。这些石碑中，有的字迹清晰；有的因年久风化，漶漫不清；还有的仅剩半截，另一半不知去处。现可整理识读的有12通，分别为《楚黄白花客帮碑志》《重建齐安公所捐资碑》《渝城重建齐安公所碑》《湖广会馆阖省首领士商公允拨约黄州会馆管业凭据碑》《收支细目碑》《禹王庙十府首领等众捐周家院房产给黄州合府的契文碑》《出卖田产山土房屋炭硐给齐安白花帮碑》《出卖房屋地基契约碑》《立出永卖房地基契约碑》《圣旨碑》《巴县正堂示谕碑》《永远管业凭约碑》。③ 下面我们对这些碑刻进行简单的分析。

---

① 齐安郡，南齐时置，隋废，改称黄州，唐又复齐安郡，后再改黄州。齐安公所即湖广黄州府民众集资建立的会馆。

② 《重庆府谕八省客长等确查渝城有帖行户多少系何省何行等情卷》，6－2－311。

③ 这些碑刻资料均由何智亚点校后出版，见何智亚《重庆湖广会馆——历史与修复研究》，第249—257页。

清代，四川并非产棉区，"需用棉花向资于江鄂"，① "清代中期以后，四川的纺织业有了很大的进展，川棉已经不能满足其纺织的需要，大量的楚棉、楚纱随同楚布一道入川"。② 重庆的棉花进口商主要为陕西帮和黄州帮，而齐安公所成员主体就是原籍黄州府的棉花帮商人。嘉庆十五年，齐安公所白花帮镌刻的《楚黄白花客帮碑志》③ 详细记载了齐安公所的创办过程，碑文曰：

> 从来事不图其远大，无以开悠久之基；人不举其贤能，无以守正大之礼。知我齐安古邑，人文蔚起，素称名胜。耕读居其半，商贾居其半。惟贩运白花，来往众商挟资大贾者固多，而其称最盛者，首推信安，西陵其次，余无有焉。历来货抵渝城，隐受其弊，久欲于禹王庙左右建造客堂，以为宴宾客，整理花规，惟惜余地狭隘，有志未逮。嘉庆八年，有许公乾泰、洪公泰临，两号倡率同人计兴买卖厘金，公私两济。无如集腋成裘，不过六百余两，日积月累，滋生贰千余金之谱，公举元丰号王公董理客事。元丰奋然振兴，守正不阿。邀集花帮众客，整理行规，校准针秤，请凭八省恳示勒碑。如几可同心矣。于是井井有法，固属美举，若恪守无恒，久必废弛。诗曰：靡不有初，鲜克有终。元丰因之有远虑焉。于是立值年以职其位，派司月以职其详。每逢亚祭之日，聚公众较秤，彬彬乎洵有条不紊矣。但极盛难继，理有固然，如不力为之，久则靡费续也。本年月卜筑于长城之北，书应之右，公治吉房，全院铺面计十二间。至于四至界，诸姓氏价值已于契内载明，无庸赘志。窃思此房地虽偏僻，德邻在迩，两江萦回，瞻之水而娱目；一间未达，幸斯文之在兹。入其室，兰秀芝茂；登其堂，书应机声。狞狁休哉，何其盛与！今元丰卸事，锦族复举世泰毛公、永兴金公两号董理。

---

① 《商务官报》乙酉第31册。

② 周勇主编《重庆通史》第1卷，重庆出版社，2002，第213页。直到抗战时期，重庆市场的棉花主要来自湖北、陕西一带（傅润华、汤约生主编《陪都工商年鉴》第5编，文信书局，1945，第10页）。

③ 该碑现存重庆渝中区湖广会馆。

凡我花帮，临公事而趑趄者，议必罚；匪我花帮，假乡梓而盘踞者，议必禁。聚庐于斯，爰得我所。伏愿帝主神威，福庇齐安；历江河而风平浪静，归梓里而玉积金堆。商贾畅茂，名利显达。至若堂构上出乎重霄，藩篱辉映乎云物，不逾年而频增光华矣，岂非我帮之幸也！兹谨勒碑，以志不朽。首领王元丰，接事值年毛世泰、金永兴，司月（以下23人名，略）。同买卖白花客、行人等公立。

嘉庆十五年，岁次庚午仲夏月　吉旦。

碑刻首先介绍了创建齐安公所的缘由：一是在重庆的黄州棉花帮人数众多；二是在日常的商业经营中，由于没有会馆，黄州棉花帮众人时常遭受一些不公平对待；三是禹王宫面积较小，在处理帮内事务时，空间不足；四是经过7年的棉花厘金征收，黄州棉花帮已经收到银2000余两的资金可以使用。其次，说明此次创办齐安公所，得到了重庆八省客长的支持。最后，拟定齐安公所管理和议事原则。

嘉庆十五年之后，齐安公所所置房产、田产不断增加，公所面积也不断扩大。嘉庆二十年，湖广会馆长沙公所将其原有的部分房产转卖给了齐安公所，《湖广会馆阖省首领士商公允拨约黄州会馆管业凭据碑》称：

管业凭造兴工，具山门出入公众议明证，由门直下客堂，其界抵溪祠外，俱属黄州合府管业。公众议订，原价九五银一千七百两，内银六百五十两。先年公欠不曾偿，后长府凭阖省人众并无下欠，即将当约二张、老契一张，一并附（付）与黄府永存。其余阖省人，我楚（楚）即行另买公业，把彼注兹，不得失遗入兴。阖省人等，不得节外生枝，另生异言，凭后无怨，立出公允拨约黄府永远为据。计捐九五色银一千七百两整。

从该碑内容可知，在湖广会馆其他首人的见证下，长沙公所以1700两白银为价将其部分产业转给了齐安公所。碑文还附有湖广会馆十府首事的姓名，如在巴县档案中多次出现的孙鲁堂等人。齐安公所的此次扩建至嘉庆二

31

十二年才告竣工。

道光初年，齐安公所进行了一次重修。道光某年，《禹王庙十府首领等众捐周家院房产给黄州合府的契文碑》谈及了此次扩建的过程。该契约文曰：

> 立出公允拨约，禹王庙十府首领等，情众昔年合省公捐在庙右侧置有连平房屋一院，两段铺面、地基，周围墙垣一并契注明白。兹因黄州合府仅庙内供奉帝主神像，未建客堂、公所，以致香烟冷落，众心不安。客长孙堂、值年胡魁顺、秦和春暨各号商行栈铺，竖意欲客堂。公遣请凭湖广通省武昌县花帮雷连□、雷寒松、雷正兴、付嘉泰，汉阳李同心、陈□照、曾大方，长沙谭三合、杨其发、谭□□、谭金玉、谭辉英，荆州韩麟、罗士招、谢芝雄，常德黄德顺、周恒昌、曹尚义，宝庆刘□□、李塘，永州华大顺、胡发章、陈佑启，衡州王庆华、谢双星、□□□，宜昌□□□□□十府首人等公议三次，共愿将所置周家院子房屋原有地址，俱照老契所属院内房屋、门窗、户樀及寸木寸砖、石墙垣地，皆依公允拨与黄州合府。

从上碑内容我们可以得知，齐安公所创建时，规模并不是很大，未建客堂、公所，众多黄州籍的棉花帮商人希望能够改变现状。在湖广会馆其他府籍会馆的支持下，他们购买了周家院子地基作为齐安公所的房产。此一阶段，齐安公所公产的扩大还包括购买田产等事项。道光四年，齐安白花帮以银2180两买到吕来泰、吕沛霖家族田地、山林房屋等不动产。碑文详细载明了四至、价格及此次交易的中证等信息。

> 永远管业
> ……
> 至王姓塝田之字捐下河□直上人行路，抵大松树，分中直止杉树林，忿抵至王姓大山，至何姓后山堡顶为界。四界□□踩踏分明，□无紊乱，至于□□□□当已立有坟界，嗣后吕□亲族不得□□□□□至□之内佃户不得侵犯。禁步之外□□买主开□，其中并无包价□买

□□□□□□□货物准折等情。自卖之后认之花帮□佃耕种，拨册轮□，吕姓亲族已到来到人等，日后不得异言。如有异言，来泰兄弟叔侄承当，不得连及买主。此系二家心悦意服并无逼勒套哄等情。今欲□凭特立卖约一纸存据。实计时值田市价净街市玖伍色银贰千壹百捌拾两整，原业书画包价内酒水在外。韩味经、孙鲁堂、谢正朝、傅竹齐、何世富、同善堂、李安贵、范镛、东岳庙、长生会、吴克绳、吕天盛、庐□义、□公□、正顺启、陈尚远、曾万一、□公□、裕丰全、业义□、金□益、老君洞、信□□、涂朝汉、洪大有、曾佳宗、曾顺举、王朗山、罗义□、杨万发、陈永□、僧自诚、朱光明、王正万、陈迩堂。

道光四年四月十六日立，□田地房屋□林炭硐约人吕□泰□霖同姓吕□。

道光九年，齐安公所继续扩充产业，费银1000两买到孙世起兄弟五人位于千厮门水巷子的祖业房屋3院22间。此次房产交易的契约内容镌碑记录，记载了所买房产的具体情况。

道光玖年伍月贰拾陆日，立出永卖房地基契约人孙世起、世美、世熙、世芳、世泽，情因移业，就众弟兄伯侄商议，愿将五房公共所受祖遗业，落千厮门水巷子，砖窑、瓦楼、房屋，大小计叁院，内计横向正房叁间、对厅叁间、左右厢房贰间、门外右手厢房壹间；左手石柱、瓦楼槽门贰向。由干墙小门通连、砖石瓦楼房屋壹院，内计正房叁间、厢贰间、槽门壹向、正房墙后披厦壹大间，厨房、厕屋、水井俱全，右横向正房后楼连小砖房壹院，内计正房叁间、厢房贰间、披厦、厨房壹间、土砖小窖壹间，其中四面墙抵门窗户格，前后天井海面石工，楼梯壁水筒，寸土寸禾，片瓦只石，全行杍卖，并无摘留。其界由槽门前抵官街，后房屋抵上曲曲跟，本己墙外石脚横过转湾仍由本己墙外石脚，直上抵□□□□□□□□□□□□□□□有墙角石脚为界，由本己小窖当街槽门直下斜过跟□墙脚，进抵本己公墙横过转湾□由。①

光绪九年，齐安公所再次进行重修，此次重修直至光绪十六年才完工，前后历时7年，费银17953两。《重建齐安公所捐资碑》详细列载了各商号的捐资及重修各项材料、工程的花费情况：

计开各号捐输芳名于左

元盛生	捐银四百两正	乾顺吉	捐银三百两正
正泰森	捐银二百四十两正	元春锦	捐银五十两正
同发生	捐银一百二十两正	泰顺兴	捐银五十两正
同生和	捐银一百五十两正	三星照、铙昌鸿	共捐银五十两正
恒泰明	捐银二百四十两正	税房帝主会	捐银四十九两二
永聚源	捐银二百两正	安邑集义会	捐银五十两正
永顺宏	捐银二百两正	裕顺元	捐银四十两正
和发兴	捐银二百两正	源盛信、义泰和	共捐银四十两正
麻邑花铺帮	捐银二百两正	同义生	捐银四十两正
正泰善	捐银一百五十两正	德泰公	捐银三十九两
晋泰丰	捐银一百五十两正	祥泰合	捐银叁拾两正
正泰祥	捐银一百二十两正	正顺和	捐银叁拾两正
新泰恒	捐银一百二十两正	永昌源	捐银叁拾两正
三庆恒	捐银一百两正	继盛铨	捐银叁拾两正
永美和	捐银一百两正	泰和春	捐银叁拾两正
胶房财神会	捐银一百两正	万安行	捐银贰拾壹两四
复隆恒	捐银八十两正	谦益行	捐银贰拾壹两四
永丰泰	捐银八十两正	谦泰行	捐银贰拾壹两四

① 该碑现存重庆渝中区湖广会馆。

永泰升	捐银八十两正	富有行	捐银贰拾两零六
复兴恒	捐银八十两正	永远行	捐银贰拾壹两四
永和生	捐银八十两正	谦益泰	捐银贰拾两正
永顺正	捐银八十两正	同升永	捐银贰拾两正
长顺正	捐银六十两正	同发森	捐银贰拾两正
永兴和	捐银六十两正	恒升茂	捐银贰拾两正
永顺义	捐银六十两正	和顺彩	捐银贰拾两正
谦崇福	捐银六十两正	宏昌正	捐银贰拾两正
同义恒	捐银六十两正	冈花铺帮	捐银贰拾两正
乾丰恒	捐银六十两正	周万盛	捐银拾贰两
永春生	捐银六十两正	谦益腾	捐银拾两正
永升源	捐银五十两正	同人行	捐银拾两正
清平会	捐银五十两正	永发森	捐银拾两正
裕泰森	捐银五十两正	裕泰和	捐银五十两正
永发仁	捐银八十两正	庆泰和	捐银六十两正
怡泰锦	捐银四两正		

以上大共捐输花平票银五千七百一十二两六钱一分正。

计开应收之款：收乾丰恒、复兴恒、元盛生、永美和四号交银六千六百两正；收齐安己丑至庚寅正，共耒谷房租及屋金银二千四百四十三两零四分正；收零细平水银五十一两一钱七分正；收齐安重付钱□□合银六十八两一钱五分正；收各号送礼银五十二两四钱四分正；收木匠退包工钱十五千，合银九两三钱七分正；收胡□□□长支银六两八钱八分；收四号□□金银五百四十四两零□；收四号□□□□十九两七钱三；收葛邑□□□千两正；收卖□银□□□□□两九□正；收卖□□□□七两九□五分正，收淦□□□□□□□□□□□两正。共计收花平票银一万零九百零二两九钱三分正；各号□□□□□□□□□还清□□□。以上三款蒲共收花平票银一万七千九百五十三两八钱六分正。

计开买各物等件：一付买柱料八百五十根，去银三千六百三十六两零二分正；一付买筒瓦，去银三百零九两六钱五分正；一付买牛胶四十斤，去银三两七钱八分正；一付韩石匠做工一万零六百个，去银八百九十四两三钱七分正；一付李三益做工一万八千三百零三个，合去银一千六百五十八两七钱七分正；一付买中□三百九十二□，去银一百七十三两□□二分正；一付买石灰□□□□□□，去银六十二两七钱三分正；一付买□□□□□□□□，去银三百八十六两二钱□分正；一付买□□□□□□，去银□□□□□□（后略，文字漶漫，无法识读）。

该年（1890）十一月，巴县候选知县唐棣华撰《渝城重建齐安公所碑》，该碑现已断为两截，仅存上半部分，仅存的半截残碑描绘了重修后的齐安公所华贵、精美的模样。

> 屏纷其烂漫，雾膈晃以精莹……
>
> 乐楼杨蠡彩于中央，绮阁翘凰苞于左右……
>
> 旁则客座燕间，漱花木之芳于樽俎焉……
>
> 焕然一新，夫莫为前，而美弗彰；则前人之勤劳……
>
> 兹之踵规模而扩大之，用继前……
>
> 以妥神灵，非侈观美也；至其设庖厨，备饮馔，置寝床……
>
> 司期会宴游，则有延英之馆，其安置妥帖，部署周详……

从唐棣华的描述来看，此次重修扩大了齐安公所的规模，改善了公所内的设施条件，完善了公所的接待服务能力，达到了更好地为同籍绅商、官员服务的目的。直至辛亥革命时期，湖广会馆一直是重庆城内重要的官员接待场所，四川保路运动爆发后，端方率领湖北新军乘船沿三峡来到重庆，入住的地方便是湖广会馆。

湖广籍移民创建的府籍会馆还有衡阳公所、长沙公所、常德会馆、濂溪祠（永州会馆）等府县会馆。

常德会馆，由常德来的移民"捐资置产祀神，积有数千金，年收租银四百六十余两"。① 永州会馆，据何智亚先生考证，在禹王宫牌楼右边的两间厅房，一处的石拱门上镌刻有"濂溪祠"三字，② 表明这里曾经是湖南永州府的府籍会馆。长沙会馆的房产集中于芭蕉园一带，如原芭蕉园 15、25、26 号三幅土地，均属长沙会馆，其中芭蕉园 15 号为砖柱土墙房，面积约 180 平方米，属长沙公所两湖同乡会所有，表明这幅土地在清代的产权属于长沙会馆。③ 湖广会馆下属的县籍会馆不多，窦季良先生考证有咸丰会馆，"县会如咸邑公所，即咸丰会馆，其成立年代应断定为道光年间"。④

会馆的兴修与培修可谓困难重重，需要会众齐心协力，特别是会馆创建与运行的经费筹集。一般来说，经费的筹集主要通过同乡的捐资、捐产，抽收商品的厘金，按户摊派等方式。嘉庆十四年，湖广会馆欲修葺会馆，"楚省十府士民均乐庆祝，叠次议派各府募收捐资"。但这种捐资在具体实践时极有可能变成按户摊捐，并引发同乡的不满。陈尚圣，时年 32 岁，湖南常德府人，在渝千厮坊从事屠猪生理。九月初二日，湖广首人徐正朝等人向陈尚圣征收捐银 30 两，陈尚圣以早已歇业为由，只愿出银 3 两，双方发生口角，以致拳脚相向，均有受伤。⑤ 这个故事亦从另外一个角度说明会馆筹集经费的不易。

2. 江南会馆⑥

重庆江南会馆，亦称准提庵，在东水门内。⑦ 光绪三十四年，江南会馆

---

① 《文生邓肇元等具禀会事管祥泰紊乱章规，拖延不发，乡试宾兴帮规银卷》，6-5-1158。
② 何智亚：《重庆湖广会馆——历史与修复研究》，第75页。濂溪是为了纪念宋代理学名宿周敦颐而题名。周敦颐（1017—1073），字茂书，号濂溪，湖南道州营道县（现湖南省永州市道县）人，北宋著名理学家，后称濂溪先生，为永州府著名乡贤。清代川渝地区的永州府会馆，多以濂溪祠命名，如民国《铜梁县志》称，该县的濂溪祠由湖南永州府的李、周、刘、柏四姓共建。
③ 何智亚：《重庆湖广会馆——历史与修复研究》，第76页。
④ 窦季良：《同乡组织之研究》，第34页。
⑤ 《千厮坊陈尚盛以修会馆估出钱不允统朋凶殴控徐正常等》，6-2-5262。
⑥ 清顺治二年，改明南直隶为江南省，治所位于江宁（今南京）。康熙六年，分为安徽、江苏二省，但此后仍习惯称此二省为江南省。
⑦ 乾隆《巴县志》卷2《寺观》，第65页a。

首事在给县令的诉状中称，江南会馆创建于康熙十五年，[①] "当时以泾县、句溧、徽州三属人为最盛，各置田房产业，为岁时焚献燕集之资，并捐巨款补□□。故本城八省首事江安一省，历归泾、句、徽三属轮充，合省账目亦归泾、句、徽三属人轮管"。[②] 这表明江南会馆的组织体系与湖广会馆按府、县来建府馆、县馆不同，前者分泾县、句溧、徽州三地，亦即所谓的"一省三县"。据嘉庆六年八省客长的调查，江南籍商民领帖开设的牙行共有 5 家，具体分布为纸行 1 家、糖行 3 家、瓷器行 1 家。[③]

江南会馆敦谊堂创建于乾隆三十三年，[④] 当时江南泾县有很多人在重庆开线铺，以线坊、棉花买卖为生。其中洪、朱、胡、郑、汪五姓生意做得比较好，为了联络乡情，同时也为了规范线铺市场，五姓发起成立敦谊堂。建堂资金来自五姓商户，"乾隆年间协议捐创敦谊堂会祀，原期永敦其谊，抽取底金，共凑二万余两，置买田房收租，共银一千五六百金。每岁酬神燕会，约共一千一二，余银数百"作为会馆执事的管理经费。[⑤] 可以说，敦谊堂也是一个股份公司。敦谊堂"定例五姓子孙互相经理，至于出省充当客长，仍系朱洪胡郑

---

① 江南会馆创建于何时，说法不一。岳精柱先生以重庆三峡博物馆馆藏文物号 115142 的一份光绪十一年江南会馆房契清单中有 "康熙十年买艾叶氏老契一张，价四十五两"为依据，推测"江南会馆应该在康熙十年左右建成"（岳精柱主编《江南会馆文书选编》，重庆出版社，2023，"前言"，第 3 页）。笔者认为这一看法还有进一步讨论的空间。第一，从湖广会馆的兴建过程可以看出，会馆从购买地基到兴建会馆是两个不同的阶段，文物号 115142 的记载只能说明艾叶氏的土地买卖契约形成于康熙十年，并不能说明这时候已经有会馆建筑。第二，光绪十一年的这份清单并没有说明是江南会馆从艾叶氏手中买到了该地基，这份契约有可能是江南会馆在雍乾以后购买土地时，原业主提供的上手契。笔者认为，江南会馆的创建不会早于康熙十五年，一是清廷对民间私设会馆持严禁态度；二是当时重庆正经历吴三桂反清所带来的战乱，长江水运商道并不畅通；三是当时重庆的城市人口规模较少，外省移民并没有开始有组织地来重庆经商或住居，当然也不大可能创建会馆。
② 《江南首事职员洪星具禀筹款培修江南会馆房屋及银两收支卷》，6－6－6416。
③ 《重庆府谕八省客长等确查渝城有帖行户多少系何省何行等情卷》，6－2－311。
④ 据窦季良考证，当时江南会馆敦谊堂匾额刻有 "乾隆丁亥仲春之吉""郡守胡承墅立"。胡承墅，安徽泾县人，进士，乾隆二十九年任重庆府知府，三十二年离任（窦季良：《同乡组织之研究》，第 74 页）。乾隆《巴县志》记载了乾隆十九年，因重庆府同知衙署迁到江北厅，原衙署卖与泾县例监朱云龙一事，但不清楚该衙署基址是否就是后来的敦谊堂（乾隆《巴县志》卷 13《记》，第 44 页 b）。
⑤ 《江南会馆敦谊堂朱成洪与洪荣等争做首事客长与会馆财务互控案及该馆首士议定之会馆管理章程（卷二）》，6－6－6414。

汪五姓轮流更换"。① 至同治年间，堂产已经发展到年收租银 1200 多两。下面是光绪年间江南会馆部分资产的收入情况。

一、收罗厂坝租谷一百五十石，押佃银八百两正，

一、收野猫溪租谷三石，押佃银一百二十两正，

以上两项租谷视年之丰歉为收入之多寡，不为额□，

一、收平街子房屋一所佃银一百二十两，押佃银八十两正，

一、收三硐硚地租钱略六七十钱文正，

此款亦视水涨之大小，生意之盛衰，亦不能为定额，

以上共计收租谷一百五十三石，

收银一百四十三两正，

收钱略八九十千文正。②

我们再来看光绪三十四年江南会馆经费的支出情况。会馆经费的支出主要包括神会的庆祝祭祀支出、维持会馆运行的杂费、客长及雇工的薪资、会馆所有田产的赋税、会馆培修费用、会馆所借银两的利息支出等。具体支出情况如下。

一、付二六□月观音会共钱六十千文正，

一、付七月盂兰会银四十两正，

一、付七月盂兰会钱二十五千文正，

一、付全年杂用银四十两正，有账可查，并八月初二交□四席在内。

一、付客长全年夫马钱三十六千文正，

一、付全年各处灯油香烛银六十余两，并八月初二交签四席在内。

一、付雇工三人工资火食钱一百三十千文正，

一、付上粮银三十五六两正，

一、付各处岁修银略三十两正，除本馆及佃户外，大河尚有观音

① 《江南会馆敦谊堂朱成洪与洪荣为争做首事客长与会馆财务互控案及该馆首士议定之会馆管理章程（卷一）》，6-6-6413。
② 《江南首事职员洪星武等具禀筹款培修江南会馆房屋及银两收支卷》，6-6-6416。

庵、地藏庵两处。

一、付子金银四十三两正。①

如同其他省籍会馆，江南会馆下面也有一些会及会产。如句溧祠山会，便有房产 2 处，田产若干。据光绪年间的一份记录称，该会当年的收入情况如下。

一、收朝阳河租谷三十三石，押佃银一百二十两正；

一、收土佃十三户，年共收租钱四十三千文正；

一、收打铜街铺面三间，押佃银一百三十两正；每年佃租银二百一十两正。

一、收坪街子铺面一间，押佃银一百两正；每年佃租银五百两正。

以上共收略银三百六十余两正，收钱四十二千文正。②

江南会馆创建后，历经多次培修和扩建。光绪九年，在时任巴县县令乡人国彰③的倡议下，在会馆左侧兴建青龙阁（亦称文星阁），耗银 9000 余两，其中捐款合计 4000 余两，然后泾县又认捐 2000 两、句溧 600 两、徽州 200 两，还有 2400 多两的欠款"始归合会暂垫，继则由泾县认借"。这次兴修青龙阁，让江南会馆特别是泾县负债甚多，"泾县从此负累渐深"，为光绪中后期一系列的诉讼埋下了伏笔。之后，江南会馆又修建了乡贤祠、望江楼等会馆设施。④

从江南会馆每年缴纳田赋、津贴、捐输的纳票来看，江南会馆有两个里甲户籍，分别为江南会馆、江安盂兰会，田产地址分布在巴县智里十甲、廉里九甲、廉里七甲等地。其中，江南会馆在巴县智里十甲的田产每年上缴田赋银 1.83 两，廉里九甲土地每年纳田赋银 0.166 两，廉里七甲土地每年纳

---

① 《江南首事职员洪星武等具禀筹款培修江南会馆房屋及银两收支卷》，6 - 6 - 6416。

② 《江南首事职员洪星武等具禀筹款培修江南会馆房屋及银两收支卷》，6 - 6 - 6416。

③ 国彰，字子达，杭阿坦氏，京口驻防蒙古镶白旗人。16 岁时，"以幕游蜀"，后以军功保叙知县。光绪七年，调巴县，"前后三任，惠政极多"。见民国《巴县志》卷 9《官师列传》，第 23 页 b—24 页 a。

④ 《江南首事职员洪星武等具禀筹款培修江南会馆房屋及银两收支卷》，6 - 6 - 6416。

银 0.77 两。另，光绪二十七年，江南会馆还以银 300 两买邱松浦房产一处。

清至民国时期，围绕着江南会馆会产的诉讼案件较多，江南会馆在成立和发展过程中，制定了若干防范外人把持及内部挥霍会产的章程。如规定只有当初捐出厘金的直系后代才能够入会，充当会首，享有相关权益；五姓以半年为期，轮流充当。在会产的经营中，该馆还创建了"守柜"制度，[①] 即守柜一职不许会内人充当，由会馆聘请外帮人经理馆内银钱契约，管事会首支用馆内钱财须向守柜申请，有点类似职业经理人制度。这一制度强化了守柜的职责，有助于防范客长把持或挥霍会产，但长期掌握会产支出、契约管理的守柜，却极有可能私吞会产，民国时期江南会馆的财产纠纷案就发生在守柜与江南会馆的会众之间。

3. 广东会馆

广东会馆，民国《巴县志》中称其为南华宫，位于黉学巷，紧邻齐安公所。[②] 乾隆《巴县志》中未提到广东会馆，这可以说明至少在乾隆二十五年之前，广东会馆还未有会馆建筑。重庆的广东籍商人主要集中在药材等行业，在广东会馆兴建以前，重庆就有由广东商人经营的三个药栈，即古冈栈、[③] 顺德栈、[④] 广南栈，[⑤] 各栈由 20—30 家的商号组成，少者亦有数家，"合纳捐厘，并抽二厘货值为栈内的公共支出"。[⑥] 乾隆年间，三个栈房共同集资置产，创建广东会馆，但各栈似乎还是相对独立的组织。据嘉庆六年八省客长的调查，广东籍商人在重庆领帖开行 2 家，分别为山货行 1 家、纱缎行 1 家。[⑦] 何智亚

---

① 据窦季良考证，守柜受聘时，须由当地公正老成并身家殷实者作保，并交"压柜钱"100 两。守柜"工资伙食六十两"，守柜保管银钱契据期间，若发生账面亏损，由守柜自行承担。见氏著《同乡组织之研究》，第 24 页。

② 民国《巴县志》卷 2 下，第 5 页 a。

③ 古冈栈由广东新会人在渝筹资所建，新会古称冈州，因而渝城新会商栈称古冈栈。傅裕对清代重庆广东三栈进行了详细的考证，见氏著《广东三栈的百年沧桑》，《红岩春秋》2019 年第 1 期。

④ 顺德栈创于清初，雍正十一年，该栈买仁和坊三牌楼正街楼房三进过厅一间，土库二座。嘉庆十年重建，位置在今解放东路一带，民国时期为二牌坊街第 27 至 30 号铺户房屋及 31、32 号住户房屋。

⑤ 广南栈由旅居重庆的广东南海人所建，清初以经营药材而兴盛，民国后逐渐没落。

⑥ 窦季良：《同乡组织之研究》，第 22 页。

⑦ 《重庆府谕八省客长等确查渝城有帖行户多少系何省何行等情卷》，6 - 2 - 311。

先生搜集到两份与广东会馆有关的房产买卖契约，一份是乾隆五十一年广东会馆创修的购地契约，一份是嘉庆年间广东会馆扩建的购地契约，从这两份契约的内容可以大致看出广东会馆房产、建筑不断扩充的过程。

首先来看乾隆五十一年四月二十一日的契约，契约全文如下。

> 立出永卖街房坐宅地基文契人张柳堂、张九荃、张留山、张孔昭等，今将城内巴字坊地名巴字园，祖父遗留公共各人受分房屋并置买房屋上下两院，下一院新旧槽门三座、大门一座、砖墙二门、大厅一向、左右书厢房楼两大间、后正楼房五大间、两厢房楼房四间、后坎上厨房三间、右边大厨房二间、正房后窨子一座、内楼房三间、厢房二间、厨房一间；上一院大厅三间、厢房二间、正房三间、后接□厦子三间、坎上厨房二间，大院坝二段，大街铺面四间以及各院楼板、地镇、楼梯、大小板门、虎皮板门、窗花门隔、石工木料、竹树园林、花园水井、一切片瓦寸土等。凭中证淡世臣、张遵一等引进说合，扫卖与南华宫会首韩鼎阳、梅式儒、顺德栈、古冈栈、广泰栈及董事廖初龙、陈三泰、范贵进、廖云达、陈兴龙、赖田庆、谢恩、蔡舍章、钟元瓒、郑大仪、幸新任、陈粤兴等，以为修造阖省公所。彼日凭中议定时价九五色银三千八百两整。自卖之后，任从南华宫会首董事会人等择期修造公所。恐口无凭，立出永卖契约为据。
>
> 实计价银三千八百两
>
> 乾隆五十一年四月二十一日立卖契人　张柳堂（押）、张九荃（押）
>
> 同子侄　张孔恩、张恒占、张圣泉、张孔昭、张留山、张庭闻、张世则、张孔席、张孔卓
>
> 同孙　张衍孟（押）
>
> 中证　郑忠胜等47人（略）①

---

① 何智亚：《重庆湖广会馆——历史与修复研究》，第85—86页。

该契约盖有清代巴县衙门官印，民国初年重庆八省公益协进会、重庆市财政局土地登记处验讫及一模糊不清的验讫章，同时该契约的左上部还有"此系广业小学校产，未经本局核准，不得为物权之转移。公历一九五□年四月十八"字样。这份契约提供的信息表明，广东会馆修建于乾隆五十一年之后，会馆基址购置于张姓家族。广东会馆的创建人除顺德栈、古冈栈、广泰栈三个商栈外，还包括多名南华宫会首，这表明早在广东会馆兴修之前，南华宫这一组织就已经存在。

嘉庆年间，广东会馆进行了扩建，一份嘉庆十三年二月二十日的契约显示了扩建基址的来源和购买该地基所花的银两数量。该契约文称：

> 立出杜卖房屋文契叶恒大、袁茂记、袁瑞隆、向如春、袁恒丰、袁家昌号，今将昔年所买熊氏房屋两院、宅基二所，坐落地名巴字园坎下瓦屋楼房，前后两进，并门外铺面五间，上连椽木、下砌石门坎，窗户格、寸土寸木、浮沉石工片瓦悉行在内。前抵本宅石坎为界，后抵南华宫老坎为界，左抵禹王宫为界，右抵官街为界，四边界址清楚，并无紊乱。因客地辽远，收租未便，是以商酌出卖。今请凭中证说合，悉行出卖与广东公所承买，当日三面议定实价九五色银一千五百两整。其原业上手文契一包在内。其银凭中现交六号入手，并无赖账，准折亦无，包买包卖。自卖之后，任从广东公所管业修造，如有来历不明，有卖主从中理直，不与买主相涉，六号人等不得别生异言，日后亦不得称言赎取等情。恐口无凭，立出杜卖文契为据。付与广东公所永远存执。①

在这份契约上，房屋左邻禹王宫客长胡兰亭、右邻金大聚都已签字画押。从契约的内容来看，这处房产原来的主人也是商号，只因"客地辽远，收租未便"才将该房出卖与广东会馆。

另据巴县档案，"嘉庆年间，三门合议抽厘置买房屋，供公所焚献并捐

---

① 何智亚：《重庆湖广会馆——历史与修复研究》，第86页。

输杂派，千斯门买姚家巷坐房二院，同乡公管无紊"。① 可见，广东会馆在城内的房产有多处。

2003 年重修广东会馆时，在会馆戏楼藻井上的脊檩发现刻有广东会馆重建的文字，大部分漶漫不识，但能辨识"嘉庆戊寅年"等字，这表明广东会馆曾在嘉庆二十三年又进行过重修。巴县档案显示，道光十八年，在会馆首事王松亭、罗文澜、陈紫国等人的主持下，广东会馆培修后殿观音阁，同时拆除了沿街铺房，将庙基缩进两尺，拓宽了广东会馆外的街道，并重修了防火墙。② 1883 年，立德乐应邀到广东会馆参加宴会，据他描述，"这家广州③会馆占地二至三英亩……其中每个园子都有大量的假山、大丛的鲜花和正在开花的灌木以及在其中蜿蜒曲折的小路……带着院子的宽大的房屋建造得很坚固，用木雕和石刻装饰得非常漂亮，还有大理石地板和宽敞的阳台——这是主要的接待室。一些雅致的小凉亭分散在各处"。④ 这表明广东会馆较为豪华。

据 1912 年八省商务分会的一份资料，清末，广东会馆各商号集资在会馆左侧修筑洋楼一座，作为"旅渝粤商坐号营业之用"。⑤ 广东会馆在重庆南岸康家湾、赵家湾还拥有土地 100 余亩作为该馆的公共墓地，俗称"广东山"。

4. 浙江会馆

浙江会馆，亦名列圣宫，在储奇门内。⑥ 浙江会馆筹办的时间较早，据光绪十三年浙江会馆职员陆志芬与顾安亭争充浙江会馆湖州首事一案所提供的材料，早在康熙年间，就有经营木材贸易的湖州商人来渝，"按货捐输"，筹集建造会馆的经费。随着西南地区移入人口的增加和开发的深入，越来越多的浙江商人来到重庆，尤以经营瓷器为主业的湖州府商人和经营药材为主

---

① 《粤省万玉成以抽厘置房供公所焚献并捐输杂派千斯门房院后被他人蓦当一事具告骆定元一案》，6 - 6 - 13090。
② 《重庆府广东会馆培修观音阁将庙基缩进二尺以宽街道禀请居民不得侵占及巴县示谕卷》，6 - 3 - 73。
③ 应为广东。
④ 〔英〕阿奇博尔德·约翰·立德乐：《长江三峡及重庆游记：晚清中国西部的贸易与旅行》，谢应光译，重庆出版社，2018，第 138 页。
⑤ 《八省商务分会呈请转军机处迁还广东馆侧洋楼案》，四川省档案馆藏，四川东川道尹公署 191 - 1 - 702。
⑥ 乾隆《巴县志》卷 2 《寺观》，第 65 页 a。

业的宁波府商人最多。其中湖州瓷器商人还形成了万集栈、大采栈、惇大栈、祥春栈等6个瓷器商栈。浙江会馆会产的置办及馆址的兴建也是一个渐进的过程。康雍年间，游幕来渝的浙江绍兴府人范刚病死后，将所置位于巴县直里一甲马厂坡载粮一两一钱田业捐给当地寺庙夜雨寺，乾隆三年，因寺僧有盗卖捐产之举，引发诉讼，该田业改为浙江籍移民的公产。乾隆五年，浙江两府商人集资购买会馆基址，乾隆十年开始兴修，至乾隆十二年会馆落成，据称"费银二万余金，馆竣，并未外募分厘"。① 乾隆十二年所撰的浙江会馆《始建碑记序》详细介绍了创建缘由、过程。

> 自古重财用而后世之经营于四方者，比比皆是，惟吾浙为独盛。故凡天下之明邦巨镇，莫不蜂屯猬集，往来者累累如贯珠。于是，昔之人法周官之制，择地鸠工，建立会馆，上供诸神圣像，下便乡友礼谒之地，并一乡之人，或议论公事，或联络乡情，咸得居停于此。使乡人原理故国者，谒然不失乡党亲睦之风，甚矣。会馆之所关，甚巨也。蜀为古天府之国，重郡又为蜀之明郡，四通八达，五方之人云集响应。而财货之区，渝称巨镇。是以天下之人来兹土而贸是乡者，皆建立会馆，独吾浙省缺焉。吾乡之人为商于兹土者固多，其他或仕官或流寓络绎不绝，与诸省不同，则会馆更不容己也。于是，吾乡人忻然会集，公议此举。有四明楼君闾修、吴兴秦君予超暨众乡友亦乐为捐助。于乾隆五年九月间，买得刘姓祖遗住基三十余间，凭中说合，四至分明，计价一千二百金。初立，遂议捐资创工，宁慈实捐银七千余金，湖府实捐银七千余金，其杭嘉绍金严数府来渝经营者稀少，所捐无几。俟公所告竣之日，各捐资再勒碑记。乾隆十年正月二十五日起工，三月二十八日立柱，四月十一日正殿并戏台上梁，七月初八日后殿上梁，约告成于乾隆□□年孟春上浣。殿内虔供诸神圣像，因建名列圣宫，勒于首门。庶敬神有所而会议得方，实赖众乡友诸君子诚意相感捐助赞治之力也。是为序。

---

① 《浙江会馆湖州府黄锡为借搭钱银凶殴等情告陆志芬案》，6－6－18225。

创议：宁慈 周圣臣、魏久如、缪汉公、秦光先、郭廷显、陈君荣、童□歧、张维德、宋天木、周丽南、秦宏绪

立基：吴兴 陈玉斯、沈天御、吴德先、沈右玉、郑予仪、叶子宣、贾晋卿、秦予超、陈德维、王良卿

董事：宁慈 楼□修、邵圣瑞、时卓如、冯云五、柳宸彩

鸠工：吴兴 倪开显、徐宸人、宋岐山、王工房、杨秀章、董彭年、姜汉英、苏瑞成

捐助诸友再立碑记，伏祈后至诸贤踵神圣之庇佑而利滋财股，如川之流，如日之升，以传于亿万世云尔。

乾隆十二年岁次丁卯孟秋月上浣[1]

据称该碑在清代一直藏在会馆神座下。从此碑的内容可以得知，浙江籍商人在乾隆五年费资银1200多两买到刘姓院落30余间作为兴修会馆的基址。民国时期，浙江会馆还一直保存有一份乾隆五年的买地契约。

立永卖契　刘梅先、彬然、景涑、健翎、亮公、居仁、允谐同侄志德、含万等，今将祖遗住宅一所，坐落储奇门断牌楼，坐北朝南，铺面三间、平屋三进，连厢房共计三十间，下连基地门□、石工、水井、棵树并空地墙垣一并在内。四至俱凭本墙滴水外为界，四至分明并无蒙混。情愿挽中，尽行出卖与浙省众客郑予仪（湖府人）、叶子宣（湖府人）、楼□修（宁府人）、秦予超（湖府人）、贾晋乡（湖府人）、钱履丰（湖府人）、陈德维（湖府人）、周圣占（宁府人）、缪汉公（宁府人）、周圣符（宁府人）等为业，以作公所。三面议定，时值价银九七色一千三百两整，□□打散一包在内，其银当日一并收足。梅先等照股分受讫，其屋任从打卸起造，并无回赎异说。此系两厢情愿。其价并无□准折，亦无逼勒等情。倘有刘姓亲族人等争执，卖主自应承值。与买主毫无干涉。恐后无凭，立此卖契。永远存照。

---

[1] 《浙江会馆湖州府黄锡为借搕钱银凶殴等情告陆志芬案》，6-6-18225。

计开四至：东抵本宅墙垣外滴水为界，南抵周、冯二姓屋后本宅老墙为界，西抵范、潘、赵三姓坎下为界，北抵本宅墙外滴水为界。

实计价银九七色一千三百两整一并收清。

乾隆五年九月立

从该契约可以看出，乾隆五年九月，郑予仪（湖府人）、叶子宣（湖府人）、楼□修（宁府人）、秦予超（湖府人）、贾晋乡（湖府人）、钱履丰（湖府人）、陈德维（湖府人）、周圣占（宁府人）、缪汉公（宁府人）、周圣符（宁府人）以银 1300 两买刘梅先、刘彬然等人在储奇门断牌楼的铺面三间、平屋三进连厢房共计 30 间作为浙江会馆公所，[①] 初步奠定了浙江会馆的基础。之后，浙江湖州府和宁波府籍的商人又各捐资 7000 多两白银作为兴修会馆的资金。碑文还特意提到，当时浙江的"杭嘉绍金严数府，来渝经营者稀少"，并未捐资多少，这就决定了浙江会馆客长一职一直由湖州府和宁波府的商人担任。所以，窦季良认为浙江会馆即是湖宁公所。[②]

乾隆八年，浙江瓷器帮商人开始兴建列圣宫，成于重庆知府徐正恩任上。其馆产包括地名高家坪的田产和某僧人捐置的房产。乾隆三十年和乾隆五十二年，浙江会馆在江北厅等地均进行了田土的购置。请看下面三份契约。

契约一

立出永远卖契人王邓沛同子王贵荣，今因负债无偿，情愿请凭中证将祖父遗下分受己业田地山场阴阳二宅民庄一所，坐落重庆府江北镇义理民府义里五甲，地名新堤湾捞鱼沟，载粮二钱零三厘，田业一坊，土库瓦房三间，厢房二间，门窗户壁俱全，石碾一座，地坝山林竹木荒熟田土以及寸瓦片石一并扫卖与浙江列圣宫会长王世臣、陈约三、王廷宣、陈宇衡、魏通维、钱声煌等永作祀产、义冢。凭中公议，得价银九五色布砝银四百四十两整。当日入手清交收足，并无货物准折，又无逼

① 重庆市档案馆藏，地政居档第 562 号。
② 据窦季良称，民国时期浙江会馆人士曾告诉他，在浙江会馆的门额上旧有"湖宁公所"四字，见氏著《同乡组织之研究》，第 23 页。

勒等情。自卖之后，任凭开除过户，纳粮布种，永远管业无阻，并无重叠典当在外。其卖主亲族原业画字一包在内，酒水在外，计开四至，边界分明……自卖之后，王姓亲族原业不得进葬。倘亲族有异言生端，俱系卖主一力承当，不与买主相干。此系王姓父子甘心杜卖，永不得加偿赎取，两厢情愿，各无异言。恐后无凭，立此永远卖契为据。

实计田价银四百四十两正。

乾隆三十年闰二月初六日立永远杜卖田地山场阴阳二宅。

文契人　王邓沛　同子王贵荣

同继弟　王邓泽　继侄王德沛

普

引进说合　卢范远　姚正章

约厢　唐君一　等二十五人

受业会长　沈启源、罗月山、陈斐臣等二十二人①

契约二

立杜卖田地房屋山林地基阴阳二宅文契人王思佑，情因负债无措，父子商议，先尽亲邻不受。请凭中证邓元臣、赵玉彩等将祖遗坐落田塝田地、全分房屋、仓廒、牛栏猪圈、碾碓、石工竹林一并扫卖与浙江会馆宁、湖、杭、绍名下为业。三面定价，时值价□□钱一千二百串文整，其钱当日王思佑父子入手领讫。……自卖之后，听买主入册输粮，插佃招租……

乾隆五十二年十二月二十日，立杜卖田地文契人王思佑。

同子德成/厚/高/明

同孙之富/寿/福/林

原中邓元臣　说合　赵玉彩

乡约　郑作邦等九人

---

① 重庆市档案馆藏，0801 - 02。

福建公所　首人　关履亨

江西公所首人　□□立①

契约三

　　立出永卖铺面、窖子、楼房、地基文契人彭绍贤，情因移业就业，祖孙母子商议，愿将故父彭荣富昔年原买张顺德所卖仁和坊地名二牌坊铺面一间，铺后窖子五层所有天楼地振柱（缺七字）户阁、楼梯、铺板、外柜、水井、后路晒台、东厕、石坎、墙垣、地基、寸木拳石、片瓦片砖悉行在内，请中出卖，并无摘留。先尽邻原业，无人承受，特请张怀堂、韩雨田等作中，觅主说合成交，卖与浙江馆敦义堂名下永远管业。此即凭中议定，是值房价九□色银九百两整。当日买主将银如数交兑，卖主彭姓祖孙母子如数亲手。凭中领足，并无下欠分厘，亦无赊债准折。其有走边画押，原业转契均包价内，并不外添分厘。其房界畔……四界凭众踩踏分明，并无紊乱。倘有老契朗凭，自卖之后，任凭敦义堂自住或招佃收租，彭姓亲族、原业邻右已在未在，老幼人等日后永无异言。如有借故生端，概由彭姓一力承担，不与买主丝毫相涉。此系两造心甘意悦，并无逼勒套哄、蓦买蓦卖等情……

　　中证张怀堂等二十三人同在。

　　同治七年五月二十八日，立永卖房契人彭杨氏，同媳王氏、孙绍贤②

　　乾隆三十年，会众以银440两购买江北厅义里五甲民王邓沛土地若干作为祀产、义冢，这幅土地直到抗战爆发仍然是浙江会馆的义地；乾隆五十二年，以钱1200串文购买王思佑父子田业招佃收租。同治七年（1868），浙江会馆敦义堂以银900两买彭绍贤铺面一间。因资料限制，尚不能完全

---

① 重庆市档案馆藏，0801-07。
② 重庆市档案馆藏，0801-29。

厘清浙江会馆会产的扩充过程。但从上述三纸契约，我们还是能够觉察到浙江会馆会产的扩充是一个长时间的过程，这反映了移民兴建会馆的不懈努力。

浙江湖州商人的瓷器生意到了乾隆后期受到湖广同业商人的冲击，嘉庆六年浙江会馆碑称："第我湖（州）贸易于渝者，磁器为最，杂货次之。粤稽渝城磁行牙帖有三，备载府志，既可任客投牙，又堪杜绝把持之弊也。乃乾隆四十六年间，被楚蠹霸占独行，违例控害，遂使旅客闻风畏缩，裹足趑趄。由是庙疏既少，□□无资。"为了改变此一状况，湖州客长徐若华、李定安拟定章程五条，试图重振湖州瓷器帮。

> 一议，公信磁行嘉庆三年众客举请领承充，以避独行病商之弊。凡磁货投发行售，俱属梓里，挂平经手仍照旧规外，本行厘金减半。本客粗磁每子三厘，细磁每只一分六厘，照数归公，以资行用。或有差徭杂费，归行承办，以公项内每年帮给银二百两，免其侵移客本之患。
>
> □□□□□□□□□向来江浙磁货自豫楚及川，一体同照。因乾隆五十六年间紊乱前规，分开彼此，今后仍修旧规，另置湖震公栈。凡有磁帮公事，无分江浙，合而为一，永以为好，疏规照例。
>
> 一议，公所清款之后，如有盈余，存于各司栈代理生息，以作修葺置产守成之举。
>
> 一议，过江水客，无论粗细磁器，正疏外仍归厘金，每子六厘。
>
> 一议，阳奉阴违者，一经查出，另罚修葺码头，疏银每磁一子二分，以充公用。[①]

与瓷器商不同，浙江会馆中的药材商后来居上。浙帮的牲记、永泰、茂昌和、万通长等药号在浙江籍官吏的支持下逐步壮大，利润丰厚，并开设了仁义栈，捐资修建了浙江会馆。浙江药商把四川所需的"浙八味"——浙贝、杭术、角参、玄胡、枣皮、杭芍、杭菊、杭麦冬从江浙运到重庆，再购

---

① 《清代乾嘉道巴县档案选编》上册，第251页。

买川药运往江浙，从中赚取利润。① 有意思的是，据嘉庆六年八省客长的调查，浙江籍商人当时并没有领帖开行。

5. 江西会馆

江西移民在渝设立的会馆称万寿宫，在东水门内，② 由江西八府移民共建。据彭伯通先生考证，万寿宫原为罗祖庙，后出售给江西商人，改名为万寿宫。万寿宫北侧是青龙阁，后改为石阳馆，即江西吉安会馆。③ 后文将要谈起的泰邑小学即在吉安会馆内办学，而昭武小学和赣江中学则在万寿宫内办学。重庆江西会馆的建筑物大部分毁于1949年的"九二火灾"。据何智亚先生考证，重庆朝天门陕西路五巷原名万寿宫巷，陕西路六巷原名赣江街，"在八省会馆中，江西会馆的建筑规模和气派不亚于湖广会馆"。④ 清代，重庆的江西籍商人实力十分雄厚。据嘉庆六年重庆八省客长的调查，江西籍商人在渝城领帖开行40家，具体为铜铅行1家、药材行11家、布行2家、山货行22家、油行1家、麻行1家、锅行2家。⑤

乾隆四十年《万寿宫碑记》谈及江西会馆作为一个控产组织最早出现于康熙年间，当时江西会馆曾"在四川省重庆府巴县义里五甲蒲草坝置买田地、山场、屋宇，每岁收熟租米一百八十四斗整，丰歉两无加减"，"上以供神明之祭祖，下以聚豫章之脉派"；雍正十一年十二月，江西会馆在此块土地的"周围监立有界石"，"详载界限"，"但因历年已久，风雨损坏，碑牌字迹糊涂，猪牛践踏，界墩破裂歪斜，纵有十存四五，实乃间断稀疏"；到了乾隆三十九年冬月初八日，江西会馆人员来此"巡察，睹此光景，恐后来渝继续首事者难以稽查。因兹不惜工费，复添新石界墩一百二十块，均镌立有'万寿宫界'四字，于邻田邻山相连之处竖立昭明"。⑥ 从这通碑刻我们可以看出，作为控产组

① 朱君南等：《四川药材业在重庆经营史略》，政协四川省委员会文史资料研究委员会编《四川文史资料选辑》第32辑，四川人民出版社，1984，第7—8页。

② 乾隆《巴县志》卷2《寺观》，第65页a。

③ 彭伯通：《清代巴县城的会馆》，政协四川省巴县委员会文史资料委员会编《巴县文史资料》第11辑，1994，第8页。

④ 何智亚：《重庆湖广会馆——历史与修复研究》，第88页。

⑤ 《重庆府谕八省客长等确查渝城有帖行户多少系何省何行等情卷》，6-2-311。

⑥ 转引自何智亚《重庆湖广会馆——历史与修复研究》，第96—97页。

织的万寿宫，即江西会馆出现在康熙年间，并在重庆城乡置有一定的馆产。当馆
产积累到一定程度的时候，兴建江西会馆的实体建筑就成了顺理成章之事。

笔者尚未发现万寿宫馆址最早的购地契约，也就是罗祖庙寺僧将该庙卖
给万寿宫的契约。但重庆市档案馆保存有多份与万寿宫扩建有关的契约。首
先来看一份乾隆四十六年十二月万寿宫购买房屋土地的契约，全文如下：

> 立出永卖栈房、座房、铺面、房屋、地基文约人韩文渊、文汉、文
> 淮、文江弟兄等，因移案就案缺赀，自请中证说合，将己名下受分街
> 业，坐落地名三品京堂栈房一院，天楼地板、门窗户格、槽门一并俱
> 全，坐房一□门窗户格俱全，铺面四间，街基七间，尽问亲族人等，无
> 人承买，只得请凭中证出卖与江西万寿宫公所永远管业。其四至边界，
> 铺面前抵官街心为界，后抵万寿宫墙脚为界，左抵江西巷官街为界，右
> 抵会馆面墙脚为界。四至□畔，凭众坊街邻踩踏分明，毫无紊乱。当日
> 三面议定，时值房价大钱一千一百千文整，其钱入手亲收，并无货物折
> 算，亦无尾欠。凡契内所卖房屋地基□寸石寸土□□□毫无存，一扫永
> 卖。至于原业□□一包价内，其老契一纸一并揭出。韩姓已在未在人
> 等，不得别生异言，倘有异说，系卖主一面承担，不与买主相干。此系
> 二家情愿，并无逼勒套哄等情，恐后无凭，立卖约永远为据。
>
> 实计房价制钱一千一百千文。
>
> 乾隆四十六年十二月二十八日，立出永卖栈房、铺面、地基，文约
> 人韩文渊、文江、文汉、文淮、文淋。
>
> 说合人　陈光达、聂体宜、杨双峰
>
> 凭中　坊长刘泰昌、陈又新、万德升、刘维周、彭松林
>
> 承买公所人　吴西载、谢朝魁、龚瑞珍、刘更川、鲁茂生、熊永
> 万、涂李安、周克辉、匡富五、周王衡、夏静山、贺茂林、欧穆华、何
> 康远、孙玉芬、陈□云①

---

① 《韩文江、韩文汉、韩文渊等将所属三品京堂栈房卖与江西万寿宫公所的文约》，重庆市档
　案馆藏，档案号：0069000101940000023003。

这份契约为乾隆四十六年万寿宫馆址扩建的契约，从这份契约中我们可以得出以下信息。首先，乾隆四十六年时，万寿宫的实体建筑已经存在，渝城甚至有以"江西巷官街"为名的街道，这说明万寿宫存在的时间可能已经较长且万寿宫建筑物较多。其次，万寿宫一方选择购买相邻建筑，有利于其扩大会馆建筑群，更显江西会馆的雄厚财力和影响力。最后，从承买人来看，吴西载、谢朝魁等人多次见于清代巴县档案的相关案卷之中，其中吴西载曾多次充任八省客长。

乾隆以后，江西会馆的馆产还在不断增加，虽然笔者未能查阅到民国初期江西会馆的馆产构成情况，但清代巴县档案中留下了若干江西会馆购买产业的信息。如道光五年，万寿宫以银900两买到生员何添锡的祖业铺房2间。① 道光二十二年，江西会馆以银2600两买到朱裕义位于金紫坊的房产一处。②

清代，重庆的江西移民商人较多，部分府县亦在万寿宫内附设有府籍和县籍会馆，如临江公所（临江府③会馆）、石阳馆（吉安府会馆）、抚州会馆。临江府会馆主要由在重庆经营药材的商人组成，有13家之多，重庆的大宗药材贸易大多为其把持，甚至搬运力夫也多为该帮的江西老表。临江府的药材商人也是江西会馆主要的集资者，不惜巨资在重庆修建万寿宫。临江府药材帮商人资金雄厚，江西会馆因而修得富丽堂皇，民间甚至有"万寿宫的银子"一说。④

重庆市档案馆有一份关于抚州府萧公会购买房产，创建抚州会馆的契约。

　　　　立出永卖瓦楼、铺面、窨房、地基、墙垣文契人郑珊之，情因移业就业，愿将光绪八年以郑松柏堂置买曹家巷正街铺面四间，窨房一院，

① 《道光五年二月二十八日何添锡等供状》，《清代乾嘉道巴县档案选编》下册，第73页。
② 《金紫坊朱裕义为将房卖与江西会馆告王维忠估距不搬》，6－3－4502。
③ 宋淳化三年（992）置临江军，辖清江、新淦、新喻三县。元改置临江路。明太祖癸卯年（1363），改临江路为临江府，辖清江、新淦、新喻三县。清末辖清江、新淦、新喻、峡江四县。1913年废。
④ 朱君南等：《四川药材业在重庆经营史略》，《四川文史资料选辑》第32辑，第6—7页。

凡界内门窗户格、铺面柜台，天楼地镇、水井天池、□石片瓦，悉行出卖，毫无摘留。先尽亲族、当主，无人承买。特请凭中证熊泽波、穆荣发、陈松亭、罗吉安、向荣发等说合，出卖与万寿宫抚州府四月初九萧公会名下为业。三面言明，时值实价九八色银八百八十两整，老票扣水二色市平交兑。原业□□概包价内，其银当凭中证面交郑珊之入手，如数亲收领足，并无下欠分厘，亦无货债准折。其有四至界址，前抵官街，后抵本己墙脚，左抵本街文昌会为界，右抵万寿宫□谷会为界，四界分明，毫无紊乱。自卖之后，任从萧公会招佃收租，珊之族内已在未在人等，不得异言称说，亦不得另生枝节。倘有生枝等情，一概有郑益三承担，不与萧公会相涉。此系二家心甘意悦，并无逼勒套哄等情。今恐人心不古，特立出永卖瓦楼、铺面、窨房、地基、墙垣文契一纸交与萧公会永远为据。

实计时值房价九八色银八百八十两整

中证　郑益三　熊泽波　穆荣发　陈松亭　罗吉安　向荣发

会证　艾谿如　傅席卿　吴建亭　傅衡卿　王炳离　舒煦如

熊焕章　僧浩然（代笔）

光绪十一年六月初二日立，出永卖瓦楼、铺面、

窨房、地基、墙垣，文契人郑珊之①

抚州府萧公会以银880两买紧邻万寿宫的铺面四间、窨房一院，作为会馆的馆址。这再次表明府籍会馆，甚至县籍会馆在创修会馆建筑之前，已经具有以"会"为名的控产组织，通过该会积累资金，最终购买房产作为会馆馆址。同时，我们还发现，这些府籍会馆选址往往与省籍会馆为邻。

江西会馆中的县籍会馆有丰城县会馆、建昌府南城县会馆。这些县籍会馆同样依附在省籍会馆之下，以"会"的名义集资置产。建昌府南城县，"先辈入川，在万寿宫捐资立会，于城南地名大屋基买田招耕，纳租焚献，

---

① 《郑珊之将曹家巷正街铺面卖与万寿宫抚州府的文约、契纸》，重庆市档案馆藏，档案号：029700020212900000067000。

轮报首人经理，只准招佃不准当卖"。^① 丰城移民亦在康熙年间由"同乡各捐底金置田业房屋，以作焚献团拜之需"。^② 现在尚不可知这些县籍会馆是否有实体的会馆建筑。

6. 福建会馆

福建会馆，亦称天后宫，在朝天门内。^③ 福建会馆大山门面朝长江，前临城墙，西北靠凉水井，东南接沙井巷，西南为民居；另一面邻朝天门半边街，与陕西会馆相对。巴县档案中有关福建会馆的资料较少，加之其会馆建筑毁于"九二火灾"，碑刻等资料损失殆尽，难以完全重现福建会馆兴建、发展的过程。下面根据部分零星的史料，对清代福建会馆的情形做一简单勾勒。

据嘉庆六年八省客长的调查，福建籍商人在重庆领帖开行 11 家，其中山货行 7 家、烟行 4 家。^④ 福建会馆内设有积义会，购置房产收租，如位于金沙坊的一处房屋，年收租金银 52 两，以每年收取的租银作为祭祀焚献之经费。^⑤ 福建会馆内部可能存在以家族的形式购买房产等不动产的行为，招佃收租作为会馆祭祀等运作经费。同治六年，时年 32 岁的监生、渝城金沙坊人谢宝树在一份"告状"中就称，"情生闽省首事，昔年合族各捐锱铢，置买房租，招佃收租，历在会馆每年祀神无异"。这表明福建会馆内部组织的一些不同之处，即既不是商栈也不是行帮，而是家族在会馆中占据重要地位。^⑥ 民国前期，福建会馆内部因产业管理纠纷不断。据 1926 年，福建会馆的一份卖地契约称，该会馆时有产业 13 处，以 36000 元的价格抵给当地驻军；同年，该会馆还将一处地产以银 1000 两的价格卖给私人。^⑦ 1932 年，因房产和租金纠纷，福建会馆会员李铁珊、卢宗恒等人

① 《光绪四年十一月八日　光绪九年九月十五日江西会馆建昌府首事陶文斗与黄纯然等为争充首事互控贪污案》，6 - 6 - 6418。

② 《江西会馆丰城县周海涛私收佃租及公举李恩治接管首事卷》，6 - 6 - 6419。

③ 乾隆《巴县志》卷 2《寺观》，第 65 页 a。

④ 《重庆府谕八省客长等确查渝城有帖行户多少系何省何行等情卷》，6 - 2 - 311。

⑤ 《清代乾嘉道巴县档案选编》下册，第 67 页。

⑥ 《金沙坊谢宝树以违约转佃会房情控庞聚美一案》，6 - 5 - 3397。

⑦ 《屠鸿猷与文人蔚堂买卖三元庙街房屋的正契格、契纸》，重庆市档案馆藏，档案号：0297 000202129000006000。

在给重庆市政府的呈文中简略谈及了当时福建会馆的情况，"因首士等管会侵蚀把持舞弊，报款提捐，迭遭变迁，遂致全体破产，惟今所存者，仅陕西街第一百五十三号地址一幅"，[①] 可知在抗战之前，福建会馆的资产已经不多了。

7. 陕西会馆

陕西会馆，亦名三元庙，在朝天门内。[②] 陕西会馆建筑全部毁于"九二火灾"，今已不存。民国时期，陕西会馆的大山门朝东，面向长江，前临下陕西街，后抵接圣街，北界梓潼宫，南界过街楼。据嘉庆六年重庆八省客长的调查，陕西籍商人在重庆领帖开行 6 家，其中毛货行 3 家、油行 1 家、山货行 1 家、布行 1 家。[③] 重庆陕西籍商人主要经营典当行和药材生意。据民国《巴县志》载，清末重庆的荣盛、日升、隆德、永贞、大有等典当行均为陕西人开办。[④] 陕西籍药商虽然户数不多，但实力十分雄厚。他们将西北所产甘草、苍术、麻黄、枸杞、杜仲等药材售给重庆、宜宾等地的药商，著名的陕西药材商号天增公、长春丰、宁顺生、德盛公等都在重庆设庄经营，活动资金都超过了 50 万两白银。[⑤] 陕西帮敬奉关羽，每年五月十三日在朝天门三元庙陕西会馆做磨刀会，祭祀关帝。

8. 山西会馆

山西会馆，位于太平门和储奇门之间，在清代《渝城图》上标注为"武圣宫"。在巴县档案和民国《巴县志》中，很少见到有关山西会馆的资料。嘉庆六年，重庆八省客长对各省商人开设牙行的情况进行调查，也说未见山西商人领帖开行。其实早在乾嘉之际，山西平遥人雷履泰在天津开设日升昌染料店，由于染料中的铜绿化合物来自四川，每年染料店都要载着银两来重庆购买，极为不便。因为遇到此类问题的还有其他商号，日升昌遂在重庆设立分号，代收货款，成立钱庄。重庆山西会馆的主要成员应该大多为山

---

① 《关于办理重庆市福建会馆房产及租金纠纷的呈、函》，重庆市档案馆藏，档案号：0051 – 0003 – 00188 – 0000 – 001 – 000。

② 乾隆《巴县志》卷2《寺观》，第65页a。

③ 《重庆府谕八省客长等确渝城有帖行户多少系何省何行等情卷》，6 - 2 - 311。

④ 民国《巴县志》卷4《赋役》，第46页a。

⑤ 朱君南等：《四川药材业在重庆经营史略》，《四川文史资料选辑》第32辑，第6—7页。

西票号，光绪中后期，重庆城有山西票号 16 家，^① 经理主要来自山西平遥县和祁县，他们垄断了重庆主要的票号业务。重庆海关税务司好博逊在《重庆海关 1891 年调查报告》中称：

> 重庆现有 16 家山西票号，其经理全属山西平遥县人和祁县人，都是乡情极重的，从而实际上垄断了一切邻省的主要银行业务。他们的总号设在成都，同时他们在广州、长沙、汉口、贵阳、南昌、北京、沙市、上海、天津、云南府、芜湖等地都设有汇兑代办处。每家票号都握有白银 10 万乃至 30 万两的资本，他们在必要时联合起来足以抵抗乃至禁制与他们竞争的庄号。^②

清代巴县档案中有零星地记载山西会馆公产增置的契约。道光十七年六月二十五日，山西会馆首事仁和长、锦城春等以老银 2000 两买到蔡氏母子位于朝天坊正街的砖窨行房和铺房。^③ 契约全文如下：

> 立出永卖砖窨行房并铺面房屋地基，立约人蔡杨氏同子志铭，情因移业就业，母子商议，愿将昔年父置得买分受已名下，坐落朝天坊正街赣州府会内砖窨行房全向，并刘姓铺房双间通前至后两处，房屋基址以及门、窗户、桥、天楼、地板、柜台、楼梯、铺板、夹壁、周围墙垣，片砖片瓦、寸木寸石与及蔡姓所置家具一并在内，并无摘留。四至界畔立契注明，以照原契。先尽亲族原业，无人承买。只得央请中证林国禄、沈馥腾、任秉南、陈春元等引进说合，出卖与山西会馆执事首人仁和长、锦城春，世茂公、长盛通、天盛长、永隆符等承买会内管业。当日凭中，议定时值实价钱平老银二仟两整，走边书押原业转契均包价

① 1896 年底，英国兰开夏布莱克商会访华团到达重庆，据成员纳维力（H. Neville）和比尔（H. Bell）称，重庆有票号 18 家，除 1 家为云南富商所开外，其他都由山西人开设。参见彭泽益主编《中国工商行会史料集》下册，第 671 页。
② 周勇、刘景修译编《近代重庆经济与社会发展》，第 66 页。
③ 《蔡杨氏、蔡志铭将所属朝天坊正街铺房卖与山西会馆执事及收到房款的文约》，重庆市档案馆藏，档案号：006900010076700000140 00。

内。蔡姓已在未在、老幼亲族人等，不得异言称说。倘有异言生枝，一概有蔡志铭母子一力承担，丝毫不与买主会上相涉。比即凭中，现交定银老银一百两正，蔡姓母子入手亲收领足，并无短少分厘，货债准折。自定之后，买主不买，定银全罚；卖主不卖，得一还三，俟便买主择期立契，换佃足价。此系两家心甘悦服，其中并无套哄逼勒，蓦买蓦卖等情。今欲有凭，立出永卖房屋墙垣基趾定约一纸付与会内存据。实计实价钱平老银贰仟两整。

　　凭中证：林国禄、任秉南、沈馥腾、陈春元、陈占魁（笔）

　　道光十七年六月二十五日立出永卖砖窨行房并铺房地基

　　定约人：蔡杨氏，同子志铭

　　地点朝天坊正街　　业主山西会馆　　道光十七年立契

道光十七年七月十七日，山西会馆武圣会买蔡杨氏房产，契约如下：

　　立出全收房价银约人蔡杨氏同子志铭，今凭中证收到山西武圣宫会内司理首人世茂公、锦城春、长盛通、仁和长、永隆符、天盛长等首人名下，房价钱平老镜银贰仟两整，蔡志铭母子入手亲收领足，并无货债准折短少分厘，今恐人心不古，立出全收房价银约壹纸，付与会内永远存据。

　　凭中证：杨启汀、林国禄、刘桂廷、沈馥腾、周仰春、任恒祥、刘耀宗、陈春元、陈占魁（笔）

　　道光十七年七月十七日立出全收房价银约人蔡杨氏同子志铭

山西会馆置办馆产的更多细节还需日后逐渐发掘。

民国编撰《巴县志》的时候，山西会馆馆址已废，但馆产仍然有若干处。何智亚先生考证山西会馆应在人和湾（今邮政局巷 22 号），会馆面对长江，前临太平门城墙，墙下是太平桥，西靠双巷子，东近普安堂巷。①从民国巴县档案的相关资料来看，山西会馆在两路口大田湾置有田产，用于

---

　　① 何智亚：《重庆湖广会馆——历史与修复研究》，第 91 页。

停放逝世同乡的棺柜，但不知其面积大小。①

9. 云贵公所

云贵公所，亦称云贵会馆。云贵会馆并不在清代重庆八省会馆体系之中，在乾隆《巴县志》中亦未提及该会馆。相较于其他省籍会馆，云贵会馆成立的时间最晚。这反映出在光绪之前，在重庆经商的云南、贵州籍商人并不多，实力也并不强大。

云贵公所建于光绪十九年，地址在金紫门内绣壁街（今解放西路100号）。光绪十七年重庆开埠后，曾出使日本、具有丰富外交经验的贵州人黎庶昌被任命为川东道道台，处理可能涉及的外交事务，云贵公所的创建与其有直接关系。

此时重庆已是对外开放的通商口岸，云南、贵州的商人很多。黎庶昌极力支持在重庆的云贵客商捐资兴建会馆，为此他本人带头捐银6000两。云贵公所建成后，黎庶昌于光绪二十一年撰《创修重庆云贵公所碑记》，由王藻章手书，碑立于云贵公所，后毁。重庆中国三峡博物馆收藏有该碑文的拓片。碑文如下：

> 光绪十有七年，庶昌以出使日本大臣，在东瀛归觐。乃承简命，备兵川东，明年至渝。又明年，恩安李君正荣、桐梓邹君宪章联名集思，具牒陈章，请建云贵公所。庶昌以积俸六千金畀贵筑申君迪绳、谭君泽培、杨君玥、晋宁何君怡孙、鹤庆曹君恩寿，稽土木之工而董其事。
>
> 维帮之人先输恐后，遂相灵璧坊绣壁街民居下础立柱，即事之日，有鹤来集，期年而成。工竣成如干，堂如干，室园之属如干，地仪之属如干，器用如干，财、金、银、陶、瓦、漆、竹、木之属如干。
>
> 计为祠左右用羞于乡贤。云南自汉唐以讫国朝，为贤十有三，而昆明钱南园先生位其祀。贵州汉唐以讫国朝，为贤十有四，而遵义郑子尹先生位其祀。事行巴县，立档垂远。官效其职，商通其财，宜纪成功，

---

① 《关于取缔大田湾山西会馆停放置棺柜的呈、指令》，重庆市档案馆藏，档案号：0053 - 0020 - 00455 - 0000 - 072 - 000。

乃伐山石，庶昌为之言曰：古者井田之制，出入相友，守望相助，疾病相扶，持大化和同，爰有乡饮酒之礼。故咸重违其乡，所以教一世之人，孝悌之化，亲长仁睦之道。

滇黔，西南大国，由周而秦，或陷蛮夷中，延及汉世，文学浸臻齐鲁，而钱先生、郑先生在我朝尤著。庶昌弱年得及郑先生游，其孤怀宏识，湘乡曾文正公推为臣儒。其后，庶昌入武汉、游吴越、环瀛海之列墟，周览外国人民政俗之异。南辕北辙，回望郑先生音尘，已不可及。盖出游未及中年，而山川之气荒矣。

维重庆，蜀一大镇，与黔地犬牙相错，去遵义六百里，亦艳谈昆明南国遗迹，水陆交汇，尤为邦人士所辐辏。岁时之集，衣冠跄济，簋容筋豆之间，慨然想望昔贤之遗徽，通商服官，各宜其用。诗曰：维桑与梓，必恭敬止。孔子曰：吾观于乡而知王道之易易也。所谓孝悌之化，亲长仁睦之道。庶昌愿与吾侪共之，邦之庆也，国之肥也，固非独登高明远眺望，使之本彝清宁，恒若有余而然也。

若夫出纳有经、公物成务，则维李君之力；营度周详、始宜终当，则维申君与诸人之力。合章其义，碑式乡人。

光绪二十一年乙未岁八月遵义黎庶昌记、王藻章书①

上述碑文内容主要由几个方面组成：一是说明在云贵公所创办过程中，黎庶昌及地方云贵籍士商的努力；二是认为滇黔均为贤士生长之地，值得入庙立祀；三是，也是最重要的，重庆与滇黔相距不远，在重庆的云贵籍官员、商人数量不少，建立会馆有助于乡人相聚。

黎庶昌所撰的这篇碑记隐去了一个重要的细节，即为什么贵州绸帮愿意将其房产捐出作为云贵公所的馆址。1914年《续建云贵公所碑记》谈及此过程。

……前清光绪十九年，遵义黎纯斋先生分巡川东，适贵州绸帮置有金紫门段牌坊二处公业，年久被外人侵占，讦讼不依……公判令退重押

---

① 引自何智亚《重庆湖广会馆——历史与修复研究》，第92—93页。

银八百余两收回。绸帮首士愿将此房改立贵州全省会馆，而基址湫隘，不足以壮观瞻。乃……另行相度，合建云贵公所……由黎公先捐垫银六千……择吉兴工……①

从上述记载可知，云贵公所的创建实有三个契机：一是原籍贵州遵义的黎庶昌调任川东道道台，让云贵公所的创建取得了重庆地方政府的支持，也推动了云贵公所的创建；二是当时贵州绸帮的房产涉讼，因此他们愿意将涉讼房产捐出，作为会馆基址，解决了会馆建设的用地问题；三是以天顺祥票号为主体的云南商帮的兴起。据窦季良考证，在云贵公所修建过程中，建筑费用共用银9000余两，其中天顺祥垫资2000多两。②

云贵公所创建后，制定管理章程若干。

此次创建公所，原系云南贵州两省官幕绅商，捐资缔构为云贵公所。此后须由两省住渝同乡，逐年推举公正老成者各一人为首士，经理公所事件。限以一岁更替，年终将所管帐目凭众算清，交代后任，上保下接，勿得徇情含糊。

一、两省首士每逢朔望，先一日告知看司预备香烛，准于巳刻亲诣公所□□，以稽查一切，以免弊窦潜滋。如有会商要件，随特亦令看司知会，均勿□□□□同乡在此无多，悉心维持，视公所之事如家事，必躬必亲，庶可垂储永久。

一、公所之建原为祀神赛会，并集议事件、联洽乡情之所。平时只雇看司□□焚献、支客、催租、照料器用等事。打杂二人，经理茶饭、洒扫庙宇、浇灌花木□□，永不准照佃住客，并闲杂人等进去留宿，如违，由值年首事即行逐换，以肃庙规。

一、公所街房及云贵义庄合并一起，每年出息，即作为祀神办会之需，宜量入为出□□□因此亏欠如有盈余，或买置□□□□寄存生息，

① 窦季良：《同乡组织之研究》，第74页。
② 窦季良：《同乡组织之研究》，第26页。

凭□□□□□□□向首士讨地，均不得徇情许诺，如□□□□定规，凭众罚酒首士银五十两外，仍□□□□。

一、绸帮原会连年缠讼，亏累不堪，由公所为偿负债及培修街房，费出二千余金，□□□桐原会人等具禀川东道黎宪，愿交与公所永远管业，均批准立案。此后原□□□□来渝，只宜遇会赴席，但须先二日知会看司，以便邀请，如有横生异议，即按照当日绸帮会规。凡愿下会者，查实确系会中后人，取有的保凭众发还始出底。倘有不肖之徒，假冒撒赖，凡值年首士暨云贵同乡，均宜禀请地方官究治，以□□□。

一、云贵同乡来渝商贩，如果为店主欺瞒及铺户奸买拖骗等情来公所，□□□须出为凭众调处，不可袖手旁观并意存袒护。

以上各条规勒刻公所，俾同人恪守遵行即禀明。

川东道宪并恳行知巴县立案以垂久远。

清代巴县档案中保留了一份更为详细的云贵会馆的章程。

此次创建公所，原系云南、贵州两省官幕绅商捐资，缔构为云贵公所。此后须由两省住渝同乡，逐年推举公正老成者各一人为首士，经理公所事件。限以一岁更替，年终将所管帐目凭众算清，交代后任，上保下接，勿得徇情含糊。

一、两省首士每逢朔望，先一日告知看司预备香烛，准于巳刻，亲诣公所□□，以稽查一切，以免弊窦潜滋。如有会商要件，随特亦令看司知会，均勿□□□□同乡在此无多，悉心维持，视公所之事如家事，必躬必亲，庶可垂储永久。

一、公所之建，原为祀神赛会，并集议事件，联洽乡情之所，平时只雇看司□□焚献、支客催租、照料器用等事，打杂二人经理茶饭、洒扫庙宇、浇灌花木□□，永不准照佃住客，并闲杂人等进去留宿。如违，由值年首事即行逐换，以肃庙规。

一、公所街房及云贵义庄合并一起，每年出息即作为祀神办会之需，宜量入为出□□□因此亏欠，如有盈余，或买置□□□□寄存生息，凭□□□□□□□向首士讨地均不得徇情许诺，如□□□□定规凭众罚酒，首士银五十两外，仍□□□□。

一、绸帮原会连年缠讼，亏累不堪，由公所为偿负债及培修街房费出二千余金□□，□桐原会人等具禀川东道黎宪，愿交与公所永远管业，均批准立案。此后原□□□□来渝，只宜遇会赴席，但须先二日知会看司，以便邀请。如有横生异议，即按照当日绸帮会规。凡愿下会者，查实确系会中后人，取有的保，凭众发还始出底。倘有不肖之徒，假冒撒赖，凡值年首士暨云贵同乡，均宜禀请地方官究治，以□□□。

一、云贵同乡来渝商贩，如有为店主欺瞒及铺户奸买拖骗等情，来公所□□□，须出为凭众调处，不可袖手旁观，并意存袒护。

一、同乡官幕或暂时商贩，寄寓渝城，均不得受管及存放银钱。盖其行踪无定，恐临时不能交代，反致彼此不便，殊非受人以德之道。

一、渝城如江浙闽广楚豫山陕八省会馆，同乡人众，遇有地方公务，八省首事□□为襄办，云贵住渝商号不满十家，人少力薄，特禀请立案，凡公所首士永援以为例，出预地方公件。

一、云贵官幕绅商、北上公车、与曾经出有捐资、从前绸帮原会人等，□□此间，准其在公所暂寓。惟须预先知会首士，以一月为限，自备伙食□□□女眷，遇有办会日期，仍当即行搬移。

一、云贵奉祀关圣帝君、□大将军，每年春秋二祭□□□牲牢以同乡德位尊着，乡贤祠亦于是日同□□□□幕商，均宜衣冠齐集，以光□□。

一、凡公所办会，先五日由首士出单知会其书。知赴会者，无论曾经出过捐资，原会人等均宜派摊分金，一俟公所底金稍厚，即行停派。

一、乡贤祠所奉神主，皆理学经济气节文章炳灼今古，允为乡邦□□□□后，毋得将事迹平常之人列入，以昭慎重。

一、财神、王爷两会同人业已别立一会，每分出银二十两存放生息，为届特□□□□用免动公所正款，此后如有愿上会者，迟早均可附入，至办会时只照列□□□之人邀请。至（缺七字）后如有□□□□富商好义捐助亦入□积项下，倘能积□□□□使底金日有增加，尤所厚望。

一、云贵义冢，凡值年首事均宜清明前后五日，备办酒馔躬往互相
□□扫□□乡情，且借此勘阅坟界，有无侵犯践踏，并外人偷葬各弊，
切勿殚劳□□□□。

一、云贵义庄，凡实系同乡在此病故求葬者，须各从本省首士告知
登记姓名、绘图票以凭持往，令照守义庄□□司验讫，度地安厝，若非
两省土著……

以上各条规勒刻公所，俾同人恪守遵行，即禀明川东道宪并恳行知
巴县立案以垂久远。

该章程特意提到，云贵公所不参与由八省会馆主导的地方事务，这表明
云贵商人的势力在重庆还是有限。但这并不妨碍个别云贵公所首事在重庆地
方事务中发挥影响力，如碑文中提到的申迪绳，在清末重庆地方政局中十分
活跃，对此，后文将要谈及。

1927 年，云贵公所有房屋及地基 9 处、仓廒 2 处、房土 1 处、土业 2
处、田业 9 处。[①] 民国时期的档案资料显示，1948 年，云南会馆拥有多处房
产与田产，云南会馆凭此放佃收租，详情见表 1-4。

表 1-4　1948 年云南会馆不动产统计

不动产名	佃户名	不动产构成情况	租金
金家巷 12 号空地	义泰水号	空地	每月 400 万元
花街子 27 号	廖胡氏	铺面一间、内小院大半边	每月 10 万元
花街子 27 号	刘贞祥		每月 10 万元
全业门顺城街 2 号	聚□药号		每月 600 万元
海棠溪、杨家山、石僧门地皮	杨海云、邓锡文等	面积共 36.5 方丈	每方丈 5 万元
林森路 508 号	荣渊、十四保保办公处		每月 3 万元
林森路 508 号	陈子兴		每月 10 万元

资料来源：《云贵旅渝同乡会会产保管委员会房屋、地皮租金清册》，重庆市档案馆藏，档案号：
00600003000400000002，页号：17。

① 窦季良：《同乡组织之研究》，第 36 页。

可以说，清代八省会馆及云贵会馆在渝城置办了大量的田产、房产等不动产，这些不动产的租金收入为八省会馆的日常活动提供了经费支持，同时部分会馆还购置了义地作为移民的公共墓葬地，解决了他们的后顾之忧。

会馆的早期形态

20 世纪 20 年代，郑鸿笙在研究会馆的创建过程时谈到，会馆"始则规模狭小，仅设立公义会、善堂等办理慈善事业，其后更集巨资，发挥光大，建造会馆"，[1] 注意到会馆在发展、壮大过程中经历了会、善堂在内的发展阶段。窦季良亦注意到，"会馆制度的最初形式是各异其形的"，包括"帮""商栈""宾馆"等多种形式。[2] 如广东会馆在乾隆时期由三个广东籍商人共同创建，浙江会馆则由湖州籍的瓷器帮和宁波籍的药材帮商人创建。郑、窦二人均认为，作为一组建筑物的会馆的兴建，从倡修到落成可能需要一段较长的时间来募集资产、购置馆址，这段时间我们可以称为会馆的早期形态。从清代渝城八省各会馆来看，会馆的早期形态包括形成广东会馆的商栈、浙江会馆的商帮，当然更多的是"会"，湖广会馆、江西会馆等省籍会馆的兴建可能也经历了一个由移民商人先成立"会"，再筹集资金，购买房产、田产，最终创建会馆的过程。[3] 下面依据巴县档案资料，对部分具有移民性质，与会馆的形成及运行有关的会进行粗略的讨论。

何谓会？道光《蓬溪县志》称："凡神所栖舍，具威仪箫鼓杂戏迎之曰会，主其事者曰会首。荒隅小市不能为会，各殚其才智以俟大会并入之，曰

---

① 郑鸿笙：《中国工商业公会及会馆、公所制度概论》，《国闻周报》第 2 卷第 19 期，1925 年 5 月 18 日，第 19 页。

② 窦季良：《同乡组织之研究》，第 23 页。

③ 西南移民地区会馆的兴建大多经历了类似的过程。有学者研究发现，贵州的移民最早用"神会"的方式聚合群体力量维系乡情，"神会"从小规模的互助组织逐渐形成具备更强实力的大型神会。由"小老乡"到"大同乡"，为会馆的兴建奠定基础。如在贵阳的湖南会馆尚未修建之前，久居贵阳的湖南人便成立有"娘娘会""财神会""祖师会"等神会。岑永枫：《贵阳成立最早的会馆——湖南会馆》，《贵阳文史》2012 年第 1 期。

助会。会所经行张筵列炬，士女罗拜，曰接会。"① 这里所说的会应是以酬神演戏为主的神明会。会馆往往都会主祀原乡的乡土神，如天后宫主祀天妃，万寿宫主祀许真君，江西部分府籍会馆主祀萧公，湖广黄州会馆主祀帝主，因此，神明会是会馆的早期形态之一。

在重庆经商的湖广黄州移民，主要以贩卖棉花为业，乾隆二十九年之前，设有帝王会，每年由各花铺捐资，敬神演戏。乾隆二十九年，经"同行集议"，分为生、熟两个花铺，熟花铺仍称帝王会，生花铺称财神会，自此后，生、熟两花铺"各分坊向，各归各会"。② 这些行业的会，往往亦有不少房产、田产在内的公产。

湖广黄冈会馆的创办也经历了类似的过程。康熙年间，湖北黄冈府移民来渝开设绸绫机房，"捐赀抽费"，创立包括东岳、关帝、帝主、清明、中元、地藏等会在内的"冈邑十大会"，"先后置买西里牛角沱、鹅项颈义地两处，建修祠宇、埋瘗乡人之旅榇无归者，除葬坟外，岁尚入土租钱十四千文。南城桥沟玉溪沟田业两处，岁现入额租银九十三石正，治城正阳街铺房二间，岁现入佃租银四十两正"。③ 咸丰七年（1857），"复就十会中之两帝主会增春秋祭祀，是为祭祀新会。凡同乡异业者，均许捐资附入，借联梓，认其捐数多寡不等。截至光绪十六年，止共得五百六十余两正，曾于同治年间以银三百九十余两置买正阳街房屋三间，岁现入佃租银六十四两正，是为新会业产"。至光绪中期，新老两会会产被个别会众"朋比握管，侵蚀亏挪"，故集议将"契约簿折之关涉银钱者，概交会馆收存，不入首事私室"，也就是将会产交由湖广会馆掌握。④

同时，我们还注意到，会馆内部亦有以"会"为名的移民控产组织。相较于会馆，会的形成可能更加迅速，组织体系也更为简单，形式也更为丰

---

① 道光《蓬溪县志》卷15《风俗》，第4页b。

② 四川大学历史系、四川省档案馆主编《清代乾嘉道巴县档案选编》上册，四川大学出版社，1989，第338页。

③ 《冈邑绸绫帮杜成章江西抚州首事汪光曜等创立昭武客籍小学堂冈邑初等小学堂禀请立案卷》，6-6-5959。

④ 《冈邑绸绫帮杜成章江西抚州首事汪光曜等创立昭武客籍小学堂冈邑初等小学堂禀请立案卷》，6-6-5959。

富，数量也更多。

与湖广会馆一样，万寿宫里也有不少以各类"会"的名义掌控的房产和田产。道光九年，江西籍商人刘志贵称，"历在万寿宫设有永莲会，分设关帝真君、雷祖、中元各会"，该会还"置有朝天坊正街铺房一座，放佃收租，以作每年四会庆祝之需"。① 同治六年，据仁里一甲刘永顺、彭裕昌等人称，其祖上二十余家于乾隆年间在场集资银 3000 余两，设立萧公会，"置业二股，年收租谷廿余石，街房二所，年纳租钱廿余钏"。② 光绪十四年十一月，巴县廉里四甲一品场文生王炳南、首事罗兴隆称，其"原籍江西，祖辈兴设真君会"。③ 同光时期成立的江西都昌县金谷会，由原籍江西南康府都昌县的商人捐资设立，并买"大梁子坐房一院，磁器街铺房一间，每年按佃收租以作祀神香火及清明盂兰等会费用"。④

会有多种类型，除了具有同乡性质的会与神明会以外，还有一些行业性质的会。同治七年二月，临江厢职员夏石城、首事罗存铭等人称，乾隆五十三年，其祖上等人"醵金建立永德会，复在临江厢置买铺房八间，年收佃钱一百余钏以作每年庆祝祖师神诞及七月修醮追荐"。⑤ 某些行业性质的会，其创建目的是垄断本行的业务。嘉庆年间，渝城五家打造铜瓢、铜灯盏的商铺，联合成立老君庙胜会，因五家店铺要承担渝城"大小差务，以及学院新宪到任需用铜瓢、灯盏"，所以规定"凡于入行开铺者，必须上会应差"，打造铜帐钩的店铺，因不承担上述差务，被罚"不得打造蚁等铜瓢、灯盏"。嘉庆十年，渝城打造帐钩的郑老幺，"违规乱行，打造铜瓢发卖，硬不上会应差"，被该会会首提告。⑥

这些会大都有房产、田产，招佃收租，作为祀神及聚会的费用。如银匠铺

---

① 《清代乾嘉道巴县档案选编》下册，第 60—61 页。
② 《仁里一甲刘敬堂以他私售其父遗业获银私吞告刘西三等一案》，6‒5‒2582。
③ 《王炳南等祖辈典设真君会，因上年首事家遭回禄，契约被毁，禀请立案卷》，6‒6‒6405。
④ 《江西都昌县金谷会首事郭光普等具禀在渝设立金谷会恳存案卷文》，6‒6‒6417。
⑤ 《本城夏石城等禀恳示禁永德会人等不得私收佃钱及将公项铺房私行当卖及会祭之期毋许酗酒肆闹一案》，6‒5‒356。
⑥ 《清代乾嘉道巴县档案选编》上册，第 312 页。

的真君会，有铺面一间，年收租银40两。① 湖广茶陵州力夫的财神会，"置买房屋收取佃租，以作小的们财神会敬神费用"。② 福建天后宫文华会，由福建移民创办，置有行房一所，"放佃收租，以资每年延师、考课、奖励，并单寒士子赴省乡试路费"；道光年间，文华会将此房租给官永瞻之祖开设糖行，取押租银100两，年租银180两。③ 江南会馆徽州会，在朝天坊正街置有铺面一间，道光十年租给刘德芳开设裕和栈房，押租银40两，年租银50两。④

会产主要来自捐资。咸丰五年，重庆咸邑公所刊立碑记称："好善者兴于前，乐输者踵于后，或买铺房，或购田土，或置义庄。"⑤

如同其他公产，会产形成后，会馆也有可能制定较为详细的制度来管理运行会产。渝城永德会由不知省籍的移民夏石城、罗存铭、王子贵、郭长盛等人的祖辈于乾隆五十三年创立，在临江厢"置买铺房八间，年收佃钱一百余钏"，每年的活动包括"庆祝祖师神诞及七月修醮追荐"。同治七年，因出现会员"私收佃钱，甚至胆将公项铺房私当私卖"等事，遂于当年制定章程八条，并经巴县地方政府认可后刻石立碑，以达到规范会产管理的目的。章程具体如下：

> 一、会内佃钱只许值年经事首人收取注簿支销公用，余人不得私收私用，违者罚赔。
>
> 一、会内佃户所该佃钱务要亲交值年首人，不得与散会人等扶同作弊，私相授受，违者另自措交，私交之数不算。
>
> 一、会内如有公事，须侯传单通知公同酌议，毋得借事在外滥饮滥费，违者众会不忍。
>
> 一、每逢会期，各人自带铺陈，如自无行李，不得寻及首事□及争占别□，致滋争□。

① 《道光八年十二月三日吴则拱禀状》，《清代乾嘉道巴县档案选编》下册，第60页。
② 《道光十七年十一月十日阳福顺等供状》，《清代乾嘉道巴县档案选编》下册，第26—27页。
③ 《道光十一年二月二十三日陈华应等禀状》，《清代乾嘉道巴县档案选编》下册，第61—62页。
④ 《道光十五年二月十四日程鹏举禀状》，《清代乾嘉道巴县档案选编》下册，第63页。
⑤ 窦季良：《同乡组织之研究》，第68页。

一、会期坐席只准一人一分，毋得顶名冒充，一经查出，凭众议罚。

一、会祭之期，必须衣冠整肃恭敬严洁，倘有酗酒肆闹，扭禀究治。

一、会内有人私窃祭器什物，凭众查获送究。

一、会内曾经充当首事之人，殁后准下庄钱五千文以作葬费而酬劳苦，余人不得妄援此款。①

八省会馆的形成

前文已详细描述了清代重庆各个省籍会馆的创立过程。对外来客商来说，官方的各种赋税摊派，以及邻里、同业之间的各种纠纷调处，仅靠以老乡为纽带的会馆是解决不了问题的，需要一个大家可以交流的机构，而且必须突破省籍的界限。光绪二十四年八月，八省客长汤廷玉、童潞贤等人回顾称："窃思八省客长设自雍正年间渝城遭乱之后，人民稀少，渐有各省人民来此商贾，日久寄居，遂有交涉事件，以各省风气不同，致多杆（扞）格。"② 这表明，创建跨省的多省联合议事机构是因为有不少本省会馆解决不了的事务。这是八省客长议事机制形成的前提。

八省会馆形成于何时？光绪中后期的八省客长汤廷玉、童潞贤等人认为八省会馆成立于乾隆年间，"是以乾隆年间，各省先后设立会馆，渝城遂为客帮码头，疏通商情，始有八省会馆首事名目"。③ 这里有一个概念需要稍做辨析，即八省各个会馆成立的时间与八省会馆作为会馆联合体成立的时间。八省各个会馆成立的时间，前文已有考述。八省会馆作为会馆联合体成立的时间，则经历了一个较长的过程，并不是一开始就由八个省籍会馆参加。八省会馆的名称有一个变化的过程，广东会馆成立的时间在乾隆后期，乾隆二十三年前，渝城出面办事的客长往往被称为七省客长。据乾隆二十八年十一月二十五日在渝城开设锡匠铺"打锡生理"的刘起龙的供词称，他与卖客刘

---

① 《本城夏石城等禀悬示禁永德会人等不得私收佃钱及将公项铺房私行当卖及会祭之期毋许酗酒肆闹一案》，6 - 5 - 356。

② 《八省首事汤廷玉等禀请辞职卷》，6 - 6 - 4611。

③ 《八省首事汤廷玉等禀请辞职卷》，6 - 6 - 4611。

域因秤的标准问题发生纠纷，是以"捕府批委七省客长公议"的方式解决的。① 这表明，至少在乾隆二十八年，八省客长这一称谓或未出现，或出现不久，民间尚未习惯称呼。周琳对档案资料梳理后认为，最早以"八省"名义进行的一次活动发生在乾隆三十六年，八省客长禀请设立夫头。而"八省"这一组织的名称和范围的完全确定，则经历了从雍正到嘉庆初期长达七八十年的历史。②

八省会馆这一议事机构形成后，直到 20 世纪 40 年代后期最后消失，其成员都没有增加，即使是光绪后期成立的云贵公所，也并未加入八省会馆。这表明八省会馆在清至民国的 200 多年时间里，一直有着十分稳定的成员结构。

八省会馆事实上是会馆联合体，八个独立的省籍会馆拥有自己的馆址、馆产，各省的出省客长也是由各会馆独自选举产生，但这一联合体并不是松散的、可有可无的。咸同以降，随着八省商人在渝城商业势力的扩张，借助厘金局、保甲团练总局等公局平台，八省客长逐渐成为重庆有权势的绅商的代名词。与之相伴的是，八省会馆逐渐拥有了自己的办公之地，嘉庆二十二年，八省绅商在朝天门过街楼修建八省公所，作为客长的办公之所。③ 同时，八省会馆亦拥有了以八省为名的会产，并走向了实体化。④ 八省后裔、时任八省旅渝同乡联合会会长朱之洪（1927 年）称，清同光时期至民国，八省会馆会产主要包括渝城八省积谷、水会局、长安寺、五福宫地址、蚕神祠等五个部分。

* * *

自万历二十七年（1599）播州杨应龙之乱始，至康熙二十年止，在这 80 余年的时间中，重庆城经历多次战争，受到极大破坏，人口损失严重。清政府一系列招民移垦的经济恢复政策取得了显著的效果，重庆城得到恢复和发展。

---

① 四川省档案馆编《清代巴县档案汇编（乾隆卷）》，档案出版社，1991，第 269—270 页。

② 周琳：《商旅安否：清代重庆的商业制度》，第 172 页。

③ 《白花行户汪聚源等具禀黄泰茂违示揽越隐漏厘金案》，6 - 4 - 909。

④ 吴慧认为重庆八省会馆下的各省会馆仍是独立的、各自分省的，"事实上八省不可能也并没有合建一联省的大会馆"吴慧：《会馆、公所、行会：清代商人组织演变述要》，《中国经济史研究》1999 年第 3 期。

　　清政府的会馆政策经历了从严禁到弛禁的转变过程。这一转变一方面缘自清政府对既有基层管理制度的信心，另一方面缘于清政府意识到会馆可能更有利于其对移民的管理，从而达到维持地方社会稳定的目的。

　　与四川其他城市和乡村不同，移民商人在清代重庆的城市社会中占据了重要的位置，从康熙年间开始，他们便以省为单位兴建会馆，并在乾隆年间成立了八省会馆这一会馆联盟。八省各会馆的形成过程有着较大的差别，不仅是会众构成，也包括运行体制。部分省籍会馆，如湖广会馆、江西会馆、江南会馆，由于会众较多，省籍会馆内还包含若干个府籍会馆，甚至是县籍会馆，具有"股份公司"的性质。

第二章　八省会馆与重庆的商贸活动

清代四川的州县治城和部分位于交通要道的场镇，大都会有省籍会馆的联合组织，如五省会馆、六省会馆、七省会馆甚至八省会馆等，这些数量庞大、规模不一的会馆联合组织在城乡社会中发挥着重要的作用。如大竹县，楚、湘、粤、赣、闽五籍之人各建有会馆，互不统属，于光绪五年"立五馆公所，以团结之，公所职员由五馆举人充当，地方公务即由公所职员各就本馆举人充当，借资联络，而昭平允"。① 邛崃县，来自江西、湖广、陕西、广东、福建的移民"或农或商"，"建五省会馆，立五省客长"，"凡铺户居民人等小有牙角，即会五省客长、四街街保评议是非"。② 灌县，旧有秦晋馆、湖广馆、广东馆、四川馆、贵州馆、江西馆、福建馆，合称"七省会馆"，"所谓七省会馆，是旧以客长轮总之，享荐各有其时焉"，并且各场镇"会馆大率类是"。③

会馆的首事一般称为客长或客总，④ 重庆八省会馆的首事在巴县档案中有八省客长、八省乡长、八省乡绅、八省首事、八省执事、八省绅商等说法，其中尤以八省客长的说法最为普遍。八省客长体制形成后，在清代重庆地方权势结构中发挥着重要作用，这种作用不仅体现在对移民客商的管理与服务以及在商业网络中的支配作用，也表现在对地方事务越来越大的话语权。

第一节　八省客长的选任与职责

清代重庆的八省会馆指的是清雍正至乾隆年间，由江西、江南、湖广、

---

① 民国《大竹县志》卷2《建置志》，第7页a。
② 民国《邛崃县志》卷2《建置志上·庙祀篇四》，第20页a。
③ 民国《灌县志》卷16《礼俗纪》，1933年石印本，第2页a—b。
④ 拙著《移民、国家与地方权势——以清代巴县为例》（中华书局，2014，）对清代移民社会的客长有专门讨论，此不赘述。

浙江、福建、广东、山西、陕西八省移民在各自建立的会馆的基础上联合形成的移民组织。八省客长当然指的是这八省会馆的首事。①

要想认识渝城八省会馆的职能，应该将其置于清至民国重庆地域社会的发展脉络之中，在重庆城市 200 年多的发展史中，每一个重要的时间节点，都能看见八省会馆的身影。光绪三十一年，重庆商务总会成立，会长、候补知府周克昌谈及八省会馆与重庆城市发展之间的关系。

> 查重庆一埠，实八省商人所开基，凡地方公义之举，素惟八省是赖。至今在渝贸易者、寄籍者，八省十之居七八。故向有八省首事，系每省公举一人以作该省各行帮之领袖，遇有官商交涉事件，悉由八省首事经管，故该首事等素为该省商人之所望。今欲兴办商会，不能不先用八省首事，以资其提挈之便，臂助之功。②

上述引文表达了三层意思。一是清代重庆的商业奠基及发展，主要仰赖于八省商人；同时，八省客长还积极参与同乡内部的纠纷调处。二是对于清代渝城的官商交涉事件，由于八省客长拥有令人信服的个人声誉，往往由他们来负责，“故官所推行一切政令，皆假手于八省客长办理”。③ 三是清末重庆兴办商会，必须借助八省客长之力才能成功。1927 年，重庆八省旅渝同乡联合会再次强调了八省客长在地域社会中的重要影响，“凡本埠地方重要公益事项皆倚赖之，八省团体代表之重于当时，实官绅合作之力有以致之也”。④ 因此，有必要对八省客长这一议事组织本身进行讨论。

---

① 在具体操作中，每次由八省各个会馆选出一名首事，称为“出省客长”，参与到八省客长的组织之中。这八位客长，一般是半年一换，可连选连任，代表所辖的商号、民众出面与政府及重庆的其他组织、个人打交道。

② 《四川官报》1905 年第 1 册，公牍，第 8 页 a—b。

③ 《重庆市社会局关于遵办社字第二八四九号指令给重庆八省积谷办事处的指令》，重庆市档案馆藏，档案号：00600003000600000019。

④ 《呈川康督办四川省长整理积谷恳请备案存查之》，《重庆八省积谷办事处产业图说》，第 2 页。

八省出省客长的选任

在讨论八省出省客长的选任之前，先来讨论八省会馆成员资格的获得问题。这包含两个问题，一是作为个体的移民商人，其成员资格的获得问题。全汉昇在《中国行会制度史》中认为，"会馆的设立以增加同乡者相互间的感情为目的，故原则上，只要是来会馆所在地的同乡者，不问其个人或商店，都具有会员的资格"，全汉昇教授为了让上述表述更加符合历史实际，还引用了若干有关新成员入会的会馆条规，如汉口江西会馆公议"凡新开店者，当出钱一串二百文"。① 但这一观点并不完全符合重庆八省各会馆的实际情况。重庆八省各个会馆大都为"子孙会"，非会馆创始人后裔不得参与会馆的管理及会产的经营活动，如浙江会馆"首事均前捐输各号子孙"，② 这表明重庆八省各会馆并不是开放性的组织。对于清中后期的移民来说，即使是同乡，如果祖辈在会馆创建过程中没有捐资，也无法成为会馆成员。这一身份标识在清中后期的会产管理、运行的司法诉讼中得到充分表现。光绪十三年八月在一桩涉及浙江会馆的司法诉讼中，原告湖州府首事陆志芬、费锡等人声称："前人出有底金，子孙应在会馆挨轮充当首事办公。若前人未出底金者，子孙不得口管。"③ 英人好博逊曾描述道："候补会员们应当证明确属该省籍贯，并且在原籍已列于某种行业。他们必须交纳应当归入会馆基金的入会费和会馆祭日办会应交的份金。捐赠土地或款项使会馆基金扩大者得为世系终身会员。"④ 有的会馆为了防止新来的同乡借同乡之名参与会馆事务，甚至把这一原则列入会馆管理章程，如江南会馆光绪七年的管理章程便规定"会首五姓公签公管，必须报公正之人先签前有厘金者充当"。⑤ 换言之，会首（客长）必须是在会馆创办过程中捐纳过厘金的人或其后裔才能充当。

① 全汉昇：《中国行会制度史》，百花文艺出版社，2007，第103页。
② 《浙江会馆湖州府黄锡为借搕钱银凶殴等情告陆志芬案》，6－6－18225。
③ 《浙江会馆湖州府黄锡为借搕钱银凶殴等情告陆志芬案》，6－6－18225。
④ 周勇、刘景修译编《近代重庆经济与社会发展》，第71页。
⑤ 《江南馆教谊堂职员洪福等具禀朱成茂握坏规不交红契卷》，6－6－6412。

八省各个会馆都有出省客长，也就是代表该省出来办公的客长，出省客长从会馆成员中"公举"选出。按照光绪二十四年八月，八省客长汤廷玉、童潞贤等人的说法，八省客长由八省会馆"选派各省中老成公正、名望素孚之人公举充当"。① 而据窦季良当年的调查研究，一般要"年高公正"、对会馆财务有相当贡献或者有荣显头衔的人，经过会内民众公选，才能够充任客长。② 从档案资料来看，充任八省客长的一般是大商号的老板。同时，在清中后期捐纳泛滥的背景之下，这些出省客长大都捐纳了一定的功名，如后文提到的光绪年间江南会馆馆产诉讼案中，当事人有候补州同、候补道库大使、监生等衔。

对省籍会馆来讲，出省客长一般由各府会首轮流充任，如湖广会馆，便由十府各出一人，作为各府代表轮充出省客长。各省选出出省客长后，要报给川东道、重庆府及巴县的地方官员，由其颁发委任状予以认可。下面是光绪中期巴县县令给江南会馆客长的委任状。

> 巴县正堂张为札委事。照得江南馆首事戴光灿于去年留办该省公务，现届年满，应另举接充。第该首事办事众望悦服，未便更易，合再札委留办。为此札仰该首事戴光灿遵照，仍行接办江南公务，以资熟手。一俟明年期满，再行更易。所有一切应办事宜，照常妥为经理，勿稍疏忽，致负委任。特札。
>
> □月十八日③

从该委任状可以得知，江南会馆出省客长的任期为一年，本应一年一换，但在一些特殊情况下——如这份委任状提及的——由于县令的要求可以连任。各省籍会馆出省客长的任期和轮充原则，可以说各不相同。湖广会馆出省客长由湖广十府各推一人轮流担任；江南会馆由参与创办的三县老乡轮流出省；江西会馆，由江西八府客长每年推选出两名，轮流管理；浙江会馆

---

① 《八省首事汤廷玉等禀请辞职卷》，6－6－4611。
② 窦季良：《同乡组织之研究》，第25页。
③ 《渝城百货者厘局为渝城各行帮欠厘移请巴县催收卷》，6－6－6414。

亦是由创办时的两府客商后裔轮流担任。广东会馆、山西会馆、陕西会馆、福建会馆因资料限制，没有更多的材料谈及内部客长的选充问题，尚不清楚内部是否也如其他四省一样，有明确的府或县的地域划分。由于广东会馆商户不多，巴县档案资料显示在同治朝的大部分时间，其出省客长并没有轮换，均由骆定元担任。

出省客长的任期一般是一年，江南会馆曾经有"出省客长五姓各半年"的轮值制度，[①] 不知道实行了多久。客长的选任遵循"上交下接，下接上保"，也就是说上任客长有权力提名候任客长。一般来说，每位出省客长均有刻着"某省客长"的木质戳记。

在对八省客长的研究中，有学者已经注意到八省客长署名的变化，换言之，不同时代，八省客长参与地方公事及调处纠纷时，在档案文件中的署名是不同的。先看表2-1。

表2-1 八省客长署名抽样

序号	时间	事由	署名	出处
1	乾隆五十九年	渝城人烟凑集，此前的官员都三令五申，要求各厢长传谕各铺户在门前设立水桶，以防不测	八省客长吴西载、冯周南、江汝上、谢旭、关允中、王士栋、赖田庆	6-1-86《省会首吴西载等并两党乡约杨东升等禀请给示添备水桶以防火灾卷》
2	嘉庆十六年	严谕大小两河米客，凡有米石装运来渝，立即起坎发卖，毋许私行出境	八省客民张镇、孙鲁堂、邱贞安、倪顺西、关允中、廖人楷、谢□纶	6-2-517《重庆府巴县等札饬天旱欠收民食维艰严禁私贩运粮出境等情卷》
3	嘉庆十七年	太平门内道路修复	八省客民唐舜尚、孙鲁堂、陈桓、朱振先、廖人楷、邱贞安、关允中、王德西	6-2-30《八省客民唐舜尚等禀请修复太平门内城门之外干湿街道卷》
4	道光六年	参与杨柳坊福德会与刘国宝地基租佃纠纷案的调处	八省客民傅载文、吴彩云、蒋晔齐、关允中、柳春辉、黄儒珍等	《清代乾嘉道巴县档案选编》下册，第78页

① 《江南馆教谊堂职员洪福等具禀朱成茂握坏规不交红契卷》，6-6-6412。

序号	时间	事由	署名	出处
5	道光十五年	八省客长与江西客民王乃荣因王修建吊脚楼侵占八省官街火巷一案	蒋益齐、程雨村、□□□、王松亭、刘成章、洪豫章、关允中、潘俊鸣	6-3-4398《八省客民蒋益齐等为有霸占官街火巷议造房屋设安控案认拆禀王老么案》
6	咸丰六年	白花行户汪聚源等与山货行林德丰、白协兴等围绕棉花买卖的诉讼纠纷	八省客长洪豫章、晋安泰、闽聚福、楚宝善、关允中、广业堂、蒋镕、戴凤昌	6-4-909《白花行户汪聚源等具禀黄泰茂违示挽越隐漏厘金案》
7	同治四年	川东道、重庆府给巴县有关八省客长经管渝城保甲局经费管理的札文	八省执事鲍崇礼、华永春、章作楷、郑国贤、骆定元、朱鸿洲、余大廷、刘愒、李忠元	6-5-206《道府札发保甲札帐簿会同府局员细核盖印发局备查卷》
8	同治八年	一份汇报每月厘金征收数额的禀状	八省客民楚宝善、洪豫章、关允中、晋安泰、宁兴安、江安、闽聚福、广业堂	6-5-887《八省绅商奉札抽取百货厘金接济渝城保甲团练总局经费卷》
9	光绪十五年四月	大河船帮厘金征收纠纷案	童潞贤、江玉麟、龚绍遂、马乾元、廖国璋、陈更新、刘麟善、郑树森等	6-6-971《四川保甲总局重庆府札巴县奉督宪札饬办理保甲密禀匪徒照安县禀式办理卷》
10	光绪十九年六月	协恳禁止踞占城基、支棚搭厦、拥塞马道以杜患防灾	八省首事洪豫章，楚宝善、关允中、闽聚福、宁兴安、晋安泰、江安、广业堂	6-6-1807《八省首事洪豫章等协恳禁止踞占城基支棚搭厦拥塞马道以杜患防灾及渝城……》
11	光绪二十三年七月	八省客长在有关银元汇兑办法的事务中给巴县的禀文	八省首事职员童潞贤、朱成词、马乾元、汤廷玉、廖国璋、萧岳崧、崔仁安、卢秉钧	6-6-3911《巴县札饬八省首事筹议银元汇兑办法及禀行用银元汇兑暂缓置议先将上库银准折确数拟请察核卷》
12	光绪二十四年七月	调处传璜与刘苓山互控一案	童潞贤、汤廷玉、马乾元、崔仁安、卢东钧、骆铺、朱三顺	6-6-45080《八省首事璜心以拖延账何异掩耳盗铃事互控一案》
13	光绪二十六年	清查大河七帮账目后给县令的禀复	八省首事职员闽聚福、楚宝善、洪豫章、宁兴安、关允中、晋安泰、江安、广业堂	6-6-1221《八省首事职员闽聚福等为遵宪查账禀复卷》

续表

序号	时间	事由	署名	出处
14	光绪二十七年	建议抽取渝城烟馆捐的禀状	江安、宁兴安、关允中、晋安泰、洪豫章、广业堂、楚宝善、闽聚福	6-6-1337《八省首事江安等具禀代恳详抽派渝城烟馆捐作团练费状》
15	光绪二十八年	请求巴县解决跨县商务司法纠纷的禀文	八省首事职员崔仁安、李用宾、郑肇周、欧阳善、童潞贤、彭大礼、洪树猷、赵纶	6-6-1296《八省首事职员崔仁安等具禀遇郁隔属倒骗重案恳交解谕归案讯追以保商务卷》
16	光绪三十一年	具禀冉兴顺擅在东水门码头要道私修房屋请出示严禁	八省首事职员杨怡、戴光灿、卓景征、李云章、汪光耀、赵纶、吴承先、童潞贤	6-6-5394《八省首事职员杨怡等具禀冉兴顺擅在东水门码头要道私修房屋请出示严禁碍道文》

通过分析上述 16 个案例，我们可以发现，重庆八省客长署名有固定化的趋势，① 具体来说楚宝善指代湖广客长，洪豫章指代江西客长，闽聚福指代福建客长，广业堂指代广东客长，宁兴安指代浙江客长，江安指代江南客长，关允中指代陕西客长，晋安泰指代山西客长。可以看出八省客长的署名具有以下几个特征。首先，八省各客长署名固定化并不是同步的，陕西客长关允中出现的时间最早，在乾隆年间就已出现了，且在之后的地方公事中，亦经常被使用。

其次，咸丰以后，八省各客长署名的固定化趋势明显加强，尤其是在八省

---

① 这一特征，周琳概括为"总名制度"，也就是说无论何人担任八省的出省客长，其在政府档案或处理各种事务中的署名都是固定的，总名制度的形成意味着八省客长具有了更多的非人格化特征。参见周琳《城市商人团体与商业秩序——以清代重庆八省客长调处商业纠纷活动为中心》，《南京大学学报》2011 年第 2 期。在移民会馆中，以"总名"、"别号"或代称的方式署名，渝城八省会馆不是个案，这似乎是清代西南地区移民会馆常见的做法，如在湖南洪江，江西会馆以江宗盛代称，类似的，福建会馆称为福昌隆，江浙五府会馆称为吴鼎和，黄州府会馆称为黄齐安，山陕会馆称为樊天赐，宝庆会馆称为盛南都，辰州府会馆称为王有柱，靖州等七府会馆称为洪惟先。参见（清）欧阳钟《洪江育婴小识》卷 1《识十馆》，第 2—3 页，转引自吴晓美《商镇兴衰：洪江的商业历史与地域社会建构》，社会科学文献出版社，2021，第 83 页。

客长承办政府交代的一些具有公务性质的事务时，如承办厘金、清查行帮账目等大都署以固定的名称。这反映出八省客长署名固定化现象的出现与咸同之际八省会馆占据巴县地方权力体系核心有关。关于这一现象，罗威廉在研究晚清汉口的行会时也曾注意到，对于行会官员以何种名义办事，他认为"这些行会官员一般（但并不总是）是以集体名义而不是以个人名义活动的"。①

这种固定化的署名表现为八省各个客长各自都有一枚代表其身份的戳记，如山西客长，在外出办案或办差时，随时携带刻有"晋安泰"字样的木质戳记作为身份的象征。当然，这枚戳记的设计和制作一般要得到会馆首事的集体认可。

再次，在一些民间经济纠纷案件中，八省客长则较多地以客长个人的名字署名。如序号12、15的诉讼案件。

最后是混合署名，即既有固定化的客长名称，也有客长自己的姓名。这也是八省客长署名中出现最多的现象。针对同一个案件，为什么有的出省客长用固定的署名，有的客长用自己的姓名，可能还需要更多的材料来进行解释。

八省各会馆的日常管理与八省客长的职责

八省各个会馆都有相当数量的会产需要进行保值增值的管理，会馆内部的日常事务也需要专人进行管理。为此，八省会馆建立起了一套行之有效的组织管理体系并明确了出省客长的职责。

1. 八省会馆组织管理体系

马晓粉研究发现，清代云南东川府会泽县湖广会馆的管理人员分为客长、首事、住持僧三个层级。具体来说，客长为移民事务管理者，负责协调管理会馆及移民事务；首事专管会馆的财产、用度以及其他事务；住持僧则负责会馆香火，管理僧侣的日常用度。② 简而言之，会馆的管理体系分为三级，即负责会馆日常看护的住持僧、看司，司事及客长（亦称会董）。

重庆八省会馆的日常管理维护体系并不统一，负责日常看护的主要为僧

① 罗威廉：《汉口：一个中国城市的商业和社会（1796—1889）》，第392页。
② 马晓粉：《清代云南会馆研究》，第129页。

人。1882—1891 年重庆《海关十年报告》称："重庆的八个会馆中有七个请僧侣主持祭祀或其他宗教仪式，而另一个则由俗人主祭。"[①] 例如，广东会馆、江南会馆的日常看护便由僧人负责。按照江南会馆的章程，负责看管香火、祭器、家具的僧人每年将得到 12000 文的工钱。[②]

会馆财产的日常管理一般由轮值的客长负责。清中后期，由于会馆成员之间围绕着会产纠纷不断，部分会馆在会外聘请了专管会内经费的司事——守柜来负责，如江南会馆。

2. 会馆资产的管理

八省各会馆建立后，在此后相当一段时间，各省移民都进行了会馆的相关建设活动，一方面，部分省份的会馆开始建立府籍会馆甚至州县籍会馆。如湖广会馆下属的黄州会馆、江西会馆下属的石阳会馆，扩大了会馆的会众规模。另一方面，各会馆还以捐资、抽取厘金等方式募集资金，购买田房产业作为会产，以供每年例行的祭祀焚献、演戏酬神、救济同乡等活动所用。如福建会馆，在创建会馆之初就购买了田房产业，将房租用于会馆酬神演戏等开销。下面即以巴县档案里相关的契约为讨论依据，对乾隆以后八省部分会馆的会产收入情况进行一番考述（表 2 - 2）。

表 2 - 2　八省部分会馆会产收入情况

会名	案发时间	资产		事由
		押租银	年租银	
火神庙中元会	嘉庆二十四年		15 两	该会以银 50 两得到陈永才铺房，仍由其住居，陈年给租银 15 两。陈因生意不好，将铺房转当他人后逃跑
万寿宫	道光五年			以银 900 两买到孟同心铺房
真君会	道光八年	29 两	40 两	董致祥佃该会铺面一间，后因生意不好，欠租私逃
万寿宫永莲会	道光九年	180 两	180 两	何大然佃房开设糖行，欠租不给，私行逃走，会首请求准予另佃

---

① 彭泽益主编《中国工商行会史料集》下册，第 629 页。
② 彭泽益主编《中国工商行会史料集》下册，第 630 页。

会名	案发时间	资产		事由
		押租银	年租银	
福建天后宫文华会	道光十一年	100 两	180 两	官永瞻佃房开设糖行，因欠账歇业多年，欠租不纳且不许另佃
天后宫	道光十一年	100 两	60 两	王时荣自嘉庆十六年佃房一座并修理
万寿宫财神会	道光十一年		200 两	任宝善佃万寿宫房一院，转佃给严肇修开行，后行倒闭，任逐佃另放
江南公所徽州会	道光十五年	40 两	50 两	刘德芳佃房开设栈房，故意拖欠佃银百余两
万寿宫	道光十九年		100 余两	杨裕芪等人佃房不给租银，并踞佃不搬，请求县令饬差催收
禹王会	道光十九年		3 两 8 钱	该会在太平门有地基两台，一台佃与陈泰顺造竹瓦房一间，但陈 20 多年没给租钱
福建会馆积义会	道光二十年		52 两	丁正发佃该会金沙塝房一向开设栈房，拖欠 4 年的房租 170 余两不给，并踞佃不搬
千厮门茶陵帮	道光二十年		租谷 45 石	是年，各捐银两再加上已有之款，共 2100 两买得田业一份

资料来源：《清代乾嘉道巴县档案选编》下册，第 36—80 页。

　　从表 2-2 中我们能够看到以下几点。第一，各会产业比较分散，仅就表 2-2 中所列的万寿宫来说，至少有 4 处房产。产业的多次置办一方面反映了会馆民众的热情，另一方面则表明了会馆创办之难，需要几代人多次创办。第二，各会公产主要是铺面和住房，田产较少。这可能与会馆成员主要从事贸易活动，过着城居的生活有关。至于各个会馆具体有多少房产、田产，因资料的缺失，已无从考证。会众几代人不间断地捐资购买田产、房产，逐渐扩充了会馆的实力，保证了会馆日常的经费开销及每年三节庆典活动的开展。

　　会馆资产的保值增值，一般通过购买房产、田产等不动产，"收租作费"的形式实现，其收入"可用来支付春秋两祭开支及看护人工钱，会馆基金不许动用"。① 会馆资产管理遵循"银钱必须殷实方能经管，年更年交，上保下接，下空上赔"的原则。②

3. 八省客长的职责

总体来说，八省客长的职责为"内办祀典，外支局务",③ 分为对内、对外两类。具体来说，对内事务包括会馆银钱出入的管理、会馆善举的办理、会内成员纠纷的调处、会内成员的管理与处罚等。对外事务分为两类：一是代表本省会馆或行帮调处与他省或行帮的纠纷，协助政府进行一些津贴、捐输、厘金的征收与临时性拍款的征收；二是以八省客长担任的厘金局、保甲局局绅身份外出办公。后文将要谈及，咸同以降，由于八省会馆在重庆地方权势网络中发挥的核心作用，重庆老厘局，保甲团练总局及其下属的积谷局、公估局、水会局、至善堂等地方公局、善堂的管事局绅均由八省客长担任。

嘉庆年间，巴县地方政府令会馆实行双客长制。嘉庆六年，重庆知府要求八省会馆分别调查本省领帖开行的情况，其中有六省会馆的客长为两人，分别是江西会馆，陈仪彬、何康元；湖广会馆，韩晓亭、李成才；浙江会馆，李定安、冯雅南；福建会馆，刘景融、周仰春；广东会馆，彭宗华、黄昌利；江南会馆，蒋裕胜、郑德新。陕西会馆和山西会馆各为一人，分别为潘同兴与僧济普。④

鉴于八省客长在地方的话语权，某些当事者在呈给县令的文状中，往往特意将八省客长之名列入其中，以增加其说辞的说服力。渝城大河船帮，由七县所属船帮组成，每年抽厘承差，运行多年，积累了一定的公产。每年六月初六日，为该帮会首的换届之日，"由船客两帮公举更换"。光绪二十年六月，又到了换届之时，时任会首为江津帮船户罗洪顺。曾任会首一职的江津帮船户洪辉田于该月二十四日，窃列八省首事职员萧淙等人之名，以其"前曾充当本帮会首，人尚谙练"为由，举荐自己为会首。但这一做法并没有得

---

① 彭泽益主编《中国工商行会史料集》下册，第 630 页。
② 《江南馆敦谊堂职员洪福等具禀朱成茂握坏规不交红契卷》，6－6－6412。
③ 《江西会馆七府首事陈汝浩等与吉安府首事萧淙等因账目不清互控亏挪用会项银两卷》，6－6－527。
④ 《重庆府谕八省客长等确查渝城有帖行户多少系何省何行等情卷》，6－2－311。

到巴县县令的支持，巴县县令以"洪辉田……曾经取永不干预船帮事务取结在卷，兹扰□□，复行接充，未免与前案不符，必滋异议"为由，拒绝了洪辉田想再次充任会首的请求。①

八省客长在担任局绅或会馆首事期间，均有一定的薪资。如光绪年间，江南会馆客长每年薪资钱36000文。

围绕客长充任的纠纷

担任八省客长不仅能有一笔可观的薪资收入，更为重要的是，对于移民商人来说，可以以八省客长这一身份出任掌握重庆地方安危、厘金征收的保甲团练局、老厘局局绅，由此进入地方权势网络的核心。也正因如此，围绕着八省客长一职的任免纠纷不断。下面我们以几个个案进行详细讨论。

案例一：骆定元违规出任广东出省客长案。②

同治十三年三月，黄玉成、王昌和等人向巴县县令状告本省客长骆定元为求贪利，违规充任广东出省客长。告状称：

> 窃思八省乡长之设，必须人望所推，非可冒窃其名也。我粤省自王松亭亏空公项后，众议弗签客长，乃有同乡骆青士者系骆定元胞兄，因粤省素无乡长，正值军兴设局之日，身入其中，多为不轨。恒道宪将置之于法，幸而病殁，定元美兄在局囊囊充盈，复奸谋继入十有余年矣。粤省虽不乏人，然服贾者往来川广，寄籍者谢绝公事，无眼询及。讵定元赴蹈趋尘，心怀叵测，营私乘便，垄断独登，劣迹多彰，奸谋亦露，若再为容隐将来必为一省之累。是以谨启当途诸公，如定元在外借粤省公所名色，遇事招摇，概不与公所相涉。

从上述诉状可知，骆定元出任客长的动机被认为是贪羡客长一职所带来

---

① 《八省首事萧淙等出同具保洪辉田充当大河船行七邦首事及本城花邦首事唐元胜等协恳赏准船首留办一年卷》，6-6-3643。

② 《粤省黄玉成以抽厘置房供公所焚献并捐输杂派千斯门房院后被他人篡当一事具告骆定元一案》，6-6-13090。

的好处。黄玉成、王昌和等人还罗列了骆定元的十四条罪状。

一、粤省本无客长，而定元在外招摇，自称客长，居之不疑，屡屡受贿，代人请托，以直为曲，以曲为直，廉耻何存。

一、查定元未入局时，窃名具保，数年之后，同乡始得共知，欲与理剖，已无及矣。

一、各省戳记，必须首事同目镌刻，所以重委任也。定元在局，常用广业堂戳记，粤省同乡概未之见，明系定元一人私刻，如定元用此戳记，挪借银钱与人担保，粤省概不招认。

一、粤省公所银钱，多交住持收掌。定元在住持手取用银钱，多未归款，住持毫不敢言。

一、粤省三门厘金置有坐房，青士募当去坐房一院，得银三百两。青士殁，定元复将此房募卖，除当价外，得银六百两。众斥其非，定元不以为耻，犹憾私囊之未饱也。

一、姚家巷重兴栈房屋，本系粤省厘金所置，定元年年霸踞收佃租，自恃在局，倚傍官势，众莫敢争。

一、定元经收三会佃租，凭众算出亏空佃租银二百余金。今岁二月签报值年，定元揹匿佃约账目不交，尤复私收佃银不惧众议。

一、自定元出入公所，公庄田契卒然遗失，查红契锁匙封固，公所墙垣周密，盗贼从何而来，非定元私掣红契，行募卖坐房之故智而何？

一、公所乃礼法之地，定元常在公所聚赌，或挟优侑酒，礼法荡然。

一、朝天、千厮二门厘金派认，公所住持衣单，定元年年侵蚀，忍不给与。

一、积谷民命所关，上年锡道宪牧买积谷，定元串同合川廪生王梦云，系伊戚，暗地分肥，领银二千余两，后梦云空银无谷，发县押缴，定元始惧，力为营谋得脱，尚欠谷百余石未缴，致民缺食。

一、粥厂乃阖郡善举，穷民赖以得生，定元亦忍挪用银千余两，致邑人屡次指名控告，有案可查。

一、捐输公款，岂容侵蚀，定元蛊惑同乡，亏用同乡银千余两无着。□□上行私罪可逃。

一、前锡道宪明睿烛奸，知定元屡行不法，谕粤省另换值年入局，定元贿托当事，极力弥缝，得以留连不去。自谓城狐社鼠可以容奸，不知七省亦羞与之同列矣。

黄玉成、王昌和等还指责骆定元贪污会馆公款，"遭骆青士权簿擎契侵蚀募当坐屋一院，吞银三百。同治二年，青士殁，伊胞弟定元复将此房募卖，除当价外，吞银六百"。总之，他们认为骆定元无资格充任出省客长。

案例二：江西会馆张志杰、欧阳善承充案。[①]

光绪中后期，政府在出省客长人选的委任上，具有最终的决定权。光绪二十八年，江西选出新任出省客长张志杰，代表该省对外办公，同时出任重庆老厘局局绅，负责老厘局的具体运作和厘金的征收。人选方案通过巴县县令报到川东道，却没有通过。三月廿九日，川东兵备道道台宝芬认为"各会馆客长出省襄理局务，关系较重，其人务须声望素孚而又办事公正、妥洽，方能胜任"，而对于新选出的江西会馆出省客长张志杰，宝芬认为其"平日声望名平常，出省后办事亦多偏徇，未便再任，出□致有贻误"，要求巴县县令张铎"即饬江西八府首事另行选举乡望素孚、身家殷实、办事公正者数人，由该令酌定一人出省，以资办公。张志杰应即令其各回会馆，不准干预出省公事"。宝芬甚至对此次出省客长的选任过程进行了批评，"嗣后凡各会馆客长出省，应由该令随时察看，如有不能胜任者，许予饬换，毋稍牵就为要"。由于宝芬的强烈反对，张志杰只有主动辞职以保存颜面。四月初八日，张志杰向巴县县令提交了"辞"状，状内称：

具禀江西首事职员张志杰，抱禀陈贵，为禀恳辞退事。情职于光绪二十五年合省举当乡长，早为同乡所深信。兹于本年又复出省襄办公事，为日未久厘局未当值月，幸无经理事件。兹值乡试在途，拟早晋

---

① 《巴县奉札饬换江西会馆新出省客长张志杰另札委欧阳善接充卷》，6-6-6420。

省，不能兼顾一切，恐致误公，是以恳恩辞退……

张以要参加乡试为名辞去出省客长一职，无疑有保存颜面的考虑。县令张铎后来也采用了这种说法，他在给接任张志杰担任出省客长的欧阳善的委任状中说：

正堂张　为札委事。案据江西馆首事张志杰具禀，词称经管江西馆事务，为日未久，幸无经理事件。兹值乡试在迩，拟□晋省，不能兼顾，恐致误公，禀恩辞退前来，理应另委接充，以专责成。合行札委。为此，札仰欧阳善接管江西馆事，宜照常妥为经理，勿稍疏忽，是为至要。

一般来说，出省客长是一年一换，但自从光绪二十八年接任江西会馆出省客长后，欧阳善连续三年充任此职，当然，同时也在重庆老厘局负责局务。光绪三十年正月廿九日，欧阳善欲辞去客长一职。

具禀江西首事职员欧阳善、抱禀高升，为恳恩辞退事。情职去岁承同乡诸君公举充当江西首事，兹届年满更换之期。蒙仁天同保甲局连、张两位老父台，札委职留办一年。但职江西会馆向章，凡当省下首事一年一换，以杜握管、觊觎等弊。职今瓜期已届，昨已知会同乡诸人，公举殷实老成、声望素孚者接办。职俗务烦冗、兼欲远行，特此辞退。

此次辞职并未得到地方政府的同意，巴县县令傅松龄要求他再担任一年客长，他在给欧阳善的札文中说：

渝城华洋杂处，为蜀川第一商埠，向设八省，料理商情，助厘巨官商之不逮。现值地方多事，时事维艰，朝廷整兴商务，尤在当务之急，全赖地方公正绅商晓畅商情者，协力赞襄、共济时艰。查江西馆客长欧阳善，首事有年，熟习商情，公正老成。兹逢该会馆交替之际，闻尚乏人接管，恐虚悬贻误，预留空白，合填札饬。为此，札仰该江西馆首事欧阳善，再行留办一年，凡该会馆出省一切商务事宜，须遵照向章，认真经理，毋稍急急。切切此札！

基于地方兴办商务正是用人之际，因而县令傅松龄打破惯例，让欧阳善再留任一年。

第二节 八省客商与重庆的商业经营

四川盆地位于西南内陆，东障三峡，北接秦岭—大巴山区，南靠云贵高原，仅一线长江与外部相通，成为一个相对独立的经济区。虽然与关中、汉中相连的蜀道早已打通作为四川与中原的人员、物资交流通道，但"蜀道难，难于上青天"，导致这种交流的频率和流通的物资数量都大打折扣。四川盆地河流众多，能通航的大小河道有 80 多条，绝大部分河道几乎都和长江直接或间接相通，位于长江、嘉陵江交汇处的重庆成为西南地区与长江中下游，甚至全国其他经济区进行物资、人员交流最重要的中转站。两江环抱不仅让重庆拥有了天然的防御城池，也提供了极为便利的水运条件。明以后，重庆成为长江上游最重要的商品集散之地，同时也是川、陕、甘、滇、黔等地商品走向全国市场的集中地，以重庆为枢纽，沿长江下接涪陵、忠县、奉节、万州、巫山、宜昌、武汉，上通江津、合江、泸州、南溪、宜宾、乐山、成都；溯嘉陵江而上，可达合川、武胜、南充、蓬安、南部、巴中、剑阁、广元及陕南、甘南等城市。

重庆商业的逐渐繁荣

有清一代，随着川粮、川盐、滇铜、黔铅的运输进一步沟通了云贵与中原的联系，清政府对川江、嘉陵江、岷江等重要河道及其支流进行了整顿，沿江兴起了江津、泸州、宜宾、合川、内江、资州、嘉定（今乐山）等地区性商业城镇，重庆的商品"或贩自剑南、川西、番藏之地，或运自滇黔、秦楚、吴越、闽豫、两广之间"，① 为重庆转口贸易的兴盛奠定了基础。

清代中前期，重庆商贸繁荣，四川崇庆州解元何明礼在《重庆府》一诗中描绘了乾隆时重庆商贸的繁荣景象："城郭生成造化镌，如麻舟楫两崖边。江流自古书巴字，山色今朝画巨然。烟火参差家百万，波涛上下浪三千。锣岩月峡谁传去？要使前贤畏后贤"。② 诗中提及重庆江边挤满了来自上下游的商船，虽然有所夸张，但也有一定的事实依据。乾隆以后，重庆已是"万物云集，百艺起兴，士农工商，各受一业"。③ 时人描述："巴于蜀为冲要区，为货财薮，千帆蚁聚，百物云屯。大川之利甚溥，外流不竭，内源复裕。"④

长途贸易的兴起，强化了重庆作为连接长江上游与中下游的重要节点的地位，乾隆《巴县志》较为详细地记述了巴县的繁荣景象，"吴楚闽粤滇黔秦豫之贸迁来者，九门舟集如蚁，陆则受廛、水则结舫"。⑤ 最能反映重庆商贸繁荣的指标是长途贸易的兴起，船运业，也就是物流业的逐渐繁荣。嘉庆八年，为了应对来往不断的军需运输及承办各类差务，在川东道、重庆府的主持下，将在川江、嘉陵江上运输的以重庆为贸易始发点或目的地的船帮整合为三河船帮，以运输路线为界，分为大河（上河）、小河、下河三帮。每帮又各辖若干地域性船帮。以重庆朝天门为界，大河船帮是航行于长江上游包括岷江、沱江等长江支流的船帮，包括嘉定、叙府（宜宾）、金堂、泸富、合江、江津、綦江、长宁、犍富等9帮。上河帮从重庆运往府县的货物主要由棉花、食盐、广布、杂货、药材、瓷器组成，这也是重庆从长江中下游地区进口的货物。小河帮是航行于嘉陵江及其支流涪江、渠江的船帮，包括三峡、合州、遂宁、渠县、保宁等5帮。其运输的商品包括来自陕西、保宁的棉花、山货、药材等。下河帮则是指在长江朝天门以下的川江上航行的船帮，包括长涪、忠丰、夔丰、归州峡外、归州峡内、宜昌黄陵庙、宜昌、辰州、宝庆、湘乡等10个船帮。⑥ 运输的商品包括粮食、食盐、棉花、棉纱、

---

① 乾隆《巴县志》卷10《物产》，第14页b。
② 转引自孙晓芬编著《清代前期的移民填四川》，四川大学出版社，1997，第307页。
③ 《清代乾嘉道巴县档案选编》上册，第236页。
④ 乾隆《巴县志》卷1《形势》，第50页a。
⑤ 乾隆《巴县志》卷2《坊厢》，第24页。
⑥ 《八省客民等禀恳巴县示谕大小下河船帮差仍照前规永定章程，革除弊端卷》，6-3-820。

山货、广货、瓷器等。

在重庆的转口贸易中，往长江中下游输出的商品主要是大米，逆流运进四川的商品主要是原棉及其制品，所谓"川米易苏布，衣食各有惬"。① 鸦片战争前，川粮为第一大宗商品。四川省内各地的大米汇集于重庆，"渝州每岁下楚米石数十万计"。② 乾隆《巴县志》称："至于乡里，以米为货，易其所无者，肩云蹄雾。"③ 米粮贸易十分兴旺。巴县为四川运粮船"换船总运之所，所拨谷石数倍他邑"，④ 巴县境内有多处米粮贸易的码头，也就是所谓的"米口"。嘉陵江沿岸有澄江口、井口镇等9处米口，长江沿岸有太平渡、鱼洞溪、大渡口、黄葛渡等17处米口。⑤ 乾隆年间，每年川粮经长江外运的数量在500万—1000万石。⑥

由于四川境内的棉花产量不高且主要集中于川东北射洪、广元等地，四川包括重庆在内的大部分地区的棉花主要从湖北、陕西等地进口，通过川江航线形成了米—棉对流。布匹、棉花、杂货等商品沿长江逆流而上，"俱汇集于重庆府发卖"，而从四川各地到重庆贩粮的商贩，与"四处乡民，大都以米易布"。⑦

移民客商的商业活动

清代巴县档案中有大量外省移民在渝城经商、开铺、做手工艺人及以挑夫、背夫等下力谋生的资料，试举几例。刘廷选，江西人，乾隆三十九年开

---

① 李鼎元：《师竹斋集》卷6，清嘉庆刻本，第20页b。
② 据乾隆《巴县志》卷3，重庆将本地所产大米称为"乡米"，把通过嘉陵江、长江等水路从上游运来的米称为"河米"。"乡米"主要供本地消费，而出口的大米大多是"河米"。
③ 乾隆《巴县志》卷2《津渡》，第43页b。
④ 乾隆《巴县志》卷3《积贮》，第38页a。
⑤ 乾隆《巴县志》卷2《津渡》，第41页a—43页a。
⑥ 谢放：《清前期四川粮食产量及外运量的估计问题》，《四川大学学报》1999年第6期。邓亦兵对乾隆年间四川粮食外运的估计相对保守，认为在300万石以上。同时，她认为由于受到嘉庆初年白莲教战乱的影响，及道光以后四川人口增长速度的加快，在嘉道年间，川粮外运量都不会超过乾隆时期的水平。邓亦兵：《清代前期内陆粮食运输量及变化趋势——关于清代粮食运输研究之二》，《中国经济史研究》1994年第3期。
⑦ 《雍正十年七月初十日四川夔关监督穆克德布奏》，《宫中档雍正朝奏折》第20辑。

设铜铅行，以年薪银 400 两请老乡余均义帮忙照理。① 王礼梅，广东人，乾隆时期来渝，在渝城较场口开设饭店。嘉庆九年十一月二十四日，因食客吃饭不给钱引起纠纷而到县衙报案。② 舒茂贵，江西人，乾隆中期到渝城，以在较场口开设衣铺为生。③ 周尚□，江西人，乾隆前期来渝城开设三让堂书铺，此后遂定居于渝城，并育有五个儿子。④ 类似的个案举不胜举。这反映出清代的渝城是一个由移民在日常生活、商业贸易中占据主导地位的城市。

清代重庆商业的繁荣还表现在领帖开行的牙行数量远多于其他州县，乾隆《巴县志》称："巴为泉货薮，商贾丛集，行帖一百五十有余，十倍他邑。"⑤ 雍正二年，巴县共有牙帖 152 张，共征牙税银 188.5 两。各行牙帖数及牙税银见表 2-3。

表 2-3　雍正二年巴县各行牙帖数量及牙税银

单位：两，张

牙行名	牙帖数量	牙税银	牙行名	牙帖数量	牙税银
山货帖	55	62.5	广货帖	20	27.0
药材帖	8	9.0	铁锅帖	7	9.0
磁器帖	3	4.0	布帖	4	4.5
纱缎帖	1	1.5	广货布匹帖	1	1.5
杂粮帖	12	18.5	竹木帖	6	13.0
青靛帖	8	8.0	□麻帖	2	2.5
油麻帖	1	2.0	油帖	3	3.0
酒帖	3	3.0	猪帖	2	2.0
丝帖	2	2.0	西货帖	2	2.0
毛货帖	2	2.0	大红帖	2	2.0
杉板帖	2	2.0	广鱼帖	1	1.0
纸帖	1	1.5	铜钱帖	1	3.0
典当帖	1	5.0	船行帖	2	2.5

资料来源：乾隆《巴县志》卷 3《课税》，第 39 页 a—40 页 b。

① 《余均义具告刘廷选以伙同开铅铺讹诈滋事等情一案》，6-1-1857。
② 《本城王礼梅告王允金因欠他饭钱没钱给还就抓扭案》，6-2-4633。
③ 《舒茂贵以该会银不给反持刀逞凶控秦光廷》，6-2-8112。
④ 《周宣南具告民佃周益茂开店不顾寡母幼弟等情一案》，6-2-3962。
⑤ 乾隆《巴县志》卷 3《课税》，第 41 页 a。

这份牙行统计表没有对牙行籍贯进行统计，实际上，在渝城领帖开行的牙行商人基本上都是外省移民。嘉庆六年，署理重庆的郑姓知府在给巴县县令下发的一份札文中说："今查渝城各行户，大率俱系外省民人领帖。"要求八省客长做一详细调查，"（八省）客长等确查渝城有帖行户，共有若干；某人系何省民人，开设何行？其无帖开行之家，共有几家。所开何行为人是否信实？家道充足与否。尔等系属同乡，自必深知底里，着就本省客长联名具保，方准开设"。① 六月二十四日，八省客长回复称，当时各省移民客商领帖开行的牙行数量为：湖广省 43 户，江西省 40 户，福建 11 户，江南 5 户，陕西 6 户，广东 2 户，休宁府 2 户，浙江、山西两省并无开行领帖之人，牙行领帖共 109 张。② 这一格局至少延续到咸同年间，"至于各省买卖，惟湖广、江西为最"。③ 和雍正二年的 151 张牙帖相比，少了 42 张，八省客长说这 42 张牙帖"存滞，并无开设，民等确查无异"。④

通过表 2 - 3 我们也可以发现，行业和籍贯有时候是联系在一起的。就八省各个会馆所经营的商业品种来说，他们有着不同的分工。有学者研究表明，陕西帮多经营典当、毛货、山货、布行业，湖广帮经营棉花、靛行，山西帮做票号，江西帮多经营药材、山货、匹头，浙江移民多做瓷器生意，福建会馆多做山货、烟行。⑤ 但这一说法并不全面，如广东帮，其经营的范围还包括广布等。移民的职业与籍贯通过一些制度性规定往往也连接在一起。以个案来说，宗义先，江西人，道光后期在渝城以打制金银首饰为业。据称，其祖辈就来重庆开设金银首饰铺了，并和其他老乡一道"各捐庄银"，成立了行会，同时"定立程规"，"同省乡谊学徒庄银二两"，且不许招收他省籍的民众为徒。⑥ 类似的个案还有不少。

其实某些八省客长本身就是商号的老板。如清末，江西会馆的客长身兼布匹业"四圣会"和"财神会"的会董，一手抓以同乡关系组织的行会，

---

① 《重庆府谕八省客长等确查渝城有帖行户多少系何省何行等情卷》，6 - 2 - 311。
② 《重庆府谕八省客长等确查渝城有帖行户多少系何省何行等情卷》，6 - 2 - 311。
③ 《重庆府札饬巴县抽取厘金以备采买积储及巴县示谕卷》，6 - 4 - 916。
④ 《重庆府谕八省客长等确查渝城有帖行户多少系何省何行等情卷》，6 - 2 - 311。
⑤ 李明编著《中国民俗大系·四川民俗》，甘肃人民出版社，2004，第 19 页。
⑥ 《清代乾嘉道巴县档案选编》上册，第 337 页。

一手抓以同业关系组织的行会。川原通字号的曹溲珊和德厚仁字号的张瑞堂也是如此。[1]

第三节　八省会馆与重庆商业纠纷的调处

清代，重庆繁荣的商业势必带来层出不穷的商业纠纷。嘉庆六年，署理重庆的郑姓知府就在一份札文中谈及了渝城具有移民特色的商业纠纷，札文中说因渝城各行户大都来自外省，"开设者虽有殷实之户，并有些小本贷，装饰齐整行面，有意哄骗客商货物，任意花销者其多；及至亏空客本，则潜回原籍，名曰放伐。异乡孤客，一旦亏折本贷，以致控官守候，甚至流落无归，种种贻害实堪发指"。[2] 上述札文谈到了两类情况：一是渝城本地的客商哄骗外地客商；二是外地在渝商户亦存在不守信诺的行为，通过潜逃回原籍的方式躲避债务，以致"贻害"其他诚实守信的客商。乾隆《巴县志》对移民商人遭遇的商业纠纷亦有描述。

> 领帖者曰行户，帮帖者曰挂平，或指货骗银，银到手而货归乌有；或指银骗货，货到手而价杳无存。始则移甲补乙，及败露而不能掩补，则脱身远飏，以致异乡孤旅，跋关山、涉风波数千里，贸贸而来者，本利尽亏也。他乡浩叹，纵控追于官而一时难以弋获，即获而朴责之、监追之，脂枯骨露，徒瘝犴狴，无计偿还，与其追比于后，莫若清厘于先。[3]

日常清查和管理牙行、商户，对维持渝城商业的繁荣和秩序的稳定尤为重要。"小政府""大社会"的治理体系决定了重庆地方政府没有能力独自完成此一职责，只有找到类似"乡族"的社会组织，通过公私两套治理体系，才能进行有效的社会治理。在此背景下，八省客长，这一最初由移民自

---

① 卓德全等：《重庆布匹商业的早期概况》，《重庆文史资料选辑》第3辑，第41页。

② 《重庆府谕八省客长等确查渝城有帖行户多少系何省何行等情卷》，6-2-311。

③ 乾隆《巴县志》卷3《赋役·牙税》，第41页a—42页b。

发形成的社会组织成了政府合作的对象，参与到各类与移民有关的商业纠纷的调查取证、调处中来，甚至成为向府县衙门提供判案咨询的机构。正如嘉庆六年署理重庆的郑姓知府对八省客长所说："尔等系属同乡，自必深知底里。"① 是故，八省客长参与移民商业纠纷的调处等活动是由多重因素决定的。

牙行与客商之间的商业纠纷

通过阅读巴县档案，我们会发现其商业纠纷类型多样，集中在牙行与外来客商之间围绕着货款清还、货厘缴纳产生的经济纠纷，行主与佣工之间的雇用纠纷，房产租佃纠纷等方面。下文就对这三个方面分别进行论述。

第一，牙行与外来客商之间的经济纠纷。康熙中后期始，重庆商业逐渐繁荣，在一个以移民人口为主体的城市里，客商远道而来，投行发卖，时常与牙行、铺户发生经济纠纷。政府设立牙行的目的在于平抑物价、减少商业纠纷。但从运行的效果来看，乾隆时期围绕着牙行产生的商业诉讼却数量繁多，有的"指货骗银"，有的"指银骗货"，结果都是外来客商吃亏，他们不仅"本利尽亏"，即使告官，往往亦无结果。巴县档案中有大量外来客商与本地牙行之间的诉讼案件。

案例一。乾隆四十三年，山西草帽商人赵信成贩卖多批草帽到渝城牙行李兴言处发卖，"过手卖钱除收外，尚欠价钱二百四十三千二百一十三文，行票确据"，但李兴言父子"鲸吞不给"，在不得已的情况之下，赵信成将其告官，后经调解，李兴言父子赔付了货款。②

案例二。乾隆年间，江西人李思纪贩卖小麦到渝城公正行发卖，该行行户王信、王佩、谢玉玺等人欠其货钱九十三千七百文，李思纪将行户告官，行户采取了隐匿躲藏、拒绝到案等方式拒绝支付货款。③

案例三。嘉庆三年二月，湖广棉花客商李双和在渝城开设棉花铺，"有黄益栋、陈元宁二人来蚁铺内赊买去棉花，除收下该银五十两"，据李双和

① 《重庆府谕八省客长等确查渝城有帖行户多少系何省何行等情卷》，6-2-311。
② 《赵信成具禀李兴言买民草帽欠价银不给一案》，6-1-1870。
③ 《江西监生李思纪告谢玉玺等串买民货价银不清逃匿一案》，6-1-1871。

称，此二人非但没有还清欠款，还叫上王奉、何玉等人来他店估拿棉花，将其朋殴。①

案例四。牙行盗卖客商货物。嘉庆二十二年二月，湖北棉花客商胡魁顺称，他每次来渝贩卖棉花，都将货物存于渝城千厮门恒裕行，嘉庆二十一年腊月，该行"私卖小的的棉花八包"，共欠货钱银700两。据蒋懋德弟兄供称，"因为到腊月底，被人追债甚急，所以才把胡魁顺的棉花卖了的"。②

上述四个案例表明，领帖开行的行户在与客商的商业活动中充分利用其"地头蛇"的身份，故意拖欠货款以达到赖账的目的，这无疑会引发诸多纠纷。

第二，行主与佣工之间的雇用纠纷。清代，重庆的雇用纠纷较多，乾隆《巴县志》就曾专文描述了商铺伙计骗取东家钱财之事，文称：

> 邑当三江冲要，百货骈集，自吴楚转运峡门，一路滩险水恶，若辈挟重赀、博蝇头，君子未尝不悯之……一种出财东门下，代人经营□过食，赢余做资生计，离家窎远，财东不能约束，□霍任意，纵赌包娼，大为人心风俗害。③

在巴县档案中，保存有大量行户、铺主被店员欺骗的案件。试举几例。吴世环，江西人，在渝城开设商铺，因其经常要外出联络商情、讨账等，聘请其外甥陈锦山在铺内帮忙料理。乾隆五十一年，吴世环打算算账关门回原籍，未想陈锦山"乘拆出铺，借帐熟识，潜外讨肥二十余金"。据吴世环称，七月十六日，有欠账客商来渝进货，吴世环当面向其讨要欠账时，才知道陈锦山已经提前以商铺的名义将货款要走，吴世环遂向陈"理问"，陈一开始还找理由解释，后来则"露无掩饰，恃痞逞凶，将民詈骂"，最后陈"擅敢将民殴跌卧地，若非邱正干等见喝获救，阴被毒伤"。④

---

① 《本城李双和以估骗购棉花银朋凶事扭送黄益栋》，6－2－4595。
② 《本城湖北客民胡魁顺禀蒋懋德弟兄盗卖民棉花与欠民花钱一案》，6－2－4808。
③ 乾隆《巴县志》卷10《风土·习俗》，第3页a—b。
④ 《本城江西吴世环具首陈锦山逆恶凶骗一案》，6－1－1890。

　　咸丰五年，客民黄泽与同乡叶含沃在渝开设永泰号牙行，咸丰十年，黄泽与叶含沃"回籍算帐"，店内事务交孙逢吉经理，咸丰十一年，黄泽由原籍返渝，但"逢吉握帐不交"，据黄泽称，经算账后，孙逢吉"透〔偷〕吞银一百余两"。①

　　通过上述个案我们可以发现，东家与店内伙计的雇用纠纷，时常表现为伙计乘东家在财务上缺乏有效监督之机，将货款据为己有。这一现象的频繁出现，原因很多，其中有一个重要的因素就是东家为移民客商，经常来往于老家与渝城，甚至渝城与其他城市之间贸易，商务的繁忙，导致店内伙计有机可乘。

　　第三，房产租佃纠纷。经过不断的抽厘、捐资，各省移民以"某某会馆""某某会"的名义在渝城购买拥有包括大量房产、田产在内的不动产，基于保值增值的需要，这些不动产大多通过放佃收租的方式经营。② 清中期以后，围绕着租金的缴纳，移民团体与租客之间纠纷不断。

　　案例一。道光二年二月，董致祥以年租银40两、押租银20两租真君会铺面一间开设银匠铺。道光八年八月，董致祥"闭铺潜逃"，以致真君会"香火虚悬"。③

　　案例二。道光五年，移民客商何大然、邓诚忠二人以银180两租万寿宫永莲会位于朝天坊正街的铺房开设正大糖行。道光九年，二人拖欠租银90两不给，于四月份"私行逃走"。④

　　案例三。同治三年，渝城天上宫与佃户、监生张万福之间围绕着房租押租银发生诉讼，张万福称自道光二十八年始，他便以押租银30两向天上宫租房开设绸缎铺，"租银年清"，每年房屋维修他还另外去银30余两。现在天上宫要把房子出卖，却不退还其押租银和修缮银60两。而天上宫一方则称，他们不退的原因在于张万福欠了租金没给。⑤

---

① 《太平坊黄泽告孙逢吉将铺内帐本握拿不交一案》，6-5-8491。
② 笔者专文讨论过清代以会产、馆产等名义组成的公产的形成过程，见拙文《清至民初重庆乡村公产的形成及其国家化》，《清史研究》2020年第1期。
③ 《道光八年十二月三日吴则拱禀状》，《清代乾嘉道巴县档案选编》下册，第60页。
④ 《道光九年六月十八日刘志贵等禀状》，《清代乾嘉道巴县档案选编》下册，第60—61页。
⑤ 《华光坊张万福控佃主鄢永厚出卖房不给押租费银凶骗一案》，6-5-3390。

上述三个案例均为移民客商租佃移民会产不动产后，或因经营不善等原因，采取"闭铺潜逃"的方式逃避租金的缴纳，或因押租银与会馆产生矛盾。这不仅让移民团体失去租金的收入，亦给日后的运作带来资金上的困扰，不得不"禀官处理"，寻求司法的帮助。

有个房产租佃纠纷的过程更为复杂，来看这个案例。

案例四。康熙年间，陈思明、杨光朝、包永福等人的祖上各捐银两在火神庙建中元会，每年将本金发当生息。嘉庆二十三年，中元会以会银50两佃到陈永才铺房，然后以年租银15两转租给陈永才继续"居贸"。嘉庆二十四年，陈思明、杨光朝发现陈永才已经将铺面关闭潜逃，甚至将铺面当与徐洪顺，也就是"一房两租"。[①]

此一租佃纠纷的不同之处在于，中元会并不是房东而是租客，原来的房东成了租客的租客，这位租客的租客以房东之便，再次将房子出租，最后形成诉讼。这反映出渝城不动产租佃纠纷的复杂性。

不动产的租佃纠纷也存在于商民个体之间。李万仙在渝城县衙前街有铺房一间，道光三年，以年租银25两的价格租给江西民程合盛开设布店。道光八年三月时，程合盛不仅欠房租三十一两二钱五分，还曾向其借银30两未还。道光八年二月十一夜，程合盛弃店外逃，"四路查访，并无踪影"。[②]

八省客长参与的不同纠纷主体之间的调处

八省会馆最初的功能主要是为各省移民服务，而不是一个开放性的组织，早期八省客长在商贸方面的事务主要集中于处理与移民及商号有关的问题，即参与诉讼纠纷的调查、取证，提供判决建议等方面。

八省客长的调处有两个层次，一是本省客长调处本省移民商人之间的纠纷。

案例一。嘉庆十一年，巴县知县发动在渝的浙江商户捐资赈济，白象街司事徐养初前往同街的老乡，也是开设瓷器铺的同行陈履端处征收所派

① 《嘉庆二十四年七月十八日陈思明、杨光朝、包永福禀状》，《清代乾嘉道巴县档案选编》下册，第56页。
② 《道光八年三月一日李万仙禀状》，《清代乾嘉道巴县档案选编》下册，第60页。

捐款，"履端素斥养初诅夺生意之仇。今正廿六，又因算帐口角，致养初借派捐为题"打毁不少徐养初的瓷器。徐养初遂以"挟怨抄毁事喊禀陈履端在案"，浙江会馆客长李定安等"不忍参商，从中理剖，本系宿怨并非捐派，具呈请息"。但此次调处并未得到巴县县令的认可，"请息未准"。当月卅日，陈履端甚至以"借公报忿"为由反诉徐养初，这下惹火了巴县县令，"本县捐米施粥之事为留心访察，尔不出捐项反挟忿逞凶毁人器具，本县并不深究议罚，实属从宽。今不速缴，反递词狡饰，着原差速即集齐票内名人带候讯究，应候恩讯，曷敢旁渎"。浙江会馆其他同行朱瑞成、倪惠峰、钱良佐等人再次具禀，请求调处，"养初实为宿怨起讼，其陈履端虽开磁铺赊货发卖，资本固微，实难听罚"，最后以陈履端赔偿所毁瓷器结案。①

　　案例二。嘉庆十四年，湖广会馆打算培修，经会馆首事的讨论决定，在渝的湖广籍铺户均应捐资。千厮坊的常德移民陈尚圣，开设有屠猪行，应捐银 30 两，但陈只愿出 3 两，因言语不和，与前来收银的会馆首人徐正朝、曹老六等人发生抓扯，陈尚圣"额头偏右皮破伤一处，系无块伤，左前肋微红色伤一处，系拳伤"，双方遂告至衙门。陈尚圣在告状中强调两点：一是会馆方要求其捐资 30 两，但他的屠宰铺已经歇业，只愿捐资 3 两；二是他是受害者，不仅自己受伤，连帮忙的同行刘文元也受伤了。徐正朝等人的反诉状则称，培修禹王庙是楚省十府公议的大事，他们只是承办首人，"陈尚盛［圣］始而遵议捐赀，继而把持，抗不捐赀"，他们前往陈家"禀送法究"，陈不仅"邀约好事讼棍刘文元朋比逞凶恶畏"，还"自执茶盂划额头抵赖"。在报案之前，双方还在湖广会馆内进行过调处，在湖广会馆十府首人孙曾堂、华大顺的面前，陈尚圣"自供称一时无知，自伤额头赖骗是实，自原出赀银五两，次日送交，事息各散"，未想到陈回家后，"仍听刘文元主唆"，将他们几人提告。从上述分析来看，陈尚圣似乎未听湖广会馆首事的建议，这在湖广会馆首事的证言中得到了证实，"本月初二，有常德府属之陈尚圣血流满面，□诉公所，此即十府首领□日骇然，及至安排客堂，细询

---

① 《白象街司事徐养初禀控陈履端抗不捐施粥米反而逞凶捣毁案》，6 - 2 - 603。

情由，彼此喘息已定，各吐实情，尚盛［圣］自知□额情虚，羞惭满面，请罪辞归，殊料旋出公所，听谁唆搅，颠支妇女诬喊在□辕，沐准差唤等，均有首领之责，眼见虚谎，不敢隐匿，矧公所工程浩大，似此群恶诬告，别□效尤，功何能竣，为此禀乞"。

从会馆首事的证言中我们似乎可以预判，此案若继续下去，陈尚圣败诉的可能性十分大，唯有接受调解息案才是最佳选择。会馆成员王成志、廖应发等人给衙门的息状称，"情有陈尚圣以借勒凶伤事具控徐正朝等在案，蚁差唤因徐正朝等为楚馆公事，与陈尚圣口角起衅，故有此控等情，难坐视，邀集两造，齐赴会馆，将前项口角事件逐一剖明，尚盛［圣］、正朝等均属乡梓，遵众处息，仍敦和好，不愿终讼，情甘各具结状备案，嗣后两不滋事"。当年十一月初六日，陈尚圣和徐正朝分别提交了结状销案。①

从上述两个案例可以得知，客长和原被两造均属乡梓，而我国传统社会有以和为美的群体关系原则，客长积极参与乡亲之间的纠纷调处有道义上的推动力量，这使他们的调处往往会取得一定的效果。

二是由八省客长集体出面，参与诉讼纠纷的调处。首先，商业纠纷是会馆民众间比较常见的冲突，当事双方有多种解决方式。同省民众之间的冲突，往往由各个会馆首事约集本省会馆其他德高望重之人，在各省会馆内"集理"解决；而不同省籍民众间的冲突则由八省客长出面解决。若当事一方对八省客长的调处不服，可以向县令提出诉讼。一般情况下，县令仍旧会把案件交给八省客长，由八省客长继续调处，直至双方心悦诚服。这样的事例在巴县档案中举不胜举，下面仅以几起案子为例，来对八省客长为调处所做的努力略加说明。

案例一。张志德、李本忠、吕嘉会、邓天贵等均为楚民，亦都在渝开店贸易。嘉庆十四年，李本忠、吕嘉会、邓天贵三人凑银4100两，交由张志德出面"顶充磁器行"，开设瓷器店，"议明所帮银两陆续在行用扣还"。但该瓷器店经营得并不好，"张志德自开行以后，并不善为经理，将银两任意花销，以致开行两载，磁器到行甚稀"。嘉庆十六年，该店已经没有继续经

---

① 《千厮坊陈尚盛以修会馆估出钱不允统朋凶殴控徐正朝等》，6-2-5262。

营下去的可能，几位合伙人亦出现了纠纷，遂向巴县县令提出诉讼，要求对该店这几年的账目进行清算，并将剩余的本金进行划分。巴县知县叶文馥遂委八省客长清算该店历年账簿，厘清经营责任，在此基础上，提交剩余本金的分配方案。①

案例二。詹尚达、汪锦华二人在渝城开设纸墨店，该店由詹尚达的祖父创办，传至其父亲詹斌五经营时，詹斌五将汪锦华之父汪尔昌招入店内，"分给股贸"，平时由"尔昌权管店务"。汪尔昌死后，因詹尚达"素来在馆攻读，毫未经理店务"，便由汪锦华继续管理店务。道光七年，汪锦华因事回籍，但仍通过帮柜吴际云遥控店内经营。这引起了詹尚达的不满，也给了其母舅黄景行染指该店的机会。黄景行遂"借银五百入铺作本"，参与店的经营活动，并要开除帮柜吴际云，这又引起了汪锦华的不满。双方向巴县县令互控，巴县县令遂委八省客长对来往账目进行查算。②

案例三。道光五年，刘元顺与王均一共出银1300两"伙买宣化坊的街房"招佃收租，因王均一平日住在乡间，房屋招佃收租一事均由刘元顺一人经营。王均一称："刘元顺乘小的乡城两隔，浮开补修账项、□吞租银不认。"因此将其提告。巴县知县"札委八省清算两造账项"，调查结束后，八省客长出具的调查结果是刘元顺欠王均一银410两。刘元顺如何还钱？八省客长的建议是二人将房产红契"交与八省觅主伙卖房屋，在□价内扣还"。也就是由八省客长临时托管该处房产，直到买家付钱买房，然后以房款还钱。王均一托人寻到买主愿花银2400两买此房产，但刘元顺不同意。刘提出的方案是房价定价银4000两，"劝王均一承买方园"，但这一方案遭到王均一的反对。最后县令同意王均一的诉求，卖房还钱。③

案例四。道光年间巴县治城杨柳坊居民沈玉隆状告熊源顺一案，八省客长在官方的授权下调解了此案。巴县某龚姓地主在桂花街有铺面四间，嘉庆某年，该房因遭火灾，只剩下地基。龚姓地主一直将地基出租给熊源顺，每年佃钱五两二钱，并在当约上注明，如果龚姓地主将地基收回，熊

① 《嘉庆十八年八月十一日巴县详》，《清代乾嘉道巴县档案选编》上册，第372—373页。
② 《道光九年七月二十八詹尚达禀状》，《清代乾嘉道巴县档案选编》上册，第391—392页。
③ 《道光二十年十月二十六日王均一等供状》，《清代乾嘉道巴县档案选编》下册，第75—76页。

源顺就要"拆房还基"。道光初年，龚姓地主将此地基卖给黄姓商人，黄姓商人不久又将此地转卖给福德土地会。虽然地基的产权一直在转移，但仍由熊源顺承佃。佃约也一直按照此前的内容书写。道光五年，熊源顺将"自起铺房当与刘国宝，价银六十两"，但刘国宝"不肯填写拆房还基字样"，遂成纠纷。在高额租金的诱惑之下，熊同意了刘国宝的要求。这让该地真正的地主福德会很愤怒，会首遂将熊、刘二人告上了县衙。县令批示让八省客长"集理说断"。八省客长接手后，调查了此事的来龙去脉，最后建议，由刘国宝直接向福德会佃房，每年租金仍为五两二钱，若福德会要收回地基建房，刘仍然要拆除所建房屋。这个裁断得到了当事各方的同意，"两造俱悦"。①

　　案例一、二、三表明，八省客长在官方的授权下，可以对商业纠纷中原被两造经营的账目、资金进行清算、调查，为官方或后来的调处提供依据。在某些情况下，八省客长还可以参与到案情的调查之中。贵州人傅大元来渝贩卖芋头，据其称，道台衙役李忠、营兵李文林私立山货牙行合兴行，对外声称可以"包卖客货，每钱一千扣收钱一百一十文，客只归钱八百九十文"。傅大元运货到渝后，被哄骗至该行寄卖，同时被收去钱□千200文。后来傅大元查知并无此行，"委因李忠仗充道辕蠹役，李文林又恃营兵，纠同十余人，私立土果牙行招牌，滚骗异旅"，为此提交告状。巴县县令批示，"李忠等有无私设牙行包骗客货，着□差协同约邻客长查明复夺"，要求八省客长参与进行案件的调查。②

　　在部分案例中，八省客长还提出了具体的判决建议，这为纠纷的顺利解决提供了条件。光绪二十四年七月，对职员传璜与刘苓山因账目不清欠费一案，巴县县令札请八省客长进行账目清算并出具调查意见，巴县县令称："仰八省首事等即便督同两造、公正亲友，将刘苓山交出账簿四十本，查明是否齐全，有无抽匿短少，□公澈底算究，传璜实有存本若干，该欠外债若干，刘苓山有无舞弊亏吞，其传璜卖给洋行是否盗卖本县奉存，抑系该作房

---

① 《道光六年四月二十五日八省客长禀状》，《清代乾嘉道巴县档案选编》下册，第78页。
② 《本城傅元顺具禀李忠等有私设牙行包骗客货一》，6-2-4870。

新出，并往洋行查明实在价值若干，一并据实禀候察夺。"八省客长遂"于十八、二十两日邀同两造公正亲友在府县庙清算账目，并查明实在情形"，在详细查账的基础上给出了处理意见。①

其次，行户与商户之间纠纷的调处。

前已谈及，清代重庆本地领帖开行的行户与外来客商之间围绕着货款清还、厘金征收纠纷不断。八省客长在此类纠纷的调处中发挥了积极的作用。试举几例。

案例一。聂广茂，江西人，在重庆开点锡行店铺。道光二十七年六月，正当聂广茂押运四包点锡回店铺的时候，他被铜铅行首人彭辅仁、熊伦厚拦住，质问他为什么私行贸易，不缴纳牙行厘金。聂说他从未听说此事，不愿意缴纳厘金，彭辅仁为此将聂告到巴县衙门。时任巴县县令余遂生在查阅旧有档案时，发现点锡并未归入铜铅行，断令"仍照旧规，听客自便"。彭辅仁不服，遂以"差难赔累，禀辞差务"为由告到重庆府衙，并提供了更多的细节：点锡最初附在广货行里，乾隆三十二年，广货行将"点锡归铜铅行"代为管理，并设有公秤，定下厘金的征纳标准为每包点锡取银一钱六分，立有字据。重庆知府朱绍恩采纳了彭辅仁的说辞，令聂广茂以后每包点锡缴纳厘金一钱六分，并将"聂广茂掌责"。聂广茂不服，以"祖护上控"多次提出上诉。县令余遂生叫八省客长郑迎初等人进行调处，八省客长证实彭辅仁等人所说不假，但考虑到聂广茂等人所做的点锡生理系自买自卖，和一般的商户不同，遂提出折中解决方案，聂广茂仍按旧规向铜铅行缴纳厘金，但每包缴纳的数额从一钱六分减到一钱。八省客长的这个方案得到了双方的认可，这个案子经过一年多的时间，终于到此结束。②

---

① 《八省首事璜心以拖延账何异掩耳盗铃事互控一案》，6-6-45080。
② 《江西客民摄广茂等为买卖锡袊吏屈事具控巴县职员彭辅仁等一案》，6-3-564。类似的，如八省客长在道光年间斡旋调解重庆大、小、下三河船帮差役承充原则的矛盾，见《八省客民等禀恳巴县示谕大小下河船帮差仍照前规章程永完章程革除弊端卷》，6-3-820。有关三帮船运纠纷及其调解、审理过程，可参见邱澎生《国法与帮规：清代前期重庆城的船运纠纷解决机制》，邱澎生、陈熙远编《明清法律运作中的权力与文化》，台北：联经出版公司，2009，第275—336页。

案例二。陕西花商魏济兴、周济兴等人与重庆裕泰行方曰刚诉讼案。[①]嘉庆二十一年二月，陕西、黄州棉花商贩魏济兴、周济兴、李恒益、李添合等人向巴县县令刘德铨提出诉状称，他们来渝贩卖棉花，均将棉花投渝城裕泰花行发卖，嘉庆十二年，裕泰花行倒闭，花行业主方曰强欠其本金 36000余两白银，方曰强无钱还债，同意将花行房产含家具在内作价银 12000余两抵给他们，并议定他们以每年 600 两白银的价格租给方曰强叔侄继续开花行。至嘉庆十七年，方曰强、方曰刚兄弟已经欠他们房租银 1800余两。周济兴、李恒益等人为此曾向当时的巴县县令吉恒提出告状，吉恒"断令方曰刚弟兄把行房与家具退还，余欠之银，令他陆续付还"。方曰刚兄弟非但没有还钱，反倒将行房另佃他人，并将部分家具搬出另开天成行花行。据周济兴、李恒益等人估计，所搬出的家具价值 2750余两白银，这让他们十分生气，遂在嘉庆二十一年二月廿二日，向巴县县令提出诉状，希望县令能够判决方曰刚归还房租及家具银共 4550 两。针对花商等人的提告，方曰刚认债但不还钱。在二月廿八日的堂讯上，方曰刚称："今蒙复讯，断令小的缴还魏济清佃租银一千八百两并赔私行搬去的一半家具银二千七百五十两，共缴银四千五百五十两押令追缴。小的们遵断，只求施恩宽限。"也就是将方曰刚暂时收押，直到钱还清了再放出来，这似乎是要还钱了。三月初三日，周济兴、李添合、李恒益等人称："曰刚奸刁异常，竟敢违断抗缴，且曰刚拖骗民等银两，现在大张开设花行，实非无力呈缴可比。"他们认为方曰刚并非无钱可还，而是故意拖延，遂请县令将"方曰刚勒限比追"。三月十二日的堂讯显示，巴县县令曾将方曰刚"责嘴"，并"谕令五日呈缴"，方曰刚在堂讯时不得不"遵断"。三月廿六日又一次堂讯，方曰刚称："小的该欠魏济兴们各号银两，前蒙提比，谕令小的五日办银呈缴。小的现求□明借贷，措办不及。今蒙复比，将小的责惩谕令再限小的十日呈缴，小的遵谕，只求宽限。"方以筹措不到钱为由，希望能展延十日。四月初七日，据卡房看门衙役张斌报告，方曰刚在监中得了"寒疾，茶水少进"，似乎有性命之

---

① 四川省档案馆编《清代巴县档案整理初编·司法卷·嘉庆朝》，西南交通大学出版社，2018，第 232—266 页。

忧。即使这样，方曰刚也没有立刻还钱的打算，"反串伙在外四处求援，计图朦保免脱"。方曰刚延请其"表兄"黄长龄为代言，以"贿抽害惨、叩提伸究事"为由，越级上告到川东道，其词称：

情嘉庆十二三年，有蚁族兄方日强开裕泰花行，倒塌周济兴、吴恒茂两帮银三万余金歇业，后凭各号客商等，将行屋器用作银一万二千两，议三成摊还，两帮书允。日强佃转于十七年，纠伙史兆兰，仍开花行，每年租银六百两。不料兆兰物故，时蚁闲居，日强央蚁帮贸，工银六十两。十八年佃银清楚，十九年止还三百两歇业。周济兴随以吞骗霸踞，控日强该伊旧账房租。殊蚁名于吉主，唤讯日强该伊银两，谕蚁无涉。着日强腾空退行，谕济兴让租，缴还佃约。日强退行，具缴吉主批准缴候，饬周济兴等将佃约呈缴具领，其余银两仍着方日强遵照前断，设措清还。蚁具无涉，甘结备案。吉主卸事，刘主荣任，济兴凭八省公议领结，无蚁之名。殊济兴包藏祸心，贿蠹叶荣等抽□领结，反列蚁名在首。蚁查知控刘主，讯照吉主前断无蚁，无干结案。济兴见案经两主均讯，实于蚁无涉，串出皂头叶荣等，捏禀蚁该伊佃租，并搬行内器用约四千余金，朦从县主押卡追缴。切日强有无该欠济兴旧账、房租，两主庭讯均谕蚁无涉。今济兴平白贿抽，翻害无辜，押蚁赔缴，情何以甘。为此着表兄黄长龄，奔叩租宪赏准，亲提吊核卷宗，劈奸免累，虚坐伏乞。

川东道批"仰巴县秉公讯断究报"。巴县县令随即"牌差该役持领札文前往，协同八省客长等，秉公查清方曰刚与周济兴两造账项，处议明确，据实具复本县，以凭断结"，要求"八省客长等即将方曰刚与周济兴各项账目逐一算明，柬公议处，仍将账目开具清单，禀复本县以凭复讯究结"。嘉庆二十一年闰六月廿二日，八省客长给出了最后意见。

具回示复八省客民关允中、孙鲁堂、戴泰和、杨明亮、陈桓、邱贞安、刘鲁宗、罗兰台为道委查议，禀复核夺事……民等遵查，缘方曰刚之族兄方日强，先年开设裕泰花行，于嘉庆十二三年倒塌周济兴等客账二万余金，已将房窖并行内全用家具等项，作银一万二千两派作成分摊还所有，日强余欠姑置不议。至日强复邀族弟日刚于十七年，合伙向众号求情，佃转房窖及全行家具开设，连年生意欠顺，逋欠店租银一千八百两不清，着于日刚名下填还。又查裕泰全行家具内，其中私搬二十三件，本应遵照断案着追，但念日刚赤贫无力，民等劝令各号格外原情，将家具及房租除让银二千五百五十两，立写二千两字约，议令日刚当凭民等立出欠约，俟经营陆续交还。众号均已依允无异，情甘具结息案。再，日刚词控叶荣、黄元搕索钱文一项，查叶荣、黄元陆续得过饭食鞋脚钱二千四百文。又因日刚讼经半载，患病延医，及口岸零星用费，共用钱二十余千文，一时无知砌控，邀恩免究。是否允协，理合粘札缴委，禀复仁恩，俯赐核夺，赏将方日刚省释，详销结案，均沾无既。

同日，原被两造都提交了结状。周济兴、张大川、刘元泰、李大有、李恒益等人的结状称：

> 具结状　陕西客民周济兴、张大川、刘元泰、李大有、李恒益、朱济兴等今于大老爷台前与结状事，结得民等具控方日刚奉宪讯追不缴一案，札委八省客长查议禀复。嗣经八省客长等劝令，民等念日刚赤贫无力，将家具及房租除让银二千五百五十两外，今方日刚出立二千两欠约，议明陆续交还民等，依允具结息案，中间不虚，所结是实。

此案在八省客长的调处之下，终于以原被两造悦服的方式结案。

最后，调解行帮与行帮之间的纠纷。有清一代，巴县水运发达，以朝天门为界，巴县营运的来往船只分为三帮，分别为大河帮，由长江上游各州县船只组成，包括泸州帮、合江帮、江津帮等；小河帮，由嘉陵江上游各州县的船只组成，如合川帮、渠县帮、遂宁帮、保宁帮等；下河帮，由长江朝天门以下各州县的船帮组成，如宜昌帮、忠州帮、宝庆帮、归州帮等。在嘉庆白莲教起义时期，军队调动频繁，兵差繁重，三帮在八省客长的帮助下分别制定了应差规则及抽厘的条规。① 围绕着如何应差及由谁来抽取厘金，三帮之间的诉讼不少。下面我们以道光五年大、小河帮之间的诉讼为例，来看八省客长在其中发挥的作用。

道光五年，据小河帮船首侯尚忠称，小河帮的船只从朝天门运送客货到大河上游一带时，被大河帮的人拦截，每船要收差钱 700 文。这些船户在小河帮已缴纳过船厘，因此不愿再缴。同时，按照以前的规定，小河帮船只的船厘一向是归小河帮收取的，现在大河帮船首又要征收，这是在"紊乱船规，勒收帮费"。县令刘衡立即叫八省客长去调查、调解。八省客长调查发现，船户缴纳船厘、承担差务的原则，是以帮为单位来承担的，换言之，由大、小、下三河船帮来承担。各船的厘金亦就由其所属船帮来收取，而不按航线收取。但就货物运输量来说，大河沿线的货物运输比较繁忙，经常有小河帮的船只来大河运送客货。但这些小河帮的船只却不在大河船帮里缴纳船厘，引起大河船户的不满，不愿意他们过来抢夺生意，遂发生大河船帮首事拦截小河船户的事情。

基于此，八省客长提出解决方案，"小河船只装载客货往大河上游行走，帮结差费钱文归大河船首收取差钱；大河船只装载客货往小河上游行走，帮给差费钱归小河船首收取差钱"。也就是说，不论船只属于何帮，只要他们在大河或小河上运送货物，都应该分别由大河帮或小河帮来抽取差钱。此一诉讼遂得到解决。②

---

① 《清代乾嘉道巴县档案选编》下册，第 402—403 页。

② 《小河船首侯尚忠禀大河船首谢再提等紊乱船规勒收汉帮费一案》，6-3-796。针对八省客长在地方商业纠纷中的作用，邱澎生先生认为，"官府并未赋予八省任何正式的法律权力，只是将调查案情证据与协调争议的工作，'非正式地'委托八省客长；至于原被双方是否服从协调，主要则是靠八省客长的个人威望，以及涉及当事人利益的严重如何来决定，八省客长从来没有获得任何法定的商务仲裁能力"。见邱澎生《国法与帮规：清代前期重庆城的船运纠纷解决机制》，邱澎生、陈熙远编《明清法律运作中的权力与文化》，第 328 页。邱的这一论述忽略了几个问题：一是八省客长不是个人的集合，而是运行了近一百多年（至嘉庆时期）的团体，其调解能力更多的是依靠八省客长所代表的八省会馆的实力；二是重庆各行帮的帮规或承差规则大都由八省客长参与制定，八省客长更了解纠纷的缘由；三是在各类诉讼案件中，巴县地方官员往往都委托八省客长进行调查和提出解决意见，更重要的是，这些解决意见往往就是县令的最终判令，因此，我们可以认为八省客长的调解是得到了巴县地方政府授权的。

各省会馆在本省商户的纠纷调处过程中发挥了积极的作用，这不仅表现在他们能够调停当事双方的矛盾，使纠纷在进入正式的衙门审判之前得到解决，还表现在政府对其提出的解决方案比较信任，往往会按照其提出的解决意见来处理。在巴县档案中，有大量由巴县县令颁给八省客长的札文，在文中，就某一纠纷的处理，希望八省客长能够"即便邀同两造，秉公核算（或处理）"，积极参与纠纷的调处。如嘉庆十一年，浙江会馆首事陈履端具控会首李定安、邢士良侵蚀公项银两，重庆府知府沈念兹、巴县县令易昌饬委八省客长对相关账簿进行清算调查。该令全文如下：

> 重庆府正堂沈念兹□陈履端、韦景□、钱仰之等喊禀列圣宫会首李定安、邢士良侵蚀公项银两，应令八省客长清算，谕令查照办理。等因。查此案□饬原被两造协同户书，眼同三面清算，因人证不齐，尚未查算。兹据陈履端等喊禀，请饬八省客长查算回奉。前因，合行饬委。为此，牌仰八省客长，速为协同各栈司事及户书等，邀同原被两造，将封发帐簿当众拆开，逐一查算明，有无侵蚀，开具清单，据实禀复本县，以凭察核讯究。客长等毋许徇私偏袒，致干未便。须牌。
>
> 右牌谕委八省客长　准此
>
> 嘉庆十一年九月初七日　工房呈①

这对八省会馆和巴县衙门来说是一个双赢的举措。八省会馆有了正式的授权，不仅能够使纠纷顺利解决，同时也提高了八省会馆在商户心目中的地位。而对巴县县令来说，将这些民间细故委托给八省会馆来处理，使其从繁杂的司法行政事务中解放了出来。同时，我们还应注意到，"当八省客长没有得到官府的委派和明确支持之时，其调处商业纠纷的能力可能并不十分突出"。②

综上所论，对于八省会馆在移民群体中的作用，据窦季良采访当时的八省遗老称，"各省会同乡人士间的纠纷，由各该会馆的客长解决。若两会的

---

① 《监生章景昌等禀列圣宫武圣庙会首李定安侵吞公款一案》，6-2-175。
② 周琳：《城市商人团体与商业秩序——以清代重庆八省客长调处商业纠纷活动为中心》，《南京大学学报》2011年第2期。

同乡人士间有了纠纷，则由八省客绅共同集议公断"，"同乡人士间的纠纷案件一经八省公断，双方便无异议，即便是有不服公断者再诉于官府，官府也是以八省所断的为依归"。① 从这些案例中我们可以看到，八省会馆不仅是一种经济组织，更是一种社会组织，它弥补了清政府在移民地区，特别是在移民占主要成分的都市地区的统治力的不足。这是官方与民间不断互动、磨合的结果。

作为当事方时的调处②

自乾隆年间始，八省会馆作为一联合的会馆组织出现在渝城城市生活、经济纠纷的调处过程中，随着八省会馆的影响力逐渐增大，八省会馆开始涉足一些利润比较高的行业，如棉花交易。嘉庆二十二年，八省公所成立，"在渝朝天、千厮门开设白花行，代客买卖生理"。由此，八省会馆深度参与了渝城的棉花贸易，也因如此，八省会馆自身也卷入了不少商业纠纷。

嘉庆以后，重庆进口的棉花量大增。但巴县的牙行并未有专门的"花帖"。按照嘉庆十六年八省客长的调查，重庆的山货帖牙行大都兼营代客棉花买卖业务，称量棉花的秤由八省发给并进行校对。八省公所成立，"经八省客长与西、黄两帮值年首事议立程［成］规，较准针秤，各行设立二把，每月初二、十六齐至公所较秤"。换言之，八省会馆对由谁来主持棉花买卖拥有决定权。清代中期的重庆，白花行与领山货帖的牙行都曾在八省客长支持下拥有棉花的买卖权，双方之间为了独家垄断渝城的棉花买卖，展开了多次诉讼。

咸丰六年九月二十日，外来客商李新盛贩卖棉花 36 包来渝，在太平门领山货贴的牙行黄泰茂店内发卖，被在朝天、千厮门开设白花行的汪聚源、周鼎丰等人以不遵旧规、使用废秤为由将交易的棉花没收并提告到巴县衙门。汪聚源、周鼎丰等人称，"情职等在朝天、千厮两门开白花行，代客买卖，自嘉庆二十二年建立花帮公所以来，悉照旧规入帮领秤。春秋整理，逐

---

① 窦季良：《同乡组织之研究》，第 35 页。
② 本部分材料均来自《白花行户汪聚源等具禀黄泰茂违示搀越隐漏厘金案》，6 - 4 - 909。

日两较，俱遵嘉庆十四年前任叶主示碑铸定□制，对针为准，外帮别行，西、黄值年从未给发花秤"，"自嘉庆二十二年修立八省公所，并道光十七年整理程规，凭西、黄两帮值年与八省客长公议，以前故秤概废不用，行民们各行较准针秤二把，由公所发给，每月初二、十六齐集公所较秤两次以外，山广各行未入花帮，□八省较秤历久无紊"，"黄泰茂不遵旧规，以嘉庆二十二年废秤吊买李新□□□□□□□□"，认定"其为私秤无疑"。同时，为了显示他们此一行为的合理性，汪聚源、周鼎丰等人称他们花帮缴纳了大量的花厘，"又咸丰三、四年，巴县县令觉罗祥庆劝捐行等捐银千金，历与山货各行各分畛域。行等现缴花厘六千余金，亦无别行分任。且预垫银期赔补银色岁不下二千余金之多"。

针对白花行，也就是花帮的说辞，领取山货帖的牙行商人黄泰茂、林德丰、饶元发、姜源兴等人认为"情行等在治属太平门与千厮门、朝天门行户同领山货帖，代客买卖红白花包、□□等货，自乾隆年间至今无紊"，他们代客称量的秤也是经过八省校对过的，"均凭八省客长定秤"，当然也不是私秤；且他们也缴纳了"花厘"，"今奉宪示抽厘，百行货物银数照示每月赴局呈缴，即太平门行等均有花厘注明，印簿可查"；并告知重庆百货生意的经营方式，"况渝中贩货之商务分帮，投行之货不分帮，即如百［白］花生理，有一帮而投数行，有数帮而投一行，有此行不殷实而托彼行代售，或客商自行兑会，初无定格，便商便民，旧章平允。渝无白花专帖，同一山货部帖不率任客投行之旧章而垄断独登，藉厘把持，恃强欺弱，绝众生路，天理人情，皆所不顺"。

可以看出，白花行和太平门山货贴牙行争论的焦点在于太平门代客称量的秤是否是废秤，平日是否经八省客长"校对"。按照此前的惯例，巴县县令札委八省客长进行调查。

与一般的案例不同的是，首先提告方——白花行对八省客长的调处身份提出了质疑。白花行行户汪聚源等人认为八省客长对渝城的棉花市场经营并不是完全了解，要求棉花经营的（陕）西、黄（州）首事参加调处。白花行在禀状中称，"（巴县县令）札委八省查覆，应遵曷遝。但白花针秤向由西黄客长值年经凭，八省较发。其兴废始末历年久远，而八省岁迁月易，势难周知。惟西黄值年专司花帮诸务，历年兴废，俱有底簿存□"，因而要求添委西黄两帮首事参与调处。该意见得到了了巴县县令的同意。十月十八日，县令姚宝铭"札仰八省客长并西、黄两帮值年首事遵照札内事理""查明禀复，再行讯断"，让西、黄两帮首事介入调查。

经过半个多月的调查，咸丰六年十一月初四日，八省客长在给县令的回禀中称："查得太平门之花秤，系乾隆年间八省所设之秤，又密问阖城多年□□均云，嘉庆年间太平门、三牌坊等处各行，代客买卖白花生易［意］，原有花秤之设。迨后嘉庆二□□□□□□天门过街楼设立八省公所，西、黄两帮轮流值年经理，而太平门之花秤从□□□□□□有□□□，民等理劝两造，仍照旧规，息免讼累。"换言之，八省客长认为按照旧规，太平门山货贴牙行具有买卖棉花的权利。

八省客长因循旧规的调处意见让花帮不甚满意，在八省客长出具意见的当天，朝天、千厮门白花行户汪聚源等人在给县令的"禀"状中称：

> 情职等前以违示隐厘等情控黄泰茂等一案，沐讯堂谕白花生意甚钜，应归花行售卖，以专责成，别行不得挽越。札委八省并西、黄值年首事等将太平门所设之秤是否已废，查明禀复。职等遵查，八省公所现有嘉庆十四年前任叶主示碑，是为铸定铁制，分给□□之始，示内载明朝天、千厮两门凭行发售，并无太平门山货□□□□□，历年春秋二季□□每月初二、十六较秤，均遵照叶主示定铁制程规，久行无紊。至太平门之秤，前经白协兴等当堂供称，系向维新布行租赁过花一包，出租钱四十文，则非太平门原设可知。维新布行倒闭已数十年，则为废秤无疑，无如八省舍理言情，不以叶主煌煌示碑为断，一味模凌，朦以毫无确据之词禀覆。但自嘉庆二十二年置立公所以来，太平门从未一见较秤，历系职等花行过秤取用，前已粘单呈电。今值年客长等勒令仍照花帮旧规，各归各行过秤，殊太茂等垄断不从，计图租多年已废之秤，滥永久不易之规，害职等公费浩繁，客事重大，后累匪轻，只得粘呈前示恳恩复讯究结息讼安案。

白花行行户汪聚源等人认为太平门黄泰茂等人手中的秤来自倒闭的维新

布行，且多年来从未在八省公所内进行过"较秤"，显系废秤。但八省客长的建议"舍理言情"，不以前任叶县令的断案为基准，"一味模凌"，他们表示反对。但巴县县令姚宝铭并没有理会汪聚源等人反对意见，他在当天写下如下的判词：

查汪聚源等向系代客买卖、相安已久，所有白花自应归汪聚源等各行买卖，林德丰等毋得乱卖，致启争衅。至以货易货，准其照旧成规，汪聚源等亦不得纷纷争竞。现缴之花，当堂饬还。

十一月初五日，也就是县令当堂宣判的第二天，黄泰茂、汪聚源等原被两造同意按照八省客长的意见了结此案，并出具"结状"，标志着双方的诉讼到此结束。

从此案可以看出，八省会馆在渝城棉花交易中有着重要的话语权。虽然白花行行户汪聚源等人对其参与纠纷调处的身份和所提处理意见有不同看法，但县令最后还是以八省会馆的调处方案作为判决纠纷的依据。

"民难治民"：失败的调处案例

在巴县档案中，还有一定数量八省客长参与调处却并没有取得成功的例子，也就是说八省客长的调处要么对原被两造无效，要么八省客长不得已放弃了调处。来看一个案例。尹振祥、谭达龙、刘廷群等均为湖广人，为朝天坊某行栈专职挑夫，以挑运货物为生。嘉庆十六年九月，其生意遭到以谭志和为首的另一帮挑夫的抢夺。尹振祥、谭达龙、刘廷群等人"俱投客长及会首并坊约何光裕等邀理数次"，他们曾多次向八省客长进行投诉，但"谭志和等凶能夺主，横能压约，任众等多方开导貌批，如具文视约如犬马，其辱詈逞凶莫可名状，众无专责，俱莫可何"，八省客长的多次调处并未取得效果。为此，尹振祥、谭达龙、刘廷群等三次向巴县衙门提出告状，希望巴县县令能够派差拘究谭志和等人。①

---

① 《本城朝天坊民尹振祥等为争背运客货事具告谭怀禄等持强霸占卷》，6-2-497。

　　某些案件，可能是因为证据难以取得，也可能是因为原被两造关系纠结，使八省客长的取证调查变得很难。道光九年，贩卖蓝靛的客商池才顺等状告牙行卢俊容，因为"帐簿单据模糊"，县令批示让"八省客长秉公清算具复"。客长傅载文等拿着账簿也无法进行清算，就没有及时回复。可能是来自异乡的池才顺等人着急，遂向县衙催促办案进程，但县令也仅是批示"仰八省客长复到查夺"。同样的，八省客长还是未在规定时间内进行账目清算，给出处理意见，池才顺等人又一次向县令催促，巴县县令只能继续催促八省客长，"仰八省客长速即查算具复，毋任延累"，当然还是没有结果。池才顺等人遂再一次禀告巴县县令，并附上全部的账目，希望能由县令亲自来进行核算。①

　　上述两个个案是八省客长调处失败的代表性案例，在一定程度上反映了八省客长调处效力的边界。一方面，八省客长对原被两造的影响力是决定调处是否成功的关键因素。第一个案例发生在两拨在渝城谋生的挑夫之间，虽然挑夫靠给渝城商号、行栈挑货为生，但与八省客长间并没有直接往来，八省客长对两拨挑夫发生纠纷的前因或者挑运市场的历史过程并不是很清楚，这无疑会影响原被两造对其调处结果的认可。清代渝城的商业纠纷，特别是牙行与商户、行帮之间等集体性的商业纠纷，一般有其历史演变过程，八省客长的调处效力与参与此一纠纷的调处历史有密切联系，否则，即使是知县札委，可能也得不到原被两造的认可。另一方面，八省客长的调处能力与其所处时代具有直接关系。嘉道之际，八省客长的影响力还主要局限于商业领域，且主要集中在来往客商、渝城牙行商户间，咸同至光绪中后期，随着八省客长在地方影响力的增强，其调处能力也得到提升，对此后文将有讨论。

＊　＊　＊

　　客长制度是清代移民移居地或新开发区基本的基层管理制度。与清代西南地区的客长不同，渝城八省客长在组织形式、职责方面都更加复杂，也许是最为复杂的客长组织。由于八省会馆拥有大量的会产，八省后裔十分在意其会员身份，因此八省会馆并不是一个开放性的组织。从乾隆年间至民国初

---

　　① 《清代乾嘉道巴县档案选编》上册，第354页。

年，八省客长的人选逐渐固化，甚至在正式的政务、商贸活动中形成了固定的名称，如洪豫章、晋安泰、闽聚福、楚宝善、关允中、广业堂等，这反映出八省客长所代表的利益的固化。对移民商人来说，充任八省客长不仅是个体实力的反映，也能带来声誉甚至经济上的利益，极具吸引力。

清代，重庆商业繁荣的同时，与移民商人有关的各类纠纷、矛盾不断。这些纠纷既有牙行与外来客商之间的，也有牙行、铺户与店员佣工之间的，还有不少鼠牙雀角之类的日常琐事。由于在移民中享有很大的号召力，八省客长或受当事人的邀请，或受政府的委托，参与到这些纠纷的调处之中，负责证据搜集、账目清算等，甚至提供判决建议。

第三章　八省会馆与移民客商的日常生活

移民兴建会馆，希望通过会馆达到"迎神庥、聚嘉会、襄义举、笃乡情"的目的。窦季良在研究清代重庆的会馆后认为其功能主要体现在神道与互助两大方面。其中，互助功能体现在商业互助和生活互助两个方面。[1] 商业互助不仅指商业信息的交流、资金的支持，还指对商业规则的制定和维护；日常生活中的互助功能则表现得更为全面，对入会的同籍老乡，会馆往往为他们的生活、生意提供各种便利，涵盖从生到死的方方面面，如育婴、教育、养老、施药，甚至包括给死去的同乡提供棺板和墓地，资助因生意萧条而暂时受困的老乡等。神道功能则体现在通过祭祀乡土神或乡贤，以及其他年度性或临时性的迎神赛会等仪式活动来"娱神""娱己"，这不仅能够慰藉乡情，亦能强化移民的内部认同。

第一节　清代重庆城市的日常生活

关于清代四川移民会馆在政治、经济、文化及宗教方面所具有的职能，学者多有讨论。[2] 从地域的角度来看，会馆的职能源于会馆民众共同的生活经历及所形成的互惠关系。正如重庆浙江会馆创立碑文所载："修建会馆，上供诸神像，下便乡友礼谒之地，并一乡之人或议论公事或联络乡情。"[3] 会馆的功能体现在祀神、交游及讨论地方公事等层面。下面我们从巴县档案的相关记载出发，对八省会馆创建初期的互助活动进行分类考察。

---

① 窦季良：《同乡组织之研究》，第67—70页。
② 蓝勇、黄权生：《"湖广填四川"与清代四川社会》，第34—39页。王日根在《中国会馆史》一书中也专章讨论了会馆的社会文化功能，见第三、第四章。
③ 《浙江会馆湖州府黄锡为借搕钱银凶殴等情告陆志芬案》，6－6－18225。

祀神与崇拜

《清通礼》记载："凡御灾捍患诸神，于民有功德者，直省所载皆加封号，立专祠。"[1] 八省各会馆都奉祀了原乡乡土神或乡贤，"巴县旧有八省会馆，各所奉之神即本于是，湖广馆祀禹王，两湖水汇也，故祀之；江西馆祀许真君，晋旌阳令许逊斩蛟除害，故祀之；福建馆祀福州府莆田县湄洲林氏女神，始封灵惠夫人，逮元明清以来历代神之累封天妃，崇加封号，后改天后，曰天上宫；广东馆祀禅宗六祖慧能，唐封大鉴禅师，师新州人，今肇兴府新兴县，受法弘忍禅师，居韶州曹溪山宝林寺，为南宗之祖，曰南华宫；山西、陕西、浙江、江南诸馆皆祀关帝，清代祀关，极崇封号，直省府州县皆有关帝祀典，故遍于山陕两江……浙江馆旧名列圣宫，疑先祀吴大夫伍员、吴越王钱镠等，清初皆加封号立祠，载在会典，后乃专祀关帝；江南馆初为准提庵，亦后改祀"。[2] 清代，重庆的浙江、江南会馆所祀之神有所变化，浙江会馆由祀伍员或钱镠改祀关帝；江南会馆由祀准提菩萨改祀关帝，个中原因，有待讨论。

清代渝城的祭祀活动比较多，与会馆有关的祭祀活动包括日常性的春秋二祭。江南会馆规定，每年的二月十二日为春祭日，八月十二日为秋祭日，用以祭祀苏、皖二省的乡贤。祭品则由会馆提供，一般为一头猪和一只羊。[3] 湖广会馆每年在"二月初八日，唱演福寿神戏，六月十四日，唱演王爷神戏"。[4]

同乡会馆在举办庙会时，"设宴饮以宴会同乡，招俳优以娱人神"，[5] 祭祀日除了正式的祭祀礼仪，还会有演戏庆祝活动，人们可以分享祭酒及祭肉，并免费享受早饭和午餐。[6] 祀神及演戏、宴会的经费来自不动产的租金和公款的利息。下面以光绪某年江南会馆句溧祠山会的祀神开支细目为例，来看祀神活动的经费开销。此次祭祀活动共支出了白银320余两。

---

[1] 民国《巴县志》卷5，第16页b。
[2] 民国《巴县志》卷5，第16页b—17页a。
[3] 彭泽益主编《中国工商行会史料集》下册，第630页。
[4] 《清代巴县档案汇编（乾隆卷）》，第267页。
[5] 窦季良：《同乡组织之研究》，第69页。
[6] 彭泽益主编《中国工商行会史料集》下册，第630页。

一、付二月初七日、初八日祠山大帝祭祀二日，祭品、油烛、酒席、戏费各项，共去银八十余两正。

一、付二月分清明会，佛祀三日，大笺、纸帛各项，共银四十余两正。

一、付六月初六日，王爷会庆祝演戏酒席各项，共费银三十余两正。

一、付七月中元会佛祀九日，大笺、纸帛、灯烛、油、伙食，共费银七余两正。

一、付上粮租捐银四两余。

一、付□□杂夫一名，伙食工资银二十四两正。

一、付庙内平常香烛共银七八两之谱。

……

以上略付银三百二十余两。①

除了对原乡的乡土神和乡贤进行祭祀，八省客长也积极参与重庆地方祀典。渝城三忠祠，②用于祭祀1644年张献忠攻占重庆时殉难的三位明朝官员，川东道、巴县每年拨给三忠祠春秋祭祀费用各20两白银。三忠祠每年的祭祀活动由三位官员的原籍会馆——江南、江西、福建会馆首事主持。以光绪四年的三忠祠祭祀活动为例，当年的祭祀仪式由江西会馆首事刘文藻、江南会馆首事朱平桢、福建会馆首事卢秉均三人承办。二月初三日，三人从巴县知县处领到银10两作为承办三忠祠春祭祀典的费用。三人为此还出具了领状：

① 《江南首事职员洪星武等具禀筹款培修江南会馆房屋及银两收支卷》，6-6-6416。

② 渝城三忠祠，旧在南纪门内，久圮；乾隆十五年，知县张兑和改旧缙云书院为三忠祠，同治五年，教谕孔广泽培修，奉祀明末为抵抗张献忠而在重庆殉难的三位明朝地方政府官员，分别为：四川巡抚陈士奇，字平人，福建漳州人；重庆知府王行俭，字质行，江苏宜兴人，崇祯十年（1637）进士；巴县知县王锡，字子美，江西丰城县人。1644年六月，张献忠攻占重庆，三人被执，不屈而死，乾隆年间，重庆设立三忠祠。有关三人守渝城而死的情节可参见林明儁《三忠烈传》，同治《巴县志》卷4，第26页b—29页a。

具领状　福建　　　卢秉均

　　　江西　首士　汤铭新　今于大人台前领银十两承办三忠祠

　　　　　　　　　　　　　春祭祀典，领状

　　　江南　　　　朱宗词

　　　　　是实，中间不虚，须至领者。

　　　光绪二十五年　月　日　具领状人　福建卢秉均　江西汤

　　　　铭新　江南朱宗词①

　　祭祀费用的支出主要包括祭品的购买、祭祀过程中的伙食费用及一些必要的人工费用。下面是光绪廿六年正月至十一月的支出情况。

旧管

　　一、存祭费余银一十六两七钱正

新收

　　一、收道、县署春祭祭费银二十两正

　　一、收道、县署秋祭祭费银二十两正

开除

　　一、支春祭□豆供果钱一百廿文

　　一、支香烛□帛等钱六百廿文

　　一、支早饭二席票银四两二分五钱

　　一、支点心添□三十件票银六钱正

　　一、支黑炭老酒□□水□□用钱一千九百四十二文

　　一、支茶炊茶叶炭杆子力钱六百八十文

　　一、支厨子担子力烟钱三百廿文

　　一、支看司门差打扫口食钱六百六十文

　　一、支礼生礼房读祝写祝纸笔钱二百一十六文

①　《各省首事具领承办三忠祠春秋祭祀银两和重庆府经历呈造祭祀出入帐目清册稿并禀岁修息款可否交巴县管理以及五忠祀首事等禀清报销历年祭费岁修款卷》，6－6－2070。

一、支忌祭礼生东房吹手钱三百文

一、支早饭一席票银一两五钱正

一、支香烛□帛等钱二百文

一、支厨司担子老□炭水钱三百五十文

一、支茶炊茶叶炭担力钱三百八十八文

一、支经所大班并打扫知单钱五百廿四文

一、支秋祭边豆供品钱一百廿文

一、支香烛□帛等钱六百廿文

一、支早饭二席票银四两二分五钱

一、支点心添□三十件票银六钱正

一、支黑炭老酒□□水□□用钱一千九百四十二文

一、支茶炊茶叶炭杆子力钱六百八十文

一、支厨子担子力烟钱三百廿文

一、支看司门差打扫知单口食钱六百六十文

一、支礼生礼房读祝纸笔钱二百一十六文

一、支整栅门木工钉子钱一百廿四文

一、支看司灯油工食每月计十二个月钱一十千零二百文，内有六百系去岁年节香烛在内

一、支经所书办笔资报销钱六百文

一、支短平银二分三钱

以上共支银一十一两四分三钱

钱二十二千00二文　合银十八两五分九钱

二共实支去银三十两零零二分

实在

一、现存祭费余银二十六两六分八钱交与下班值年①

---

① 《各省首事具领承办三忠祠春秋祭祀银两和重庆府经历呈造祭祀出入帐目清册稿并禀岁修息款可否交巴县管理以及五忠祀首事等禀清报销历年祭费岁修款卷》，6－6－2070。

重庆地方政府对三忠祠的祭祀一直延续到民国。民国后，八省会馆改组为八省公益协进会，继续承办此一祭祀仪式。

闲暇与观演

"戏剧，旧俗皆演于各会馆或寺观，城乡间皆建万年台。"[1] 各个会馆一般都有戏台、大殿、两侧厢房等观演建筑。随着川剧艺术的发展和繁荣，以会馆为代表的观演建筑在清代四川各地广泛建立。重庆各省籍会馆都建有戏台以供演戏娱乐之用。每逢时节庆会，客长都会邀请戏班子到会馆演出。

清末民初，曾在川渝多地担任过知县的周询注意到，与官宦创建的会馆不同，由商人创建的会馆"会戏特多，如福建、湖广、山西、陕西等馆，在太平全省时，几于无日不演剧，且有一馆数台、同日皆演者"。[2] 八省各会馆日常的演戏、娱乐活动相当丰富，据当时重庆海关人员的描述，"会馆的社交聚会是相当频繁的，常随会员人数多寡而定。例如江西会馆，12 个月中多至300 次；湖广会馆在 200 次以上；福建会馆在 100 次以上；其他各会馆 70 次至80 次不等。全体宴会并演剧则在特定庆祝时举行"。[3] 1894 年 10 月 6 日，寓居重庆长达一年的立德夫人[4]在日记中较为细致地描述了她曾经参加过的在湖广会馆举行的一次宴会："现在，在湖南和湖北同乡会馆，我们连续举行了四天宴会，中间还有戏曲表演。在城里，这两个会馆的条件最好。昨天（9 月 29日）晚上 9 点，宴会正式开始，几乎当地所有的大商户都来了。首席的那位白色头发白胡子的老人已经有 89 岁了，可看起来只有 72 岁的样子，他可是八省同乡会的总会长……老百姓们在院里站着看免费的戏，高兴得很。"[5]

乾隆以降，商品经济日趋繁荣，便捷的物资交流让巴渝地区的日常生活

---

[1] 民国《巴县志》卷 5，第 47 页 a。

[2] 周询：《逢庐文丛》第 1 辑，任竞、王志昆校注，西南师范大学出版社，2020，第 191 页。

[3] 周勇、刘景修译编《近代重庆经济与社会发展》，第 72 页。

[4] 立德夫人，即阿绮波德·立德（Archibald Little）（1845—1926），是英国商人兼冒险家立德之妻。立德因参加过与太平军的作战而被清廷授予从三品官衔，是首位闯进中国西部的外国人，也是第一个驾驶轮船通过三峡的人。立德夫人随丈夫在中国生活长达 20 年，几乎走遍南方的所有通商口岸，是当时非常活跃的知名外侨作家。

[5] 〔英〕阿绮波德·立德：《穿蓝色长袍的国度》，陈美锦译，译林出版社，2016，第 114 页。

变得丰富起来，巴渝地方志称为"奢靡"的日常生活。据道光《重庆府志》称，乾隆以前，巴县"士庶家不轻衣帛"，此后"商家以奢侈相尚，人皆效尤"。① 按照地方志撰者的逻辑，由于会馆主要由移民商人构成，会馆内的日常生活更加奢靡，乾隆《巴县志》指出风俗变坏与移民有极大的关系："川省风俗之敝，莫甚于巴渝。盖地当孔道，五方之良莠毕萃，习俗移人豪杰不免，况凡民哉？"②

从档案资料的记载来看，会馆内娱乐活动的开销不菲。下面是一张湖广会馆在咸丰年间某次请客的费用清单。

上席二十七席，每席银一两八钱，合银四十八两六钱正

中席十二席，每席银八钱，合银九两六钱正

普茶十元，每元银一钱七分，合银一两七钱正

以上三起共银五十九两九钱正

付金兰烟八斤，钱一千六百文正　　　付福烟两包，钱一千二百文

付棉烟三斤，钱七百二十文　　　　付奇品烟二包，钱七百文

付书子□封，钱一千四百五十文　　付草纸三十合，钱二百四十文

付花茶三斤，钱四百八十文　　　　茶工十三个，一千五百六十文

茶担三付，三百六十文　　　　　　炭水皂角肥皂，一千四百文

烟工十二个，一千四百四十文　　　扫厅钱二百四十文

扫厨钱八十文　　　　　　　　　　打杂钱二百四十文

牛烛廿斤二千四百文　　　　　　　风烛二对二百四十文

绍酒五斤一百四十文　　　　　　　水杂钱二百四十文

茶/烟工烟钱四百二十文　　　　　厨司烟钱担子钱一千六百文

管台子钱六百四十文　　　　　　　茶担子钱七十二文

饭钱七百五十文　　　　　　　　　钱力钱六十文

戏钱十六千文　　　　　　　　　　班子点心肉钱三千文

---

① 道光《重庆府志》卷1《舆地志·风俗》，第123页 a。

② 乾隆《巴县志》卷14《论》，第4页 b。

轿钱三千文　　　　　　　　　点心钱四十六文

以上共享钱四十千零三百一十八文①

　　我们看到此次宴请花费了银 59 两、钱 4 万之多，主要用于吃饭、抽烟及听戏。这反映出同乡会馆的聚会更多的是移民间的自我娱乐、自我消遣。在愉快的气氛中，这些离家日久的同乡不仅愉悦了生活，也联络了乡情。

　　会馆经费的支出中，祀神及与之有关的饮食的开销也不少，我们再来看光绪三十四年，江南会馆泾县一年的经费开支情况。

　　　一、□正月初三日开台演戏，茶点各费钱十二千文正

　　　一、付上九会早午十八席演戏各费银五十四两四钱正

　　　一、付上九会各费钱三十六千文正

　　　一、付上元会演戏茶点各费钱三十千文正

　　　一、三月观音会素酌十二席，各费银二十两正

　　　一、付三月清明会大笺钱纸银五十两正

　　　一、付清明会席酌各费钱三十千文正

　　　一、付七月中元会大笺钱纸银五十两正

　　　一、付冬至会早午晚各十席并胙肉演戏各费略银六十两正□钱二十

五千文正

　　　……（残）②

　　对于会馆举办的戏剧观演，政府一般都不会禁止，"至民间崇奉私庙，借演戏以答神庥，原当听从民便，不在禁限之列"。③ 但地方政府有时会基于对地方秩序的维护或意识形态的考虑，对这些活动持不鼓励甚至严禁的态度。同治八年二月，巴县知县的一通告示称：

---

①　《万寿宫请客用费单》，6－4－387。

②　《江南首事职员洪星武等具禀筹款培修江南会馆房屋及银两收支卷》，6－6－6416。

③　《举人慕绍先等禀请出示禁演唱淫戏及巴县示谕卷》，6－6－6351。

照得演戏荐神，原以昭诚敬，（缺六字），足以移风也。查渝郡庵观寺院，于斯为盛，且商贾聚集，演戏为敬……殊不知若辈明知延经，妇女在下观看，故作媚态，任意形容，非但亵渎神明，难免获罪，即妇女观之亦属不雅，于此世俗，大有关系……为此示仰合邑绅耆约保及各庙会首人知悉，嗣后每逢庙会，无论庵观寺院以及过街搭台演戏，各该会首务须妥议章程，勒石刊碑，永远不准点唱淫戏。凡孝弟忠信礼义廉耻，皆古圣先贤所为之事，最宜讲究认真演唱，借则高台教化，以醒愚顽，概由会首点唱，此外不得妄点，以便稽查而专责成……①

该告示表明，地方官员禁止会馆演戏，是因为觉得有的戏剧内容有碍风化，与儒家正统思想相违背。同时，大量观众特别是女性观众聚集，不仅有碍所谓的封建伦理，也可能带来潜在的治安隐患。地方士绅往往会以此为由，建议地方政府禁止在包括会馆在内的庙宇中演戏。光绪十四年五月，巴县西城里北碚场武庙因当地的首人请戏班演《单刀赴会》《芦花凼》等与三国、关帝有关的戏剧，被当地绅粮熊秉枢等人告发。

情北碚场武庙，原有乐楼，每年就此演戏报赛。嗣颁行春秋祀典，撤去乐楼，禁止演戏。后自是乡街演戏，或在禹庙，或另搭台，历年未敢违禁。本月十三日，生等因祭祀来庙，正值大顺戏班岳三在台演《单刀赴会》及《芦花凼》等戏，男女错杂观望，尤在正殿设席二张，猜拳行令，狎旦侑酒，肆行喧闹。生等当询住持袁理良，称系首人陈同兴、监正万义源令班演戏宴客等语。生等即请住持转致同兴等，武庙重地，前经奉旨，禁止演戏，且永宁道宪延□□，前督宪丁禁止戏班凡唱三国戏，不准装武圣像，经出示在案。殊同兴等恃当首人，以武庙既有戏台，就该唱戏，如云奉旨何久未撤，督生等要谕旨及告示，辱骂万状。生等唯唯听命，莫之敢撄。现在各行会戏，同兴、义源勒各定日期在武庙宴会唱演，大言谁奈伊何。似此侮慢狎玩，实属亵渎已极。况随

---

① 《巴县示谕嗣后每逢会期无论庵观寺院以及过街搭台演戏严禁点唱淫戏卷》，6-5-1184。

班来人甚多，保无匪徒混迹，滋生事端？生等为体我朝崇奉武圣起见，不敢隐匿。是以着抱禀恳批，示严禁并恳签唤陈同兴、万义源到案严究，以肃祀典而昭诚敬。伏乞。

熊秉枢等人建议严禁在武庙演戏的理由有四：一是政府有相关条例，不能在武庙演戏；二是戏班所演之三国戏为官员所禁止；三是观众中男女错杂，有伤风化；四是戏班人数众多，鱼龙混杂，可能有匪徒藏匿其中。县令的批示称：

> 本城武庙载入祀典，不准演剧，久有明文，故无乐楼……惟三国戏剧，凡装圣帝神像之戏，久已不准演唱，候即出示严禁，倘再抗违不遵，定提演戏优人、办会首事讯究，决不宽贷。①

从县令的批示来看，他担心的似乎是演戏的地址和内容有违官方定例。其实，地方官员之所以禁止在会馆、庙宇中演戏，还因为担心观戏的人良莠不齐，可能引发打架斗殴等问题，造成社会秩序不稳定。光绪二十二年九月，曾三次担任巴县知县的国璋发布的一通告示就表达了对渝城子弟沉溺于听戏等活动的隐忧。

> 县正堂国全衔，为剀切谕禁事。照得渝城地繁人杂、良莠不齐，每多游手好闲之徒，三五成群，在于茶酒戏场，终日游荡……或动以利，或市以息，或引与嬉游，或邀同酒食，看会听戏。②

观演过程中，由于宾客众多，良莠不齐，有时便会发生偷盗、抢劫甚至火灾等案件。道光二十五年，巴县知县余遂生就"无知之徒"利用会馆进行赌博等违法活动发布告示。

---

① 《举人慕绍先等禀请出示禁演唱淫戏及巴县示谕卷》，6‐6‐6351。
② 《奏设川汉铁路总公司札委试用巡抚邹学伟催解黔江等县欠解烟银两卷》，6‐6‐170。

为严禁事，照得渝城内外会馆、各庙，理宜肃静，以昭诚敬。恐有无知之徒，三五成群，擅入馆、庙内，弹钱赌博，骚扰滋事。除饬差查拿外，合行出示严禁。为此，示仰阖属军民人等知悉，嗣后尔等毋许前往聚赌滋事。倘敢不遵，许该住持协同会首、约邻等扭禀赴县。以凭究惩，各宜凛遵，毋违特示。①

巴县档案中有大量发生在会馆听戏过程中的偷盗，甚至打架等刑事案件。道光八年九月廿八日，渝城天后宫职员邱翔初等人报案称："八月十六日庙内演戏敬神，被贼乘势撞入后殿观音楼上，窃去新黄绫红布里神帐一架。"②同治二年八月，渝城万寿宫正在演戏，中午时，不知道什么原因引发了火灾，烧伤多人。③同治三年十二月，渝城九门屠行首事左大顺称，外逃军犯耿文吉于本月初九日来三圣宫演戏请客，出席的人"概系著名龟头，实难堪目"，且发生了军丁打人的事件，左大顺希望巴县能够出示告示，严禁此类事件的发生。④

救济与善举

施行善举、救济同乡，是会馆创办的初心之一。八省会馆的善举包括筹办善堂、施粥、捐置义地和棺板、祭祀乡人、救济灾民、资助士子参加科举等。

1. 创办善堂

经过明清之际长达40多年的战争破坏，巴县原有的善堂早已荡然无存。在清政府平定四川后相当长的一段时间内，各类善堂仍没有得到恢复。随着人口的增长与经济的恢复，以及清政府在政策上的鼓励支持，巴县的各类善堂在乾隆年间开始建设起来，虽时有兴废，但兴办之举却一直传承下来。民

---

① 《巴县示谕严禁会馆各庙弹唱赌博骚扰滋事卷》，6－3－270。

② 《职员邱翔初等具禀被贼窃去天后宫黄绫红布神帐一案》，6－3－329。

③ 《本城万寿宫失火拿获陈五案》，6－5－15943。

④ 《本城九门屠行首事左大顺等禀恳禁止在三圣宫庙内演乐滋事越例滥刑等情卷》，6－5－340。

国《巴县志》称："巴县为通商大埠，陶朱、猗顿时有其人，富而好行其德
者，尤多有之，治城之内，善举迭兴。"① 重庆位于两江交汇处，外来人口众
多，道光时期，每年在栖流所、较场口等处病死的流民甚多，"俱用草□卷裹，
抬置城外安乐洞，以致嗛鼠□，见者不胜惨伤。是以民等各捐己资"。② 清代，
重庆八省会馆积极办理善堂，救济民众。比较有名的善堂有如下几个。

敦义堂，乾隆十八年，由移民汪子玉、樊佑周等 12 人捐银 2800 余两创
建于渝城朝天观。邑人周开丰在《敦义堂施椁碑记》中谈及了该堂的创建原
因及过程。

> 吾郡地当孔道，人满堪忧，而其中有所谓困极无告、死无所归者，
> 更累累不乏。于是两江、秦、楚及吾乡乐善义士某某等同心翕虑，为施
> 椁之举，于朝天观内建敦义堂。鸠工治器，务求坚整。有羁孤病死者，
> 坊邻来告，察实便给，行之数年，所济多多矣。今复虞所暨者，寡而力
> 薄，不能持久也。每人更捐泉布，力裕者二十缗，次或十五缗、十二三
> 缗以至四五缗，不以数拘，各随其量。聚而出贷于人，照例取息，以备
> 工料。并置市廛一区，防其不继。③

从上述碑记可知，敦义堂的发起者主要为江南、陕西及湖南的移民，他
们之所以这么做，是因为当时有很多移民来川之后"羁孤病死"而被抛尸荒
野。善堂主要为客死渝城的移民，及本地"死无所归者"提供棺板。另据巴
县档案的记载，敦义堂前后各三间，另购买铺房 11 间用于放佃收租，每年
约收租银 140 两，作为购置木棺的经费。至道光年间，乾隆年间所办的善
堂，无论官办或私营，都因为年久弊生，"值年舞弊侵蚀"，堂下所属产业消
亡殆尽，善业不举。

道咸以后，巴县的善堂建设进入新的阶段。据笔者对民国《巴县志》的
统计，道光以后至光绪中期，至少兴办了体心堂、尊德堂等善堂 10 个。这些

① 民国《巴县志》卷 17《自治·慈善》，第 2 页 b。
② 《重庆培德堂购房建堂契及施济棺卷》，6-3-1071。
③ 乾隆《巴县志》卷 13《艺文志·记三》，第 34 页 a—36 页 a。

善堂主要由商人捐资兴建，"人民自行筹措，不受官司挹注而成"。① 表 3 - 1
是这 10 个善堂的一些简单情况。

表 3 - 1　巴县善堂情况

善堂名	发起者	成立时间	岁入	岁支	地点
培德堂	汪德润、朱正富、刘永顺等	道光十三年	每年租银 90 两，其余为募化捐输	每年不一	五福宫
体心堂	县人宋国符等	道光二十四年	4400 余元	4400 余元	南纪门内天街
存心堂	县人傅中和等	道光二十四年	6000 元	6000 元	铜鼓台街
至善堂	绅民雷晋廷等	咸丰九年	13000 元	15000 元	磁器街
保节堂	官办，后托至善堂代管	同治五年			
培善堂	绅商某等	光绪四年	租谷 70 余石		鹅颈岭
义济堂	绅商	光绪十七年	3100 余元	约 3000 元	金紫门顺城街
尊德堂	周伯阳等	光绪二十四年	2100 余元	2100 余元	南岸海棠溪
崇善堂	商民胡宝华、同知袁培铣（均为湖北黄州人）	光绪三年	善款随募随销，焚献灯油、香烛、薪工食费等项共钱 180 钏		金沙坊
普善堂	绅商王钧、雷德庸	同治九年	9500 元	11200 元	东水坊石门坎

资料来源：民国《巴县志》卷 17《自治·慈善》；巴县档案，6 - 3 - 1070、6 - 3 - 1071、6 - 6 - 6426。

下面我们以巴县档案和其他资料为基础，对部分善堂的创建过程再做补充。

体心堂，在南纪门天心桥，创建于道光二十四年，经费主要来自吕祖会公项银，本金有银 100 余两。体心堂最初的善举包括施药、掩埋尸体。创建后，日常经费主要来自"本郡及各省士商踊跃捐输"，体心堂的善举也扩大到"设义馆、收字纸、印善书、养孤老、散棉衣诸善举"。②

---

① 民国《巴县志》卷 17《自治·慈善》，第 1 页 b。
② 同治《巴县志》卷 2，第 32 页 a—b。

普善堂。同治九年由重庆京缎匹头帮捐资成立，给养孤老 200 名，救济女婴 230 名。

培德堂。道光十二年，刘永顺、朱正富、杨世荣、王志义、南嘉和、傅介海、黄河清、董友余、胡天星、许光富等人禀请成立培德堂，培德堂的主要善举包括施棺、掩埋无主之尸。"通计工料之费，每岁约需千余金"，由此看来培德堂的日常运行经费面临不足的问题。道光十三年四月，培德堂执事王志义、任萌桂等人称："民等力微难支，邀同八省乡长商议。"希望八省客长能够参与商讨。八省客长是否参与了捐款，因资料缺乏，不得而知。但据当年十二月中旬培德堂的一份捐资报告可以看出，部分省籍会馆参与了捐资和捐棺板，"已获捐资七百余两，棺板九百副。劝有闽浙江西与周燕翼等各省户，愿每岁定数棺板长捐"，部分省籍会馆和个人还承诺了每年捐棺的数量。

表 3 - 2　道光十三年部分省籍会馆和个人意向每年捐棺统计

单位：副

捐资者	福建省溥仁会	江西省	浙江省	周燕翼	胡敏慎	李春和	柳　衡	邹玉章
捐棺数量	30	50	100	60	20	5	5	50

资料来源：《重庆培德堂购房建堂契约及施济棺木卷》，6 - 3 - 1071。

道光二十年，刘永顺、朱正富等再次向巴县县令报告，希望由八省客长接手办理培德堂，此时由于八省客长正在筹办城隍庙的修缮工程，县令担心"若再以培德堂一事委之募捐，则捐输层见叠出，恐绅民力有未逮，该士民应另行筹议"，否决了刘永顺等人的请求。

至善堂。咸丰九年五月，八省会馆创办至善堂。该堂最初仅有医馆、义塾，开展收字纸、捡白骨、施茶水等慈善活动。至善堂创立初期，由于资金有限，并未购买相关的地基、房屋，办公场所都是临时租借的，"所设义学、医馆尚属租地"，掩埋弃尸所用的棺板也寄放在各庙之中，由寺院代为保管。这些都在一定程度上阻碍了至善堂开展救济活动，如寄放在寺庙中的棺板由于照顾不周，雨淋日晒，常被损坏。此后，至善堂每年都向各商号募化，筹集资金，购买办公用的房产、埋葬的义地，以及用来放佃收租的田产。至同治四年，有了实体建筑，始建为堂。

由于八省客长拥有较为强大的经济实力，与其他善堂相比，至善堂的堂产一直处于递增的过程。到光绪三十四年，就房产来说，至善堂在城内已经有杨柳坊老街、官井巷、南纪坊、南清水溪善庄及城外南岸崇文场数处。

下面根据成书于民国初年的《至善堂材料汇编》与1942年《重庆市至善堂造具市区财产目录清册》来看该善堂房产的形成过程（表3-3）。

表3-3　至善堂房产形成过程

单位：两

时间	过程	堂产价值	用途
同治二年	买杨柳坊曹忠信的房屋一院	银2250	办公用房
同治四年	首士蒙应志堂将其所买孝里一甲海棠溪田土两块捐给至善堂		义冢用地
同治五年	贡生刘价夫、监生刘树芬各捐地名唐家沱*附近的田地一块		义冢用地
同治五年	买丰碑街李沈氏房产一处	银40	
同治六年	买官井巷三义和房屋一院	银1000	
同治六年	买张九成田产若干	银3700	
光绪五年	买官井巷杜吴氏房屋一院	银920	
光绪八年	厚磁街李王氏房产一处	银1600	
光绪十一年	买白象街朱祥麟房产一处	银550	
光绪十二年	买张吉福堂房产一处	银1000	
光绪廿三年	买花街子街李双和堂房产一处	银80	
光绪廿五年	买药王庙街吴氏房产一处	银200	
光绪廿八年	买林森路张成之房产一处	银1650	
光绪三十一年	中兴路吴瑞林房产一处	银440	
光绪三十三年	买老磁器街四知堂房屋	银92	
1914年	林森路李伯卿房产一处	银4700	
1921年	老街向春舫房产一处	银2100	

　＊唐家沱位于朝天门下游，因为长江在这里形成了一个回水，漂流物在这里聚集，每天都有来自上游的动物尸体、人尸在这里汇集。

　资料来源：《至善堂材料汇编》，民国《巴县县署》，档案号：193-1-1116；《重庆市至善堂造具市区财产目录清册》，重庆市档案馆，档案号：0064-0008-01164。

表3-3主要为至善堂的房产，至于田产方面，《重庆市至善堂造具市区

财产目录清册》中也有大量记载，但因原始材料并未提供购买的时间和所花费的银两，这里就不一一列出。

到同治年间，至善堂已是巴县规模最大的善堂机构了。同治四年，东城京畿道监察御史、吏科给事中伍辅祥在《至善堂诸善举序》中对该堂的筹办及规模给予了高度评价："夫斯堂之创始仅数年耳，而规模宏大。"[1] 在重庆所有的绅办善堂中，至善堂的名声最响，实力最为雄厚，"善款视他堂为多"。[2]

至善堂与八省客长关系极为密切，首事基本都由八省客长担任。表3-4为光绪三十四年前后，至善堂各首事的个人情况及其与八省客长的关系。

表3-4　至善堂各堂首事简介

年签轮管	名	衔	籍贯	名	衔	籍贯
至善堂首事	申迪纯	四品衔州同	贵州	邵永珍	同知	浙江
	朱平祯	四品衔同知	江南	陈继先	监生	湖北
学堂首事	陈崇功	廪生	巴县	朱蕴章	廪生	巴县
医馆首事	赵学坤	监生	湖北	周泽先	从九	湖北
养瞽首事	罗亨谦	附生	巴县	郭义	监生	巴县
孤孀首事	赵城璧	同知	湖北	申大道	监生	广东
全节堂首事	何士瑞	监生	湖北	吴骏英	廪生	巴县
	卢宏政	附贡	巴县	萧鼎光	监生	江西
保节堂首事	黄金海	四品□职	江西	胡代谦	监生	湖北

资料来源：巴县档案，6-6-6426-19。

从表3-4我们可以看到，至善堂四位首事全为外省人，申迪纯等人同时也是八省客长，而至善堂所属各堂的首事，大部分也由移民及其后裔充任。至善堂一直坚持民捐民办的原则，首事每年公签轮换。

随着慈善活动的扩展，至善堂内部的管理体系也逐渐完善起来。同治四年，川东道道台恒保在至善堂首事雷晋廷等人关于立碑存照的请示中批示："查该绅等利济为怀，广行善事，并创建善堂，以为公所，询属可嘉之至，准其如禀立案。嗣后，该绅等尤当尽心经理，俾各善事有加无已，济世利

---

[1] 《至善堂材料汇编》，民国《巴县县署》，档案号：193-1-116，第7页a，"伍辅祥序"。

[2] 《至善堂材料汇编》，民国《巴县县署》，档案号：193-1-1116，第25页a。

民，永垂久远。"① 至善堂创堂之初，就设立了严格的堂规，以期堂务久远。"善款多，则眉目宜清，免日久挪移，致混乱也；堂务繁，则责成宜分，免致彼此推卸，致废弛也。"② 在巴县档案里保留了大量的关于至善堂进行规章建设的详细内容。下面，我们以相关的记载为依据，对该堂创建之初的管理制度进行粗浅的分析。

首先是至善堂的日常管理，该堂规定，所请看司每天要把堂内打扫洁净，不准在堂赌博、演戏及容留陌生人入住，亦不准妇女入内。其次，每年选举总理一人，协办三人，管理银钱账目，及登记造册本年所做善事。再次，此时堂内无底金，还需靠募集来置产生息，要求各在堂办事之人，自带伙食。同时也要求各首事实心办理，不得擅专、矫功；每年春秋两季各请客一次，感谢各善主的善意。最后，善款的使用一般遵循专款专用的原则，由善主"亲募亲散"，但在特殊情况之下，可以更改善金的用途，"权为变通移济，不致拘泥偏枯，名称其实"。③ 可以看出，此时至善堂的产业还不是很多；管理人员较少，基本以无薪的义务管理人员为主；资金的使用虽然规定专款专用，但也经常有挪为他用的现象。

至光绪初年，随着至善堂善行的增加、堂内产业的增多、善堂资金来源的充沛，善堂的管理也越发趋于复杂、完善。表现在以下几个方面。

第一，堂内首事增加到四人，各负其责。一人负责"支派各务"，并"察核项目"；一人管理银钱，经收租息；一人执掌契据，经理支发；一人督办各项善举，稽查全堂事务。四人分头承担堂内职责，既能避免"独力难支"，也能防止"久专生弊"，互相监督。以上四人各专责成，一年一换。同时，首事每月朔望各集议一次。

第二，堂内增加董理一人，"兼管襄办各务，觉查各项善举"，也就是具体负责经理堂内的日常事务。董理由在堂多年、熟悉堂内事务同时对药材熟悉的人充当。

第三，堂内又增加管账、看司、帮办等人员六名。看司一人，职责限于

---

① 《至善堂材料汇编》，民国《巴县县署》，档案号：193－1－116，第 9 页 b。
② 《至善堂材料汇编》，民国《巴县县署》，档案号：193－1－116，第 25 页 b。
③ 《至善堂材料汇编》，民国《巴县县署》，档案号：193－1－116。

经手各种租息，照管堂内存用器物并传知单；帮办一人，专职负责香灯照料、药材购进等事；片药一人，负责经理药室。同时，清水溪善庄建设也趋于制度化了。该庄办事人员额设七人。其中账务一人，负责经理善庄各务，登挂流水账目并催收租息；花匠一人，负责培养善庄花木；看司一人，经理香灯照应，并打扫卫生；打杂二人，负责善庄的菜园经理；教习一人；伙夫一人。①

此时的善堂管理有以下几个特征。一是首事分工的明确化，每个首事有着明确的责任分工和任期限制，防止滥权。二是善堂的日常管理有着鲜明的专业化特征，专设董理对善堂的日常管理负总责，有利于善堂的运行；同时，堂内还设有若干有一定技术专长的专职管理人员，如管账、看司，这为善堂的正常运行提供了保证。三是这些专职人员都在堂内领取一定的工食银，不是义务服务。

以至善堂为平台，八省客长还积极参与其他善举，同治《巴县志》载："五年复禀县于铜锣峡外广源坝置救生船，朝天门外建丐留所，通远门外丹桂坪建修字库，五年奉县札委办理保节堂，六年新增堂基收养瞽目。"② 又如代管保节堂一事。保节堂原为官办善堂，后因管理不善，经费不敷使用，同治五年，受知县黄朴委托，八省客长代管保节堂。该堂当时资产共有7400两白银。

2. 置办义地

清代四川"凡通都大邑，商贾毕集，五方之民，各有公所，即各有义冢"，③ 旅居在外的民众，往往以"葬无所归，祭无所赖"为痛事。道光八年，四川总督的一份札示称："照得地方无主之棺，乏人经葬，往往任其日晒雨淋，当极为掩埋，以免尸骸暴露。川省五方杂处，每年外省民人在川流寓且有本地无业游民病故之后，因无亲属，遂经邻理于岩边路侧或旷野深林内随处寄停。"就巴县来说，据地方绅士的呈词，"其间本地无业游民暨外省流寓之人，不胜枚举。既无宗党之亲，又乏埋瘗之地。一经病故，不过捐以一棺或裹以草席，委诸岩边路侧、河滨旷野之区，比比皆是"。④

---

① 《巴县札饬各场详复该处善堂局收养款及款项出入姓名卷（二）》，6-6-6426。
② 同治《巴县志》卷2，第33页a—b。
③ 光绪《洪雅县志》卷7《艺文》，第29页b。
④ 《捐地以作义冢及该地原佃户搬迁纠纷案》，6-3-1069。

重庆各会馆在创办过程中，都置办有公共墓地，用于掩埋客死渝城的同乡。19 世纪末，英国人立德说，从西门出城后就是一片坟场，"山上有一大片坟墓，大多数无名，四周连一棵树或一丛灌木也没有"，"那里单调的坟场占地比活人居住的面积还大"。① 移民由原籍入川来渝或贸易，或安家，"生前既有贸易安身，殁后复得尺土安厝"，对无法回籍安葬的同乡，会馆置有义冢予以安葬，同治四年江西会馆的一通碑记载：

> ……阖邑人家如有死丧，不必论孝家尊卑，但除二十岁以下童稚不计外，凡男女成丧者俱着住持往吊，赙以二金，少尽乡情。如住持失闻而丧家自来称报者，亦宜补助。②

八省各个会馆都在巴县、江北厅购有义冢用地，浙江、江南、江西、湖广等会馆均在城外购有义冢，作为"安葬旅榇处所"。浙江会馆的义冢称为"敦义庄"，乾隆三十年，在江北厅买义冢地一幅。道光十一年，江南会馆首事称："民等由江南泾县入川，在渝贸易，同乡有病故者，碍难扶榇回籍安厝。民等念切梓里，目击心伤，是以先年公同置买宪属喻家坡业产，以作义冢安埋。频年以来，山坡埋葬殆尽，现在实无空穴可扦。爰是协同公议，复买岷江大河岸上地名羊圈堡汪吴二姓田土山场房屋一契，投税在案，以作义冢。"江南会馆创建之初，就在喻家坡买地一块，作为义冢用地。到道光十一年前后，这块地已经没有空隙，经会馆内民众共同商议，又在地名羊圈堡买地一幅作为新的义冢用地。③ 湖广会馆丝棉行在渝城上清寺设有义冢一处，招有住持僧人祭祀"乏嗣与同回籍无人祭扫者"。④ 广东会馆在渝城南岸康家湾置有田地百余亩作为义地之用。

一些主要由移民组成的行业公所亦捐资置买义地。乾隆五十八年，渝城

---

① 〔英〕阿奇博尔德·约翰·利特尔：《扁舟过三峡》，黄立思译，云南人民出版社，2016，第 86 页。

② 窦季良：《同乡组织之研究》，第 71—72 页。

③ 《捐地以作义冢及该地原佃户搬迁纠纷案》，6 - 3 - 1069。

④ 《清代乾嘉道巴县档案选编》上册，第 250 页。

丝棉行设置义冢，其义冢碑曰：

> 窃思义地之设，实属合省之依赖。由楚入川，道阻且□矣。然捆载
> 而□者，□□而被生理阻滞者，亦不知繁几。生前既有贸易安身，殁后
> 复得尺土安厝，百世永固，义□大焉。今上清寺系我楚省丝行之一公所
> 也，香火住持之度用，尚有田租足敷，所设空山数□，以作义冢。其有
> 子孙者，姑不足论。或乏嗣与同回籍无人祭扫者，已有住持田户观照，
> 可谓孤而不孤，今数十年善美尽矣。[①]

　　移民设"会"集资购买义地。乾隆五十七年，来自湖南郴州的朱太常、
朱太元、兰玉翠、谢富明、雷明安、李光华、雷洪安、谢积元八人意识到
"异乡之客，欲归故地，势所不行，犹虑日后筋骸将安厝于何地？"遂"人
各出银两，营谋买卖，积月屡岁"，于嘉庆四年买到"晏家山周姓田业山场
一分，更名清明会。此山以作八人亲属安厝"，以后每年清明会期，"有无后
裔之乡众，上出银十二两，以作踏青挂归。中元佳弟□出银二十两，以作修
斋设荐，两会之银交与值年首事辛勤备办"。[②]

　　同籍官员在会馆义冢的筹建中也发挥了重要的推动作用。同治年间，巴
县民众打算在临江门外的王瓜园买地置义冢，此地"高敞，可十万冢"，产
权属于江西移民彭氏所有，彭氏"故殷富，不欲售"。当时的巴县县令由籍贯
江西南丰的刘衡担任，刘知道此事后，亲自去拜访彭氏，恰好当时刘衡主持判
决一宗与彭氏有关的案件，彭"以讼累得释，感衡惠，慨然允之"。[③]

　　由于这些义冢缺乏"随时祭扫之人"，经常有"无知乡愚，或纵放牛羊践
踏坟土，或砍伐树木损坏坟茔"。道光十七年，江西、湖广会馆客长向巴县县
令请求出示禁令，严禁"诸色人等"在义冢有上述行为。[④] 类似的情形也在巴

---

① 《乾隆五十八年三月丝棉行公地义冢碑序》，《清代乾嘉道巴县档案选编》上册，第250—
　 251页。
② 《嘉庆十一年朱太常等清明会稽查约》，《清代乾嘉道巴县档案选编》上册，第252页。
③ 民国《巴县志》卷9下，第11页b。
④ 《清代乾嘉道巴县档案选编》上册，第252页。

县场镇出现过。道光三年三月，巴县走马岗楚粤两省首人龚朝一等人捐银25两，买了场口一幅土地作为义冢，由于赶集之期，"过道痞流，在彼饮酒赌博，每多酿祸"，龚朝一等人希望县令能出示禁令，禁止"不法痞徒，仍来地内赌博酗酒滋事"。① 另外，围绕义地，移民后裔之间也存在纠纷。如前面谈及的渝城丝棉行上清寺义地，乾隆五十七年冬，楚民"彭正坤培修祖墓，掘平孤坟数□"。丝棉行将其提告到巴县龚县令处。乾隆五十八年，经巴县裁断：

彭姓自知情虚理亏，遂悔前愆，央众求合，情愿拆拜台，毁墙垣，修斋捧经三日，见坟□□□寅春季猪羊祭孤。彭姓求地四尺，培伊祖墓，当立界址，过后不得多侵。既而我等会首公议，怜伊系楚籍，遵公剖断，免烦恩讯，以敦和好。自今而后，或向埋古墓，或同乡坟冢，有子孙者只许培坟，不得宽修墙垣。即同行人等理□，务宜顺向顺理，不许横切乱葬。倘有仍照彭姓行为者，一经查出，埋葬人与住持佃户，一体秉公，决不姑宽。勿谓言之不先也。②

3. 办理八省积谷

咸丰八年，李蓝义军横扫川南，逼近重庆，重庆军情紧急。作为川东地区的军事、政治、经济中心，重庆城内人口众多，每年需要消耗大量的粮食，但在常平仓、监仓基础上建立起来的仓储体系中，粮食明显储备不足。为了应对极有可能出现的义军围城局面，扩大城内的粮食储量成为当务之急。川东道道台王廷植、重庆府知府罗升梧准备办理积谷，购买粮食作为战乱时的储备。王廷植在给四川总督筹办积谷禀文中称，"巴县官仓储谷，已耗去七万二百余石之多"，"以重庆商务大埠，户众人稠，警耗一来，全城数十万人，坐困需食"。而原来的"常、监各仓，为数有限，不足以备食待援"，建议在重庆筹备积谷仓，增加粮食储备。③ 该方案最终得到四川总督的认可。

① 《楚粤两省首人龚朝一等捐银买地作义坟禀请禁止痞徒在该地赌博滋事卷》，6-3-1068。
② 《乾隆五十八年三月丝棉行公地义冢碑序》，《清代乾嘉道巴县档案选编》上册，第250—251页。
③ 民国《巴县志》卷4《赋役·仓储》，第46页 b。

按照官方最初的规划，由渝城各会馆从各自的馆内公产中捐献若干，同时鼓励各铺户购买粮食储存。但此前各会馆，特别是湖广、江西会馆就已经捐助大量军饷，"商力亦甚疲乏"；铺户也认为"房屋窄小，货物尚难堆放，买谷收藏更属不易"，因此遭到客商和铺户的齐声反对，此一方案遂胎死腹中。

在广泛征询了客商特别是八省客长的意见之后，王廷植、罗升梧用征收厘金的办法来解决购买粮食所需的经费问题。该方案主要针对外来商品抽厘，具体征收细则如下：外来货物每值银一两，征收厘金二厘，这样每年预估可抽厘金银一万四五千两；同时，"渝城以白花生意为最，大富商大贾毕集于此，出资较为容易"，川东道特向重庆白花帮加抽积谷厘金，标准为"每白花一包，另抽二分"。方案规定，当所抽厘金可买足市斗谷三万石，即停止征收。① 同时成立专门机构积谷局，负责积谷厘金的征收和积谷的购买、管理。积谷厘金与老厘局厘金采取同样的征收方式，仍由各行店代为征收，汇齐后赴积谷局缴纳（图3-1）。

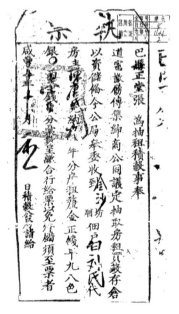

图 3-1　积谷局执票

① 《重庆府札饬巴县抽取厘金以备采买积储及巴县示谕卷》，6-4-916。

　　咸丰八年六月初一日，渝城积谷局成立。渝城积谷局的日常管理由政府"选派公正殷实绅粮经理，不假书吏之手"，但实质上由八省客长中的厘金局局绅兼任。积谷仓的日常管理交由八省客长管理，因此也称为八省积谷。

　　积谷局局绅的工作主要包括两个方面。其一，是仓谷的日常维护和保存。按照当时各类仓谷的保存惯例，仓谷的推陈出新一般遵循"卖三存七"的原则。上半年青黄不接之际，卖掉仓谷存量的三成，一是为了增加粮食的市场供应量，达到救荒的效果；二是此时卖粮，价格往往较高。其二，是新谷的采买。新谷的采买一般在秋收之后，资金来源于上半年卖谷所获银两。新谷采买由积谷局局绅全程负责，采买过程中，"须捡择圆饱满好谷，逐一风扬洁净"，经验收后入仓保存。①

　　仓谷保存过程中一般都存在折耗的问题。折耗的原因有人为的，也有自然的因素。在入仓过程中，如未能将大米"干圆洁净"后入仓，则大米容易受潮，"以致渐有霉烂虫蛀"，导致折耗较多。② 还有就是虫蚀，光绪十年十二月，巴县怀石里廉九甲长生场仓正陈宗远、周大顺的禀文中说，他们在对仓谷进行日常性检查时，发现"谷生有虫蚀"，担心"日久食多"。随即与各保正商量，雇人将仓谷翻晒六日，并用风车将"灰壳虫谷"扬去八石，"又付雇工伙食用费钱九千余"。但这笔雇工开支及废弃的仓谷无从支销，商量"另派填还"，需得到县令的批准。仓谷的折耗其实更多的是人为因素造成的，如光绪十四年三月二十日，针对巴县毛家场仓谷损耗的问题，县令批示："尔等职司仓正，所有仓内谷石，如果平日留心经理，何致伤食霉变，圭玉毁于椟中，是谁之过？姑候鉴书勘明复夺。"③

　　巴县筹办的积谷仓在救济地方灾荒中发挥了一定作用。光绪九年，川北受灾，巴县奉令拨借常监仓斗谷4590石，八省积谷618.7石救灾。④ 至光绪二十三年，已历40余年，总的来说，积谷办理得法，"每遇荒歉之年，减价平粜以济平民，事后速即设法补足"。八省积谷"先后办理平粜二十余次，

---

　　① 《巴县谕催牌示各绅粮承买仓谷运城入仓卷》，6－6－5781。
　　② 《巴县具禀常监仓谷霉烂平案采买填还卷》，6－6－5780。
　　③ 《各场仓正具禀积谷霉变卷》，6－6－5782。
　　④ 《巴县具禀常监仓谷霉烂平案采买填还卷》，6－6－5780。

储谷虽多，不无折耗"。[1] 八省积谷难以为继，八省客长童潞贤、马乾元，三里绅粮赵口文等人建议在保甲局积谷账下，提 15000 两白银来补充积谷仓日渐短缺的公产。[2]

4. 承办粥厂[3]

渝城地密人稠，每年冬春季节，都有大量贫民因无食而死于街头。同治五年，当时的重庆知府黄济令渝城地方绅士仿照省城粥厂办法，"每于隆冬时赈济饥民"，每年从十一月初一日到次年正月三十日，在巴县朝天、金紫、临江三门外搭盖官棚，分设男女二粥厂，救济老弱残疾无食男妇。

经厘金局局绅测算，朝天、金紫、临江三门粥厂一年的运行经费至少要银 2000 余两，但每年能够保证的经费只有 900 余两，据同治十三年四月厘金局局绅江宗源、金含章等人统计，每年施粥经费主要由以下几部分构成：厘金项下拨给银 400 两；浮图关修城基址每年可收租谷 32 石，地基佃钱十数千文；粥厂棚费银 600 两，年收生息银 72 两；房屋年收佃租银 90 两；又渝城有杂粮斗张 11 张，每年可收银二三百两。合计全年银 1000 两上下，[4] 其余部分则每年需要向商户、行帮进行劝捐。如同治十一年巴县知县王麟飞带头捐银 1000 两给粥厂，同时希望八省客商能带头劝捐。请看表 3 - 5。

表 3 - 5　同治五年渝城筹办粥厂捐资细目

捐资者	捐资金额	捐资者	捐资金额
官盐店	银四百两	六当	银二百两
三里（绅粮）余升之、张森龄、杨凤村	各捐银三百两	八省洪豫章、楚宝善、闽聚福、晋安泰、广业堂、江安	各捐银一百两

① 民国《巴县志》卷 4《赋役·仓储》，第 47 页 a。
② 《巴县呈报申解官钱票分局缴还保甲局平粜积谷价银卷》，6 - 6 - 4028。
③ 本段材料主要来自《渝城筹款举办粥厂拟定章程搭蓬施粥等情卷》，6 - 5 - 1264；《巴县正堂奉宪为渝城粥厂事出示晓谕卷》，6 - 6 - 874；《川东道札饬巴县重庆粥厂经费由道库新厘项下支用停止募捐各厂总绅由该县札委文》，6 - 6 - 6535；《巴县札委八省首事及商人绅粮等筹议经费在金紫临江朝天门设粥厂施粥及劝办赈济卷》，6 - 6 - 6533。
④ 《渝城筹款举办粥厂拟定章程搭棚施粥等情卷》，6 - 5 - 1264。

续表

捐资者	捐资金额	捐资者	捐资金额
巴字坊、太平坊、仁和坊、储奇坊、朝天坊、翠微坊、东水坊、金沙坊、西□□坊	各捐银六十两	崇因坊、神仙坊、杨柳坊、金紫灵璧坊、洪岩坊、治平坊、定远坊、华光坊、临江坊	各捐银四十两
通远坊、渝中坊、太善坊、莲花坊、南纪坊	各捐银二十两	十一厢	共捐银二百两
职员金含章、鲍崇礼	捐厂费银六百两		

资料来源：《渝城筹款举办粥厂拟定章程搭棚施粥等情卷》，6－5－1264。

合计共捐资 4100 两，以上捐资者承诺每年都要捐资上述金额，但事实上每年的捐银要么没有收齐，要么被挪作他用。

为了让粥厂长期办理下去，同治五年三月，巴县地方政府制定了粥厂章程四条，对粥厂的管理、运行、经费筹集等细节进行了详细的规定。

一、施粥地面，每年十月内在朝天门外，择平坦之处，搭盖官棚一所，左右分别男女二厂。自十一月初一日起，至来年正月三十日止，每人每日给粥二碗，定于巳时开厂，未时收厂。南纪门外照章办理。即派各捐经费之人，按五日一班，每班八省一人，坊厢四人，三里一人轮流经理，周而复始，其总理银钱、米石，即派八省会□□所举值年之殷实客商专司其事，给札立案，永远遵行。如雇工煮粥不洁，或□□而不稠，以及或生或冷，查出送官惩儆。

一、粥厂经费定于每年中秋季后半月内，按照捐簿注明经手之人，招数收齐□局，即交八省会馆值月之人登收，给予粥厂收票。于开厂之日，禀请榜示大□，其所入银两数目，不准私行挪用，务于九月内会商各执事，按照市价买米□□，仍于附近朝天门之马王庙，附近南纪门之土主庙两处，设仓存储。由总理□□之人，派人经理，临期备用。至每日给发米数，及食粥人数，均按十日榜示一次，张粥厂，俾众咸知，以杜流弊。

一、粥厂器具，如盛粥大缸，熬粥大锅，给粥铁瓢，均需酌为制

137

备。其铁瓢，尤□□样与锭之大小相等，以免或多或少，使人分争。此项用度，即由保甲局筹发，其起灶槽石，并竹木棚架各物，均于金含章等另指厂费生息项下动支，撤厂时□□附近庙地，留备次年应用，不得任人借取，违者禀请重惩。

一、粥厂米炭、银钱，除本厂日给备用外，如有原行善事，自捐米炭等项，亦将捐户姓名及所捐数目，榜示厂地，使众咸知。如有阴行其德，不愿表其姓名者，即将其堂名登列榜内，统归两门厂内尽数代发。撤厂时将三月米炭、人工杂用，分别细数，按照流水，集众核算，禀请通榜晓示，并将一次所用数目存留底簿，以备核查，若有盈余，存俟下届支用。设有不敷，由保甲局筹款添补，以期无废，斯举俾贫民永沾实惠。①

从上述章程来看，八省客长在其中扮演了重要的角色，如以个人名义捐款600两白银的金含章、鲍崇礼，他们同时也是厘金局局绅。可以说厘金局给绅商参与地方政治提供了平台。

粥厂设立两三年后，出现了承诺的捐款不兑现，粥厂经费严重短缺的情况。前述捐资人每年承诺的捐款基本上都没有实现，每年能确定的开办经费就是金含章、鲍崇礼所捐600两白银所收取的息银，大约每月6两。开办两年后，即出现经费困难，"惟经费一切俱系募捐，虽办理已历两年而筹米筹费实属艰难。视此情形，似难垂久远"。八省客长楚宝善、洪豫章、关允中、晋安泰、江安、广业堂、宁兴安、闽聚福等建议，将"岩西厢之镇江寺官斗八张，向由前祖宪定设抽收大小河米石，兹即充入公局"，但并没有得到巴县县令的认可。同治八年四月，川东道即向"渝城地方富厚，绅商乐善好施者"号召捐款，巴县县令甚至带头捐款银100两。同治十三年四月，八省客长、保甲局局绅江宗源、鲍崇礼在给川东道的报告中说："职等查粥厂义举，自京都以及各直省各府厅州县，半有义庄租谷义款生息，以供斯费。而渝城独年募举行，私不足以垂久远。职等通盘合算，以年岁之丰歉准三厂之经

---

① 《渝城筹款举办粥厂拟定章程搭棚施粥等情卷》，6-5-1264。

费，非二千金难济一年。"而现在粥厂的经费情况为"每年由保甲局于厘金项下拨给银四百两，前浮图关修城基址年可收租谷三十二石，地基佃钱十数千文，前重庆府黄发有粥厂蓬费银六百两，年收生息银七十二两"，提议将拨给其他公局的银两划给粥厂，"保甲局置买新厘局一连二院房屋，年收佃租银九十两，数年前因三费局支用不敷，拨去收用，今议提还保甲局归入粥厂公用。又渝城有杂粮斗口十九张，因前经手人争夺控案，久断归夫马局备用。本年春县尊王查核夫马局各账，将该局所收镇江寺八斗口米粮斗费、夫马局提收十一斗口杂粮斗费，计每年可收银二三百两不等，全数发交保甲局经收，永作粥厂费用。通计各项约每年可得银约九百两，零钱十余千文"。原来答应捐款的当商、盐号、各坊厢都没有按约定捐足银两。可以说，从同治十三年后，"奈两款息银为数无多，每年计不敷银三千两上下"。光绪五年，在川东道的支持下，每年从新厘局项下拨款给粥厂作为施粥经费。粥厂这一义举一直延续到清末新政时期。

5. 资助同乡子弟参加科举考试、上任

对于那些参加科举考试的同乡子弟，各个会馆都有准备一定的宾兴费用，全力支持。如江西会馆，"每考助以青蚨二千文，乡试生、监一体每科助朱提二十两，会试每科助以朱提四十两"。[①] 通过这些方式，巩固了会馆在同乡心中的地位。常德会馆"积有数千金，年收租银四百六十余两"，对常德籍的在渝士子，"有志观光者入学乡试、会试均有馈送礼仪"，具体标准如下：

进学者每名送袍帽银十两正

赴省乡试每名监生送宾兴银十两正

中举者每名送银五十两正

进京会试每名送宾兴银三十两正

文武一体[②]

① 江西会馆：《同治四年□月初十日刊立碑记》，转引自窦季良《同乡组织之研究》，第72—73页。
② 《文生邓肇元等具禀会事管祥泰紊乱章规，拖延不发乡试宾兴帮规银卷》，6-5-1158。

若会馆经费较为充裕，有时候亦借钱给候补官员助其上任。同治九年六月廿五日，渝城籍候补官员张子敏向江南会馆借银 80 两作为到陕西上任的旅费。该字据为：

> 立借约张子敏，今借到江南省下纹银八十两，言定每两周年五厘行息，俟到陕得缺后，子敏如数归还。此据
>
> 同治九年六月廿五日　本名亲笔立①

移民的日常生活

移民来川以追求拥有土地、寻找商机等经济性目的为主，从原因来看，以自愿移民居多，他们离开家乡来渝城经商、生活并不意味着骨肉分离，相反与原籍亲人的联系较为频繁，不论是原籍的老家还是重庆的新家，都有割舍不去的家乡情结。

1. 家庭日常生活

移民来渝之后，大多与兄弟、亲友合伙开铺经商或从事其他手工行业。创业成功之后，产业便在家族内进行代际传承。乾隆年间，江西籍移民周尚□在重庆开设三让堂书铺，乾隆五十三年周病逝，书铺及家中田产便由其五子均分。② 经营活动具有较为明显的家族血缘特征。乾隆年间，杨彦宗由楚来渝，与人合开通顺行，以"脚力生理"。嘉庆七年，因其年迈，遂将生意交给两个孙子杨文献、杨文桃。③

清代前期，生活于重庆的移民大多家庭成员不完整，或者是兄弟共同打拼，或者是年轻的夫妻相依为伴，缺乏宗族和大家庭在后面支撑。当家庭出现变故时，其应对和处理的方式也具有较强的移民特色。相较于其他州县或农村，渝城的城市生活更加精彩也更具诱惑。李袁氏，原籍湖南衡州，大致在嘉庆年间随丈夫李宗华来渝，"开设炭园铺生理"，并育有一子李兆祥。道

---

① 岳精柱主编《江南会馆文书选编》，第 223 页。
② 《周宣南具告民侄周益茂开店不顾寡母幼弟等情一案》，6 - 2 - 3962。
③ 《嘉庆十五年九月二十八日杨文献告状》，《清代乾嘉道巴县档案选编》下册，第 17 页。

光六年，李宗华病故，其子缺乏管教，"不听约束，不理买卖，专于在外结痞成群，饮酒赌博，剥衣典当，尽行花费，甚至不时在家私开柜锁，透[偷]拿钱文，日夜不归，氏屡诫责不改"。道光九年十月初二日，李兆祥又跑到某个栈房打牌赌博。李袁氏气愤不过，遂向巴县县令递交首状，要求提拘李兆祥及一起打牌之人。① 周楚玉、周辉玉兄弟，江西籍，乾隆前期随父辈来渝城贸易为生。嘉庆初年，兄弟二人因生意经营等原因造成关系紧张。嘉庆三年，时年36岁的周楚玉以周辉玉"不务恒业，惯于痞骗亲友，稍有不遂，辄即逞凶，蚁戒成仇"将其提告到县衙，拘押一个多月后，周辉玉在太平厢族亲周毓临等人的保释下才获得开释。②

2. 移民的婚姻方式

清代渝城的婚姻似乎不怎么收受彩礼。嘉庆十一年，湖广客民彭绍骐娶渝城潘廷相之女为妻，"潘姓并未收受财礼"。③ 嘉庆二十三年，湖北籍的方元发将其养女方芙蓉凭媒妁之言嫁与某人，"并不索取分文财礼"。④

但一些特殊的婚姻形式还存在，如买卖婚姻。彭成氏早年随夫彭文发由陕西来川贸易，不幸丈夫身故，"未遗产业，仅遗子女数人，日食无度"，长子"久贸未归"，次子"乏本营贸"，丈夫病故后，他们还借了一笔安葬费用未还。彭成氏个人也"孀迈无倚"，身边仅有一女，小名四姑，"年已及笄，择配未就"。一家人商议后，托人将四姑说与"李时斋名下为妾"，李给其彩礼银30两还债。自此以后，彭成氏一家与其女"永断来往"，"将来李时斋携家回籍，以及邀往别处，氏母子不得阻滞"，"此系氏母子情甘意悦，央请说合，其中并无媒人逼迫勒惑套娶为妾等情"。⑤ 王兆祥，湖北黄州人，在渝城开设棉花铺，同治元年，时年31岁的王兆祥凭中费银17两买甘复盛妾黄氏为妻，未想过门不到一年，甘复盛又将黄氏拐走。⑥ 胡益祥，陕西人，在渝城"立号生理，娶有妻室，生育三子"。因妻子体弱多病，三子

---

①　《道光九年十月初三日李袁氏首状》，《清代乾嘉道巴县档案选编》下册，第476页。

②　《本城周楚玉告具首弟周辉玉不务正业，屡痞骗亲友等情一案》，6-2-3948。

③　《本城潘廷相具存彭绍骐等人为娶蚁女为妻，冒充少爷套良女控存私逃一案》，6-2-4254。

④　《湖北方元发具报他婢女芙蓉被不知名人刁拐逃案》，6-2-4529。

⑤　《彭成氏卖女为妾之约》，《清代乾嘉道巴县档案选编》下册，第502页。

⑥　《本城千厮坊民王兆祥以串拐民妻窃物潜逃等情具告甘五一案》，6-5-7197。

"乏人引带"，道光十二年腊月，胡益祥以银 26 两买到马见熬之女为婢。①

移民与渝城本地人的婚姻。乾隆四十八年，湖广麻城人徐以仁在重庆经商，经人介绍娶了当地秦氏之女为妻。乾隆五十四年三月，一家人搬回家乡生活。不知何种原因，"夫室恩情义绝"，秦氏要求将下嫁时娘家陪嫁的价值240 余两白银的"金银衣饰照单请还"，方同意离婚回重庆。②

渝城移民的日常生活中可能时常出现暴力。安徽泾县移民客商洪吉迪，亦是江南会馆著名的五姓（洪、朱、胡、郑、汪）成员之一，乾隆四十八年六月在重庆被人殴伤毙命，留下尚未育子的妻子雷氏。③

3. 移民的谋生方式

前已谈及，移民在渝城主要以贸易及手工业为生计方式。客商经常在不同地方，包括老家之间奔走。如黄泽，咸丰五年时与同乡叶含沃"同领永泰号公本生贸"，十年时又"同含沃回籍算帐"。④

移民往往会形成以籍贯为特征的行业协会。如前面谈及的渝城棉花业，形成了以陕西商人为主体的西帮及以湖北黄州商人为主体的黄帮。商人和手工业者在选择经营伙伴的时候，会优先考虑同乡和族亲。胡德盛，江西人，妻胡蒋氏，未有子嗣。乾隆年间，胡德盛与同乡陈姓合伙在渝城太平坊租房开设吉玉打花银匠铺，后陈姓拆伙回籍，由胡德盛一人开铺。嘉庆十七年，胡德盛病故，其妻胡蒋氏将匠铺交给侄孙胡成观"接手承佃开设"，胡成观每月给其租钱 1600 文。⑤

道咸以后，渝城的力夫分为由本地人组成的川帮，及湖南长沙府茶陵州人组成的茶帮。我们来看一个道光年间茶陵州人来重庆谋生的案例。道光某年，来自湖南长沙府茶陵州的杨以和兄弟数人，来重庆做挑夫下力打工。某年七月二十六日，从老家启程，八月十七日走到黔江县县坝，被兵勇盘获。杨以和在审讯时介绍了其一家人与重庆之间的联系。

---

① 《道光十三年二月十九日胡益祥告状》，《清代乾嘉道巴县档案选编》下册，第 498 页。

② 《徐以仁以认还秦氏金银衣饰立出限约》，6－1－3016。

③ 《重庆府儒学牒送巴县节妇洪雷氏请旌一案》，6－3－361。

④ 《太平坊黄泽告孙逢吉将铺内帐本握拿不交一案》，6－5－8491。

⑤ 《嘉庆二十三年三月二十八日胡蒋氏哀状》，《清代乾嘉道巴县档案选编》上册，第 313 页。

杨以和供：年三十一岁，父母俱在，弟兄三人，小的行二，娶妻曾氏，生有子女。小的早年在重庆千厮门鼎丰行贸过易的，如今胞兄杨以陶、堂兄杨明礼在姚家巷开花铺生理。今年七月间，小的同杨迪云、杨炳致、曾明祥、杨祥发、杨秀章、杨星灿们都是湖南长沙府茶陵州人，平日在家耕田下力活生。小的们来渝各有亲属住寓，小的杨以和来渝在宁远行下力，住寓杨以陶是哥子。杨迪云来渝在恒泰行下力，住寓杨迪心是哥子，杨炳致来渝在朝天门草药街万集行下力，住寓杨福宜是哥子。杨秀章来渝在洪远行下力，住寓杨祥兴是哥子。杨祥发来渝在洪远行下力，住寓杨祥兴是他哥子。杨星灿来渝在元亨行下力，住寓杨禄坤是他哥子是实。小的们自七月二十六日在籍起程，八月一七日走到黔江县县坝地方被兵勇盘获禀送黔主，计明把小的移解案下的。今蒙审讯，小的们是系清白良民，来渝在行铺下力贸易属实，一路并没妄为别故，亦没假作奸细的事，谕令小的当堂取保出外，在各行铺里各务正业就是。①

同供的还有杨迪云、杨炳致、曾明祥、杨秀章、杨星灿等数人，除了出生年月和家庭情况不一样，其余口供与杨以和相同。

茶帮力夫在重庆人数较多，影响较大。咸同年间，八省客长办理团练，招募团勇，由于八省客长同时也是保甲团练局局绅的江宗海为湖广人，渝城保甲团练局招募了大量的茶帮力夫充当团勇。

4. 家与家族建设

"湖广填四川"移民运动中来川的部分民众并不以移居为目的，他们往往在年老或老家有特别事项时选择回家。向祥生、向张氏夫妇，不知何省人。雍正二年，夫妇买到渝城储奇坊陈舜道兄弟瓦屋楼房铺面二间，乾隆元年遭受火灾，仅余地基。雍正十三年，向祥生回籍，乾隆二年，寄信来渝让向张氏"携子搬家回籍"，并将所买地基以银54两卖与陈建业。从在文约上

---

① 《太平坊王万茂等禀郭日志造楼佳宿开设小押屡失火恳令搬移一案》，6-4-303。

签字的亲友来看，向张氏的弟弟张世茂、表弟田景贤均还在重庆。①

嘉庆之前，重庆客长的辞职理由经常有"搬回省亲""回籍"等字眼。②如乾隆三十四年二月二十三日，巴县场跳石河客长荀四周，时已年过六旬，他在给县令的辞状中称，因"衰弱病朽"，"家书急至，刻欲回家"，请求辞去客长一职，得到了县令的同意。③萧泰兴，湖北黄州人，道光年间在渝城与人合伙开矿，道光十八年三月，因"亲书至川，赶身收拾生意回家，遗交家务"，遂将所持股份转卖给他人。④朱稑，字稼轩，巴县贡生，16岁时入县庠，18岁时参加乡试，但均未考中。民国《巴县志》虽未说明其出生年月，但提及其子朱澧为嘉庆五年举人，据此推断，朱稑极有可能为乾隆早期出生，且为来渝的第一批移民。朱稑先辈的祠墓均在泾县，他"跋涉万里，葺祠墓，置祭田，奉父母木主入祠而享祀之，往复五六行"。⑤

对于清前期的移民来说，他们与老家的联系还是较为紧密的，逢年过节只要有机会都要回老家团聚。嘉庆十三年，家住直里一甲的何品彩，时年31岁，于腊月独自回湖南老家过年，不幸的是，回来以后发现结婚四年的妻子杜氏成了他人的小妾。⑥

对于在外打拼的移民来说，老家始终是最后也是最好的依靠。有些移民的家庭在重庆出了问题，往往也依靠家乡的人帮忙解决。胡王氏，时年50岁，住在巴县直里一甲，嘉庆十年十月，她在请求县令将其田产备案的具禀状中称，乾隆中期，丈夫胡伟儒带着他们一家与侄子胡安业一家来到巴县做生意，经过多年的发展，两房人"伙买业一分，又伙买渝杨柳坊香水桥总土地、五福街房屋四院"，事业发展得不错。但两房的家庭发展却一点也不顺利，来渝不久，胡王氏唯一的儿子因故病亡，乾隆五十九年，其丈夫胡伟儒也病亡，此时家里就只剩下一个女儿及女婿董起孺，没有了男性后代来继承家业。胡安业家也是这种情况，嘉庆十年胡安业过世后，家里就只剩下他的

---

① 《向张氏卖铺面文约》，《清代乾嘉道巴县档案选编》下册，第29页。
② 《为恳辞另签事龙隐镇团首程国梁举签王合顺等承充团首卷》，6-2-57-2。
③ 《清代乾嘉道巴县档案选编》下册，第298—299页。
④ 《清代乾嘉道巴县档案选编》上册，第275—276页。
⑤ 民国《巴县志》卷10下，第11页b。
⑥ 《直里一甲何有彩告何品五霸占妻为他妾案》，6-2-4309。

寡母莫氏。再加上其他在渝死亡的亲人，总共达到了 11 人。在此情况下，胡王氏给家乡的亲人去信，叫侄孙胡丰业之子胡祖寿来渝应继，帮忙处理、变卖胡家两房的田产，将已亡人的灵柩护送回原籍，"先灵无嗣而有嗣，灵柩无归而有归"。①

移民有进行家族建设、筹集族产、兴建祠堂的要求。孝里六甲周氏家族，"系出姬姓，常怀春露秋霜之感；派分楚省，时切水源木本之思"，道光十八年，周氏合族捐银 280 两，购买土地作为蒸尝祭田，招佃收租为清明会花费之用。②

在某种情况下，特别是对第一、第二代移民来说，在渝生活与原籍生活是人生中必不可少的两段经历。在他们心中，家乡与重庆都是一样的分量。也正因如此，在他们逝世之后，家乡、重庆的亲人和事业都要照顾到。通过下面这个案子，我们可以看到移民是如何处理这一情况的。

陈益兆，福建人，其父大概在雍正年间就来到了重庆做生意。乾隆时期，他成人后也从家乡来到重庆帮忙，"接理父业"，在朝天门二门洞开设烟铺，并兼营油蜡生意，经过几十年的辛苦经营，"恪守店规，辛苦备偿〔尝〕，不敢懈息，历年集腋成裘，置买四川田产房屋铺面数处"，在重庆买有田产、房屋、铺面数处，并育有两子，长子永镕，次子官镕。一家日子倒也过得很平和，"无奈两子相继而亡"。咸丰六年，在同乡及族人的见证下，陈益兆对其名下的田产，既包括在福建原籍的也包括在渝城的进行了划分。

> 提留东岳庙街坐房全院，千厮门城墙边坐房一院，二门硐一连铺面二间，南城坪田业一份均作益夫妇养膳，立有遗嘱，以期久远，伏望两房子孙世守勿替。

同治六年十一月，他大概觉得来日无多，对名下的产业做了如下的安排。

---

① 《直里一甲胡王氏存案留田业待继案》，6-2-4581。
② 《孝里六甲监生周桂式等禀请将蒸赏会祭田条规批示立案以垂久远卷》，6-5-391。

谨将章程胪列于左：

一议、东岳庙街坐放全院立陈氏家祠，龛设历代神主牌位，两房子孙不准入祠居住，违者逐出。

一议、朝天门二门硐一连铺面二大间，每年所收佃银积存生息，两房子孙，一概寄回家乡，作亮臣公、瑞亭公二代蒸尝清明、中元、冬至费用，倘有私吞禀官惩治。

一议、南城坪租谷一百一十石、千厮门城墙边坐房一院，及乡礼春秋祀典胙钱，并年胙钱文，公同所卖租谷、所收佃银，立簿逐款登明，以作四川祠堂每年清明祭扫、中元焚包寄簧，冬至祀祖并花红费用。祠中房屋，只准佃半边，留半边放灯彩、几桌、板凳等件。所佃半边租银□□□中公项，每年冬至后凭众结算。拟请老成看司一人，经理香灯扫洁，以昭诚敬。

一议、两房子孙，有入学者给银十二两、赴乡试给银十两、中举给银三十二两、拔贡给银三十二两、中进士给银四十两、殿翰林给银八十两，如家乡列科甲者来四川，及四川回家乡者同然，以示鼓励。

一议、田产坐房铺面红契，益祖置小木厢［箱］一个，封固亲手点交，存闽省公所执掌，子孙不得私取估索，违者禀官究治。

一议、乡祠祀典有功名者，□领功名胙，遇有轮班胙肉两房均分，不在公项论。

以上六条，永定章程，□两房子孙，各宜恪守，将见血食有赖，灵异是凭，堂构维新，簪缨不替，克绳祖武，光大门闾，予实有厚望焉。

按照陈益兆的遗嘱，其名下产业“红契均存福建公所，以杜两房子孙私当私卖”。①

同治十一年，因福建老家来信告知“家乡祠墓蹦毁”，其妻陈简氏将田业一份以银2600两卖给福建会馆杭川会，“以半交文宝回籍培修，余半除押

① 《陈益兆具禀他两房子孙私当和私卖房业一案》，6-5-6919。

佃银三百两，以银五百两交会掌，放作氏养葬，以银五百两捐会内永助焚献"。为了让两房子孙"不得私图肥己，致废禋祀"，同治十二年闰六月，陈简氏拟定章程若干条。

一、陈简氏祠房，俟陈简氏殁后概归杭川会首事代为□理，陈氏子孙永远不得干预。

一、祠内房屋凭会内首事招佃收租以备，祠看司一名专管焚献。

一、祠内冬至祭祀请赞礼十人，早饭三席，省牲猪羊……一切杂费于祠内房租支消。

一、祠内中元用大笺二十扎、笼箱两百个、钱纸四捆，三牲一副，以上四款悉尽房租用。

一、陈简氏养膳，氏殁后办理丧事外，有余归会，以作祭墓之用，子孙不得瓜分，所有衣衾棺椁自备周全，不与会内相涉。

一、方家湾坟墓，春祭请赞礼十人，早晨便饭，午酒各三席，猪羊香帛舟车杂费会内备办。①

5. 移民积极参与老家的公共建设

移民虽然远离家乡，但也十分关注老家的公共建设，出资出力支持家乡的发展。同治七年，陕西军务吃紧，"饷项维艰，筹画大不易"，陕西官员向四川署理总督崇实提出普查四川境内陕西会馆的馆产，并抽收一半的会馆底金作为军费，待日后由陕西藩库返还。陕西方面还特意派前广西浔州府知府、四川泸州人张崇本专职办理此事，调查"四川各属共有陕西会馆若干处，各馆共有会底银若干两，约可抽借银若干，应如何委员劝借"。② 但巴县档案及其他官方资料均没有陕西地方政府向川省陕西会馆借款的记载，此一建议应该没有实行。

---

① 《巴县据治平坊陈简氏等禀卖业助焚恳请示谕天上宫抗川会每年收租代办祭扫卷》，6 - 5 - 1082。

② 《重庆府札陕西军务吃紧咨抽借陕西会馆会底银两饬巴县确查境内共有会馆及会底银约可抽借若干接济军务文》，6 - 5 - 555。

重庆的江西籍客商对家乡的公共建设多次捐资，试举两例。一是嘉庆年间江西抚州府重修文昌桥一事。江西抚州府城东文昌桥初建于宋代，后多有重修或补修，与之有关的诗、赋、记数十篇，如明代汤显祖就撰有文昌桥记。文昌桥是当地著名的文化景观。嘉庆年间在抚州府知府的主持下再次重修，历时 11 年，"凡费金十八万两有奇"，该桥"广二丈，修七十有三丈，高三丈八尺"。[1]《重修文昌桥志》记录了"郡人寓四川重庆府乐输"的详情（表 3 - 6）。

表 3 - 6　抚州府各县寓居重庆同乡会捐资细目

捐款机构	捐款金额	捐款机构	捐款金额
临川财源会	银 500 两	昭武萧公会	银 200 两
金溪财神会	银 200 两	昭武财神会	银 100 两
临川太保会	银 100 两	昭武、太千财神会	银 50 两

资料来源：佚名《重修文昌桥志》，光绪八年刻本，附"乐输公费"，第 21 页 a。

总的来看，在重庆的抚州同乡共捐银 1150 两。

二是同治年间江西重建西山万寿宫一事。同治七年，江西重建西山万寿宫，四川布政使蒋志章向旅居渝城的江西客商发文劝捐，江西会馆八府认捐银 5000 两，其中江西吉安会馆首事萧淙带头捐资 300 两。[2]

第二节　八省会馆与移民的经济活动

范金民认为："客籍商人千里跋涉云集到商品贸易极为发达的江南，自然不是为了叙乡情、联乡谊，而是为了牟利致富。会馆公所这种公共建筑正是利用集体的力量，切磋经营之道，商讨经营方针，互通贸易信息，采取联合行动的大好场所。"[3] 对清代渝城的八省商人来说，八省会馆不仅是一个互换贸易

---

[1]　佚名：《重修文昌桥志》，光绪八年刻本，第 5 页 b。该资料系南昌大学罗桂林教授惠赠，谨致谢忱。

[2]　《江西吉安府监生萧淙承办江西万寿宫重建功果缴明助捐银两一案》，6 - 5 - 362。

[3]　范金民：《清代江南会馆公所的功能性质》，《清史研究》1999 年第 2 期。

信息、协调行动的场所，更使他们参与到了渝城贸易规则的制定之中。可以说，没有八省会馆，就没有雍正以降渝城商贸的复兴、发展与繁荣。

统一度量衡

在清代巴县，由于移民来自全国十多个省，各省民众的商业习惯很不统一，就渝城市面上的商业交易规则来看，如商品的计量方式、交易方式、银钱比例，五花八门，阻碍了商户间正常的商业往来。巴县的度量衡极不统一，"度之于布帛则用尺，大者用丈；量则施于菽粟，小者合升，大者斗石；衡于金银，以厘、分、钱、两为递进，粗者、重者衡用秤，以斤、两为递进，惟询其名则一，而核其数则不一，此地与彼地别，此业与彼业异"，这给民众的日常交易带来极大的困扰，"日中交易，必先询衡名而后论值，时起竞争"。① 同时，也有个别商户蓄意欺骗，引起很多因商业规则不清楚而产生的矛盾。在此情况之下，八省客长承担起了规范商品交易规则的职责。

秤是称重计量的工具，渝城的秤不仅各行有各行的标准，即使是同一个行业，在不同地区甚至不同的牙行、商户之间也有自己的标准，各行各铺秤的砝码不一，给交易的顺利进行带来困扰，民国《巴县志》因此称："若衡，有所谓司马秤，即俗所谓天平秤，秤十六两；大秤，秤十二两；加半秤，油业以此斤二十四两，俗谓结半，结者，加之变音。"② 政府只好委托八省客长制定各行认可的砝码作为行业统一标准。

棉花行。乾隆年间，渝城白花行交易的秤斤标准就由八省客长制定，各行的秤"经八省客长与西、黄两帮值年首事议立程规，较准针秤，各行设立二把，每月初二十六齐至公所较秤，以杜挽越"。③ 嘉庆十四年六月初六日，八省客长暨总理首事刊立的《永定章程碑记》详细记录了此一过程，文称：

> ……由外省贩运棉花，投渝城千厮、朝天两门，凭行发售。其价固

---

① 民国《巴县志》卷4下，第61页a—b。
② 民国《巴县志》卷4下，第61页b。
③ 《白花行户汪聚源等具禀黄泰茂违示挽越隐漏厘金案》，6-4-909。

听时市高下，而秤自有一定成规。自乾隆三十六年始置针秤，以十六两成斤，迄至五十年外，货物倍多，一遇行情疲钝，买者贪贱，卖者求速，以致行户图销客货，其秤不惟不以对针为度，且额外推叫数斤，遂废旧规。是以于五十八年请凭八省客首将推叫之数斤情愿加入秤内，比较花秤秤码，以一千七百二十八两为一百斤，铸有铁制，以冀永远无紊……年久弊生，较前尤盛，故买卖争竞……（于嘉庆十四年正月西黄两帮）仍请八省客首选照五十八年旧规，定以对针为准。至买卖棉花银色仍照旧规办理……示谕各行户买卖棉花，遵照旧规铸定铁制，较准秤码针秤，务以对针为度，不得于秤内推暗叫，以及错针不对，至起争端，其银仍照旧规成色，平照原码交兑。更不得以低色潮银轻平勒交……倘行户胆敢故违，混乱不遵者，许尔各商民等据实指名具票，以凭究办，决不姑宽……①

靛行。嘉庆六年三月，靛行行户与山客因为银色、秤斤不一发生矛盾。县令批"仰八省客长协同行户等议复夺"。三月十八日，八省客长李定安、韩晓亭、刘锦容、屈玉成邀集行户、山客吕应荣等人在府庙公议，决定仍依照旧规，"铁制正秤，撒手离锤，每篓除皮十八斤，每百斤加十斤，九八色银过验，九折扣兑"，行户和山客都愿意接受此结果。四月初七日，巴县县令以告示的形式将结果告知各行户和山客，"倘敢不遵，许尔等具禀本署县，以凭严究，决不姑宽"，②解决了靛行行户与山客之间的矛盾。

锡行。乾隆二十三年之前，渝城锡行有统一的行秤砝码，但当年的一场大火将公秤烧毁，各行铺于是自定砝码，标准不一，引发诸多问题。乾隆二十八年十一月，在渝城开设锡匠铺的刘起龙将来自云南的领票贩锡商客刘域提告，说将秤改轻了。刘域也提出相较于老秤，刘起龙的秤改轻了。重庆知府遂批由七省客长李宾子、温成彩等人出面，协同买卖双方，"谕定十八两准秤"，同时校对各自手中的秤，拟定官秤标准，得到政府的同意和双方的

---

① 窦季良：《同乡组织之研究》，第70页。
② 《清代乾嘉道巴县档案选编》上册，第238页。窦季良也提到八省客长于乾隆五十八年、嘉庆十四年两次参与重庆棉花称量标准的制定过程，见氏著《同乡组织之研究》，第70页。

认可，① 解决了秤砣标准不统一的问题。

1928 年，国民政府"以民俗之不齐也，并采万国公制为度量衡标准制"，统一了渝城各行业度量衡的标准。表 3 - 7 为 1928 年统一市尺长度时，原来各行业的尺子标准长度与新的尺子长度之间的换算比例。

表 3 - 7　1928 年巴县各行业度量衡新旧标准换算情况

行业	旧器长度	新器长度
绸缎业	公议尺九寸五分	市尺一尺
布匹业	公议尺九寸六分	市尺一尺
成衣帽鞋业	裁尺九寸四分	市尺一尺
杂货业	公议尺九寸七分	市尺一尺
西服业	裁尺九寸六分	市尺一尺
工作业	营造尺一尺零四分	市尺一尺
木作业	鲁班尺一尺零一分	市尺一尺
玻璃业	英尺一尺一寸	市尺一尺
木业	营造尺九寸八分	市尺一尺
苏裱业	苏裱尺九寸六分	市尺一尺
长机业	帮尺九寸六分	市尺一尺

资料来源：民国《巴县志》卷 4 下《赋役·度量衡》，第 62 页 a—b。

制定差徭规则

重庆各行各帮按例都要承担一定的差役和赋税，如船帮每年都要为政府运送一定数量的货物，炭帮要为府县各衙门提供燃料，等等。② 因"官定价格或官方所付报酬通常不足，承差往往赔贴累累"，③ 各帮事先都要讨论这些差徭的分担方式，但如何分担、比例多少等问题，往往不能自行解决，需要经八省客长公议后，才能统一规则。

① 《清代巴县档案汇编（乾隆卷）》，第 269—270 页。
② 对重庆工商铺户的承值应差的规则及背景，见范金民《把持与应差：从巴县诉讼档案看清代重庆的商贸行为》，《历史研究》2009 年第 3 期。
③ 范金民：《把持与应差：从巴县诉讼档案看清代重庆的商贸行为》，《历史研究》2009 年第 3 期。

布行。渝城布行，有广布帮、土布铺之分。土布主要来自重庆周边的璧山、遂宁、广安等地。布贩从农民手里收购织好的土布，捆成包子（每包50匹），运到重庆销售，甚至通过重庆，贩销到贵州、云南等地。道光中期以后，来自广安的土布在重庆的销售量增多，在较场坝新开了奕美、政庆、泰正等三家商铺。重庆市面上的广布主要来自湖北沙市及湖南，"广布"也就是湖广布的简称。广布的纱子比四川的土布均匀且光滑，在洋布大量倾销以前，在四川农村甚为畅销，农民逢年过节和走亲戚均喜穿广布制成的青布衫子和青布鞋。[①] 广布帮有邱正昌、刘德昌两家，每年各缴纳银32两以帮给差费、供应差务。由于受到土布的冲击，"渝城近日广布运来稀少"。道光二十年，重庆布行广布帮行户康维新"剖劝奕美、政庆、泰正等酌帮差费，以昭平允"。但上述三铺以"伊染房供差之语抵塞"，不同意增加差费。巴县县令让八省客长介入调停。道光二十年五月十日，八省客长建议，"定□上中下三等，按价值抽钱帮差。无如土布铺家与站房均皆执拗不依"，没有达成双方认可的协议。七月廿八日，八省客长、布行行户康维新及土布铺户李兴顺、徐洪玉、唐亿顺、苏洪源等又齐集府庙，"协同妥议"，商量出了新的方案，即"自后买卖土布，以每布一匹，帮给行户差课钱一文，照广布例成法，向卖布之人抽取。至收取钱文，议明行户自行经手，向各铺户店栈收取"；同时，"中路布帮，投行者已取行用，每捆于行用内照依老例，取帮差钱十二文。未投行者，未出行用，照土布之例，向卖布者收取"。该方案得到了县令的认可，于八月十五日以告示的形式宣布，"务遵八省妥议程规，不得把持乱规。倘敢故违，许该行户等指名具禀，本县以凭唤案究惩，决不姑宽"。[②] 可见，八省客长在县令委任、授权的情况下，全程参与了巴县各布帮、布铺应差规则的制定。

船帮。嘉庆元年，川陕爆发白莲教起义，清政府调集大量军队云集重庆，时常有军队和军需过境，"军务急需、军火、兵差归三河船帮办"，"需船甚多"，重庆大河、小河、下河等三河船帮的船户到重庆装卸货物，均须

---

① 卓德全等：《重庆布匹商业的早期概况》，《重庆文史资料选辑》第3辑，第29页。
② 《清代乾嘉道巴县档案选编》上册，第345—346页。

缴纳一定厘金以筹集经费应办各差。嘉庆八年，成立三河船帮，[①] 在重庆府通判英贵主持下，三河船帮商议了各自应差的范围，"大河上游杂差归大河办理，小河上游杂差归小河承办，下河差务归下河认办，各河签举会首轮流办公。其大花挂船，归恩□壮班承办，不与三河相涉，遇其大宪临境及兵差学宪迎接护送仍归三河公办，其船各帮会首封号，各帮船只应差不得混行乱封以应差徭；若委员杂差临渝，应办差务各归各帮承办，至于下游差事以朝天门为止，悉归下河办理，不与大小两河相干"。[②] 由于八省客商是重庆船运业的主要雇主，船帮管理的无序状态也影响到八省客商的业务，"八省客号雇船运货，无人经理，客民受苦，公私两碍"，[③] 重庆府便委托八省客长拟议各船帮船户厘金缴纳的标准。嘉庆九年，八省客长商议制定了重庆三河各船帮差费缴纳的标准。先来看小河帮船户厘金缴纳标准。

　　三峡帮梢船每次收钱二十四文，舵船每次收钱四十八文。

　　合州帮梢船每次收钱八十四文，舵船每次收钱一百一十二文，小舵船每次收钱九十六文。

　　遂宁帮上至绵州、潼川府各处船只，顶大秋船每次收钱四百文。

　　遂宁太和镇下至安居各处，顶大秋船每次收钱三百文，二号秋船每次收钱三百文、二百九十文不一。安居顶大秋船每次收钱一百四十文五十文，小舵船每次收钱一百文。

　　保宁帮上至广元县及陕西略阳县，顶大船每次收钱四百文。

　　渠县帮上至东乡太平二里，下至广安岳池，顶大船装水脚多寡者，每次收钱四百文、三百五十六十文，小船每次收钱一百五十六十文。

　　四帮约计共船三百只，每年约计共收钱五六百串文。如遇兵差，再行酌量议加收取。四帮会首每年三月十五日更换，进出银钱账目，每帮

---

①　三河船帮以朝天门外两江之水分界为界，如船上行，由大河收钱办差；如船下游，由下河收钱办差；如往小河，则由小河收钱办差。

②　《小河船首李廷泰等禀请批委八省请示定立差规卷》，6-3-556。

③　《小河船首李廷泰等禀请批委八省请示定立差规卷》，6-3-556。

经管三个月，凭众算清，上交下接。①

嘉庆九年，八省客长亦公议大河、下河两帮差务条规，具体内容如下：

嘉定帮大船来渝，每次收钱一千二百文，中船每次收钱八百文，小船每次收钱六百文。如遇兵差，装棉花赴嘉定船，每□□差费钱三分，杂货药材每件收银二分，广布每卷收银一分□厘，磁器每子收银五厘，装下丹每件收银一分五厘。

叙府帮大船来渝，每次收钱八百文，中船每次收钱六百文，小船每次收钱四百文。如遇兵差，装棉花赴叙府船，每包收银五分，杂货、药材每件收银二分，广布每卷收银一分，磁器每子收银五厘。

金堂帮大船每次收钱一千文，中船每次收钱八百文，小船每次收钱六百文。如遇兵差，装棉花赴金堂船，每包收银八分，杂货药材每件收银三分，广布每卷收银二分，磁器每子收银五厘。

泸富帮大船每次收钱六百文，中船收钱四百文，小船收钱二百文。如遇兵差，装棉花赴泸富船，每包收银三分，杂货药材每件收银二分，广布每卷收银一分，磁器每子收银五厘。

合江帮大船每次收钱一千二百文，中船每次收钱八百文，小船每次收钱二百文。如遇兵差，装棉花赴合江船，每包收银三分，杂货药材每件收银一分五厘，广布每卷收银一分，磁器每子收银五厘。

江津帮大船每次收钱六百文，中船每次收钱三百文，小船每次收钱一百文。如遇兵差，装棉花赴江津船，每包收银一分五厘，杂货药材每件收银一分，广布每卷收银五厘，磁器每子收银三厘。

綦江帮大船每次收钱一千二百文，中船每次收钱□百文，小船每次收钱一百文。如遇兵差，装棉花赴綦江船，每包收银一分五厘。綦江河小水浅，一切大船货船不□□綦供，倘綦江船只装别帮货物，照本帮常规，加收一□以供差费。

① 《清代乾嘉道巴县档案选编》上册，第402页。

长宁帮船来渝每次收钱一千文。如遇兵差，装棉花赴长宁船，每包收银三分，杂货药材每件收银一分五厘，广布每卷收银一分，磁器每子收银五厘。

犍富盐船大船装盐来渝，每次收钱八百文，小船装盐来渝每次收钱四百文。如不装盐船，该别帮收钱。如遇兵差，每盐一载收钱一千文，按船大小算派。

长涪帮大船在渝装载，每次收钱一千文，二号船每次收钱八百文，三号船每次收钱六百文，并不格外加收。如遇兵差，会首暂行借垫，俟兵差过竣，清算多寡，大小船户派还。

忠丰帮大船在渝装载，每次收钱二千四百文，二号船每次收钱一千二百文，三号船收钱八百文，小船收钱三百文，不得格外加收。如遇兵差，会首暂行借垫，兵差过竣，清算多寡，大小船户派还。

夔丰帮大船每次收钱八百文，中船每次收钱五百文，小船每次收钱三百文，五板拖蓬〔篷〕船每次收钱二百文，向有兵差系各船户自办，因船户办公不熟，仍议会首代办，以免误公。

湖北归州峡外大船，每次收钱二千四百文，二号船每次收钱一千二百文，小船每次收钱八百文。如遇兵差，会首垫办，用钱若干，众船户照船派还。

湖北归州峡内大船，每次收钱一千文，中船每次钱八百文，小船每次收钱五百文。如遇兵差，会首垫借，用钱若干，众船户照船派还。

宜昌皇陵庙大船每次收钱九百文，中船每次钱六百文，小船每次收钱三百文。如遇兵差，会首垫借，用钱若干，众船户照船派还。

宜昌帮大船每次收钱八百文，二号船每次收钱六百文，三号船每次收钱四百文，小船每次收钱二百文，如遇兵差，会首垫借，兵差过竣，用钱若干，大小船户派还。

辰帮每船收钱二百文，如遇兵差，每四百石船收钱二千文，三百石船收钱一千六百文，二百石船收钱一千二百文，一百石上下船收钱一千文。

宝庆帮大船每次收钱二千文，中船每次收钱一千二百文，小船每次收钱八百文。如遇兵差，会首垫借，兵差过竣，用钱若干，大小船户派还。

湘乡帮船只装载若干石，每石收钱五千六百文，所收之钱，以作轮值支应。如遇兵差需用钱文，下河各帮派垫付出。[①]

随着时间的流逝，此一条规的弊端凸显。嘉庆二十五年三月二十二日，小河会首李廷泰、杨文楷等人称，由于"连年兵差杂务，三河负帐数千金，背利未偿"，同时"渠、保、遂、合四帮船户，前遵后违，难归画一"，不遵守条规缴纳厘金，"诚恐临差有误，只得恳□赏委八省客长酌议章程"。巴县县令李世彬遂请八省客长"酌议章程"。五月十七日，八省客长在给县令的回复中简要回顾了原来章程的议定过程，并表达了对小河帮船户要求修改章程的意见，"民等再三酌议明白，照常旧规抽取厘金，今若改议，恐生事端，着令伊等办理差务，不得增添借索"。八省客长还强调他们的方案不仅"会首遵议，船户允悦"，也会让"差务有着"，并按照原来的条规拟定了小河、下河"差务厘金开单"。五月廿二日，巴县李县令公布了此案的最终解决办法，"示仰大、下、小河会首船户人等知悉，自示之后，尔等各回来渝装载开行，务须仍照旧规，各出厘金，交给会首收存，以应差务。倘遇大差临渝，如果厘金不敷支用，再行公议加取，但不得借差勒派，希图侵吞。倘敢故违，一经查出，或被告发，定即唤案重究，决不宽贷。各宜凛遵毋违"。[②] 可以说是完全接受了八省客长的意见。我们来看看小河、下河两帮各船户的厘金缴纳标准。

小河帮船户厘金缴纳标准：

渠河东乡、达县会首黎显仕每只大船来渝装货出钱二千文，中船出钱一千六百文，小船出钱八百文。

长庆帮会首谢仁德装略阳货，每只大船出钱五千文。

① 《大小河船帮选定首事承办差事卷》，6－2－476。
② 《小河船首李廷泰等禀请批委八省请示定立差规卷》，6－3－556。

兴顺帮系装略阳货至顺庆交收每只大船出钱三千文。

顺庆帮每只大船来渝装货出钱二千文，中船出钱一千六百文，小船出钱八百文。

中江、绵州帮会首李顺源每只大船来渝装货出钱三千文，中船出钱二千文，小船出钱一千文。

遂宁帮会首李顺源每只大船来渝装货出钱二千八百文，中船出钱一钱六百文，小船出钱八百文。

合州帮会首宋任有每只大船来渝装货出钱一千二百文，中船出钱一千文，小船出钱七百二十文。

以上小河四帮并无厘金，如无兵差，每只出钱一百文□（缺字）。

每年三月十五日更换，其进出银钱账目，每名经□□月凭众算清上交下接。①

下河帮船户厘金缴纳标准：

犍为、富顺盐帮会首王大兴经管船九十余只，支应常差，大船装盐来渝收钱八百文，兵差所用钱文每年照派犍厂付给。富顺大船装盐来渝，每只收钱八百文，小船每只收钱四百文，如未装盐，别帮收钱。兵差每盐一载出钱一千文，按船大小算派。

长涪帮会首□孔全经管船三十余只，支应常差，每只在渝装载收头号钱一千文，二号钱八百文，三号钱六百文。支应兵差，并无厘金，会首暂行借垫支应，俟兵差过后，清算多寡，大小船户照数摊派付还。

忠丰帮会首黎绍周经管船一百二十余只，支应常差，每只在渝装载收头号钱二千四百文，二号钱一千四百文，三号钱八百文，小船钱三百文，支应兵差，并无厘金，会首暂行借垫支应，俟兵差过后，清算多寡，大小船户照数摊派付还。

夔澧帮会首刘泰来经管船一百二十余只，每只大船钱八百文，中船

---

①　《八省客民等禀恳巴县示谕大小下河船帮差仍照前规永定章程，革除弊端卷》，6-3-820。

钱五百文，小船钱三百文，五板拖篷船钱二百文，如有兵差，各船户自办，因各船户办公不熟，议请会首代办以免贻误。

湖北归州峡外会首何德周经管船一百四十余只，支应常差，收大船装载钱二千四百文，二号船一千二百文，小船钱八百文，公议作为支应差务、薪俸，每逢支应兵差，俟过后，用钱若干，众船户照船抽取填还。

湖北归州峡内会首郑昌运经管船九十余只，支应常差，收装载大船钱一千文，中船钱八百文，小船钱五百文，每逢支应兵差过后，用钱若干，众船户照船抽取填还。

宜昌黄陵庙会首杨祖光经管船只四十余只，支应常差，每大船收钱九百文，二号船钱六百文，小船钱三百文，每逢兵差，会首暂行借垫支应，并无厘金，俟兵差过后，用钱若干，大小船户照数摊派付还。

宜昌帮会首张文炳经管船三十余只，支应常差，收每头号船一只差钱八百文，二号船钱六百文，三号船钱四百文，小船钱二百文，每逢兵差，会首暂行借垫支应，并无厘金，俟兵差过后，用钱若干，大小船户照数摊派付还。

辰帮会首唐心琯经管船一百五十余只，支应兵差，每四百石船收钱二千文，三百石船收钱一千六百文，二百石收钱一千二百文，百石上下收钱一千文，外每船收常差钱二百文。

宝庆帮会首张炳林经管船二十余只，支应常差，收大船钱二千文，中船一千二百文，小船钱八百文，如有兵差，用费若干，照船户摊派填还。

湘乡帮会首邓馀盛经管船八只，每只装载若干石，每□收兵差常差共钱五千六百文，所收之钱以办轮值常差，每逢兵差，若不敷用，下河各帮众垫付出。①

光绪十五年，大河七帮更换船首，八省客长奉令主持更换工作并重拟大河帮船行章程。八省客长拟在六月六王爷神会时，召七帮船户齐聚，开展换

---

① 《八省客民等禀恳巴县示谕大小下河船帮差仍照前规永定章程，革除弊端卷》，6-3-820。

届工作。同时，八省客长令"现在船首船户人家等，传集保甲局，协商咨询，查阅前后章程，访悉各帮利弊"，拟定了12条章程。从内容来看，这些章程扩大了八省客长在大河船帮的发言权，与八省客长有关的章程如下：

一、各帮收支账目，除逐月照章报销外，于六月初六，各帮交过总账之后，限定七月初十内，将一年收支细总，经凭八省首事在太平门王爷庙内清算一次，账目如有不符，及滥支侵蚀等弊，即由八省指禀，以儆效尤，而昭核实。

一、大河共计七帮，仍按照旧章，合同抽收，公事公办，遇有大差，庶免推诿致误，倘其中有徇私之帮，抽收不公，许别帮投明八省，即行呈单指禀，永不准分帮私收，以符定案，而杜讼端。

一、各帮首事，均应一年一换，定于每年六月初四，由各帮本地殷实船户，出具切实保结声明签举，所举之人，如有徇私侵漏，及违误差事等情，除将该首事革究外，仍惟该保人是问，酌议赔罚归公，一帮举首，仍须七帮公结，连环具系，再由八省首事查实转呈举保承充，如有一年届满，其人公正妥实，刻无妥人有可换者，仍由原保声明，另行具结请留，但只准留当年，如□□届满，仍首更换，将免久恋流弊。

一、各帮首事外，另举稽查二人，拟于各帮众债内，每帮各举债主一人，务凭八省派定，其人是否公正，方许充当，轮流以一帮值月，专司稽查，不管银钱，债少之帮，两帮合举一人，逐日均到公所稽查，或赴珊瑚坝验票，总期认真核实，涓滴归公，倘有侵漏徇情账票不符等弊，除将该帮首事斥革究罚外，仍惟该值月稽查是问。①

光绪二十六年，大河船帮负债银9000多两，八省客长对大河七帮的账目进行了清算，并将结果上报给巴县县令。②

八省客长亦参与商品新增厘金标准的制定。前已谈及，对于重庆市场上

① 《渝城八省首事职员童潞贤等为议换大河船行首事拟议船行章程事具禀巴县出示晓谕卷》，6－6－971。
② 《八省首事职员闽聚福等为遵宪查账禀复卷》，6－6－1221。

大宗商品如棉花，八省客长参与其交易全过程，如秤的标准、厘金征收标准等。光绪中后期，部分商品如白酒，也开始征收厘金。光绪二十一年六月二十三日，据时任四川总督鹿传霖的一份札文称，因赔款和筹办军饷，重庆准备加大抽收绍酒、渝酒、老酒、烧酒的新老两厘厘金，至于如何征收，请八省绅商定夺。该年九月十四日，八省客长会同酒帮首事厘定了重庆老酒、绍酒、烧酒的厘金税率，"所有老酒仿绍拟照新厘向章上纳，外加三成，计开绍酒每镡二十二文，老酒每镡一十一文，花刁每镡一百零四文，城内零沽每年纳银八十两，三节缴局。至城外贩来烧酒，理应遵照新章上纳"。① 从厘金税率的制定过程来看，税率的高低主要与当年政府打算征收的厘金数额有关，具体的征收税率则由地方官员、厘金局局绅和相关商帮共同决定。

划分经营范围

清代渝城各行各帮，均有一定的经营范围。经营范围既指经营商品的类型，也可指具体的空间范围，如前文谈及的三河船帮，大河、小河、下河三帮所属船只，其运货线路均在特定的空间范围之内。清代渝城的力夫，在乾嘉时期有西帮、南帮之分，道光以降有川帮、茶帮之别，② 其挑货或背货亦循此理，均有一定的经营范围。在力夫经营范围的形成过程之中，八省客长发挥了积极的作用。

清代地方政府在应办公事过程中，需要大量力夫来协助官员、军队过境，衙门日常行政事务，为此，渝城地方政府在力夫中建立夫头、牌头制度。这一方面可以强化对力夫的管理，防止其为乱生事、偷盗客货；另一方面也方便了政府的派差。正如道光元年，渝城千厮坊夫头曾孔扬等人称他们"历应饷鞘、大差"。③ 夫头"拨夫二三十名不等，日则听其驱使，夜则在彼

---

① 《重庆府札饬巴县传集八省绅商筹议重抽酒厘章程卷》，6-6-3550。
② 周琳对清代渝城力夫地缘组织"西帮""南帮""川帮""茶帮"的兴起及其在地域社会中的竞争进行了有价值的讨论，认为"暴力更像是脚夫的一种适应性策略"，而政府的"职能弱化"是力夫暴力倾向不断加重的主要原因，参见周琳《商旅安否：清代重庆的商业制度》，第301—329页。
③ 《道光元年四月二十九日曾孔扬等禀状》，《清代乾嘉道巴县档案选编》下册，第7页。

守候，一切饭食，均系蚁等散给"，①实质上是作为免费苦力供政府驱使。为了补偿夫头的收入，政府往往给予其享有某一特定区域货物背运独享的权利，甚至允许他们背运客货的收费远高于一般的散夫，这一独享权是与认办差徭相联系的。来看下面几个案例。

案例一：西帮与南帮之争。

乾隆四十九年，在时任县令衷以壎的允许下，八省客商议定了章程，规定巴县背货力夫分西、南两帮，"照客凭背抬肩挑诸物"。②渝城西帮脚夫来自甘肃、陕西，南帮脚夫来自湖广，"南脚夫估背六省，西脚夫仅背山陕二省"。③换言之，八省客商中，湖广、江西、浙江、江南、广东、福建六省客商的货物由南帮力夫背运，陕西、山西二省客商的货物由西帮力夫背运。可以说，这一格局的形成与八省客长有着直接的关系。

清中后期，未入帮的"野力散夫藐违定规"，"盘踞码头"争夺生意，在此背景下，八省客长拟定了新的条规。

　　一议、文武各大宪临渝，凡有行李起坎者，西、南两帮各背一半，如无官员在船，照议旧规，仍分西南背运。其力夫务要在各夫头柜上注明上簿，某力夫系背何物，逐一注明，恐有遗失，以便清查。否则，惟背夫保人是咎。

　　一议、官商，凡有货物起坎者，务到轮子房柜上说明货物若干、背负何处，逐一登明簿上，以便派妥保力夫背运，或力钱现给，或牌子销号，庶免失漏等弊。倘未向夫头柜子报明登簿，如自行另雇野力背负遗失，不与夫头相涉。

　　一议、散力夫，务先遵照旧规，在夫头名下觅取妥实保人，方许在码头背抬、挑运客货等项。倘有逃匿、遗失、延搁，与保人是问。如运拢之时，当面照数点交清白，随携票牌销号，以便稽查。倘镣辖不清，

①　《道光七年三月十三日温远发等恳状》，《清代乾嘉道巴县档案选编》下册，第9—10页。
②　《巴县据朝天门西南夫帮头王永生禀呈示谕不准外来野夫盘踞码头恃众违规卷》，6－6－3616。
③　周琳：《商旅安否：清代重庆的商业制度》，第315—316页。

即随力夫同来码头，与夫头质明，夫头自行禀送，毋辞。倘有遗失，过夜不与轮夫相涉。

一议、经理起货夫头，凡官商起运货物银钱行李等项，务要静听来人说明，逐一登簿，以杜弊端，不得仅凭心记口说，希图从中取利肥己。倘有混朦舛错查出，将经理之人逐出帮外，以杜谩无稽查之弊。

一议、大码头、麻柳湾、长涪帮等处，如起运银钱货物行李，凡我帮内散力夫，先同客商到轮子柜子报明注簿后方许背运，以杜野夫私负遗失，如恃恶野夫从中把持，希图渔利，查出禀官究治。

一议、我帮觅取妥保之长夫，不拘大小两河背运客货，务要挨轮背运，不许择轻选重，亦不得奸巧推诿。倘有不法恃恶野夫，并不报明柜子，自行跳船估背客货，或私窃客货者，随时禀官究治。①

上述条规，主要围绕着以下几个方面。一是与差务有关，官员行李到渝时，由西、南两帮力夫各背一半。二是散夫背货的问题，新规允许散夫背运，但须事先觅得保人，在夫头处报备，这说明至少在光绪时期，渝城力夫群体来源更加多元化，不仅仅局限于此前的籍贯。

案例二：川帮与茶帮之争。

据周琳的研究，道光元年，渝城川帮、茶帮力夫最早出现在千厮门。茶帮力夫大都来自长沙府茶陵州，也有部分来自湖南攸县和江西永新县；川帮力夫则主要来自渝城周边地区。

相较于之前的西帮、南帮，巴县档案中川、茶两帮的经营纠纷数量更多。据周琳的统计，仅道光至同治年间，双方之间发生的有记录的殴斗事件高达32件之多。② 不同力夫群体之间围绕着背货范围的划分、力夫与货主之间围绕着背货价格等矛盾不断，经常发生纠纷。由于八省客长在货主与力夫

① 《巴县据朝天门西南夫帮头王永生禀呈示谕不准外来野夫盘踞码头恃众违规卷》，6－6－3616。

② 比较遗憾的是周琳未统计光绪朝两帮发生殴斗的情况，考虑到光绪朝的档案资料是巴县档案最为集中和丰富的，相关案件记载数量应该更多，参见周琳《商旅安否：清代重庆的商业制度》，第324页。

间享有较高地位，往往受政府的委托和原被两造的邀请，参与调解。

川帮力夫最初主要以转接茶帮力夫所背行货为生。当客货抵岸时，一般由码头力夫将货背至各行栈贮存，但渝城三牌坊各药行栈除外，因为这些行栈都有自己的"负货力夫，责成照管负货下河"。这些力夫主要为茶帮力夫，且有夫头进行管理，"系有责成"。茶帮力夫背货出门时"转雇街上下力之人代负，沿久成规，日增成众，各为川帮"。① 道光二十九年三月，川帮力夫陈学礼亦称："渝城药行茶帮脚力背送行货，茶帮人等背货出街，转倩[请]蚁等背送下河，茶帮背货一包得力钱七八十文，蚁等背货一包得钱二十四文，苦力度命。"② 这一时期，川帮力夫之所以"苦力度命"，极有可能的原因在于他们没有获得各药行栈货物的背货权，此前也没有承担过相应的差务，官方也没有在川帮中设置夫头，"向无专责，致有取窃之弊，相争酿祸"。③

局面在道光二十九年开始发生变化。鉴于川帮力夫人数越来越多，需要更大的经营空间，八省客长商议，"茶陵内外帮人等有专，主客信实，若尽使茶帮之人负货，而川帮之人势必成仇，争端难息。是以剖令茶陵内外帮人等公议，将仁寿宫后门晒厂、浙江馆后门晒厂，并建丰栈三处客货，归川帮人等在茶陵内帮手领负下河，其余各处之货川帮人等不得紊争滋事"，同时川帮必须"议出专责之人，赴案承认取保，俾专责成"，这样"茶帮、川帮人等俱得负运，各谋其生，两造悦从"。换言之，八省客长建议茶帮力夫将原属于其所有的三处药行栈货物的背货权让给川帮力夫，以解决双方的纷争。

但这一方案并没有得到川帮力夫的同意，据半个月后巴县县令的告示称："因川帮人众，仅运三处客货不敷生计，又向茶帮争运古冈栈、恒盛德二处客货。"茶帮力夫觉得川帮力夫争得太多，不同意。县令又委托八省客长和乡约一起居中调处，"将恒盛德客货让归川帮力夫负运，其余别处客货仍归茶帮运送"，最后的方案是"川帮力夫只许负运浙江馆晒厂、仁寿宫晒厂、建丰栈、恒盛德四处客货，其余别处客货，仍归茶帮力夫运送"。这个方案在运行中又遇到具体的问题，即位于仁和坊的宏昌、万盛、万春三个货

① 《道光二十九年三月二十四日八省会首禀状》，《清代乾嘉道巴县档案选编》下册，第14页。
② 《道光二十九年三月十四日陈学礼等告状》，《清代乾嘉道巴县档案选编》下册，第14页。
③ 《道光二十九年三月二十四日八省会首禀状》，《清代乾嘉道巴县档案选编》下册，第14页。

栈，"所有客货向系茶帮力夫谭面容、颜至成等经理背运"，"川帮力夫势必不平"，川帮力夫李荣升等为此将茶帮力夫谭面容控至县衙，后又在八省客长的调停下，达成解决方案，"两造日后宏昌和万盛、万春所有客货，归茶帮谭面容等经理发出，有货十背，以六背归川帮力夫背运，茶帮力夫自背四背，川帮力夫仍在茶帮手接背。川帮力夫当即议出李荣升、傅朝万、李源才、舒其福、李兴顺、张良裔六人为首承认背货，倘有遗失及再滋事端，惟伊六人是问。茶帮人等已经信从，彼此和睦，事已寝息"。报巴县知县批准。① 可以说，八省客长全程参与了道光二十九年川帮力夫与茶帮力夫为争夺渝城各药行药栈货物背货权的纠纷调处。

某个力夫群体内部发生纠纷时，八省客长亦积极参与调处。道光二年，县令王如琯裁定，该坊水巷子正街货物由川帮背运，道光十九年，水巷子集丰栈改开花栈，有"管行脚夫"在内，负责该商栈的货物背运业务。背货业务被川帮力夫彭仕龙、陈廷贵等人转给外帮人承担，引起本帮力夫叶正顺等人的不满，遂向县令提告，县令张嗣居委托八省客长对事件进行调查，八省客长在查阅了道光二年双方的合约及官方的裁示后，议定"自后新开行栈，各归各街堆码"，得到张县令的认可。②

* * *

作为城市的异乡者，八省商人在日常生活中面临的挑战比在家乡要大得多，这些挑战不仅有柴米油盐酱醋茶等生活琐事，也有每天为了谋生而四处奔走的辛劳，更有异乡生活带来的孤寂感。八省会馆在清代重庆的外省移民生活中发挥了重要的作用，它通过一系列活动、措施满足了移民客商在日常生活中的各类需求，从生到死，从来渝到离渝，等等。

渝城八省会馆凭借强大的实力，不仅影响了移民的日常生活，更进一步参与到渝城贸易规则、贸易网络的制定与形成的过程中。这一举动不仅使八省会馆捍卫了移民客商的利益，也有利于渝城商贸的进一步繁荣。当然，这也为咸同以后，八省客长全面融入渝城地方权力体系埋下了伏笔。

---

① 《道光二十九年五月二十三日八省会首禀状》，《清代乾嘉道巴县档案选编》下册，第15页。
② 《道光十九年叶正顺告状》，《清代乾嘉道巴县档案选编》下册，第12—13页。

第四章　八省会馆与咸同之际的重庆政局

咸同以降，经历盛世之后的清王朝内忧外患。鸦片战争，让清政府在"夷人"面前颜面扫地，来自西方的商品让清王朝被动地卷入了世界市场。这一变局导致国内产业、商贸路线发生变化，加剧了清政府的财政压力和民众的负担。

19 世纪五六十年代，深处内陆的重庆受洋货的冲击较小，八省客商不仅继续控制着重庆内外的商贸，而且还呈加剧之势。咸丰年间开始的一系列动乱，如杨潍喜之乱、李蓝起义、太平军石达开部进军四川、贵州号匪之乱深刻地影响着重庆的地方政治秩序，加速了地方军事化进程。这虽对八省客商的贸易产生了消极的影响，却也给八省客长走进重庆地方政局带来了契机，使其逐步成为地方权力体系的核心。不仅是维护地方治安、厘金征收，在事关普通民众福祉的救济、公共卫生与消防等方面，八省客长也都起着举足轻重的作用。1892 年，重庆海关税务司好博逊在海关报告中说："（重庆）会馆的地位发展到政治、宗教、社会各方面都（至）关重要而有力量，以至于后来除了会馆本身事务之外，会馆'首事'——在重庆，常是这'八省首事'与地方官在公务上常相联系，如当地税捐征收、消防、团练、重大债务清理、赈济款项的筹措和发放、孤儿院、养老院的管理，以及相类的慈善事业，等等。"[1] 1927 年，朱之洪在给《重庆八省积谷办事处产业图说》一书所作的"序"中也有类似的表述。

> 重庆之有八省以筹办地方公益也，实始于逊清康熙时代而莫盛于咸同之际。当时如保甲、团练、城防、厘金、育婴、掩埋、消防、救生、积谷、赈灾以及修九门之码头，订各帮之规则并管理善堂诸大端，昭昭

---

① 周勇、刘景修译编《近代重庆经济与社会发展》，第 71 页。

在人耳目。①

据抗战期间窦季良先生的研究，咸同之际，重庆八省会馆对地方公益事业的参与主要集中在以下六项：警卫事项，包括保甲、团练、城防、消防；慈善救济事项，包括育婴、掩埋、救生、赈灾、积谷及管理善堂；公用事项，修九门码头；商务事项，订各帮规则；征收事项，包括厘金及斗捐；生产事项，辟园育桑。因而，八省会馆成为地方建设的中心。②

可以说，咸同以降，重庆八省会馆关心的事务已经不再局限于原来的贸易纠纷调处，行规的制定，满足客商的各类经济、文化与心理需求，更希望依靠其经济实力成为地方政治的核心。

第一节　八省客长与咸同地方政局

太平天国起义后，战火蔓延至南方数省，清政府从各省调集军队前往征剿，这不仅导致各地实力空虚，也耗费了大量的军饷，加剧了嘉庆以降财政入不敷出的局面。为了弥补军饷之不足，咸丰三年，清政府开始在扬州征收厘金，各行省随之效仿。咸丰四年，四川开始征收厘金。厘金的征收一方面扩大了清政府的财源；另一方面，则加重了普通百姓，特别是商贩等群体的负担。这成为咸同时期各地民变不断的重要原因。

八省客长与地方政局

太平军早期虽并未进军四川，但从咸丰四年开始，包括重庆在内的川东地区军情不断，战乱频仍，先后有贵州桐梓的杨溎喜之乱、李蓝义军窜扰川东、太平军石达开部进军四川、贵州号匪倡乱等事。为平定川省战事，清政府先后四易川督，于同治二年才使局势稳定。作为川东地区的军事、行政、经济中心，重庆不仅是清军重要的指挥、后勤枢纽，也是各路义军最想占据

---

① 朱之洪：《重庆八省积谷办事处产业图说序》，《重庆八省积谷办事处产业图说》，第 1 页。
② 窦季良：《同乡组织之研究》，第 77、17 页。

的城市。不管是李蓝义军的张麻子和周绍勇部，还是太平军石达开部都曾试图染指重庆。对于清政府来说，重庆不仅兵员严重不足，更面临军饷严重缺额的困难。在此过程中，八省客长依靠其雄厚的经济实力和办事协调能力，逐渐成为掌管渝城安危的保甲团练总局局绅。我们从最早的杨滦喜之乱开始讲起。

1. 杨滦喜起义

咸丰四年八月初六日，贵州桐梓人杨滦喜等率众攻破县城桐梓，① 定国号为"江汉"，改桐梓为兴州，杨滦喜被推举为都督大元帅，大旗上书"复明灭清"四字。起义军以青巾包头，自称"黄兵"，占领仁怀，进攻綦江、江津、巴县、南川、涪州（今涪陵）、合江等地，势力发展到数万人，"綦江震动"。十月，云贵总督罗绕典和四川总督黄宗汉奏请进剿。在具体军事部署上，"川兵由提督万福统帅［率］，（重庆镇）总兵皂升由綦江路，副将德恩由南川路，都司马天贵由江津路，提标翼长将玉龙由合江攻……积极进剿，贼多败死……遂复桐梓……五年二月初八日……追至石阡……贼众弃（杨）凤于路，官兵支［肢］解其尸……是役也，历时五月，糜费者不下数十万"。② 渝城团练协助清军参与了对杨滦喜的镇压。重庆镇左营游击邹鸾章率渝勇 400 名前往巴县、綦江交界处分水岭防堵。九月，杨滦喜"分窜綦之石濠"，巴县又增派渝勇 200 名前往分水岭增防。③ 渝城的团勇还参加了防堵其他号军的战斗。咸丰五年十月，贵州铜仁府举人徐廷杰抗征秋粮，鼓动众粮户占据府城，杀知府葛景莱，震动邻省。徐廷杰所部义军号称"红号"。《巴县档案》记载，咸丰五年三月，调渝勇 1400 名，由重庆镇中营游击颜朝斌率领，"赴湖北剿贼"。十一月，杨滦喜余党与贵州松桃等处生苗，"复行煽结，毗连州县"，巴县派团丁 100 名协同重庆镇官兵 100 名赴秀山防堵，并"奉文添设黑石子、石柱场、土沱三处腰站"。④

---

① 民国《巴县志》卷 21《事纪下》，第 45 页 b—46 页 a。
② 同治《綦江县志》卷 5《兵志·武备》，第 36 页 a—40 页 b。
③ 民国《巴县志》卷 21《事纪下》，第 45 页 b。
④ 民国《巴县志》卷 21《事纪下》，第 46 页 a。

2. 李蓝起义

咸丰九年九月，鸦片贩子李永和（李短搭搭）、蓝大顺等人因不满清政府征收洋药（鸦片）厘金，率众在云南昭通府大关县牛皮寨起义。① 李蓝义军竖"顺天旗"，自号"顺天军"，推李永和为"顺天王"。义军随即入川，一路势如破竹，先后占领川南地区数县。咸丰十年九月，义军在富顺县北、沱江左岸的牛佛渡举行会议，商定了作战的主攻方向：以进攻川北、夺取绵州为重点，分兵川东，坚守犍为铁山根据地。会后分兵三路：一路由蓝大顺等率主力进攻川北，一路由李永和等率军坚守犍为铁山地区，一路由张五麻子（张国福）、周绍勇等人率军进攻川东各州县。先后攻克隆昌、荣昌、永川，围璧山，直逼重庆，"川东岌岌"，② 此支义军对重庆的安危影响最大。

面对地方军事危机，咸丰五年，丁忧回籍的士绅段大章③受重庆地方政府的委托，负责办理川东练勇捐输总局，该局有练勇 2000 名。咸丰十年，段大章、八省客长之一江宗海④等人出面，邀请川东道道台王廷植、重庆府知府罗升棓、巴县县令张秉堃在江西会馆商议对策，会后决定成立保甲团练总局（关防名称为"办理渝城保甲团练总局"）。与之前的川东练勇捐输总局不同，渝城保甲团练总局的经费主要来自八省客长经手的新厘，其抽厘办法为"每两另抽九厘，以作渝城团练防堵之用。又棉花照花帮所议，除正厘

---

① 李蓝起义的原因众说纷纭，有学者将其总结为四类：一是清政府贪索无厌，李、蓝被逼上梁山；二是清地方官员越境诱杀，李、蓝复仇倡乱；三是李、蓝抗捐抗厘，戮官作乱；四是响应太平天国，策划反清起义。见胡汉生《李蓝起义史稿》，重庆出版社，1983，第 19 页。
② 民国《巴县志》卷 21 下，第 46 页 b。
③ 段大章，字倬云，世居西永乡，受业于巴县名士孙文杰、孙文治兄弟，道光十八年进士，选庶吉士，授编修。癸卯年（1843）大考二等，出任云南乡试副考官，因选举得人，授记名御史。后曾先后出守陕西汉中、西安两府知府，有政绩。咸丰元年，升延榆绥道道台，奉命审理有关回族的案件，办理得当。咸丰二年，回民叛乱，骚扰商州，段大章处置得法，"敌不敢窥"。咸丰四年，因母亲去世，段大章丁忧回籍。
④ 江宗海，字朝宗，湖北汉阳人。祖父江文鉴，以幕僚身份来川，后定居。江朝宗很会做生意，在重庆政商两道都吃得开，被推为湖广会馆的出省客长。太平军兴，巴县办理团练，当时重庆的水手、朝天门的力夫大都是湖广茶陵州人，而茶陵州人的好斗、凶悍在重庆是出了名的，所谓"茶陵州人者，以骁悍名"。江朝宗利用同乡关系，招募了一支由茶陵州人组成的"茶勇"。

积谷外，每包买者二分五厘，卖者七分五厘，共收一钱，是为新厘"。① 这一事件可以说具有标志性的意义，意味着八省客长正式进入渝城地方权力体系的核心。光绪十一年，巴县的一份札文也证实了此一历史事件，该文称："照得渝城各局公事，向委八省首士经管，一经承办，责任匪轻。"②

保甲团练总局成立后，整个重庆有关团练的事情都由它负责。渝城保甲团练总局招募的团勇大部分为水手和朝天门等沿江码头一带的力夫，而这些水手大都是湖广茶陵州人，因此这支团勇队伍也被称为"茶勇"。③ 保甲团练总局由具有移民背景的八省客长掌握，而从保甲团练总局所承担的日常事务来看，它不仅负责重庆地方的安全，更有近1000多名局勇可供支配。

渝城保甲团练总局办公地址初借巴县城隍庙，每年给城隍庙租银70两。咸丰十一年，由八省会馆出银数千两培修城内的长安寺（又名崇因寺，今重庆市第二十五中学），"作为川东三十六属保甲团练总局"，同时兴建部分军事设施，"前设官厅，后建武库，左修仓廒，右辟较场，并筑哨楼"。该寺遂成为川东道两府二州团练的指挥、后勤中心，"不但保卫渝城，即三十三（六）属借支军装器械，亦无不由总局支应"。④ 保甲团练总局每年的开销甚巨，其管事局绅由八省客长江宗海、张先昭、程益轩、徐绣纯、傅益等人充任。⑤ 这些人均不是地方政府选派的，正如巴县县令张秉堃所言，该局管理"惟选派局士，向非本县主政"。⑥

咸丰十年春，川东道受荣昌县知县李肇基之请派兵增援，"旋委候补通判缪嘉誉带渝勇二百五十人驻防荣昌"。当年夏天，川东道再次派重庆镇中营游击方定中率官兵练勇1700多人前往荣昌双河场防御。不久，保甲团练

---

① 民国《巴县志》卷21下《事纪》，第47页a。
② 《江西会馆七府首事陈汝浩等与吉安府首事肖宗等因账目不清互控亏吞挪用会项银两卷》，6-6-527。
③ 重庆团练大量招募茶陵州的水手、力夫，除因为他们凶悍、好斗，"以骁悍名"外，也和八省客长江宗海等人为湖广人有密切的关系。
④ 民国《巴县志》卷16《交涉·教案》，第1页b—2页a。
⑤ 《渝城二十三坊绅士商民等禀请饬保甲局清算历年来抽厘劝捐银两收支帐目以免缠讼一案》，6-4-147。
⑥ 《渝城二十三坊绅士商民等禀请饬保甲局清算历年来抽厘劝捐银两收支帐目以免缠讼一案》，6-4-147。

总局又拣派渝勇 500 名到大足防剿。① 十一月，张五麻子围攻永川，重庆镇总兵傅崐带渝勇 870 名前往救援，张五麻子围城十一昼夜，"四乡督团来援，互有杀伤"。渝勇表现不佳，"官兵逗留马方桥，知永川县沈耀章血书促之，卒不进，城遂陷"。② 十二月，张五麻子攻璧山，不下，遂"分股扰巴县西境"。巴县境内的战事集中于曾家乡、龙凤乡。张五麻子部围攻境内的寨山坪，巴县县令调集三里团练前往防堵，"贼始解围，向璧山退去"。当时寨山坪在武生陈超同、郭钟英的指挥下，钳制住了张五麻子的脚步。这时，江宗源率领茶勇及时赶来，张五麻子见两面受敌，不战而退，重庆城就这样逃过一劫。十一月，李蓝义军周绍勇部由富顺至荣昌。川东道毛震宝委千总李魁元率渝勇数百前往荣昌布防，义军"闻风溃散"。③

为了挽救川局，咸丰十年八月，调剿办太平军有功的湖南巡抚骆秉章④督办四川军务，率湘军入川镇压义军。咸丰十一年五月，湘军悍将黄淳熙在重庆近郊合州二郎场遇伏，全军覆灭，黄本人亦被义军生擒后处死。年底，义军在涪州城北约百里的鹤游坪建立根据地，"坪上三十六道大卡，七十二道小卡，共计一百零八道卡"。⑤ 该部义军屯兵于此，有与太平军石达开部遥相呼应之意。此时石达开部正活动于川鄂湘黔一带，随时准备伺机入川。巴县档案载，咸丰十一年四月，重庆府派出的"探足"禀报："亲往黔省毕节县探得长发逆匪势甚猖獗，现在假份［扮］官兵，意欲扰川。"同治元年正月初二日的一份供词称："现在长发与杨统领们相通，约定发逆由大河南岸进兵，杨统领们由大河北岸进兵。"⑥ 但这仅是作战意图，直至李蓝义军及石达开部败亡，都未实现。

---

① 民国《巴县志》卷 21《事纪下》，第 46 页 b。
② 民国《巴县志》卷 21《事纪下》，第 48 页 a。
③ 民国《巴县志》卷 21《事纪下》，第 48 页 b。
④ 为镇压李蓝义军，清政府先后四易四川总督，义军攻下川南筠连、高县、庆符三县，围攻叙州府城后，清政府将四川总督有凤撤职，由陕西巡抚曾望颜署理。咸丰十年六月，义军攻占成都附近大邑、崇庆、灌县、双流、新都等数县，成都警报频传，清政府遂革去曾望颜川督职务，由驻藏大臣崇实署理。八月，调湖南巡抚骆秉章率湘军入川，咸丰十一年七月实授其四川总督一职。
⑤ 《访黎绍直记录》，黎绍直系垫江沈家公社社员，转引自胡汉生《李蓝起义史稿》，第 80 页。
⑥ 转引自胡汉生《李蓝起义史稿》，第 81 页。

同治元年闰八月，骆秉章调集湘军精锐在犍为县龙孔场剿灭李永和部后，集中主力围攻占据涪州鹤游坪。周绍勇不得不放弃鹤游坪突围，转战川东开县、云阳、达州一带。九月，周绍勇在大竹吉安场与清军遭遇，兵败被俘后被杀，标志着李蓝义军在川东战事的结束。

3. 太平军石达开部

太平军天京事变后，翼王石达开被召回天京辅政，但并没有得到洪秀全的全力支持。咸丰七年，石达开率领10万太平军出走天京，先后转战江西、广西、浙江、福建、湖南、湖北诸省。咸丰十一年，石达开率部活动于贵州平远、毕节一带，伺机入蜀。同治元年正月，石达开率军由湖北咸丰、利川进入川东，二月主力进入涪州境内，三月义军到达南川、巴县、綦江境内，有直取重庆之势，"拘船只，赶造炮船为水陆攻渝计，及安民招贤各伪示"。① 从三月十四至月底，石达开部一直活动于巴县南部的丰盛、木洞、二圣、南彭等场镇，在当地并没有大规模的杀戮行为，"至一品场，乡人尚演剧，市集如故，石兵呼之为仁义场"，仅在珞璜与当地团练发生冲突，"颇有杀戮"。② 重庆地方军情紧急。此时，湘军骆秉章部已驻军重庆，石达开遂沿长江一路逆行，占据四川兴文、长宁等县。七月下旬，石达开率部由川南经合江回师江津、綦江，准备过江再夺重庆，可惜在清白滩被地方武装击败，损失渡江木筏150余架，不得不回师贵州、云南。九月底，石达开再次率军从云南镇雄出发，大举入川，攻占筠连、高县等地，十一月与清军在宜宾横江大战，石达开部伤亡惨重，几乎溃不成军，不得不败走云南。四个月后，全军覆灭于大渡河南岸的紫打地，石达开被俘，凌迟处死于成都。

同治二年，渝城周边战乱再起。四月，贵州白号匪（以白布帕包头，故名）窜至九坝，"川边叙永告警"，渝城保甲团练总局奉令调局勇800名由局绅赵天锡、骆作宾带队赴叙永防堵，至十月，留"精壮渝勇三百名，余皆裁撤"。③

---

① 同治《綦江县志》卷5《武备》，第51页 a—63页 b。
② 民国《巴县志》卷21《事纪》，第48页 b—49页 a。
③ 《渝城保甲团练局移知巴县川督札委局绅杨利川前赴叙永帮同挑选裁撤渝勇文》，6-5-469。

同治二年七月，渝城周边局势渐趋平静，川东道恒保开始裁撤一些军事设施和设备。如将航行于两江之上的炮船 30 只改交三河船帮作拨船之用；至同治九年，奉四川藩司之名，裁撤全部炮船，添设救生船 5 只，分布于各险滩之处。

尽管保甲团练总局在稳定地方社会秩序中的作用明显，但支撑这个局的运作需要大量的经费，用于局内各项开销。团练的开销全部由地方自行筹划，按照清朝的财政体制，各级地方政府只能维持低效率运转，完全没有独立的地方财政收支体系，地方官员手中也没有多余的钱财来开办团练。同时，太平天国起义后，清政府的中央财政也出现了巨大的亏空，当然也没有能力来支付各级地方政府所需的资金。为了筹措资金，清政府不得不允许各地设立厘金局，就地筹饷。如购买制造枪炮、军装、器械、锅帐；修理城垣、隘口、炮台、江防；支付保甲团练总局局内各薪水、带勇局绅薪俸及九门 32 坊厢监正、绅董的薪俸，勇丁的薪俸等。咸丰十一年四月，四川李蓝之乱爆发，重庆军情紧急，承担地方军费支出的保甲局“需用浩繁”，厘金入不敷出，此时成都戒严，“需饷甚切”，“省城为根本重地，饷项尤不可缺”，因此八省客长张先昭、傅益等人出面筹集白银 10000 两紧急驰援成都。① 同治元年，保甲团练总局经费缺口甚大，原来的主要经费来源厘金也不足敷用，已经无款可筹。八省客长遂建议川东道临时拨借地方善堂普济堂、观文书院等机构银 3000 余两“以济局用”，待日后“抽收增厘项下，按月填还”。②

渝城的日常秩序维持

渝城位于两江交汇之地，同时亦是湖广、江西、福建、江南等省移民客商到西南地区的重要中转站，“五方杂处”导致渝城的社会治安极为复杂。乾隆《巴县志》称：“酒楼茶舍与市阛铺房鳞次绣错，攘攘者肩摩踵接，而宵小奸宄时潜伏于城隅阛阓间，纵严保甲以稽之，而朝迁暮徙，迄无定居……至于附

---

① 《保甲局绅商张先昭等申解军饷银一万两解省一案》，6 - 4 - 846。
② 《保甲局绅徐肃纯等举请借孤贫、观文书院两项生息公款暂支发勇丁口食随口扣厘归还一案》，6 - 5 - 182。

郭沿江之充募水手者，千百成群，暮聚晓散，莫辨奸良，此皆渝州坊厢可深为隐忧者。"① 乾隆《巴县志》指出，清代渝城城市经济的繁荣、人口的增加与移民来去无定的特征，让清代重庆城市的治安充满了不确定性。

咸丰九年九月，渝城设立保甲团练总局，② 负责渝城团练的训练及日常治安的维护。保甲团练总局"札饬八省在局经理局务"，执事主要由八省客长担任，如张先昭、程益轩、徐锈纯、傅益等人均为八省客长成员。保甲团练总局的领导权直至光绪末年，仍控制在八省客长手中。其原因，可能要从移民与本地绅士之间经济实力的不平等中来寻找。一是因为清代中期，八省客长已经是渝城规模最大的商业团体，当时的贸易基本上都握于八省客长之手，而保甲团练总局的经费主要来自厘金，具体征收标准为"正厘六厘积谷二厘外，加抽九厘作为防款防费"，从"（咸丰）九年十月起至十年年底，止共享银十四万两有奇"。③ 这些厘金的征收大都由八省客长掌握的厘金局完成。二是八省客长除了在地方政府的指挥下率领所属团勇进行军事行动，也积极参与重庆城内的治安维持工作。

八省客民积极参与渝城的防卫。同治元年十一月，渝城"军务未平，地方多事"，川东道道台为了强化对渝城九门二十三坊厢的管理，每坊"专派公正监正二名，责令每日在于所管段落认真盘诘稽查，以免彼此推诿，贻误地方"。翠微坊贸民彭有文"为人老成谙练"，被推为该坊保正。④ 同治二年，爆发了巴县教案，八省客长在事件调解中扮演了重要的角色。⑤ 最后，解决方案是天主教一方愿意将长安寺让出作为保甲团练总局的办公之地，而八省客长和渝城二十三坊厢士绅须赔款 15 万两。⑥

① 乾隆《巴县志》卷 2《坊厢》，第 24 页 a—b。
② 拙著《近代重庆公局与地方行政变革研究》（未刊稿）对清代重庆保甲局与八省客长的关系进行了详细梳理，此不赘述。
③ 《渝城二十三坊绅士商民等禀请饬保甲局清算历年来抽厘劝捐银两收支帐目以免缠讼一案》，6－4－147。
④ 《渝城各坊厢举签辞退承充札委乡约监正管带团首等情卷》，6－5－153。
⑤ 拙著《移民、国家与地方权势——以清代巴县为例》对八省客长在同治二年巴县教案的解决过程中所起的作用进行了详细讨论。
⑥ 《巴县禀据渝城八省三十二坊绅商复议认赔银两了息民教控案两造各立合约赍呈府核转审批卷》，6－5－328。

保甲局成立后，招募操丁在渝城各码头、城门及街坊维持治安。久而久之，出现了操丁与小偷相互勾结，偷窃客商货物，甚至保甲局包庇操丁不法行为的现象。对这种危害八省客商名声的行为，八省客长向渝城地方政府提出了解决之道。

同治八年二月十九日，翠微坊操丁王长寿趁江西籍客商聚顺在朝天门搬运棉花之际，偷窃该行棉花 10 余斤，人赃俱获。后由夫头刘长兴等押送至朝天门盘查所，该所值日操丁戴老三说认识王长寿，把王长寿扣至该所等城门委员审讯。未想夫头刘长兴等人离开后，戴老三遂"私释长寿"，待刘长兴等人又去询问此事时，"戴老三颠逞凶横，长兴等无何"。"买卖两帮并失主聚顺等至梓橦宫集理"，"殊玩丁戴老三等愍不畏法"，"不惟不将王长寿交出，并敢聚众滋闹恶估，以致聚顺协同夫头等禀送恩案，沐获长寿讯责，并饬戴老三不应洗赃私纵等谕"。此一案件告一段落。未想几天后，王长寿又在"朝天门将永巨源所起棉花，又窃十余斤"，此次又被货主与夫头将其拿获，交由"坊差王斌，投花帮值年送案惩究，奈王斌仍旧效尤私释，以至赃贼无着"。八省客长对此情形屡次发生十分生气，他们在给县令的禀文中详细列载了保甲局操丁的种种恶行及对八省客商造成的伤害，禀文称：

> 兹查匪等多人，每日不务正业，就于朝天、千厮各门各处盘踞，乘民等各帮起下棉花货物，白昼公然窃取，自称抓拿帮，尤引诱十余岁小孩，在民等起下棉花货物之处立站，伺民等不暇，乘势沿路掏摸，甚至肆行窃取，随窃转递匪党卸开。若遇朴厚初来之客，不识转卸之弊，即当知觉，伊等卸去窃赃，颠敢恶估，在在弊端，习成惯尤。民等受害匪轻，即如聚顺、永巨被窃获匪，一交操丁，竟敢洗赃私纵，一交坊差，仍敢私释。但民等办货抽厘，原奉示谕，保卫地方，兹民等抽厘养练，伊等明司盘查，暗通窃匪，勾串结党，公窃私偷，日复一日，流弊愈深，若不禀明示禁，诚恐豢养遗患。为此，协恳赏示严拿匪等抓拿帮，并恳责成各处夫头，添派力夫照管，巡查，获即送究，俾免害累，以静地方，而安良善。

八省客长请求政府能够出示告示，严禁此类行为的发生，这一请求得到了巴县知县的支持，同治六年三月廿二日，巴县知县发布告示称：

> 署巴县正堂全衔□为出示严禁事。案据八省客民江安、宁兴安、楚宝善、晋安泰、广业堂、闽聚福、洪豫章、关允中称，情民各帮在□买卖，起下棉花货物等□场交各处夫头背运，历来旧规。城内城外如有失遗，责成该处夫头赔认无素。近因有无聊痞匪，在于朝天门、千厮门等处……惟查痞等不务正业，盘踞各处，乘民等起下棉花货物，……但民等办货抽厘，原奉示谕，保卫地方，兹抽厘养练，伊等明司盘查……①

第二节　八省客长与地方经费的筹集

咸丰以降，清政府内忧外患，经费不敷使用。地方各类开销加剧，在定额财政的框架下，只能通过各种加征的方式来临时筹集经费，满足地方不断扩大的开支。对于渝城来说，八省客长在地方经费的征收过程中发挥了积极的作用，主要体现为厘金的征收和利用公产满足地方各类紧急的临时性开支。

八省客长与厘金的征收

光绪二十四年八月，八省客长汤廷玉、童潞贤等人在给县令的一份具禀状中称：

> 自咸丰发匪入川，商民思患预防，经八省绅商筹议，禀明前宪，始设两局厘金，商捐商办。进关老厘，咨部申解；出关新厘，留渝就地办公，以供保甲团练之费，所以厘金、保甲各局皆有八省经手事件。②

---

① 《八省客民江安等禀朝天门抓拿帮明司盘查暗通窃匪串党公窃私偷棉花协恳示禁严拿及巴县示谕卷》，6-5-314。
② 《八省首事汤廷玉等禀请辞职卷》，6-6-4611。

渝城厘金有老厘、新厘之分，厘金局亦分为两局，即老厘局、新厘局。咸丰五年，觉罗祥庆任职巴县，奉令创办老厘局。老厘局征收厘金的标准是进口到重庆市场的货物"按值每两抽取六厘"，在征收程序上，客商"运货入城，因尚未出售，无银纳厘，准其卖后由各行商开单，代收厘银，月底截数，陆续汇缴"。[①] 也就是说，"俱由牙行代收，月总其数，交于局，局又汇解于川东道库"。[②] 即先由各行行栈代征，每月月底汇总交到厘金局，再由局交给川东道。牙行承担了征收老厘局厘金的职责。老厘局所征厘金，四成留在巴县供保甲局运行之用，六成运解省城。巴县境内共设有三处厘金卡，分别位于朝天门下游唐家沱、嘉陵江边香国寺、巴县城长江上游的回龙石。由于重庆商业繁荣，仅此一项每年就有 14 万两白银的厘金款。[③]

咸丰九年保甲团练局成立后，所需经费大增，老厘局存留的经费远远不敷使用，八省客长江宗海等人向川东道、巴县等地方官员建议新设一局，管理新加征的厘金，是为新厘局。咸丰十年十二月，县绅段大章会同府县与各客商拟定了新厘局的征收标准："于正厘六厘、积谷附加二厘外，再抽九厘……重庆贸易以棉花为大宗，决议每包加征银一钱，买者占二分五厘，卖者占七分五厘。"同时还在朝天门下游的唐家沱设卡抽收出口货厘。[④] 新厘金专款专用，全部用作保甲团练局的经费。

在老厘局开办之初，咸丰帝就令总督裕瑞"严饬地方官，选派公正绅耆，设立公局，妥为经收。不得假手书役，另有丝毫苛派"。[⑤] 这笔数目不菲的钱款由地方绅士设局征收。就巴县来说，大部分老厘局局绅为在重庆经商的八省商人。同样，新厘金局局绅也主要由八省客长兼任。事实上，渝城保甲团练局与厘金局实行的是"两块牌子，一套人马"的管理方式，其主管局绅均由八省客长出任。该款项数目庞大，八省客长由此掌握了重庆地方"税收"的大部分。就咸丰年间来说，先后担任两局局绅的有八省客长张先昭、

---

① 《渝城新老两厘三卡原委积弊收数比较情形禀》，5-1-20。

② 民国《巴县志》卷 4 下，第 1 页 a。

③ 《渝城二十三坊绅士商民等禀请饬保甲局清算历年来抽厘劝捐银两收支帐目以免缠讼一案》，6-4-147。

④ 民国《巴县志》卷 4 下，第 1 页 a。

⑤ 《文宗显皇帝圣训》卷 107《筹饷》，第 2 页。

程益轩、徐绣纯、傅益等人。

其实，这一厘金缴纳方式对重庆的客商来说并不是新的制度，清代重庆城内各行都有商户领帖开设牙行，"承领牙贴，完纳课税"，完成督府、学政衙门、道台、知府衙门等官衙交办的各类差徭，其经费主要来自各行商征收的厘金，"收取行用支应"。这一制度的精髓正如范金民先生的研究所表明的，清代巴县行户在办各类官差的过程中，虽然时常亏欠，但仍然能够坚持下来，其原因在于地方官府能够"满足行户铺商要求，规定或强调一切交易均需入行"，给予行商对某一商品在巴县交易的垄断特权。① 行商通过享有的垄断利润，弥补了牙行因办差而造成的损失。这一"把持与应差"的制度能够长期运行的前提是外来客商将商品销往渝城时，都能到牙行纳银缴厘，使牙行不至于因为商户的偷漏厘金而破产。

咸丰年间成立了重庆老厘局，其局绅主要由八省客长担任。八省客长由此肩负起稽查各行户、栈房征收厘金的职责。重庆中药药材的买卖主要由药行和药栈进行，"从前西淮土广各帮商贩货物落栈，然后投行发卖"，"运货来渝投行投栈不一，或自行兑卖，或□□□卖"，厘金的征收"按货捐厘每多不实，始而扶同徇隐，经则瞒多报少，种种弊端各不相下"。同治十二年，川东道要求八省客长整顿厘务，加强厘金征收。八省客长对中药货栈的厘金征收提出如下建议。

嗣后，凡有药货到渝，于抵河干时，由码头力夫先行赴局报明数目、花名、起于某栈，仍由收货处所出具收单，缴具存查。如已落行栈，不将收票缴局，即将力夫责惩。倘有投负别所，应由前出收单之人，控局更正，以便完厘。时有所查封，仍应于行栈各收票，由局派执事同行查栈，同栈查行，其货物卖时照价究厘，并不照收票，饬其垫完厘金也。若有以多报少，贵价贱报者，许该行栈互相稽查票报。或偷漏属实，即以偷漏之数追弊呈报之人。如卖客知情，即将货物充公充赏；如行栈包庇，即将包庇者定严惩治，倘有不安本分、纠合把持，应请严

_____

① 范金民：《把持与应差：从巴县诉讼档案看清代重庆的商贸行为》，《历史研究》2009年第3期。

惩，以儆效尤。如此整饬，则远来商贩知厘金不可□碍已，货物必不任行栈价满，行栈人等知厘金□虽包庇，而又恐互相查封，必不敢以身试法。在有帖之行，既可以广□□，既无帖之栈房，经纪亦得以各安生理。若该经纪等串夫客货，倒骗客长，亦责成该栈主赔还。职等为地方口岸恤商便民，了结目前讼端，□是两无偏袒。①

八省客长于每月的次月底向川东道、巴县报告当月厘金征收的情况，包括发放厘票张数，征收银、钱的数目，厘金局支出的具体名目及数量等。如同治八年二月的报告称：

> 具禀八省客民楚宝善、洪豫章、关允中、晋安泰、宁兴安、江安、闽聚福、广业堂为商捐商办报销备案事，情渝城保甲团练总局因经费不数，奉前道宪王面谕在局绅耆帖邀八省绅商等筹款抽取百货厘金，接济经费。曾经禀请立案，此项银两系商捐商办，原因保卫口岸起见，与别项厘金不同，除保甲团练而外，无论何项公件不得挪用。自咸丰十年九月开局，八省绅商公同议定百货章程所收厘银陆续解赴保甲局济用。前已逐月将收支总数并局中薪水杂用粘单附呈，兹届三月，理合将二月份花数汇折备查。伏乞。
>
> 大老爷台前赏准施行②

表4-1为笔者统计的同治八年一月至十一月厘金局厘金征收的情况。

表4-1　同治八年一月至十一月厘金局厘金征收情况

月份	发放厘票数（张）	征收厘金银（两）	征收厘金钱（文）
1	4917	6078.56	1102027
2	3467	2302.46	1030303

---

① 《保甲厘金各局八省客商执事金含章等禀请示谕药行栈投行发卖货按章照价完厘以免讼端不断卷》，6-5-829。

② 《八省绅商奉札抽取百货厘金接济渝城保甲团练总局经费卷》，6-5-887。

续表

月份	发放厘票数（张）	征收厘金银（两）	征收厘金钱（文）
3	3238	3122.36	1578677
4	2430	2408.58	1175943
5	1686	2492.32	710626
6	1715	3259.55	865534
7	1882	3127.68	943071
8	1914	2472.09	928271
9	2437	3041.00	1276343
10	2906	3736.61	1563842
11	3223	3155.90	2172051

资料来源：《八省绅商奉札抽取百货厘金接济渝城保甲团练总局经费卷》，6－5－887。

　　八省客长对重庆厘金的征收权得到了官方的认可。光绪四年，巴县举人熊泽芗、文生古金山向巴县呈文称，"查局中早年均用恩宪连三串票，填给客商，近来由省局颁发连四串票来渝，寄存恩库，各局应用，陆续赴库请领。惟查省票编连号数，百张一本，间或本内恐有多寡，而各局每每请票，多经下人之手。况串票重件，以致恐误公事，负宪恩德。复查票根缴省要件，非老诚精习可靠之人，入局专司，难归画一"，建议"议举之职员戴光辉入局，专管串票，并代缉查缴验票据。饬伊一手经理，以归画一而专责成。嗣后赴宪库请领票数、号数及领支日期，分别登簿呈请局员过朱，以昭核实，永杜弊端"。但这个建议遭到了川东道道台唐炯的强烈反对，他认为，"渝城厘金，捐之于商，非取之于粮，一切自应由八省首人禀候本道核夺，他人不得干预。且该举等又未奉本道饬公举，何得率行出头干预，殊属不安本分"。① 光绪二十七年十二月，广东会馆客长同时也是重庆老厘局局绅的彭大礼任期已满一年，"理应另换首人"，但巴县知县张铎认为彭"帮办老厘，甚觉得力"，遂让其"仍行接管广东公务，帮办老厘，俟明年期满，再行更易"。②

---

① 《重庆府札巴县严究戴光辉要名充当货厘局职员案》，6－6－4602。
② 《广东馆首事彭大礼承管公务现已年满要求另换一案》，6－6－45344。

渝城老厘征收采取的是行帮包收制，不排除征收厘金的商户侵吞厘金之可能。按照规定，渝城每包靛篓征收厘金五厘，作为靛帮"庙内费用"。道光初年，征收厘金的商户卢俊容每包私增厘金四分，"致山客纷控不休"，同时，卢俊容提供的厘金征收簿名目不清，"碍难核算"。道光九年三月，同是靛帮商户的潘万顺将其提告，县令委托八省客长进行查账，"八省客长见账含混，面斥其非"，因资料保存限制，不知此案的最终结果。①

八省客长与地方临时经费的筹集

咸同时期，八省客长掌握着相当数量的公共资源，如善会、善堂及各个会馆的储备资金，在地方行政经费不足或需要紧急使用时，地方官员通常会临时挪用地方公款，以济急需。如咸丰五年，巴县保甲、团练局就曾多次借用育婴堂、白花帮公费来支付团勇经费。② 咸丰十一年四月，正值重庆军情紧急，地方军事费用开支较大，"（保甲）局中需用浩繁，厘金一项入不敷出"，永川、荣昌一带告警，渝城调集兵勇前往防堵，"共挪用公款银八万余两"，按道理，这些军饷开支应从征收的厘金中支销，但这时渝城厘金"设局未久，抽厘无多，填还公项不及十分之一，自上游军务吃紧，湖北又复不靖，客货未能通行，厘项因之短少，局中用度尤形支绌"，同时"近奉宪台两谕，省城戒严，需饷甚切，令商等筹顾大局，勉力将事"，八省客长张先昭、程益轩、徐绣纯、傅益、赵天锡、蒋镕、刘秉泽、骆作霖、唐光辉、彭步墀、州同衔刘朝光、夏如钊、熊学鹏、丁煊不得已"在外挪借银一万两以助军饷。嗣后将局中用费随时尽力撙节。一俟厘金稍有盈余，再为填还所有接济"。③

即便是同治二年发生的打毁天主教堂的教案，清政府也是在八省客长的配合之下，由八省客长代为赔付了15万两白银给法国天主教方，才得以解决。

档案中保存有大量清各级地方政府开具给八省各个会馆缴纳的军需、捐

---

① 《道光九年三月初七日潘万顺等禀状》，《清代乾嘉道巴县档案选编》上册，第353—354页。
② 《巴县签役催令各行帮将应缴团员公项银速呈缴以便请还借款卷》，6-4-127。
③ 《保甲局绅商张先昭等申解军饷银一万两解省一案》，6-4-846。

输、借据等材料。

嘉庆二年九月初八日，巴县军需局向江南会馆借白银200两。文称：

> 立借票巴县军需局，因局内不敷支发，奉县借到江南省银二百两
> 整。此据
> 计开色九一色少平二钱二分
>
> 　　　　　　　　　　　　　　　嘉庆二年九月初八日军需局立

嘉庆二年九月，因京饷未到军营，四川永宁道军费匮乏，总理军务的甘肃布政使及川东道道台李宪宜向渝城客商借资四五万两白银解送夔州，作为镇压白莲教义军的军费。九月十六日，巴县知县李苞专札给江南会馆首事，内称：

> 巴县正堂李　谕江南会首洪有答知悉，巴县正堂李谕江南会首洪有
> 答知悉，照得案奉总理军务川东道宪李、甘肃藩宪杨、永宁道宪石会
> 札，因军饷未到军营，借支缺乏，特发印票，委员来渝，令本分府向客
> 商富户通挪四五万金解夔，以资应用。等因，到县。当经传齐公议，乃
> 该商民等，因凯旋尚无的期，恐后有派累，各相推诿。但此番既奉大宪
> 发给印票，断难空覆。况京饷一到，即可解还，并非劝捐可比，尔等不
> 必过虑。该会首等务即商同各字号凑借，并铺户一季佃租，或得凑成二
> 三万金亦可批解，各宜竭力，措辨勿迟。合行谕知，谕到该会首等，传
> 令在城客商铺户人等，上紧筹办送县，听候汇解。嗣后无论紧要急需，
> 断不可以此为例。毋违速速，特谕！
> 右谕江南省会首洪有答准此。[1]

从上文可知，包括江南会馆在内，会馆资产成为政府临时紧急经费的重要来源。

---

① 岳精柱主编《江南会馆文书选编》，重庆出版社，2023，第218—219页。

第三节　八省会馆与重庆地方公益事务的展开

如果说八省客长参与渝城保甲团练局、厘金局的事务具有某些官方性质，那么八省客长参与渝城城市道路的修建、城垣的补筑等城市基础设施建设和城市防火、防灾事务则具有公益性质。光绪三十一年，八省客长同时也是重庆保甲局执事的戴光灿在给县令的一份禀状中，回顾了重庆保甲局成立后，八省客长所办过的地方公益事务。

一、筹积谷以拯荒年也。渝城炊烟万井，口食浩繁，偶遇年荒收歉，则米价陡涨数倍，贫民实不聊生。保甲储存积谷，开仓平粜，贱价作拯贫民，□□□□此拯荒之万不可□□。

一、□□制水火以救火灾也。渝城人烟稠密，五方杂处，门户万千，每遇失慎，延烧最阔。保甲特筹巨金，广置水龙，安置各坊，沿户派钱，凑成巨款，设立水会以作水龙人夫口食，临事出力赏需，遇有火灾，立时扑灭，此救火之万不可缺也。

一、储军装、火药、铜弹以备城守也。渝城为数省通衢，民情极为浮动，教堂林立，□到此日多，故须随时保护，又恐外匪乘间窃发而思患预防尤为急务，此备城守之万不可忽也。

兼之每年冬，令保甲各省绅商，协同委员禀请道宪，发款设厂设粥，存活穷民不可胜计，此皆保甲历年应办事宜，悉由绅商等实力举行，且捐集巨款，请示立案，款有专归，不得挪作别用。前交后接，遵办有年，毫无遗误。①

从这份禀状中，我们可以得知，八省客长所参与的地方公共事务主要集中在四个方面，即筹办积谷、设立水会、捍卫地方安危、设厂施粥。② 下面笔者

---

① 《八省首事职员戴光灿等禀恳将保甲存留改名为保甲积谷水会军装局状》，6-6-1042。

② 笔者在《近代重庆公局与地方行政变革》（未刊稿）中专文讨论了八省客长参与渝城办理积谷、建水会及施粥等公共事务，此不赘述。

从城市道路的兴修与公共卫生的维持方面进行讨论。

城市道路与公共建筑

早在乾隆年间，八省客长就曾参与重修渝城城垣和城隍庙。如乾隆三十二年重庆补修府城，八省会馆及各牙行共捐银 3960 两，占总捐款的 1/9 左右。①

下面从城市道路的维修、码头的管理等角度来分析。

先看城市道路的兴修。档案资料显示，渝城内多条道路、堡坎、石梯、码头便路由八省客长募资修缮。渝城城市道路狭窄车马通行不便，光绪十九年，八省客长指出："渝城五方杂处，人烟稠密，沿城内外市廛鳞比，城根城墙，通留马道。"② 希望能够拓宽道路。事实上，八省各会馆也为此做过努力。道光十八年，广东会馆在培修该馆后殿观音阁的同时，主动拆除了沿街铺面，将街面拓宽二尺，以便利民众的来往交通，满足防火的需求。③

在重庆的九个城门之中，太平门是个很重要的城门，门外即是太平码头，很多商家的货物都从太平门码头起运入城。同时，城里百姓的生活用水也由挑水夫从这个城门挑水入城。在挑运过程中，水经常溢出水桶打湿路面，以致过往行人不便，政府特意在城门口立碑，划定界线，将大路分为干湿两路，挑水夫走湿路，而行人及搬运货物的力夫走干路。嘉庆十三年，川东道道台、安徽人胡稷的夫人病逝，送葬队伍在运灵柩去太平门码头的过程中，将立在城门口的界碑拆除。自此以后，挑水夫就不再遵循干湿两路的划分了，太平门一带的路面整天都是湿漉漉的，以致经常发生来往行人及力夫滑倒的事情。嘉庆十七年，八省客长唐舜尚、孙鲁堂、陈桓、朱振先、廖人楷、邱贞安、关允中、王□西等人建议，动用地方公费重新在太平门城门口设立界碑，以利于众商家及过往行人，得到了政府的批准。④

---

① 《清代巴县档案汇编（乾隆卷）》，第 320—321 页。
② 《八省首事洪豫章等协恳禁止踞占城基支棚搭厦拥塞马道口人杜患防灾及渝城太平坊商民招商局太古仔等禀恳签饬搬迁勒还巷道使得两街通》，6－6－1807。
③ 《重庆府广东会馆培修观音阁将庙基缩进二尺以宽街道禀请居民不得侵占及巴县示谕卷》，6－3－73。
④ 《八省客民唐舜尚等禀请修复太平门内城门之外干湿街道卷》，6－2－30。

渝城东水门外码头为陡崖险路，全靠石磴砌累而成。道光年间，八省客长曾经募款数千两白银进行培修。道光五年，巴县工房书吏邓怀义受巴县知县指派，调查东水门外下河石梯的修建情况，邓在给知县的回复中称："石梯系宝帮修补，道路石坎是八省客长修砌以利行人。"① 光绪年间，八省客长又曾募款3000余两白银进行道路的培修。光绪末年，有当地民众冉兴顺等人竟利用路基修建房屋，"峙然高耸，而行船过路碍阻难行，以致在彼坏船者，不可胜举"，八省客长遂对冉提起诉讼，巴县县令批道："查东水门码头要道，募修费用不赀，匪特以利行人，抑且保障城垣。前经道、府宪会衔示禁，不准修房占基，侵碍拖毁在案。冉兴顺何以自行高修房屋？实属违抗。准□请委员诣勘，饬拆碍道房屋，该处路窄城近，摆摊、设灶及堆放竹木石料均非所□宜并准据情转详道、府宪会衔示禁禀批。"②

再来看城市公共建筑的新建与重修。渝城内有大量的公共建筑，如武庙、城隍庙、龙神祠等，八省客长积极参与这些建筑物的重修与补筑。渝城武庙，位于杨柳坊，因年久倾圮，重庆地方政府约请八省客商及本地绅粮捐资10000余两，费时三年进行返修，另新建房屋一排四间，给庙僧一间自住，另外三间放佃收租。③

"龙神乃民间粮民之根本"，为乡民祈雨之神，龙神祠也成为地方正祀之一，龙神崇拜在清代重庆十分普遍。渝城龙神祠，位于治城的治平坊。咸丰五年四月，据该祠住持僧传福报告，该祠东西两廊垣墙出现裂缝，"有二三寸不等"。因墙外为官街，来往行人不断，摇摇欲坠的墙体对行人的安全造成了威胁。六月初八日，住持僧传福约请乡约刘联升、陈兴发并泥水匠头等人现场查勘，估计需要银44两才能补修，但该庙既无常款，亦无田产收租，"无力承修"，遂向巴县县令报告筹款办法，县令觉罗祥庆批示"仰八省首事公议复夺"，希望由八省客长来商议培修龙神祠的经费来源。因档案资料

---

① 《道光五年七月十六日邓怀义禀》，《清代乾嘉道巴县档案选编》上册，第411页。
② 《八省首事职员杨怡等具禀冉兴顺擅在东水门码头要道私修房屋请出示严禁碍道文》，6-6-5394。
③ 《杨柳坊马廷材等禀武庙僧将庙内住房私租取押并于庙外租人摆摊，有碍行旅等情恳示禁卷》，6-5-371。

不完整，最后尚不知该墙垣是否培修，由谁出钱培修。①

公共卫生与消防

渝城人口众多，每日产生的生活垃圾数量不少，这些垃圾若是处理不当，极易产生问题。乾隆五十三年三月，住居在渝城宣化坊的街民王定国等人称，该坊水府宫庙前城墙的城垛不高，经常有铺民将渣滓及废弃砖瓦从城垛处倒向城墙外，不仅打毁其位于城墙边的房屋，附近的卫生状况也变得很差，而且时常有人顺着垃圾堆爬上城墙，"滋生事端"，王定国等人愿意自费请人清除垃圾并将城垛修高，以避免以后再有人从城垛往下丢弃杂物。②

重庆是山城，房屋基本上都是木结构，沿山而建，"重屋累居"，加之夏秋气候炎热，极易发生火灾。火沿山势，很容易在短时间蔓延开来。每次火灾，影响最大的是各行的商铺。重庆府和巴县衙门也都很注意防火设施的建设，但由于经费缺乏和监督失位，有些措施还是没有得到认真执行。乾隆五十九年三月初十日，八省客长吴西载、冯周南、江汝上、谢旭、关允中、王士栋、赖田庆向县令请示说，渝城人烟凑集，此前的官员都三令五申，要求各厢长传谕各铺户在门前设立水桶，以防不测。但因日久怠废，这些防火水桶大都破烂不堪了，八省客长希望各家各户能够修理好这些设施，以备不测，得到了县令的支持。③

笔者曾专文讨论八省客长筹建水会公所、水会局主导渝城城市消防之事。这里不再过多地讨论八省客长在水会公所、水会局中所发挥的作用，而是通过讨论三个个案，来分析八省客长在清代渝城消防中的作用。

案例一：王老六新建楼房挡住火道案。

道光十五年，八省客长与江西客民王老六（大名王乃荣）围绕着王老六新建的虚脚楼房是否挡住火道，应否拆毁一事发生诉讼，此案从该年五月王老六新房建成开始，直至同年十二月二十九日结案，中间情节跌宕起伏，值

---

① 《龙神祠僧传福禀祠垣墙坍塌恳饬书勘明培修卷》，6－4－369。

② 四川省档案馆编《清代巴县档案整理初编·司法卷·乾隆朝（一）》，西南交通大学出版社，2015，第202—203页。

③ 《省会首吴西载等并两党乡约杨东升等禀请给示添备水桶以防火灾卷》，6－1－86。

得深入剖析。①

王老六，江西人，在渝城贸易为生，经常贩卖货物来往于江西与渝城之间。道光十年，王老六以银 75 两买到太平厢圆通寺后火墙连界处贺仕元房屋一院，该房系吊脚楼，柱脚立在官街边上，紧靠官街火巷。道光十五年，该楼柱脚朽坏，王老六费银 300 余两对该楼进行了翻修，新造吊脚楼一连四间，"长四丈五尺"，将柱脚立在了石坎下阳沟之外，工程于该年五月初九日完工。王老六未想到的是，该房一落成就诉讼不断。

八省客长蒋益齐、魏丹庭等找到了王老六，以其侵占官街、"遮蔽火巷"为由，要求王老六在十日内必须把新造房屋拆掉。王态度强硬，"伊抗不拆"。五月二十四日，八省客长遂把王提告到巴县杨知县处。杨知县派工房书吏到现场进行调查，据书吏称，王老六新建吊脚楼的地方位于渝城太平厢圆通寺后的官街火巷，该巷宽一丈二尺，王老六新修房屋的屋檐占据了六尺余，该巷也就还剩五尺余的空间。王老六坚称，他并未占据官街火巷而是原来大门外的空地，但这个说法并没有得到书吏现场勘验结果的支持。王老六遂被羁押待讯。六月二十二日，工房召集原被两造进行了问讯，并达成了初步解决方案，即王老六所建之房"遮盖火巷是实"，"断令王老六不应在公墙脚立柱造房，谕令取保限十日内拆去楼房"。王老六承认，"小的起造虚脚楼房，有碍八省官街火巷，实系错了，断令小的取保，限十日内拆房，小的遵断取保，依限拆房就是"。邻居、店民黄庆馀也为王老六出具了保状。

> 具保状 店民黄庆馀……保限状事。实保限得蒋益齐等以占公霸造事，具禀王老六即王乃荣等在前杨主□□沐审讯，移交恩案讯明，王乃荣起造虚脚楼房有碍八省官街火巷，断令王乃荣□□限十日拆房，与王乃荣系属街邻，不忍坐视，赴案保得王乃荣依限拆房，不得借保逃脱。倘有脱逃，惟民是问，所保是实。
>
> 道光十五年六月廿二日

① 《八省客民蒋益齐等为有霸占官街火巷议造房屋设等控案认拆禀王老么案》，6 - 3 - 4398。

但王老六出监后并没有拆除房屋，而是对房屋进行了改造，"将虚脚楼房屋檐楼板拆改，屋檐缩进一尺八寸，楼板缩进一尺四寸"，也就是减少了占据官街的面积。这时，王老六生意场上也出现了一些不顺，他购买的商品运经巫山时发生倾覆，他不得不赶往巫山处理善后。王的这一改动并没有得到八省客长的认可，"八省客民蒋益齐等以叠次觳抗呈禀仁恩，批候便道履勘讯究，票差行唤"，要求提讯王老六。八月中旬，王老六回到渝城。此时，巴县县令已换为一车姓代理县令担任。八月二十日，王老六在呈给车县令的禀文中指责八省客长故意为难，称盖房之地拥有官契，却被"控为霸占火巷，并未指出买议之业，凭何契据，拖累一拆再拆，情难□服，诉恳复勘吊契，核讯杜讼"，要求重新审理此案。八月二十二日，新任巴县知县"临诣勘明……乃荣修造无碍大道"，后召集两造再次进行了提讯，在王老六将屋檐缩进一尺八寸的情况之下，提出了新的解决方案，即王老六缴银50两作为圆通寺的修缮之费。王老六当场就把银子交给了巴县衙门。蒋益齐、洪豫章、关允中等的供词称：

> 圆通寺是客民们八省置买的公所，附近原□火巷官街，不许搭棚遮蔽，王老六即王乃荣起造虚脚楼房，遮蔽火巷，客民们遵前车主审讯，断他拆毁，车主卸□，仍抗不拆，客民们又来争□案下，令蒙亲勘以晰，□□□碍火巷官街，断令王乃荣出银五十两以作□□□□□□免拆，客民们遵断就是。

针对这一解决方案，八省客长十分不满。九月初九日，八省客长给县令呈交了一份很长的禀文，详细地解释了他们要求王老六拆房的原因。

> 乾隆三十三四年经洪振远等□□，至五十年四月，凭八省清□□□用费用，一概清楚，立薄〔簿〕垂久，旧薄〔簿〕内载太平门外自乾隆三十三四年连遭两次火灾，房屋、客货尽成灰烬，各宪登城俯视，一时无扑灭之计，为地窄人稠，奔命不及，伤人甚众，目击情惨。次早亲

187

临火场，谕商行有久居于此者，公同酌议，作何堵御之策，以作久安之计，亦千载善政也。然河街形势地窄人稠，房屋接连，皆剖竹为瓦，夹席为垣，水大则行屋搬于高处，水退则仍移于故址，取其易便，不能固造墙垣，遮避风火。于是商行公议，八省共捐银八百两，行中设薄捐货厘头平价，公买民房，开宽三处码头，皆阔四丈，实御火巷，四年告成，共用银六千余两，其房屋印契及石工价值等账，皆凭众目存于公匣，又虑事久滥费，再买中码头庆顺栈房一所，每年得收租钱八十串，三九两月设席演戏，商行聚会较准秤砝，整理行规平色，此亦前人作垂久之计。然亦深沐各宪之仁政，但居日久，无人董理，渐至人异事殊，竟有恶极匪棍黑夜放火，乘机抢货。此害更毒，于是集众复议，呈请宪辕暨府宪，添设贮水石池并息火器，俱禀请给付夫头腰牌，至隆冬之际，行中货物拥列之时，使夫头协同管行人逐夜击梆巡逻，严拿宵小，以靖地方，稍为安靖也。又抄录三处码头地势，旧薄〔簿〕内载元宝码头与圆通寺码头兴造之时，自城脚至河边下面皆有石脚，下铺石礅，上铺面石，极其坚固，再河边发水之时，皆是漫水退水之际，又是流沙拥护，可保久远不必修理。惟有河边铺店逐渐侵占界石，以〔已〕无踪迹，并偷去面石，速宜清界，不然无底止矣。惟上码头未造之先前有水沟一条，则挑水码头，宽只有三尺。大雨之时，城外洞水皆由此沟下河，后开宽码头，有民房屋，增宽四尺，将阳沟改作阴沟，左首脚虚其地势，自城脚至河边皆陡削，且无石骨作底，用土填平，上铺石梯，今遇大雨，则石板内冲出浊水，而背夫与挑水者自朝至暮，络绎不绝，石已破烂，势以倾斜，工急，早为整理，石礅尚存一半，若一倾坏，则工程大矣。

八省客长于九月初九日再次提出诉讼，要求拆除王老六的房屋。

圆通寺前后俱系行房，贮积山广杂货之薮。前因乾隆三十三、四年间，连遭回禄，延烧入城，焚毁民房衙署。八省人等遵奉道、府各宪吩谕，捐资万金，置买房屋，并焚毁基址，以作火巷。圆通寺之前界抵河心，寺后抵城墙脚为界，民等伏恩。先年八省人等因太平厢遭逢回禄，随奉各宪吩谕，置买地基，作为火巷，原为保护地方，益民而设。今若凭其起造，则火巷悉泯，前工尽废，回忆王老六占据火巷，形迹昭著，其余尚有私占官地，请俟将来查明另禀宪电。民等实为地方公事起见，是以粘抄薄［簿］载事由禀电作主，赏赐复讯，饬拆火巷留宽，以备不虞。顶祝伏乞。

九月十一日，巴县衙门第三次召集两造进行询问，达成的方案是王老六将其房屋卖给八省客长，然后由八省客长将其拆除。八省客长的供词称：

据楚宝善、余本立同供。客民们具禀王老六新造房屋有碍圆通寺后火巷官街，前沐亲勘审讯，断令王老六缴银五十两给作寺内修费，但圆通寺前后具系行房火巷，人烟稠密，客民们情愿不要他的银两，绕［才］来把他□□案下，令蒙复讯，王老六不但占此一处火巷，坎上还占塞一条路道，造成房屋。客民们情愿出银与他，照价买回，宽留巷道，断令王老六拆去新造房屋，所买铺房一并卖与客民们承买，作为公地，遵断就是。

王老六似乎也认可了这个方案。

王乃荣供：蒋益齐们具控小的起造虚脚楼房有碍圆通寺后火巷，前沐亲勘，断令小的出银五十两帮给寺内的修费，小的遵断缴银五十两在案，不料蒋益齐们不依，又来把小的□□案下，□复讯明晰，小的修造房屋，实系有碍火巷路道是□，令小的拆去新造楼房，连坎上铺房一并卖与会上，将银五十两当堂给还，小的遵断，领银拆房变卖就是。

第二天，王老六从衙门领回了其先前交纳的50两白银。

案子似乎得到了最终解决，但这么说却为时尚早。九月中旬某日，王老六在给县令的禀文中说，此房是他以75两白银的价格到手的，到手之后"即将房屋重新建造，并将大门外余地修砌石墙，用费银二百余金，今年又修虚脚楼房，用银数十金，除虚脚楼房，蚁体□宪德，情愿自行拆毁，不予议价外，惟斯房屋计算买价连起造用费共计三百余金"。王的这一主张并没有得到县令的支持，他在批文中写道："王乃荣房屋原买价银若干，应照原契承买酌给，修费不能借添修为词，任意多索，着差传谕八省首民酌议立契成交，禀复完案，毋致拖累。"随即将王老六羁押在监。九月十七日，巴县知县又进行了一轮堂审，此次的解决方案是："王乃荣所买朱姓房屋原价缴案给还，王老六房屋归公，并断王老六将估霸官街新造之房自行拆去"，八省客长仅支付王老六所买房屋地基银75两。八省客长遂将银75两上交给巴县。这一方案可以说对王老六极为不利，不仅房屋被拆，所赔金额也远少于其声称的300余两。

王老六对这一裁决方案极度不满但又无可奈何，十月二十一日，王老六呈交的禀文详细表达了王的不满与委屈，文称：

> 为违批抗议声恳作主事。情蚁虚脚楼房倾圮，照旧修造，遭圆通寺会首余立本挟嫌作祟，蒙串八省客长蒋益齐等以估公霸造控，经前主按禀仁恩亲临履勘讯结有案，不录，本立习健，复串八省王松亭等以陈情禀电禀恳复讯，将蚁新老契约三纸附卷，谕蚁拆新卖旧，将房屋卖与八省，拆作火巷，蚁仰体遵，因蚁买价连修造用银三百数十金，外修虚脚楼用银八十余金，九月十四，蚁以遵断声明禀电，蒙批王乃荣房屋原买价银若干，应照原契承买，酌给修费，不能借添修为词，任意多索，着原差传谕八省首民，酌议立契成交，禀复完案，毋致拖累，金批至公至明，奈本立、松亭等仗八省势耀，□□□□□介□买□□□□所买房屋□契先年八省占火巷恩饬□□□□省将买契呈验，蚁甘将房屋拆毁，价银亦愿充公，免延讼累，伏乞。

王老六一直采取拖延策略，直至十一月，王也并未拆毁房屋。八省客长遂向巴县知县提告，希望能够立刻再次羁押王老六，限其一个月内拆房。在十一月十八日的堂审过程，八省客长蒋益齐、关允中等人称：

王老六新造虚脚楼房有碍圆通寺的火巷官街，前蒙审讯，断令王老六将买朱姓房屋照原价银七十五两卖与客民们会上的，以作火巷官街。客民们业已将银呈缴案下，不料王老六借他修砌为由，硬行违断不遵。客民们才来把王老六收□案下。蒙藩讯，客民们情愿买他的房屋地基，□□木植□□，客民们均置不要，概行令他拆去。地基永作火巷，日后不得再造房屋，□把王老六锁押，断限他一个月内速拆去另架，客民们遵断就是。

在这次堂审过程中，王老六已经处于被羁押状态，针对八省客长的要求，王老六不得不表示同意，"今蒙审讯，蒋益齐们情愿买小的房屋地基，□木植□□他们均置不要，概行令小的拆去，永作火巷，不得再修房屋，沐把小的锁押，断限小的一月即速拆去另架，再行赴案领银，小的遵断就是"。

十二月初二日，王老六叫人"将虚脚楼房悉拆毁"。当月初九日，王老六被"省释"。十二月二十九日，王老六出具了具结状。

实结得八省蒋益齐等以占公霸造事控蚁在案。沐恩勘讯明，在圆通寺后修造虚脚楼房有碍火巷属实，断令蚁等将新旧楼房一并拆去，退还地基，仍作火巷。谕蚁等照原买价值并卖与蒋益齐等，原约二纸缴案，限一月拆房。等情在□。今蚁自知咎戾，情愿将新造楼房拆去，所有旧房，均系圆通寺余地火巷。沐恩从宽，免□蚁遵赴案，恳恩省释，将原约二纸给蚁等领回究案，以后不得妄滋事端，中间不虚，出具领结是实。

同日，八省客长也出具了相似内容的结状，标志着此案最终结案。

案例二：光绪年间刘同人城墙边搭棚出租案。

同治以后，军务肃清，渝城迎来了和平的局面，城市人口渐次增加，"附城居民，倚搭棚房，渐次踞占城基"，① 这给城市的火灾防控带来极大压

① 《八省首事洪豫章等协恳禁止踞占城基支棚搭厦拥塞马道口人杜患防灾及渝城太平坊商民招商局太古仔等禀恳签饬搬迁勒还巷道使得两街通》，6-6-1807。

力。渝城太平门城外有一空地，并未建有房屋，城墙边立有示碑二通，空地对面旧有太平石缸二口，空地正对着顺城街道，沿街有居民数百家，行人往来，街道拥挤，惟隙地仅摆小摊。光绪初年，刘同人在此地搭棚出租，被该地坊差拆去。光绪十年，刘同人又勾串尹森顺"胆在余地直靠城墙起造楼房，其高几与城齐，示碑遮屋内"，八省客长洪豫章、楚宝善等"眼见骇异，当向理阻"。但刘同人称"系买业，抗不拆卸"。此棚建成后，"不特居民轿马不便出入，倘遇水火灾患，搬移更形窒息碍；况渝城五方杂处，若任城外靠墙修房，与城垛仅隔数尺，恐盗贼借经出入，关系匪轻"。八省客长认为"该处靠城街口，应留火巷，以便行人，若听霸占修房，设有水灾火患，居民迁徙无从。"巴县知县接到八省客长的禀示后，派遣差役协同八省客长进行调查，要求"被禀刘同人等迅速遵签将挨城修造房屋，赶紧归还原基，如敢违抗，该书据实回县禀复，以凭唤究"。①

案例三：光绪时期太平坊白象街城垣违章搭棚案。

光绪十九年六月，八省首事洪豫章、楚宝善、关允中、闽聚福、宁兴安、晋安泰、江安、广业堂称："太平坊之白象街，上由太平门城楼起，下至望龙门止一带地方，支蓬接厦，雍塞马道不通兼之□□火巷名十二楼，层高毗连城内。惟夏搬水拆房领柱聚堆竹瓦，几与城连以致□月十二日，太平门外惨遭回禄，延烧房屋，殃及城内，火势风盛，几成燎原，触目惊心。虽云天数亦人事未能思患预防所致也。职等现在城办公，体查情形，何敢缄默。"要求将城垣通道上的杂物去除，"不准堆积依附"，以利于防火救灾。该建议得到了巴县的支持，并上报重庆府批准。②

上举三例仅是这一时期八省客长参与地方公共事务的部分例子，从这些案例中可以发现，无论是修筑城墙、设置防火水桶，还是清整城市道路，都与八省客长的切身利益紧密相关。重庆的商铺大部分都由八省会馆成员开设，他们是受火灾影响最大的，添设防火水桶，当然对他们有利。

---

① 《八省首事职员洪豫章等具禀刘同人靠城门墙修房重庆府札饬巴县查办禀复卷》，6－6－723。

② 《八省首事洪豫章等协恳禁止踞占城基支棚搭厦拥塞马道口人杜患防灾及渝城太平坊商民招商局太古仔等禀恳签饬搬迁勒还巷道使得两街通》，6－6－1807。

从另外一个角度来说，这说明巴县地方政府没有意愿或没有经济能力来进行这样的地方公共建设，"其结果就是公共建设工程一般严重不足，其建设与维修只能留给地方精英零零散散地去做"，[①] 这给八省客长参与地方事务提供了契机。

* * *

早在道光年间，就有人提出利用会馆管理江南城市的设想，"窃意各省有各省会馆，各行有各行会馆，各归各帮，尤易弹压。宜于会馆中择贤董数人，专司劝导，每逢月朔日，各会馆宣讲馆约，凡本帮人一体齐集听讲，记名入册。有不到者，即饬查。三次不到，即屏斥，或资遣回籍。如此……虽五方杂处，亦不足患也"。[②] 这表明，在某些城市，会馆有能力参与城市管理。

咸同以后，清政府财政紧张不得已采取"商捐商办"的方式征收厘金，不过后面逐渐改由"委员专司其事，绅士分任其劳"的方式加以办理。对地方社会来说，厘金的征收提升了士绅和绅商群体在地方社会中的话语权，他们以厘金局、三费局等公局为平台，协助筹集地方经费，扩大了其在地方的影响力。就清代渝城来说，八省会馆在地方权势大增。成都将军崇实则说，渝城设立保甲团练总局"添出九厘名目，地方事权，渐归局绅把持"。[③] 负责地方治安的保甲团练总局局绅大多由八省客长担任就反映了此一特点。

以保甲团练总局等公局为平台，八省客长的影响力也扩大到地方公益事务等诸多层面，在与民众日常生活相关的消防、卫生、城市建设、公共建筑物的维修等诸多方面，八省客长不仅参与其中，往往还发挥了关键性作用。

---

① 罗威廉：《汉口：一个中国城市的冲突和社区（1796—1895）》，第 172—173 页。

② 余治：《得一录》卷 14《附乡约会讲变通法》，黄山书社，1997 年影印本。

③ 中研院近代史研究所编《教务教案档》第 1 辑，台湾精华印书馆股份有限公司，1974，第 1190 页。

第五章　光宣时期的八省会馆

在近代西方对华进行商品和资本输出过程中，重庆成为西方进入中国西南地区的中转站。英国皇家地理学会院士毕晓普女士（Mrs. J. F. Bishop）注意到八省会馆在重庆商贸中的作用，"中华帝国有八个省的商人都选择在此设立商业行会组织"。[①] 曾有在华的英商团体对重庆进行考察后指出，重庆作为四川省的心脏，"各类外国商品、金、银、铜、锡、铅、煤、白蜡、麻从此地运往各地。重庆是拥有 50 万人口的纯商业城市……该商业中心向外国贸易开放，会产生对英国工业品的需求"。[②]

早在 19 世纪 70 年代，英国就有窥伺四川并派员在重庆经商的野心。1876 年中英《烟台条约》第三款第一条规定："四川重庆府可由英国派员驻寓查看川省英商事宜。轮船未抵重庆以前，英国商民不得在彼居住开设行栈，俟轮船能上驶后再行议办。"[③] 此一时期，洋货虽然进入了重庆市场，但进口总值不高，1875 年时仅有 15.6 万两白银。[④] 1890 年 3 月，英国强迫清政府签订《烟台条约续增专条》，规定："重庆即准作为通商口岸无异。"[⑤] 1890 年 7 月 22 日，中国海关总税务司赫德任命时任宜昌海关税

---

① Mrs. J. F. Bishop, *The Yangtze Valley and Beyond: An Account of Journeys in China, Chiefly in the Province of Sze Chuan and among the Man-tze of the Somo Territory*, London: Cambridge University Press, 2010, p. 499, 转引自惠科《重庆开埠谈判中的巴县衙门》，四川大学城市研究所编《中国与世界——多元视野下的中国城市史研究（论文集）》，成都，2018 年 10 月，第 298 页。

② *British Parliamentary Papers, China 35*, Irish University Press, 1971, p. 57, 转引自高鸿志《近代中英关系史》，四川人民出版社，2001，第 246 页。

③ 汤象龙：《重庆海关税收和分配统计的一些资料》，《四川文史资料选辑》第 32 辑，第 73 页；民国《巴县志》卷 16《交涉》，第 13 页 b。

④ 参见《耐维耶报告》，第 106 页，转引自聂宝璋《中国买办资产阶级的发生》，中国社会科学出版社，1979，第 133 页。

⑤ 民国《巴县志》卷 16《交涉》，第 12 页 b。

务司的好博逊（H. E. Hobson）[①] 为重庆关税务司，负责重庆海关的筹备工作。1891 年 3 月 1 日，重庆海关租赁位于朝天门渝城糖帮公所开关，标志着重庆正式开埠。1895 年，中日《马关条约》第六款再次规定重庆为对日通商口岸。

开埠后，八省会馆面临"千年未有之大变局"，其对渝城商贸的主导局面也逐渐被打破，八省客商在诸多行业面临西方同行的竞争。清末新政时期，渝城地方政府推行了若干新政措施，如开办新式学堂，创办警政，八省会馆掌握的公产一步步的"国家化"。同时，在八省会馆内部，围绕着会产的争夺，不同利益群体间的矛盾更加凸显。

第一节　重庆开埠与八省会馆的转型

1903 年，清政府设立商部，颁发商会章程 26 条，统管全国农、牧、工、商、矿、路各业。商部成立不久便上奏朝廷，提出"今日当务之急非设立商会不为功"，外省各业商人有能筹办商会者，"应责成该处地方官，该商等会章呈案时，即行详报，督抚咨部不得稍有阻遏，以顺商情"。[②] 该部制定的《商会简明章程》规定："凡属商务繁富之区，不论系会垣、系城埠，宜设立商务总会，而于商务稍次之地，设立分会。"[③] 令各地有条件的地方建立商会，并明确规定重庆、上海、天津、烟台、汉口、厦门等地必须设立总商会。在此背景下，川东道、川东商务局会同重庆知府、巴县知县，饬令重庆商人"公举商董，每帮二人，以便会议商务，统限一星期内回复"。[④] 1904 年 10 月 18 日，重庆成立总商会，选址重庆三忠祠。重庆总商会订立了 16 条章程，选举当时的"西南首富"、重庆最大票号天顺祥的老板、重庆云贵公所会首、非八省

---

① 好博逊，英国人，1862 年来华供职。1869 年，清政府封其五品衔；1870 年，受赏一等宝星和三等功牌；1875 年，封四品衔；1878 年和 1887 年，又受封三品和二品衔。

② 《商部奏劝商会酌拟简明章程折》，《东方杂志》第 1 年第 1 期，1904 年。

③ 《大清光绪新法令》第 16 册《商部奏定商会简明章程二十六条》。

④ 《四川官报》1904 年第 21 册《新闻》。

系的李耀庭①为会长，八省系的陕西籍商人杨恰出任协理，"保商振商"。由于八省会馆曾在重庆商务中占据主导地位，此次重庆商会共设 16 个董事名额，给了八省会馆 8 个，并成立了重庆商会八省商务分会。看似延续了八省会馆对重庆商务的垄断地位，恰恰相反，这标志着八省客长对重庆商务的垄断地位一去不复返了。重庆总商会设有商事公断处，商会会长和本帮帮董为主要仲裁者。

咸同之际，八省会馆在重庆地方社会中扮演着十分重要的角色。八省客长在各公局、善堂中出任首事，特别是保障重庆安全和维持重庆正常贸易的保甲团练总局、厘金局、积谷局的首事都由八省客长出任。这背后很重要的原因是八省会馆在当时掌握了大量的地方行政和公共开支所必需的资源，这些资源包括土地、房产、厘金及各种名目的捐款。

重庆开埠强化了其在西南地区进出口贸易中的枢纽地位，"不特全川之进出口贸易，几全以此处为转运之枢纽，即云南、贵州、陕西、甘肃等省，附近川境之各地，其进出口货，亦悉由此地转输。俨若外洋与中国之对于上海焉"。②川江轮船通商后，重庆与长江中下游地区的联系更加方便，"出口货如药材山货锦缎，以及盐糖烟等，与乎入口之匹头棉纱五金杂货等业，日臻发达"。③

晚清以降，重庆商贸结构发生了极大改变，一方面，重庆对外开埠后，各洋行蜂拥而至，打破了八省会馆对重庆商贸的垄断地位；另一方面，八省会馆也面临其他地域性商帮的竞争，特别是以李耀庭为代表的云南籍商人的崛起。

---

① 李耀庭（1839—1912），名正荣，云南昭通人，出身农家，幼年家境清寒，十余岁入伍，在镇压云南杜文秀起义过程中与后来的云贵总督岑毓英相识，并换帖结为金兰弟兄。同治四年，李耀庭 29 岁时弃军从商，经营马帮盐运，为云南天顺祥票号股东。光绪六年，来到重庆，独资经营重庆天顺祥票号，依靠与岑毓英等官员密切的私人关系，天顺祥几乎垄断了云贵等地官方饷银的汇兑业务，不但在重庆、宜宾、昆明、上海、北京设有庄口，在武汉、江西亦有设庄，盛极一时，号称"西南首富"。同时，李耀庭还投资实业，在重庆创办有烛川电灯公司、自来水公司等地方公营事业。参见张裕纲《南帮票号佼佼者李耀庭》，《重庆文史资料》第 37 辑，西南师范大学出版社，1992，第 119—128 页；刘中一《重庆商会首届会长李耀庭》，《重庆市中区文史资料》第 4 辑，内部发行，第 52—56 页。
② 重庆中国银行编辑《重庆经济概况》，上海新业印书馆，1934，第 2 页。
③ 傅润华、汤约生主编《陪都工商年鉴》第 7 编，第 29 页。

话语权逐渐旁落

重庆开埠后，以重庆为中心的进出口贸易结构发生变化。在出口方面，食盐取代大米成为对外省贸易的主要商品，生丝、桐油、白蜡、牛羊皮等山货、土产逐步成为出口贸易的重要商品；在进口方面，洋纱、洋布取代棉花、土布成为重要商品。与此相适应的是，一批经营上述商品的商号在重庆市场的崛起。重庆商人刘继陶，开设德生义商号，经营山货、药材，不到两年，其产值便积累至 10 万两白银以上。光绪二十年，他经营土货出川，又从湖北运入棉花、布匹，一次即获利 20 万两白银，成为重庆最早的"百万富翁"，号称"川帮字号第一家"。① 杨文光②，1886 年开设聚兴仁商号，资本为一万两白银，主要经营匹头、棉纱、苏广杂货、机器五金、洋杂货的进口业务，及糖、银耳、药材、山货、牛羊皮等土产的出口业务。杨文光主要从事出口贸易，仅1898 年一年便获利 60 万两白银，至清末，拥有资金已达 100 万两白银，以至坊间有"杨百万"之称。③ 这些新起的商人的资本实力远胜过八省客商。

随着本地商帮和云贵商帮的崛起，以及外国商品的倾销，八省客商在商业经营中遭遇到前所未有的竞争，其主导渝城商业的局面亦被打破。更为重要的是，由于八省会馆自身经济实力的下降，其意见往往也得不到政府的采纳和尊重。光绪中后期，鉴于义和团起义、辛酉政变的爆发，远离京师的重庆也打算筹练商团，经费需求甚多。光绪二十七年，八省客长江安、宁兴安、关允中等建议抽取烟馆捐作为练兵经费，但没有得到巴县政府的认可，"查渝城抽费烟馆练团，早经□文禁革，未便再议……原词碍难照准"。④

光宣之际，八省会馆在渝仍拥有大量的不动产，如 1911 年，铁路督办

---

① 中国民主建国会重庆市委员会、重庆市工商联合会文史资料工作委员会编《重庆工商史料》第 3 辑《重庆工商人物志》，重庆出版社，1984，第 3—5 页。
② 杨文光，名焕斗，生于清咸丰四年（1854），原籍江西省南城县。祖辈来渝经商，父亲杨骏臣为廪生，曾多次参加科举，不第。同治九、十年间，十六七岁的杨文光随姐夫经商，将苏广杂货、匹头、棉纱由上海贩运至重庆，经过多年的历练，在重庆商场中有稳重谨慎的名声。
③ 《重庆工商史料》第 3 辑《重庆工商人物志》，第 19—30 页。
④ 《八省首事江安等具禀代恳详抽派渝城烟馆捐作团练费状》，6－6－1337。

大臣端方率领湖北新军来渝，下榻的地方就是位于东水门的禹王宫。清末新政时期，需款甚多，重庆地方政府对由八省客长控制的公产加强了提拔力度。如八省客长掌握的八省积谷，经过政府多次提拔，其存量越来越少。光绪二十三年六月，八省客长向巴县县令报告，此前渝城地方政府提拔了15000 两白银的积谷，尚未归还，希望能够拨款买粮，还补归仓。①

对八省客长话语权影响更大的是市场商品类型的变化，大量由外资掌握的进口商品和邻省商品进入重庆市场。1890 年 3 月，中英在北京签订《烟台条约续增专条》，规定"重庆即准作为通商口岸无异"。② 八省会馆所掌握的商品贸易主要为夏布、棉花、药材、山货、丝绸等传统商品。重庆开埠以后，进出口贸易结构发生了显著的改变，据统计，1891—1898 年，重庆进口货值每年平均为 1321109 英镑，其中土货仅占 15.96%，而洋货高达84.04%，洋货与土货的比例为 5.27∶1。③ 在进口洋货中，纺织品约占 70%，而以前这是陕西、湖广商人主要经营的商品。

清末新政期间，重庆地方政府与八省客长还围绕着某些具体新政措施的落地发生矛盾。按照四川地方政府的统一规划，拟将各州县的保甲局省并入新办的警察局，以节约费用而达到筹资实行新政的目的，但这一政策在渝城遭到强烈抵制。光绪卅一年七月，八省客长、重庆保甲局执事戴光灿在给巴县县令的一份禀文中，强烈反对将保甲局并入警察局。戴光灿简要回顾了保甲局成立之后的事迹，称："各大宪举行新政，创办警察，凡保甲名目理应改并。而渝城保甲诚有万不可并者，盖有可补警察所未逮，而保甲与警察实并行不悖者也。所以局存各款皆由绅商铺户捐集而成，应办各项事宜，亦于地方大有裨益，法良意美，以期行之久远，不致稍有废弛。职等照常办理，与警察各不相紊，其保甲每年由宪库所领薪水伙食油烛各款，全行拨入警察支用，以便举行新政，而积谷水会军装司事人等薪工伙食各由各项生息项下开支，勿容宪库领给。嗣后凡遇拯救之事，职等自当尽心竭力，以副民

---

① 《巴县呈报申解官钱票分局缴还保甲局平粜积谷价银卷》，6 - 6 - 4028。
② 黄月波等编《中外条约汇编》，商务印书馆，1935，第 16 页。
③ 周勇：《重庆：一个内陆城市的崛起》，重庆出版社，1997，第 115 页。

望。"① 从后来四川警政的推行情况来看，戴光灿的建议并没有得到认可。

由于新政对地方需款太多，商人对新政的诸多措施较为冷淡，如前面谈及的重庆总商会。据川东道道台称，渝商对商会成立一事态度冷淡，"未有若此兴办商会，该商民等畏缩因循如此之甚者也"，商人"一经言及商会，非因事体繁难，艰于屡始，即或别有意见，恐有捐摊，兴办迟迟"，川东道多次劝说，"几于舌敝唇焦，又将华商素习涣散之弊害，将来兴办商会之利益演说数番，该商等始知感奋，骎骎有振兴之机"。② 其原因在于商人担忧政府借兴办新政之机，加征苛税和提拨商人控制的地方公产。

因经济实力的衰弱，八省客长也没有继续参与重庆城区的多项公共事务，如粥厂的兴办。前已谈及，至少从同治初年开始，八省客长每年冬季都会在朝天门等人流密集地兴办粥厂，每天施粥两次，经费主要由八省会馆捐助。光绪三十三年十一月，由于经费不足，粥厂停办，严重地影响到了贫民的生计。粥厂首事罗学钊曾为此写道："粥厂停办最苦，两岸生活无方，枵腹长叹劝募。"③

八省厘金征收锐减

1876 年，英国与清政府签订《烟台条约》，始允许"英国派员至重庆察看商务"。④ 重庆正式开埠后，市面上的洋行越来越多，"商业繁殖"。⑤ 光绪二十一年，中日《马关条约》将重庆列为通商口岸，在章程正式生效之前，清政府令四川总督、川东道道台调研条约生效后对"华民生计及应征税厘大有妨碍，就中有何设法补救之处"，川东道道台遂让八省首事职员卢秉□、汤廷玉、童潞贤、马乾元、廖国璋、邱云锋、戴光灿、王铭与其他地方绅商进行会商。光绪二十一年八月十一日，八省客长等提出了建议：

> 泰西各国，自通商以来，历订成约，只载运该国货物至应到口岸发

① 《八省首事职员戴光灿等禀恳将保甲存留改名为保甲积谷水会军装局状》，6–6–1042。
② 《四川官报》1904 年第 21 册《新闻》、1905 年第 1 册《公牍》。
③ 罗学钊：《退思轩全集》上卷，重庆中西书局代印，1930 年罗氏排印本，第 8 页 a。
④ 民国《巴县志》卷 13《商业》，第 5 页 a。
⑤ 民国《巴县志》卷 4《赋役·契税》，第 30 页 b。

售，嗣后南北省各口岸递年开添，均仿照原订约章，一体通商。虽金钱日溢外洋漏卮莫塞，然后此各安生业，公平交易，地方尚安堵无事。如此次日本新约，条内有在通商各口岸创设工艺制造局厂，实于华民生计、税关厘金，均有妨碍。缘重庆依山傍水，就势为城，口岸地方街窄屋隘，尺壤之下，该系石盘，且有重楼叠屋而居者。除租界外，尽属华地，界限判然，不相逾越，所以上年英国来渝通商无隙地可租，现亦难居肆市，然尚只洋行三四家。若任日本安设机器以供制造，于弹丸口岸，实多窒碍。况居民半属贫苦，赖工作以养身家。如另兴工艺以夺其利，贫民愈无以谋衣食。而自来水机器为害尤大，若不预为订章，则有碍于华民生计者，此其一。重庆水陆交冲，各省商贾云集，历来货物均照章程完纳税厘，以供兵饷。一旦开行，行轮船使内地关卡不能缉查，包揽偷漏弊端实大且恐别有更张，夺我利源，若不于洋货、土货显示区别，出口、进口明订税则，则有碍于税厘者，此其二。川江自重庆以至夔、巫，河势迂狭，水急滩险，本地小船平日尚多覆溺，况轮舰身长力厚，行驶迅速，凡内地往来商船，趋避不及，在在均有磕碰沉没之虞，货既不赀，人命尤重。上年烟台条约，再三据情持议川江难于驶轮，是以中止。此次轮船必欲驶入，则有碍于商务者，此其三。川省民情浮动，剽悍异常，平日洋人在此无多，已不免龃龉，保护大属不易，况重庆地方五方杂处，良莠不齐，尤觉易酿事端，加以百行工匠，无以谋生，不免聚而为非，不特为地方商民之忧，即日本来此通商亦难安枕，似非中外和睦之道。事关国家大计，在绅民等何敢妄参末议，惟思能保民者始能治民。今日本欲行各条使官长胥失保民之权地方将从此多事。第求开议时官府申明义害，免致后有喷言，则沾感鸿慈，实无既极矣。[①]

八省客商提出了重庆开埠后可能面临的三大问题，包括洋货的大量进口可能导致偷漏厘金和厘金征收减少的问题很快便成了现实。

---

① 《巴县禀奉府转奉上宪札催札仰八省首事及阖属绅粮举人遵议日本已渝通商利弊卷》，6-6-3185。

重庆正式开埠后，进出口贸易结构也发生了变化。出口货物中，以土药（中国土产鸦片，主要来源于云贵川等省，印度等地产的鸦片称为洋药）、生丝、药材、羊毛、猪鬃、毛皮货、麻等为大宗。如土药的出口量，1892 年为2586 担，1895 年为 11779 担，1899 年为 15659 担，1901 年为 16027 担。[①] 进口货物主要是布匹、棉纱、毛织物和少量的金属材料、煤油等。[②]

1874 年，自美商公泰洋行在重庆设立分行后，西方国家逐渐加大在重庆购销货物的力度。重庆开埠后，这一进程加快，大量洋行纷纷在重庆设立。据不完全统计，1890—1911 年，各国在重庆设立了立德乐洋行（英国）、太古洋行（英国）、怡和洋行（英国）、异新洋行（法国）、大美药房（美国）、美孚洋行（美国）等 51 家洋行，主要从事航运，涉及生丝、药材、煤矿、山货等商品的出口及洋纱、洋布、五金杂货等商品的进口业务。[③] 早在 1877 年宜昌正式开埠后，持子口单的外国商品通过重庆进入西南地区市场的步伐便在不断加快，表 5 - 1 为 1875—1911 年重庆洋货、土货进出口货值统计情况。

表 5 - 1　1875—1911 年重庆洋货、土货进出口货值

单位：海关两

年份	洋货进口值	土货出口值	年份	洋货进口值	土货出口值
1875	156000		1889	2724464	2148515
1877	1157000		1890	4815932	2036911
1879	2659000	240795	1892	5825474	2604500
1881	4059000		1895	5618317	3521563
1885	3612718	1056790	1897	844401	4325713
1886	2867115	1551069	1899	13075176	4610822
1887	2880880	1869434	1902	16000000	8500000
1888	3191875	2164751	1911	19000000	10000000

资料来源：周勇主编《重庆通史》第 2 卷，第 332 页；周勇、刘景修译编《近代重庆经济与社会发展》，第 501—504 页。

---

① 刘景修：《旧中国的重庆海关》，政协四川省重庆市委员会文史资料研究委员会编印《重庆文史资料》第 27 辑，1986，第 207 页。
② 刘景修：《旧中国的重庆海关》，《重庆文史资料》第 27 辑，第 207 页。
③ 周勇主编《重庆通史》第 2 卷，第 328—331 页。

宜昌开埠后，重庆市场洋货的进口值由 1875 年的 156000 万两白银，迅速增加到 1877 年的 1157000 两白银，一年之间增长了 6.4 倍。此后也大致呈快速增长之势，至 1890 年，已增长至 4815932 余两白银，接近 1875 年的 31 倍。重庆开埠后仅一年（1892）就达到 5825474 两白银，较开埠前的 1890 年，增长了约 20.96%，较 1902 年则又增长了 1.75 倍。出口货值从 1879 年的 240795 增加到 1890 年的 2036911，大约增加了 7.5 倍。开埠后的第一年（1892）比开埠前一年（1890）大约增加了 0.28 倍，较 1902 年又增长了约 2.26 倍。

从进出口商品的结构来看，重庆进口洋货以洋布、洋纱等棉纺织品为大宗，且以印度产的粗纺纱为主，在 1892—1901 年的十年中，达到了 174 万担，占总数的 95% 以上，这表明进口洋货中，英国商品居于垄断地位。[①] 在诸多洋货中，洋纱的进口对重庆本土的纺织业和八省客商形成了极大的冲击。前已谈及，由于四川棉花产量较低，民众所需土棉大多来自湖北和陕西，然后在重庆纺成土纱，织成土布。进口的洋纱和土棉的售价几乎相等，不需加工即可直接织布，且质量上乘，既白又细，是故人们纷纷弃土棉而购洋纱，使洋纱的进口量迅速增加。1893 年，重庆仅进口 7.7 万担洋纱，到 1899 年洋纱进口量快速增加到 32.5 万担，增加了约 3.2 倍。[②] 这不仅对传统农村的手纺纱造成冲击，更直接对重庆八省商人掌握的棉花、棉布、山货贸易形成了挑战，"传统的湖广土布、手工业品已为洋纱、洋布、洋杂货取代"。[③] 除此之外，进口商品还包括呢绒等毛纺织品，海参、墨鱼、海带、煤油等干杂货。

1892—1901 年，经重庆海关查验的商品的进出口数量均有增长。表 5 - 2 为 1901 年重庆海关署理税务司花荪（W. C. H. Watson）于 1901 年 12 月 31 日提交的《重庆海关十年报告（1892—1901）》中有关重庆进出口贸易量的统计。

---

① 周勇主编《重庆通史》第 2 卷，第 333 页。
② 周勇主编《重庆通史》第 2 卷，第 334 页。
③ 周勇主编《重庆通史》第 2 卷，第 351 页。

表5－2　1892—1901年重庆进出口贸易

单位：海关两

年度	进出口贸易总值	年度	进出口贸易总值
1892	9245737	1897	17971807
1893	8741235	1898	17428200
1894	10781505	1899	25792677
1895	13252876	1900	24453058
1896	13132308	1901	24269050

资料来源：周勇、刘景修译编《近代重庆经济与社会发展》，第108页。

自光绪十八年之后的10年间，进出重庆的民船数量在《重庆海关十年报告（1892—1901）》中有详细记录（表5－3）。

表5－3　1892—1901年进出重庆港民船数量

单位：只，吨

时间	进港船只	进港吨数	出港船只	出港吨数
1892	1203	33518	676	9776
1893	1034	27922	727	11895
1894	1180	34134	813	12945
1895	1200	36881	917	17237
1896	1279	36500	779	16114
1897	1444	49036	767	19408
1898	1434	48298	681	16877
1899	1894	76009	1014	24878
1900	1846	62417	835	22715
1901	1483	50542	937	24902

资料来源：周勇、刘景修译编《近代重庆经济与社会发展》，第139页。

大量洋行入驻重庆及洋货的进口，直接冲击了八省客长在重庆商业市场的垄断地位。前已谈及，八省客长把持掌握了老厘局，每年向各商家铺号征收厘金，递解至省城。重庆通商开埠后，各洋行大量进入重庆。这些洋行自恃有外国背景，不愿意交纳厘金。"川东既设子口税，商运土货，每借以漏厘金，华奎公行其罚，英领事争之，不为动。"[1] 1901年七月二十一日，八省

---

[1]　民国《巴县志》卷9《官师下》，第21页 b。

客长向县令报告说，怡和洋行自去年六月起至十二月止，欠缴库平银 918.68 两，太古洋行十月至十二月欠缴库平银 290 余两，虽经老厘局派员"饬差催促数次，该行多方推故"不缴，不得已"议将局款暂行垫缴厘金银一千二百零九两零八分，以为暂时移挪，聊符解期应缴之数"，通过自己先垫缴然后再催收的方式完纳了应缴的厘金。但太古洋行"并非拮据不能完厘之商"，却"一律不缴"，"自去岁六月垫解之后，迭次催索，仍复坐视不理。职等以公垫公，不过一时权宜之计，孰知虚悬千余金，竟至无法可以归收"。这不仅让他们赔本垫付，而且还有可能引起其他行户的效仿，长此以往，"恐正厘一项将来亦必因之减色也"，是故请求县令派差追缴，"俾得缴清垫项，不致局款久悬，庶可以儆刁商，而肃厘务"，得到了县令的同意。但到了八月廿三日，上述两行拖欠的厘金已达到 2000 多两，但仍然拒绝缴纳，"分厘不能归收"。八省客长无奈，"职等无从再垫，而前垫之本利愈延愈深"，遂以老厘局中"上有委员督办，下有司事白益亭等监收"，八省客长"颇同赘设，尽可卸肩"为由，请求辞去职务。但没有得到县令的批准，"查该首事等经理局务，已经年久，且现值整饬厘金之际，正须借资熟手"，不准他们辞职。① 而其管理的老厘金局于光绪三十一年和新厘局合并，更名为"重庆百货厘金总局"，"省委周克昌为总办，绅始无权"。② 八省客长自此丧失了重庆地方最重要的财源的征收权。

中英《南京条约》和中美《望厦条约》签订后，清政府逐渐丧失关税自主权。中美《望厦条约》规定修改税则须得到美国领事官员的同意，1858 年的税则规定除丝、茶、鸦片三种物品外，所有进出口货物一律值百抽五。1858 年中英《天津条约》第二十八款规定，英商贩运洋货入内地销售，和自内地运土货出口，"所征若干，综算货价为率，每百两征银二两五钱"，相当于进出口税的一半，亦被称为"子口半税"。相较于同时期内地商品流通所缴纳的厘金，子口半税的税率可谓极低。如洋布、洋纱的进口，"只纳百分之五的海关税，内销也只在进口的地方，一次缴纳值百抽二点五的子口

① 《八省首事职员彭太礼具禀怡和太古两洋行拖欠厘金文》，6-6-4615。
② 民国《巴县志》卷 4《赋役·征榷》，第 1 页 b。

税，从此，任何地方都不再纳税。而中国商人贩运的洋纱、洋布，也同样享受子口税的待遇"。对于重庆市场上原来的土布，"四郊关卡林立"，运进重庆，"要完纳很重的厘金，而运到云贵销售地后，还要完一道税"，造成"土布价格比洋布还贵……不少土布商为了图利，便相率改为贩运洋布"。①

重庆开埠的最初十年，"重庆商业主要部分是在华商手中"，而对于外国在渝的贸易公司，"他们的营业既不大也不占重要"。② 外国的纺织品销售额并没有得到显著的增加，"这类货物仍旧继续是小康之家珍藏的奢侈品——各种货物溯江而上的困难和危险，当然增高了售价，以致大多数人买不起"。③ 而到了 1902—1911 年，重庆进口的 "外国布匹仍显有增加趋势"，洋商公司从 1902 年的 3 家增加为 1911 年的 28 家。④

光绪二十四年，重庆天灾人祸不断，八省客长所辖之商户受到很大影响。1896 年 9 月 29 日夜间，距云阳县城 15 英里的大场发生了大规模的山体滑坡，泥土和巨石形成激流险滩，阻断长江航道，来往上下游的船只到此都必须卸货，以空船过滩，这不仅增加了大量的运输成本，也使许多船夫在过滩中失去生命。1897 年，又遇天灾，米价飙升，"到处告饥"，市面萧条，各帮商号 "倒塌数百万之多，从古罕见，以致商务大坏"。同时，在任的八省客长都已 "年力就衰，精神不济，而年来同事中老成凋谢"，只靠 "一二老朽勉为支持，亦复多病缠绵，不能任事"，但又找不到接任人选，因为各商号都以 "市风棘手" 为由不愿接手。八省所抽的厘金也并没有完全收缴，光绪十六年以来，各省商号都在拖欠厘金，现在八省客长手里也仅有公款银 1 万两可以支配，这些钱除去应上缴到省厘金局的、办理粥厂的及保甲局局绅的薪水，基本上就没有多余的了，"凡遇紧要公事，别无余款可筹"。

光绪十六年八月，八省客长汤廷玉、卢秉钧、朱成词、马乾元、童潞贤、崔仁安、刘文藻、骆庸等人心灰意冷，"与其因循苟延，贻误公事，不

———

① 卓德全等：《洋布倾销和重庆布匹业的形成》，中国民主建国会重庆市委员会、重庆市工商业联合会文史资料工作委员会编《重庆工商史料》第 1 辑，重庆出版社，1982，第 187—188 页。

② 周勇、刘景修译编《近代重庆经济与社会发展》，第 108 页。

③ 周勇、刘景修译编《近代重庆经济与社会发展》，第 106 页。

④ 周勇、刘景修译编《近代重庆经济与社会发展》，第 148 页。

如沥情哀吁辞卸仔肩"，提出辞职，同时还希望将八省客长永久注销。当时的巴县县令周兆庆认为，重庆商务关系甚大，需要由熟悉行情的人来办理，"深悉该职员等资深望重，民信素孚"，特别是在当前商务萧条、经济疲软的时候更需要八省客长的经验，"且近年商务疲滞，向不如前，更须合力扶持，以图振兴"，希望"该职员等当共体本县一片苦心，勉力从事"，不要使八省客长在巴县地方社会中消失，"百余年良法美意，一旦坐视其废，其何以忍心耶？"拒绝了八省客长的辞职请求。①

参与地方新政

1. 创办新式学堂

清末新政时期，推广新式教育。1901 年 9 月，清政府发布谕告，决定在全国建立大、中、小学堂和蒙养学堂。1902 年 11 月，四川总督岑春煊以"川省僻在偏隅，兴学尤为急切"为由，设立川省学务处，作为四川近代学堂兴办和管理的行政机构。②

新式中小学堂，有官立、公立及私立之分，不同类型的学堂其经费来源不同。对于占主体地位的各个公立学堂，其经费主要来自包括会馆、寺庙资产在内的公产。1902 年，清政府制定《钦定学堂章程》，其第一章第八节规定，地方办理小学堂时，"均得借用地方公所祠庙以省经费"。③ 1904 年，《四川官报》发布的《劝办学堂说》在提及筹办学堂经费时，也说："把本乡应占的神会、庙业、斗秤、义学的旧款让出……零星凑集，便成巨款。"④ 清末地方政府提拨公产，创办新式学堂，即所谓的"庙产兴学"运动。⑤

这一运动在渝城会馆首事中得到了积极响应，"窃维学校为文明之母，教育乃进化之阶。比年以来，绅士莫不以兴学为急，定章所载，各有深义。

---

① 《八省首事汤廷玉等禀请辞职卷》，6 - 6 - 4611。
② 王笛：《跨出封闭的世界——长江上游区域社会研究（1644—1911）》，中华书局，2001，第 461 页。
③ 舒新城编《中国近代教育史资料》中册，人民教育出版社，1981，第 400 页。
④ 《四川官报》甲辰第 4 期《演说》。
⑤ 笔者曾专文讨论了清末新政时期，提拨公产兴办学堂的运动。见拙文《清末"庙产兴学"与乡村权势的转移——以巴县为中心》，《社会学研究》2008 年第 1 期。

而小学之设，尤所注重。诚以教育及富强可以立，待其在一乡一邑，念切桑梓劝导之殷未或稍遗余力"，表示愿意将会产捐资办学，"将会馆每年戏酒无益之费为社会公益之举"。① 光绪三十二年十月，湖广会馆冈邑绸绫帮职员杜成章、许纯桢等人的呈文称："念时局颠危，仁廉方示谕治城各会馆，提款兴学，以期教育普及。职等具□□岂能漠视。爰集会众商议，佥以酒席糜费，诚非所宜。"② 表示愿意配合政府，将用于祀神、演戏的馆产改做办学之用，同时，也有可能是出于"兴学保产"的目的，此一时期，四川各地的会馆掀起了兴办新式学堂的热潮。如奉节县"敬梓义学、东来义学在城内，二学系五省客长……等公设"。③ 德阳南街广东会馆，每年作为演戏酒食的资费达银千两以上，1906年该馆首事江雨农"热心学务，特与同人商议，酌提此款，设高等小学堂一所"，招生40名，不收学费，每生仅需出餐费两钏。④ 新津江西会馆议定，在馆内设立蒙养学堂，招收同乡子弟入学，老师则聘自日本留学回国的人员。⑤

重庆八省部分省籍会馆也利用馆产，改变其原来的用途，响应政府的号召，创办公立中小学堂。

首先来看八省会馆创办的学堂。

八省蚕桑传习所。清末新政时期，"省设劝业道以督兴实业，复以鼓励民蚕为首务"，八省会馆与巴县合办八省蚕桑传习所，修建讲室、蚕室，"共费四千余金"，⑥ 江南会馆为八省蚕桑讲习所捐资125两白银，来看1910年川东积谷水会军装总局给江南会馆的捐票收据。

凭票收到江南贵省交来预备办公经费票银一百廿五两正，此致

---

① 《福建会馆职员翁鼎成、候选巡检汪德辉等禀请将会馆酒戏之费，充公以及将庵观等改为学堂卷》，6-6-5962。

② 《冈邑绸绫帮杜成章江西抚州首事汪光曜等创立昭武客籍小学堂冈邑初等小学堂禀请立案卷》，6-6-5959。

③ 光绪《奉节县志》卷18《学校》，第4页a。

④ 《广益丛报》上编"政事门：纪闻：中国部：四川：会馆兴学"，第110期，1906年，第9页。

⑤ 《新闻·省外近事·会馆兴学》，《四川官报》第9期，1904年，第35页。

⑥ 民国《巴县志》卷11《农桑·蚕桑》，第28页a—31页a。

台照

江南贵省 九月三十日 川东积谷水会军装局收票

后文对此过程有详述。

江西会馆。民国《巴县志》载，光绪三十一年，江西泰和县同乡会购置田业，以街房租金作为办学基金创办私立泰邑小学；光绪三十二年，江西会馆抚州府会馆决定每年划拨 4000 余元创办私立昭武小学，并附设蒙学一所。

福建会馆。光绪三十三年八月，福建会馆职员首事翁鼎成、吴葆谦等人称："学校为文明之母，教育乃进化之阶，比年以来，绅士莫不以兴学为急，定章所载，各有深义。而小学之设，尤所注重"，"会馆每年戏酒无益之费为社会公益之举，其有不足并各捐资酿成的款创设两等小学一所，现已鸠工改造并添置器具，延聘教员分科讲授"。但该呈对所办小学的一些细节并未说明，以至县令充满疑问地批示道："惟该堂究竟设于何处、何时开堂、常年经费若干、开□费若干、规则如何酌之、管理是何姓名、学生额定若干、等级几班、科学几门，来禀均未报明。"[①] 从后来民国《巴县志》所统计的民国初年渝城中小学学校的情况来看，这所学校并未创办成功。

湖广会馆。光绪三十二年十月，湖广会馆黄冈府馆打算停办除□□王东岳关帝、帝主、清明、中元、地藏等会之外的所有神明会，将"节存之款，储为购地之资，一俟义地购定，遵谕在治城设立冈邑初等小学堂一所，籍辅官力之不及"，并且还制订了"冈邑会规三十六条"作为办学的规章。[②]

光绪三十四年，巴县政府对该县兴办新式学堂的状况进行了全面调查，调查成果汇编成《巴县城乡学堂简明表》，该表详细地载明了学校的校制、经费来源、管理和教员的姓名、学生人数、开设的学科及开校年月等信息。表 5 - 2 为此一时期巴县利用会馆馆产开设中小学堂的情况。

---

① 《福建会馆职员翁鼎成、候选巡检汪德辉等禀请将会馆酒戏之费充公以及将庵观等改为学堂卷》，6 - 6 - 5962。

② 《冈邑绸绫帮杜成章、江西抚州首事汪光曜等创立昭武客籍小学堂、冈邑初等小学堂禀请立案卷》，6 - 6 - 5959。

表5－2　巴县城乡利用会馆馆产开设的学堂统计

校地	校制	经费	管理	教员	学生	学科	开校年月
南区各学堂							
第十一所杨家坝	公立初等小学堂	文昌会捐钱二十四千文，三圣宫捐钱二十千文，平局提钱八千文，蔡伦会提钱九千文，山王平枭两会各捐钱四千文，天上宫捐钱三千文，长生土地小川主梅葛等会各捐钱二千文	赵春霆	吴幹臣	二十名	修身、经史、国文、算术、地理、格致、体操	三十一年正月
界石场第三十一所鞍子沟	公立半日学堂	卢云成捐谷九石正，学生纳费钱二十千文，兰子市提款钱六千文，南华宫提款钱三千文，新旧牛王庙会钱四千文，新旧张爷庙会钱六千文，财神会提款钱三千文	胡意如	雷云□	十六名	识字、讲字、练字、习字、写信、算术、体操	三十二年正月
第三十五所旃檀寺	公立初等小学堂	川主会二十三千文，万寿宫九千文，义学会十五千文，学费钱三十三千文	胡意如	石自如	二十六名	修身、经史、国文、算术、地理、格致、体操	三十一年正月
西南区各学堂							
高歇场第五所禹王庙	公立两等小学堂	文昌庙捐款钱一百千文，各庙捐款钱四十千文，各帮神会捐钱十九千文，官秤提钱二十一千文	杨吉祥、晏择中	晏绍平、程德薰	三十五名	修身、经史、国文、算术、地理、格致、体操	三十二年正月
马鬃场十三所万寿宫	公立初等小学堂	会款捐谷十二石六斗折合银三十两，斗市捐钱五千文	邓升三	韦忠贞	十五名	修身、经史、国文、算术、地理、格致、体操	三十一年正月
十七所三圣宫	公立初等小学堂	庙捐钱八千文，厘金钱十五千文，租捐钱十九千文，会款捐钱八千文	王鹄山、杨声之	王惠卿	二十六名	修身、经史、国文、算术、地理、格致、体操	三十一年正月

续表

校地	校制	经费	管理	教员	学生	学科	开校年月
一品场二十所禹王庙	公立初等小学堂	桥工余资息各八石，折合银十二两正，街基地租钱四千文，学生纳费钱二十四千文	冯月卿	田春堂	三十名	修身、经史、国文、算术、地理、格致、体操	三十一年正月
二十一所禹王庙	公立初等小学堂	街基钱八千文，牛号提钱二十五千文，学生纳费钱二十三千文	冯月卿	徐次元	三十名	修身、经史、国文、算术、地理、格致、体操	三十四年二月
西区各学堂							
冷水场二十四所文昌宫	公立两等小学堂	文会抽入银三十五两正，禹庙抽入银三十五两正，猪市抽入银七十两正，斗市约抽入银十五两正，秤市约抽银二十五两正	邓冲齐、巫支文	李星邹、谷信之、钟九成	四十名	修身、经学、国文、历史、算术、地理、格致、体操	三十一年正月
西北区各学堂							
第二所天上宫	公立初等小学堂	天上宫、禹王庙、文昌宫、万寿宫、三圣宫、五显庙神会共提银九十五两正	陈旭东、罗恩溥	吴传芬、冯奎麟	四十二名	修身、经学、国文、历史、算术、地理、格致、体操	三十年二月
第三所观音寺	公立初等小学堂	南华宫、观音寺、三山庙、葡竹寺、白马庙各庙神会共提银四十五两正	陈旭东、罗恩溥	□龄昌	二十四名	修身、经学、国文、历史、算术、地理、格致、体操	三十三年二月

资料来源：《巴县城乡学堂简明表》，6－6－6391。

与渝城的会馆不同，巴县农村各场镇会馆规模较小，资产较少，往往需要多个会馆联合共同创办一所公立新式学堂，如西北区第二所天上宫，其创办经费来自天上宫、禹王庙、万寿宫、三圣宫等多所会馆。巴县乡村场镇会馆兴办的小学堂当不止于此，因当时统计的时候，有大量的学堂其经费来源标识为神会或会，并没有更具体的名称，这部分可能有不少来自会馆和会馆内的会的资产。

八省会馆自办的善堂亦有改建为学校的计划。至善堂，其管理和运行主要由八省客长负责。光绪三十三年九月，至善堂首事同时也是八省客长的申迪纯、何寿山等向县令报告称："本善堂仰体国宪，下悯乡愚，念切贫蒙广推化育，谨遵协议，除旧设蒙学馆、工厂、全节女学诸善举不计外，特于附近之官井巷院内更设公立初等小学堂一所，借资教育，其学所屋场、教料课程、堂长教员、学生名额、出入经费，一切事实，均遵初等小学堂简易科章程办理。"该善堂还拟订了创办章程八条，具体为：

一、宗旨：谨遵钦定章程学科程度章第三节便于贫家儿童不能谋上等生业而设，倘毕业后子弟有聪颖者，仍恳立案，准升入高等小学堂再行补习所缺。

一、堂名：拟名至善堂公立初等小学堂。

一、校地：拟设本堂自置产业之官井巷小院。

一、学科：谨遵初等小学堂简易科章程办理。

一、学额：拟选四十人编为一级。

一、学员：拟立堂长一人，选本堂执事中曾经研究教育者为义务责任外并聘教员二人，分任各科。

一、学费：拟每名每年暂取银元二元，按学期缴堂借资津贴，俟经费充足即行停止。

一、经费：除每年每名暂取学费银元二元外，其余皆由堂中捐募，仍遵定章，每年将堂中所办事务及出入费用造册由劝学所呈报。①

光绪三十四年十二月，该小学还获得捐地一幅，作为校产。但民国《巴县志》在统计民国初年渝城的学校时，并未见该校，这表明该校可能最终并未创办成功。

渝城的部分商帮也试图创办新式学堂。如宣统二年，嘉定府花帮打算将一幅值2万余金的房产捐出，开办七属女学堂。② 光绪三十三年二月，夹江县

---

① 《至善堂首事申迪纯、何寿山等禀请设初等小学并交出紫微宫蒙学由学董接办恳请立案卷》，6－6－5963。

② 《重庆府札巴县准嘉定府开据花帮乐商议定将李连仲私卖乐、洪、夹三县花帮在渝公产银捐作郡城女学堂经费饬示严禁以杜朦卖等情卷》，6－7－1651。

棉花帮商民李恒仁、刘恒泰等"就款兴学禀恳立案"，称"培植人材，端赖兴学。而学堂之设，惟官话简字初等小学尤宜普及，此泰西所以兴强迫教育也。俯读钦禀，有酌提会款以兴学堂等语，仰见朝廷兴学育材，法良意矣。商等敢忍坐视有用之财竟掷于无用之地耶？缘夹江所属之甘江场，早年棉花（缺）于年收佃租银百余金，以作该会焚献。殊近年以来，生意变迁，无人赴渝。该处各佃乘隙瞒租，惟佃会馆之□春山为尤甚。今正商等集议，惟会内廪生谢嘉绪，名望素孚，善能办事。商等公举赴渝经理佃租，并就会内所收佃银。除每年酌提焚献外，即就该会馆添修校舍，更名嘉阳公立初等小学堂并设官话简字学堂。至于教习拟聘潘定华、谢德俊，去岁曾经省城简字师范学堂毕业，其堂内各科不虑无人经理也"。后经劝学所调查，这个学堂并未设立。①

2. 协助推广新政经济措施

清末新政时期，政府为了推动经济发展，出台了若干发展和改革经济的措施。下面从推广蚕桑种植和推动使用制式货币两个方面来讨论八省客长参与晚清新政的过程。

其一，八省会馆推广蚕桑种植，发展丝织业。

四川农村养蚕植桑历史悠久，但少用良田种植桑树。重庆植桑养蚕源自同治八年浙江归安人姚觐元川东道任上。浙江以善养蚕桑织丝为名，姚觐元在重庆成立专门机构，筹集资金从浙江湖州引来桑树和蚕种，并招募善养蚕的浙江老农来重庆教农户养蚕。姚觐元去职后，"湖桑嘉种，旋亦斩伐，兵备倡导之盛意，澌灭无遗矣"。重庆开埠后，生丝出口量大增，四川地区的生丝出口量从 1891 年的 13154 担增加到 1918 年的 36733 担，价值从银702031 海关两增加到银 5275914 海关两。在高额利润的刺激下，四川各地出现了一股养蚕植桑的高潮。民国《巴县志》称："四乡农户亦莫不购求桑种，争自树植……每至一乡，蔚绿深青，触目皆是。一二有志之士又复远游日本，近历嘉湖，勤求蚕术，博考新法，学成返里……一县之内，蚕社林立……百石之田，夷为桑田，盖自清末而蚕业始盛，利之所在，靡然向风矣。"②

① 《巴县申报夹江县商民李恒仁等请将渝城嘉阳会馆改建嘉阳初等小学及谢嘉绪具禀□温氏窃佃房屋，侵吞租银案》，6－6－5960。
② 民国《巴县志》卷 11《农桑·蚕桑》，第 28 页 b。

清末新政时期，四川地方政府在成都设立"四川农政总局"，在各州县设农务局"以稽考本属农事"。[①] 1901 年，合州人张森楷在合州大河坝设立四川蚕桑公社，推广蚕桑种植，在其引导之下，巴县成立了多个蚕桑公社，如裕蜀蚕桑公社、锦国蚕桑公社、德新蚕桑公社等，负责集资购买良种桑树育蚕。川东道道台张铎饬令停办粥厂后，将其款改办八省蚕桑公社，八省客长遂在渝城佛图关鹅项岭土地创办桑园，名曰"八省桑园"。每年以土法养蚕，成绩卓著，巴县的养桑民众均从该处引植桑种。[②] 光绪三十四年，劝业道以鼓励农民养蚕为首务，巴县县令沈克刚奉令筹办蚕桑，开办时，因无地无款，遂与八省蚕桑公社商议合办，成立巴县八省蚕桑传习所，改建讲室、蚕室，共费银 4000 余两，其中沈县令捐银千两，其余由八省客长垫付，同时，八省客长每年捐银 520 两作为日常开支费用。1915 年，巴县成立蚕务局；1917年，局长周泓登与八省客长签订条约，租佃蚕神祠房舍。

其二，积极推动银元的流通。

道咸以降，重庆市面上流通的货币主要以白银为主，除渝平银以外，省内有成都、嘉定、叙府、泸州、夔府、自流井，省外有贵州、云南、北京、上海、天津、沙市、汉口、广州、长沙、杭州、太原等地数十种制式的银两，以及本地盐业、杂货、广货、棉纱、棉花等行业专用的银两，标准极不统一，且假银泛滥。为此，在重庆地方政府的支持下，光绪十二年二月二十九日，八省客长发起成立渝城公估局，对渝城市面上白银的真假、成色进行鉴定，并制定不同制式的银两之间的兑换比例，试图通过统一货币打造有利于商业经营的环境。[③] 公估局的成立虽然在一定程度上解决了白银流通过程中的假银问题，但并没有统一流通中的白银的标准，商户在经营过程中还是要面对不同制式白银之间的换算问题，很不方便。1892 年，巴县知县耿士伟在渝城推动使用"新票银"（即九七平 10 两或 5 两 1 锭的纹银），要求其他各种外来银两（老票银）必须经过改铸倾销为新票银后才能进入市场交易。

---

① 《四川官报》光绪三十一年，第 28 册，专件。
② 民国《巴县志》卷 11《农桑·蚕桑》，第 28 页 b。
③ 对渝城公估局的讨论参见拙文《清代重庆公估局与地方商贸秩序》，《西华师范大学学报》（哲学社会科学版）2020 年第 2 期。

此做法统一了重庆市面上流通的银两，便利了交易，促进了商品的流通，并在 1908 年成为全川白银制式的标准。①

重庆开埠后，市场对制式货币的需求更为强烈。光绪二十二年，川督鹿传霖令川东道从湖北运回一万元当地铸造的龙洋，投入重庆市场使用。后来，川东道、重庆府、巴县又数次引入湖北、安徽、福建的银元。② 光绪二十三年，四川地方政府推广使用银元，巴县知县令八省客长与票帮商量讨论办法，在巴县县令的多次催促之后，七月廿一日，八省客长童潞贤、朱成词、马乾元、汤廷玉、廖国璋、萧岳崧、崔仁安、卢秉钧与票帮一起提出了解决方案："职等遵即邀集渝城票帮各商公同筹议银元通行之法，据称该商票号汇兑各处银两，向规不能欠色，不用散碎以及银元，如每百两银均以十大定足色镜面新票兑出，稍欠分钱可搭一二小珠小块，如老票银面擦有痕迹或稍有麻点者，或散碎过多而搭银元数块者，汇兑进出均不能收。缘〔原〕票号往来数巨，均系严定章程，免滋纷扰。现奉札饬，通行银元票号汇兑在所不免。然推原通行之法，似宜剀切示谕，晓以银元便宜之处，先交钱铺于交易往来一律通用，并饬各属州县以及乡场市镇俾知银元之益，可以平钱价，可以便携带，务期毫无疑虑，渐次畅销。如涪州以及忠、丰、垫、梁等处土庄，生意汇兑银两，何止万千，务使各商共乐简便，概以银元会兑，则渝城票号自然一体遵行，汇兑无滞刻。今众信未孚而各处商民未识银元式样，又不知成色如何，果能便用与否，若骤使票号兑出，必致不肯接手，仍非善法。总之必先缓为劝行，自然畅行。俾得相习成风，方能通行无碍也。"但该建议并未得到巴县县令的认可，"察阅所禀，该票号等全系支吾推委之词，殊属非是。惟银元现仅数万，即在渝城行使亦觉分布不周，省城亦尚未行用，一时未见即有汇兑，将缓置议"。③

1898 年，四川地方政府在重庆设银元局，专办白银的行销、回换等事。1909 年，"重庆商会通过一个决议，劝告各票号接受银元"，至此，银元才

---

① 隗瀛涛主编《近代重庆城市史》，四川大学出版社，1991，第 279 页。

② 隗瀛涛主编《近代重庆城市史》，第 279 页。

③ 《巴县札饬八省首事筹议银元汇兑办法及禀行用银元汇兑暂缓置议先将上库银准折确数拟请察核卷》，6 - 6 - 3911。

得以在重庆流通。①

第二节　八省会馆客长争充与资产争夺

光宣时期，渝城会馆已经成为拥有大量公产和公款的控产机构。这些公产和公款少则有数百两白银，多则上万两白银。对这些资产的掌控已然变成有利可图之事，承充客长、掌管会馆的款项对个人来说具有相当大的诱惑力。在光绪时期的巴县档案资料中，有大量移民客商后裔争充客长的案例。

同时，会馆内部不同利益主体围绕着会产经营及利益分配产生诉讼，这些诉讼案件反映了会馆在发育到一定程度后，必须要解决的制度或体制方面的问题。

客长争充案

光绪时期，江南会馆、浙江会馆、江西会馆均发生过会馆成员为争当客长而对簿公堂的案件，有的当事方甚至在官方已经有明确人选的背景下，依然缠讼不止。原被两造之所以不计成本地互相提告，不仅是因为对利益的争夺，也是对多年客长承充惯例的坚持。

案例一：光绪十八年至光绪十九年，江南会馆敦谊堂朱成词与洪荣为争做首事客长与会馆财务互控案。②

光绪七年，国彰就任巴县知县。国彰虽是蒙古族人，但自小在江苏长大，在巴县任上与江南会馆关系密切。在他的倡议之下，江南会馆敦谊堂进行了大规模的会馆建设。国彰很会看风水，当时江南会馆多年未有子弟中第，"人才不旺"，国彰认为是会馆左边的地势太低，建议在这里建造房屋。前已谈及，江南会馆于是在此兴修青龙阁。

光绪十八年三月，前任江南会馆首事、大宁典史朱成词（又名朱月船）

① 《1902—1911 年重庆海关十年报告》，周勇、刘景修译编《近代重庆经济与社会发展》，第149—150 页。

② 《江南会馆敦谊堂朱成词与洪荣为争做首事客长与会馆财务互控案及该馆首事议定之会馆管理章程》，6－6－6413。

回重庆养病，会馆其他成员推举他为首事，再出江湖，来负责此事的解决。四月二十九日，敦谊堂在馆内召开会议，并邀请八省会馆其他首事列席，专门讨论是否卖产还债之事，会后做出决定，鉴于该堂欠债太多，同意卖产还债。

五月廿九日，赞成派一方由监生朱成词、洪希侨、朱立诚、朱锦章、胡承梁、郑赤文向县令耿士伟正式提出申请，希望将会内产业"长生桥田土一坊、住房三向，提四契觅主出售，约计可得市价四千金之谱"，用这笔钱可以把利息较高的4000多两白银欠账先还上；敦谊堂所余会产每年还能收租息七八百两，完全能够"陆续填还"剩下的1000余两白银欠账。他们认为，这个办法的好处在于，此后每年就没必要多付八九百两白银的利息了，日后会内若有捐款还能陆续买上一些田产，这样敦谊堂的会产又能够旺盛起来。

但是，县令周兆庆并没有表态支持。他批道："所禀是否属实，果否可行，着札饬八省首事再同本馆□□（首事）妥议禀复核夺。"让八省客长来参与解决此事。

六月初十日，反对派由文生洪子元，民胡荣、洪先声、朱椿泉、朱辅臣、胡有容牵头，以光绪七年所定的八条堂规为依据，即"会内田房永不许当卖"，向县令呈词称，前任会首汪才裕因为历年佃租不清、"悬款过多"，在光绪十一年被会众提告在案，尚未结案；在账务不清的情况下，突然又要卖产，这让他们无法接受，"前债未还，新累愈增，此款无着，匿帐不算，徒云变产，此款难释"，反对朱成词等人所坚持的卖业还债，而要求首先要理清会馆历年的租息收入，以所收的欠账来还外债。

六月十二日，赞成派一方再次提出告状，谈及了卖产的新进展，长生场的土地有买家愿意出银1255两，但出现了新的问题，洪子元、朱椿泉、朱辅臣等人"觊觎卖银，从中阻克"，"估勒首事另卖，伊等作中，便图索价瓜分"，而且反对派一方还去朱成词家"踞闹，理遣不去"，以致朱成词有辞去首事的想法。

闰六月十四，朱成词等人再次禀告，说上次洪子元等人告状的原因是"仍图侵渔，募价未遂"，进一步指控朱宗鼎、洪子元"伊等无非同乡，均未捐厘"，亦言之，反对派并没有指控的道德基础，并对反对派成员的身份

216

进行了质疑，"洪先声则系洪勋胞侄并未在渝，朱辅臣、胡有容查无其人"。对于他们提出的汪才裕亏空会产一案，朱成词等人称该案"于光绪十六年经凭八省同乡会众澈算明确，并无弊吞"；同时，朱成词等人称变卖田房产业的提议得到了众首事的认可，"出自公议，并非一人专主"。八省客长在给县令的禀文中明确地站在了朱成词一方，不仅认为朱成词"并无厘弊可指"，同时亦指责朱宗珍等人"敢纠众至家踞闹滋索，尤敢捏词妄株，种种冀图侵渔，图告不审，不沐严惩，公正者难充首事，搭累胡底，会祀从此废弛，神人何仰"，建议县令提审朱宗珍等人。

七月初一日，八省客长晋安泰、闽聚福、广业堂、楚实善、关允中、宁兴安、江安、□豫章在提交给知县的禀文中说，此次诉讼的根源在于"朱宗鼎、胡有玎等因作中未遂，捏名兴讼"。他们为此做了协调工作，闰六月的一天，八省客长一行人及敦谊堂各首事，共60人在堂内开会，采取民主的表决方法，也就是同意卖产还债的首事在纸条上写"允"字，不愿意的写"不允"，就当时的情况来看，有56人同意，只有朱宗鼎、胡有玎等4人不同意。二人的理由一是"帐目不清"，二是"价值不符"，但经调查都不是实际的情况。此前的会首由监生汪才裕充任，朱宗鼎等人一直认为堂内的账务不清，但实际情况是历年的账目都很清楚。现在该堂总共欠有外债银5000多两，如果仍然按照以前的还债之法，"诚有化本填息之弊"。因此，八省客长认为"为今之计，止有变业还债及时樽节，或可救全一半，亡羊补牢，尚为未晚"，支持变卖产业还债。

七月初，朱成词正式提出辞去客长一职，他在回顾了此次诉讼的来龙去脉后，称自己不仅主导长生场田地多卖了几十两白银，而且还垫资数百两，反倒遭到"串联污谤"，恳求"准职辞退，饬乡众另举殷实公正接充，田房应否售卖，赏示饬遵"。七月初十日，八省客长、江南会馆句溧首事、徽州首事等多名会馆首事分别向县令呈文，请求县令札委朱成词继续承充敦谊堂首事。朱成词暂时得以留任。

此案发展到这一阶段似乎有了结案的可能，未承想七月之后，该案却进入了一个新的阶段，即朱成词与洪荣为争做江南会馆出省客长而发生的纠纷。

朱成词，曾担任江南会馆客长、大宁县典史。洪荣，文生，时年 61 岁，曾担任重庆老厘局唐家沱抽厘卡的司事、巴县字水书院斋长等职。按照章程，八月初二日是朱成词作为江南会馆客长出省办公的第一天。未承想这天会内成员洪荣偕同其子洪子宽、洪七及洪殿生、洪月楼等十余人，于二更时到朱成词家，"吼称打杀"，"夺去子表，毁坏烟袋，乘夺职凭上各物"。事后，朱成词在给县令的禀文中说明了洪荣不能胜任出省客长的原因：一是"尚无厘金，岂得不由公举，恃霸妄争"；二是客长位置重要，不仅要对本省会馆事务负责，而且按惯例要担任厘金局局绅等职务，"出省办公盈千累万，责任匪轻"，而洪荣"前充唐家沱司事舞弊，经前道宪伊查明斥逐，嗣充字水斋长，搕索佃户，沐恩更换，素行卑鄙图利，无□□作"。

洪荣等先后上禀多张词状进行了反驳，其理由可概括为以下数条：一是敦谊堂由朱、洪、胡、郑、汪五姓抽厘创办，"定例五姓子孙互相经理，至于出省充当客长，仍系朱洪胡郑汪五姓轮流更换，不得紊乱"，来自朱氏家族的朱宗珍刚刚卸任客长，理应轮到洪姓族人承担；二是朱宗珍卸任后，洪姓家族已经推选了洪荣充任客长，并得到了江南会馆其他管事的首肯，他当时以"力薄才疏，难以胜任，且以前班交代账目未清"拒绝了；三是否认了在朱成词家打毁家具等事，"毫无打毁情事"，保正陈秉璋可证；四是补充说明了他的出身，"窃生祖辈入川，于今八代，前皆贸易，开设铺户"，也就是缴纳过创馆厘金商户的后裔；五是反指朱成词在出身上无资格担任客长，"彼朱成词于同治初年始禀到来川，因与朱姓联宗，始入会馆，其无厘金，不言可知"。

八月二十五日，反对朱成词担任出省客长的胡荣、胡先声，客民朱辅臣、朱椿泉等人又向巴县递了一状，从朱成词的操守、八省客长的公正性角度进行了批驳：一是朱成词在担任大宁典史时，因受贿而逼死人命，被大宁县令以"操守不谨"而禀请革职；二是朱成词与前任客长朱宗珍是叔侄关系，两人交接账目时并没有进行清算；三是八省客长在调查案件时并不公正，"究伊一面之词禀复"，没有进行全面调查。胡荣还提供了另外一些不利于朱成词的线索，"前月竟将长生硚田业售讫，实价一千三百五十两，契书一千二百五十五两，短注价银九十五两，与才裕等分吞"，也就是有贪污会

218

产的嫌疑。

九月一日，江南省会馆首事戴先灿、李春山、石昌发、沙元福、沈海、申迪绳等人给县令详细解释了为什么选举朱成词充任出省客长：虽然敦谊堂有五姓轮管的定例，但"每多互相推诿，办理不善，以致改照旧章，公举一人，责有专司"，洪荣纠结旧章，"妄争出省"，但他"前尚未至会馆办公，亦未举充首事，公事不能谙练，何堪出省贻误"，也就是说洪荣没有能力担任出省客长；朱成词担任出省客长是当年三月由"会众公举"的，且得到了县令的批复，洪荣现在"恃强混争"，情理上也说不通。

九月二日，胡荣等人又上一状，状词集中在三个方面：其一，洪荣是主动不干的，"谢辞不认"，而朱成词乃乘机朦充；其二，前面八省客长、江南会馆递交的力挺其担任客长的禀状都是朱成词"私窃戴光灿等名"写就的；其三，朱成词"于同治年间始禀到入蜀，则其无厘可想见矣"，不是创馆厘金商户的后裔，当然没有资格担任客长。同日，支持朱成词的朱宗珍等人在给县令的禀文中反驳了胡荣等人的看法：一是洪姓在渝贸易者仅有两家是缴纳过创馆厘金的，其余均没有，包括洪荣的家族；二是朱成词虽然是同治年间才来渝贸易，但他是朱宗珍的亲侄，"其祖辈前渝伙贸源顺、大顺均出有厘，底簿审呈"；三是对方否认八省客长的意见让人难以接受，"八省至公，岂能贿朦！"

十月六日，巴县知县对原被两造和中间人进行了堂审，并做出了宣判。

> 据此查两造因归客长出省以致纷论争充，殊属不成事体。况出省客长□管保甲以及老厘局务，责任匪轻，必选殷实公正之人方当此任，江南馆一省三县……一年一县举人出省，或殷实不能公正，即或公正又非殷实，选举难得其人相慎……成词现未铺贸，均勿承充。据称上年系句溧县戴坤元出省，不必拘□县……戴坤元仍行出省，系是熟手，不致公事遭误，以免争充。至泾县会首选举□正殷实之人经管。惟洪子宽不应当堂逞刁争辩，即予掌责。所称算帐各去。此判

巴县知县让戴坤元代泾县出任出省客长，但戴本人似乎并不愿意，他在

十月二十三日说："奈职近多疾恙，并非偷安耽逸，即职所办本县公事尚恐贻误，久欲具辞卸责，职实无余力代庖。"同时，泾县籍五姓也不愿意，"岂能轻将先辈善举会事付与外人代理？"而挑起此轮诉讼的洪荣"自知情亏，不应悍争妄控，甘愿俯理息争"。鉴于此，巴县县令和江南会馆部分民众只得让朱成词继续担任出省客长。也许是敦谊堂内部分民众对朱成词出任客长一职还有反对之声，十二月二十六日，朱成词以多病、卧床不起为由，坚辞客长，建议让戴光灿出任。实际上是朱宗鼎等人曾到他家"估借"，"惯索无厌，因前主未究，愈为得势，缠害不休，与之难对神明"，朱成词"自接会以来，已挪垫二百余金，幸会首届期已满，理应交出"，但并没有立刻得到允许。光绪十九年六月，客长一职仍由朱成词接任。朱成词接任客长后，与洪荣之间的诉讼纠纷依然不断。

案例二：光绪初年浙江会馆争充客长案。①

渝城浙江会馆由湖州府、宁波府、杭州府及绍兴府商人联合创办，因创办期间各府商人出资不同，有清一代，形成了以经营瓷器为主业的湖州府商人和以经营药材为主业的宁波府商人轮流充任客长的格局。光绪初年，为了争充浙江客长，浙江会馆内部出现纠纷。

按照光绪十三年巴县认可的浙江会馆湖州府客长充任的规则，客长的充任应该基于下述几个原则：一是"无论近来贫富，挨轮应签应值"；二是充任客长期间，若有财务亏空，"立刻当众交签，勿容推诿"；三是"若湖府纵有乡邻在渝贸易，前人未曾入会者，不得强□入宾馆，希冀管吞紊乱帮规"。这三条中，最重要的是第三点，若前人不是会馆的创始会员，则没有充任客长的可能，正如光绪十三年四月，巴县县令袁韵春的一通告示称：

> 为出示晓谕事。案据浙江馆湖州府首……费锡、陈坦、陈作清等禀称，情康熙年间浙江湖州府木帮云云。伏乞。等情。据此，合行出示晓谕。为此，示仰浙江湖州府来渝贸易人等知悉，查湖州府会同宁府建修宾铺，置买田业，原作焚献之需，应以□前入会之人轮流经管，勿得紊

---

① 《浙江会馆湖州府黄锡为藉搕钱银凶殴等情告陆志芬案》，6-6-18225。

乱，倘以前未经前人入会者，不准恃强□入宾馆，希图管吞……①

此三条既是浙江会馆客长任职的规则，同时也是八省其他会馆客长任职的规则。也因为此三条规则，光绪时期，浙江会馆内部曾发生一起争充客长的案件，即浙江会馆湖州府首事陆志芬、费锡等人与该府会外之人顾安亭等争充客长。

光绪十三年八月，陆志芬、费锡等人以"□滥紊规、协恳唤究"为由状告顾安亭作为会外之人，试图承充浙江会馆湖州府首事。陆志芬、费锡在告状书中给出了以下几点理由。

第一，县令袁韵春已经就客长承充的规则有过批示，"由同乡公举殷实老成，必须乡众信服，方许充当首事，不得挨轮签值"。

第二，按照渝城各会馆首事承充的惯例，"会馆各号捐款创修，前人集设规条，凡在会馆，按资出有底金者，子孙轮流充当值年，管理公事会务，如系身在官途，为官为幕，不得复当会馆值年。诚恐自恃声威，有碍公款，至于未在会馆出有底金者，更不得□入霸管。程规久定，多年无紊"。

第三，在此案之前，湖州府曾发生过会外之人承充首事而导致会内公款被侵吞之事，"衅由昔年在会吴元泰应当首事值年，奈伊家住资州，离渝数百里之遥，管理不便。会众集议，请会外同乡顾承熙（即顾安亭）堂兄顾浩然，代为经理十载，借管鲸吞，自言亏用七八百金之多，帐目概未交清，支避回籍安享，所言忠实老成何在"？

而这次欲承充客长的顾安亭即是此前曾亏空过会馆公款的顾浩然的堂弟，因此他们担心"承熙由此混入会馆，□□管吞，复蹈伊兄故辙"，也就是说顾安亭有潜在贪污的可能。

总而言之，陆志芬、费锡二人认为湖州府首事应该由会内之人充任，这不仅符合旧规，也可杜绝渝城其他会馆之外的人承充客长，"渝城浙省客民不少均可□入会馆，串党签举首事。不沐作主示禁，将来讼端何息？"

但是，陆志芬、费锡等人的主张完全没有得到县令袁韵春的支持，袁韵

---

① 《浙江会馆湖州府黄锡为藉搕钱银凶殴等情告陆志芬案》，6－6－18225。

春认为：

> 　　值年首事经□银钞出入，必须殷实老成之人方能胜任。据禀须由会
> 内轮充设值，不妥之人任意亏挪，岂不终归废弛？且当日签举会外顾浩
> 然之时，又何以默然听之？必至今日始于□争，具见别有隐饰。仰该会
> 馆各府首事邀集乡众，妥为筹议，毋庸固执旧章，总须选举殷实可靠，
> 众所悦服之人充当值年。庶于会事有益而免觊觎争执，可也。

袁县令认为客长有资格充任的关键在于客长的个人能力，即"殷实老
成"之人，而不必怵惕于旧章，同时对陆志芬、费锡二人指控顾浩然亏空挪
用会款一事亦表示怀疑，认为如果真有此事，为何当初没有提告，而是现在
才来指控，于情理不合。

光绪十三年十月，支持顾安亭接任客长的陆松樵、潘子衡在给巴县县令的
复状中解释了他们选任顾的理由：客长一职"为一省之表率，公局之依任，事
烦负重，责任匪轻"，需要殷实公正、老成谙练之人，"若以市井无赖、卑污苟
贱当之，鲜不倾覆"，自光绪十年前任客长陈文煜病故后，湖州府客长一职一
直空缺，"业经四载，虚悬无着"，选择顾安亭充任客长"众所悦服"，顾安亭
的能力能够达到客长一职的要求；同时，他们认为陆志芬"鹰饥未饱，鹢逐又
生，借公营私"，由他出任客长"贻害胡底"，希望县令能够同意顾安亭出任
客长。陆松樵、潘子衡的这份复状得到了县令的支持，县令批示道："具禀顾
安亭殷实老成，堪以接充湖府首事，应准如禀承充，以专责成。"

既然得到了县令的明确批示，这场客长一职的争夺案发展到这里似乎已
经有了答案，事实上却并未结束。

光绪十三年十一月，反对顾安亭充任客长的费锡等人提出新的理由，继
续上诉，希望能够说服巴县县令制止顾承熙充任客长。费锡等人的诉状主要
围绕以下几点展开。

第一，详细描述了此前外人充当湖州府客长所带来的危害。同治二年，
客长高青州病危，本应由会内的吴元泰接任，但吴远在资州，不方便接管，
遂"爰集众议，请会外同乡顾以清代理管事"，至光绪初年顾浩然因病回籍，

222

核算账簿时，发现顾浩然"亏空银七百余两"。而此次打算接任的顾安亭即是顾浩然的堂弟，他们很担心再次发生贪污亏空会馆公款之事。

第二，前任县令已经出示过应由会内之人承充客长的告示。

第三，顾安亭已经年届七十，精力不足，难以管理会内公务。

第四，重庆各省籍会馆"均系行客往来宴集桑梓之所，兼有公事重责"，形成了由原籍会内成员担任客长的传统，"若于会外滥举朦充，湖府同乡谅不乏人，此例一开，后患无底"，同时也给重庆的其他会馆提供了不好的个案，可能会引发诸多问题，"况渝八省首事，原为客帮办公，断非会外人等所能绝其弊源"。

基于上述理由，费锡等人反对由顾安亭充任湖州府客长，建议仍然按照此前会馆的公议，"挨年出省，仍请宁府客长童潞贤代应八省公事"，而会内的具体事务则由陆志芬经理。

可以看出，陆志芬、费锡等人已经大体知道了官方的态度，即支持顾安亭接任客长，鉴于此，他们提出了一个让步的方案反对顾安亭接任客长，即"内管银钱，外交公务"，由陆志芬接任经理"专司焚献"。这一方案的重点在于湖州会馆的客长和经理分职，由之前担任过客长的童潞贤再任客长，而由陆志芬接任经理。但这一方案并没有得到时任县令的支持，县令批示："据禀陆志芬系属会内之人，应如禀准其专理焚献。第会馆以银钱公事为重，前经首事陆松樵等禀举顾安亭经管，度必老成殷实，为众所服，方能公举。所有会馆银钱，即着交顾安亭一手经理，陆志芬不准借词染指，以免物议而杜侵蚀。顾安亭亦须勇勉□公，不得畏缩退。"县令提出由顾安亭充任客长，经理会馆钱款，陆志芬"专理焚献"的方案，试图调和双方的矛盾。

县令的方案并没有扭转陆志芬、费锡等人反对顾安亭充任客长的态度。此一案件随着时间的推移逐渐白热化，甚至上演了肢体冲突。光绪十三年腊月十九，据顾安亭称，当天湖州馆"乡众齐集，又以帐箱交职，甫告辞间，志芬支党费锡胆将帐簿、期票从旁夺去"，陆志芬同伙费锡当众抢走了会馆账簿。光绪十四年正月初五日，"乡众问伊要簿，职（顾安亭）又再三辞卸，讵志芬突出，抓职发辫，挽由座上扭拖在地，拼命凶杀。幸乡长理斥，乡众拖救，始吉。职已气闭，呼吸奄存微息，众目咸睹，靡不寒心"，顾安亭自述遭到了陆志芬等人的扭打。该年正月十五日，支持顾安亭接任客长的陆松樵、潘子衡以"痞挠逞凶、协恳严究"之名控告陆志芬"声言打杀，痞挠滋非"，希望能够"将志芬拘案严究，以惩刁风而儆效尤"。这一请求得到了县令邢锡晋的同意，"准拘案严讯究追"，并派出衙役会同约保将陆志芬、费锡二人拘押。

有意思的是，陆志芬、费锡二人似乎并未被此情形吓倒，甚至在同年正月二十八日给县令的禀状中为他们的行为进行了辩护。

> 民等湖州府前同宁府建修会馆，置买田业作资焚献，原议会众轮流经管，衅由同治二年湖府客长病危，接管乏人，爰集众议，暂请会外同乡顾浩然代理馆事。殊至光绪元年，民等据簿核算，浩然亏空银五百四十六两余，分厘无偿。因交陈香坪接管，至光绪十年，又亏空银五百四十一两……众见顾陈二姓亏空一千余金，议欲签交下手，诚恐效尤。当请宁府客长挨年代应公事……禀准如恳示谕，害遭浩然堂弟顾承熙屡谋接管未遂，随捏朦票图值，□准饬房注销，乘民志□……顾安亭接充湖府首事，谎……不得干预馆事，前□馆议以湖府现位渝贸无几，仍请宁府客长童潞贤代管，庶无违……成来渝再为举充首事。今陆松樵等举充不惧将来，借管侵吞，势必仍蹈前辙。况安亭会外年逾七十，承熙串举朦充，作为子孙靠业公款，便为己用，仁天□□洞烛奸诡，为恳示定，以免案规，神人均沾，顶祝不朽，伏乞。

陆、费二人在禀状再次强调了此前由会外之人充任客长带来的亏空公项银等弊端，顾安亭与顾浩然有亲戚关系，很难保证顾安亭接任客长后不会发生亏空会馆公款之事。但巴县县令仍然选择支持顾安亭接任客长一职。该年正月二十五日，巴县县令正式给顾安亭下达了委任札文。

> 巴县正堂为札委事。□□□本城浙江会馆□□□□□□会内者职顾安淳，抱禀顾□□禀称，情职湖府会款内事云云，伏乞，等情。查现据陆松樵等具禀，陆志芬串夺簿票、逞凶殴辱各情，业已批准除另票拘唤

外。仰即来案候质。至该首事系为众所公举。据此，合行札饬。为此，札仰该府首事顾安淳查照来札事理，即便遵照办理，以专责成，毋得徇隐有负众任。勿违，特札。

在这份客长委任状中，巴县县令强调了两个事情：一是已经对冒犯顾安亭的陆志芬进行了拘唤；二是希望顾安亭能够出来接任客长，不负众望。

经此反复折腾，顾安亭已没有了接任客长之心，在光绪十三年就曾一再请辞，光绪十四年正月在和陆志芬发生肢体冲突后，更坚定了辞职的决心。光绪十四年三月十二日，顾安亭向巴县县令提交了辞去客长一职的辞状，状内称：

> 浙江会馆湖府会内职员顾安亭，年七十一岁，抱禀王升，为案悬祸炽，再恳辞退事。情职湖府会款内事因遭会内陆志芬痞恶恃霸，总欲霸管图吞，乡众恐会废弛，再三举职接管。职因衰迈屡次力辞，未能卸责，无奈志芬霸恶无敌，复串伊党费锡狼狈相商，始敢夺去票据，继且欺职衰弱，扭职逞凶。今正迫职以碍难遵办禀辞，邢主未准辞退。旋即给札，业已酿讼成案，复遭志芬、费锡贿差弊塌，抗不投审，反行捏诬，久告不审，希图掩抵，案悬至今。抄出志芬禀词，一词诬称职任顾以清亏空七百余金，一词又诬以清亏空五百余金，两词矛盾，控诬显然。况又诬职耽承等谎，众知以清经管十余载，毫无亏空，职亦无耽承之语。如果以清稍有亏空，上交下接，岂能交出回籍？下手陈文煜焉能接管一切，妄诬不沐讯究为祸愈炽，兼之宁府客长童潞贤代管帐箱契据交职接管，职实筋力衰弱，难胜重任，再恳赏准辞退，以免杜祸。所接帐箱契据仍请童潞贤代管，嗣后举得其人，始行交出，并恩赐批作主。伏乞。

这一辞呈并没有得到巴县县令的同意，"着仍照常充当，俟案讯明再候核夺"。但顾辞意甚坚，无奈，光绪十四年五月十□日，巴县邢县令同意了顾的请辞。

讯查浙江馆报签客长，向规由众公举，宁湖两府各报客长一人，杭绍两府向不报签。今湖府客长乏人办公，众举顾安淳充当湖府客长，业已禀请给札，但陆志芬不应固执己见，不遵众议，辄敢将会馆帐簿期票抓去，实属不合，已予械责，断令湖府客长顾安淳既将委札缴案，着童潞贤暂为代理，俟宋旭初来渝，再行举充，以专责成。否则陆志芬不得再滋事端，如敢故违，即行复讯严究。此谕。

从县令的批示来看，他不仅不同意陆志芬接任客长，还因为陆早前的抢夺会馆账簿的行为，将其"械责"；由于顾安亭拒绝接任客长，不得已巴县同意了由此前曾任过客长的童潞贤代理客长职，等新的客长选出后，再行轮换。

本案值得思考的是，陆志芬等人为何在县令已经明确支持顾安亭接任客长的情形下，依然反对其充任客长。陆志芬等人的理由无非有二，一是客长由会内之人承充的惯例，二是这个惯例曾得到巴县地方政府的认可。这两个理由于情于理都说得通，但巴县地方政府之所以支持顾安亭接任客长，肯定是知道会外之人不能接任客长的惯例的，他们支持的理由主要是基于接任客长的能力而言，也就是说新任客长是否有能力把会馆的资产管理好，把会馆承担的职责做好。地方官员和会馆民众对选任客长的不同标准，导致了此一案件延宕两年，经多任县令才达成折中方案。

案例三：江西会馆客长争充案。

渝城江西丰城会馆创自康熙年间，由同乡捐资"置田业房屋，以作焚献团拜之需"。会馆首事的选任按照"上保下接"的原则，一般由会内成员来管理。同治年间，江西丰城人李恩治在重庆开设萃成和钱铺，其家境在渝老乡中算比较好的，曾出钱捐纳为在籍的云南补用知州。作为江西丰城人，李恩治很想入会，但因祖上并不是该会的创始成员，很长一段时间他都未能如愿。光绪十一年，李恩治再三托张光烈、雷维需等老乡作保，"始许入会"，但约定不许经管银钱。李入会后，很快便"签报首士"，这引起了会内其他民众的反对之声。光绪十三年，会馆另一位首事周海涛指责李恩治等人在光绪十二年经管会务时贪污会款200余金；而李恩治也指责周肥私，并"统党遍赴各佃止银，不由职恩治，收支办会"。从县令的批示和八省客长的态度来看，他们似乎是站在李恩治这边，如县令在李恩治提告周海涛的诉状中批示："会馆首事报签殷实接管，原所以重神而免废弛亏吞。周海涛等竟敢紊乱旧规，私收佃租，聚众滋闹，尤复设柜争管，实系情同无赖，可鄙已极。据情出示谕禁□□海涛等敢于再行阻挠滋□□□绅等指名禀究以惩刁恶，可也。"而对于周海涛后来的反诉，县令也没有任何批示。此次诉讼发起一个月后，"据呈周海涛等窃名妄拿，□□□真殊属不合，准如□将该生之名摘除，以免□累，此谕"。[①]

类似的案例也发生在江西建昌府南城县财神、麻姑两会，两会至光绪初年已经创立百余年，置有田土，每年收租谷 55 石，作为"春秋祀典"之费。同治年间，军功吴璠、吴永固各以银 5 两入会，并在会众周雨亭、黄纯然等人的支持下，出任乡长，这导致会内围绕着二吴是否有资格入会而"构讼不休"。光绪九年十月，"沐宪亲讯，断令均不应充"，反对二吴这方"协举黎执中总理会事，出省办公；并举陶文斗帮管会账、银钱"。此后，陶文斗、黄纯然等围绕着"夺管私卖租谷"等事互控不止，"屡年缠讼不休，讼费大空，公会已匮"，为了防止类似的事情发生，制定章程四条予以约束。

> 一、议前人创会维难，我辈坐摄现成，转致废弛，能不滋愧？其弊实由后来入会者良莠不一，经手首事未暇清查，轻便滥入，以致困之。奸狡之徒，迫为钻公济私，从中酿祸。试想滥入一人，仅收庄银五两，酿成一事，浩［耗］费公款若干。毫厘千里，悔亦莫及。特为协议，除既往不咎外，以后凡有未上庄者，首事务要查明来历，必须习正业安，本分，有同乡人妥保，方许入会。设有游手无业、素不安分、不凭会众、钻入滋事者，立即凭众将上庄银除去，下会出局。倘有借故滋事，协众禀官究治。

> 一、议公举乡长，总理各会，原要阖府人信服，方为慎重其事。无如有声名者，避嫌推让；无聊赖者，钻干估争，势必滋讼贻累。现经举

---

① 《江西会馆丰城县周海涛私收佃租及公举李恩治接管首事卷》，6-6-6419。

有一人，总理会事；出省办公一人，帮管银钱帐项，责成专而□裁制，亦即昭清白以避嫌疑。久后凡举乡长，照此为规，必须阖府三县人等会同公议，不拘某县，有殷实老成，或端方谨慎，素为正人，许可仍举出办事，庶不贻累。倘无执无业，不由公举，自鹰为者，亦即凭众将上庄银除去，下会出局。倘有挟嫌滋事，协众禀官究治。

一、议轮报首事，经管银钱帐项者，务要殷实。每逢会期，即凭前后班首等，将帐项彻底算明轮交。后班有欠前班赔还。设有不堪任劳任怨，不愿经管银钱，及至会期交班时，又无妥人接手，安肯轻易交代，以前保后，自贻伊期。若不交班，又恐嫌疑，许其仍暂管理，但须算明各款。若除用有存，不愿领银生息招记，许其凭众放外帮生利。若外帮不能，即凭众放存建昌府公柜内封锁。俟公会用时，集众公取，验原银无息。但一人不得私开公柜，开生物议，会内有为众不信心者，当自避嫌，不得争管。

一、议城南置修建武公所，原为会内祀神昭敬，所有间土荒山以为义地，用葬同乡孤□，以藉慰羁情自裡祀修，而乡谊聚复，为广建房廊以安斋宿，多栽花木以蔽清荫。本为公会之所，非寓流落以供游荡。会内无赖者，何得搬入霸住，视同家祠，已后不许在此估踞。更有狂妄，乘其无人，在此辄敢聚类成群，怀优挟技，燕乐其中，攀果折花，任意衷扰。看司两人，力不能阻，有误责成，转为隐瞒。迫首事查知，已事隔日久，不便追问。以后不论会内会外人等，概不许来所衷扰。如敢故违，协同送官严究。倘看司作弊，不随即报知，查出逐去。①

从上述几个案例我们可以发现，此一时期客长争充的焦点主要集中在当事人的身份、能力和操守上。按照清代渝城会馆客长的通行惯例，客长必须由创馆客商的后裔轮充，这似乎是中国家族血缘继承制度在会馆内的反映。在这一惯例下，即使是同一个原籍的客商，若其祖上并没有参与捐资创建会馆，则没有充当客长的资格。案例二和案例三中双方就围绕着这一问题多次

---

① 《江西会馆职员吴经钰等与龚光源等为会馆田业租谷银两纠纷互禀卷》，6-6-6418。

发生交锋。经过上百年的发展，会馆会众之间及会内成员与会外成员之间的经济实力出现较大差别是正常之事，但由创会成员后裔担任客长的惯例则让更有能力的非创会成员后裔担任客长变得不具有正当性，导致诉讼层出不穷。当然，会馆成员的身份亦可能丧失，如江南会馆规定，"亏空会银者不准赴席，如数清还才准入会"；有些情况之下，即使是会员，也不能充当客长，"欠会银二十两无银还债者，许以五年不赴席扣除，不准充当会首"。①

我们亦注意到，官方和民间在客长充任原则上出现了分歧。一般来说，官方都会认同民间有关客长充任的惯例，因为这一惯例已经行之百年，对官方来说，没有理由去反对或指摘。但光绪以降，地方官员亦面临发展地方商业等诸多难题，对他们来说，选任一个能干的客长不仅有利于稳定地方秩序，也有望其为完成地方的各类临时加派出力。这在案例二中有清晰的表现。

会馆资产争夺案

至光绪年间，八省各个会馆已经创办了近两百年，这时对其成员来说，同籍观念等感性因素随着时间的流逝而逐渐减少，使他们结合在一起的，更多的是会产等经济利益的驱动。清中期以降，八省各个会馆之间时常因为会馆资产的瓜分而引发矛盾。

案例一：江南馆敦谊堂职员洪福与朱成茂争夺敦谊堂田房红契案。②

同治时期，"因经管银钱者屡多亏空"，敦谊堂会产经常出现"簿注不明"的情况。光绪七年，同乡程凤仪借银70余两没还，该年还发生了会馆执事朱成茂"握揸红契不交"一事。在八省客长的调处之下，敦谊堂立下了"红契存积会馆公柜，永远不准当卖"的规定。为了有效地规范堂产的管理与经营，光绪七年，敦谊堂立下会规七条。

一、议会内田房永不许当卖加稳减租，如有紧急需用，会首集众在外通融，俟收租偿还。

---

① 《江南馆敦谊堂职员洪福等具禀朱成茂握坏规不交红契卷》，6-6-6412。
② 《江南馆敦谊堂职员洪福等具禀朱成茂握坏规不交红契卷》，6-6-6412。

一、议街房佃户交纳租银，准于端午节五月初三四两日，中秋八月十三四两日，年节腊月廿七八两日收齐，会首同守柜清数，下柜封锁。或有佃户交纳不齐者，必虽该佃户出给红票，一同下柜，以免守柜遗漏，蒙混舞弊。

一、议监理堂上内外事务，须会内年高公正、不避嫌怨之人，于正月廿五日报签，会时备上夫马银两。

一、议守柜，不许会内钻当，务请外帮人公正老成、并有殷实担保□□柜银一百两无利，每年共给工资伙食银六十两，如后不清，押银如数退还。其出入银钱并会期办席等件，每年除应支各款外，剩有余银，须同会首放当生息，如有亏空，将押银扣赔，不足惟担保人是问。至守柜在外挪扯银钱、货物，不与本堂相涉。如私通会首，作弊察出，该守柜替赔一切，换佃、修整及收租，必先报知会首，守柜不得擅专。

一、议会首，五姓公签公管，必须报公正之人、先签前有厘全者充当，每年正月廿五日帖□接，上交下接，下接上保，交清方可脱手。凡有支用，必同守柜支发，如有私通守柜，司事疏忽、隐匿，察出一并坐赔。守柜所管会柜，五姓五轮，必须五人皆到后开锁。如未办会，辄许擅开，致有亏误，惟守柜是问。

一、议出省客长，五姓各半年，局上所获薪水、夫马一概入公，以免争竞（缺七字）人。不准住扎会馆。借欠会银二十两无银还债者，许以五年不赴席扣除，不准充当会首，以后永不借贷。如愿赴席，每会出钱三百文，如估不□□出钱赴席，又或纠众捏故，至馆滋事，许会首禀官送究。

一、议亏空会银者，不准赴席，如数清还，才准入会，如违监理会首□□禀究。

光绪七年六月二十八日立示晓谕①

上述七条内容涵盖堂产管理的原则，堂产租银的征收，会首、司柜的选充及职责，出省客长的选任，会员成员资格等多个方面，不可谓不全面、细

---

① 《江南馆敦谊堂职员洪福等具禀朱成茂握坏规不交红契卷》，6-6-6412。

致。但有意思的是，光绪年间，围绕着江南会馆出省客长的选任、堂产的经营，江南会馆敦谊堂出现了两次持续时间甚长的诉讼纠纷。纠纷的展开主要围绕堂产能否出售还债，祖上未曾出过建馆厘金的同乡是否有资格担任会首及会首经管堂产账目不清等问题。

案例二：光绪初年巴县治城浙江会馆为争夺前人遗产与买家发生的纠纷。①

康熙年间，浙江绍兴府人范刚游幕来川，以幕囊所积，在巴县直里一甲马厂坡置买田业一份，载粮一两一钱二分；房屋数间，放佃居耕，每年收租谷100余石。因年老无子，遂将所买田业全部捐入浮图关夜雨寺，只身依庙度日。范刚与该寺僧人商定，其逝世后由寺僧为其造坟修墓、设立牌位，一切修造费用及每年祭扫供奉之费，从范刚田产的租谷内支给，所剩之谷则作为寺僧的日常开销。双方为此曾在乾隆三年立碑存记。范刚病故后，该寺僧人履行了和范刚的约定，将其葬于施业之田内，并在寺内设立牌位，祭扫供奉。

咸丰年间，寺僧修崇不守清规，荒废寺产。佃户黄天和、徐大铨乘机设计诱使修崇借贷银钱，其中黄天和借给修崇银九百卅五两，徐大铨借给银八百七十四两五钱。到了咸丰十一年冬，两笔借款本息共计三千余两。修崇无力还债，不得已，将范刚所施之田分别以银一千七百余两、一千五百九十两卖给黄天和、徐大铨。双方为此签订了田产买卖契约，向户房交纳了税粮，并以立案存照。黄天和、徐大铨将田产内范刚牌位拆除，墓碑打毁。当时黄天和、徐大铨等人的行为并未引起重庆浙江会馆首事的反对，这样过了十余年，也没人提起过此事。

转眼到了光绪三年，叶德晖等人从浙江来重庆做生意，无意中听说此事，便决定要替浙江会馆把这笔田产要回来。他们向当时的县令河南人李玉宣呈告此事，但并没有得到李的支持。便又继续向重庆府、川东道甚至四川总督上诉，最终得到时任重庆知府、浙江乌程人沈宏的支持。沈宏以"寺僧修崇游荡浪费，竟与黄天和等盗卖，荡析无存"为名，将范刚所施的田业全

①　重庆市档案馆藏，地政居档第562号。

部追还，交浙江会馆代为管理。

因黄天和、徐大铨、修崇等人早已亡故，对当事人也无法追究更多细节。官方裁定由浙江会馆筹银代寺方偿还黄天和、徐大铨所借之银的本金，分别为九百三十五两、八百七十四两五钱，利息不计。作为安慰，另外给了徐大铨后人培修房屋银七十两。该份田地最终由浙江会馆买入，作为该馆的义冢公产。

光绪五年十二月十二日，重庆知府以通告的形式，将此份判决张贴于田业所在之地直里一甲马厂坡，最终宣告浙江会馆完全赢得了这场官司。

这个案子在民国时期还有进一步的发展，因为本文所讨论的时间所限，在此并不展开。从前面的叙述中，可以了解到叶德晖和范刚并没有任何血缘关系，与夜雨寺僧人、黄天和、徐大铨等人此前也并没有任何利益上的纠葛、恩怨，叶德晖大动干戈、不惜对簿公堂的理由是"以浙人遗产，作浙人义举，亦属至允至公，洵于公私有裨"。换言之，在这里，同乡纽带不仅仅是一种感情，更表现为实在的利益。

对会馆馆产的争夺在光绪年间是一个普遍现象，不仅城区的会馆围绕产权的纠纷不断，乡村场镇的会馆同样如此。巴县六甲界石场万寿宫，创建时"置买街房九间，年收租钱八九十钏，作办春秋祀典"。光绪十九年，万寿宫会众卢联升、许恒发等人提告万寿宫会首卢希之"霸管会务"二十余载，"停会不办，庙宇倾颓，神像雨淋"，要求对万寿宫的账目进行彻底清算，"免致废灭。神人均沾"。[①]

* * *

光宣年间，渝城会馆的发展进入转折期。此时期的会馆大都形成了制度化的管理机制，亦有大量的会内公产可供会馆日常开销。八省会馆可以说是渝城最为重要的公产控制机构。清末政府实施新政需款甚殷，便从地方提拨大量公产进行新政建设。在此背景下，八省会馆参与了创办新式学堂、协助推进制式货币的使用等新政事务。

---

① 《巴县界石坊卢联陞等具禀卢希之霸管万寿宫庙业握帐算恳饬清澈以便接管卷》，6-6-2257。

此一时期，八省会馆的运营也面临内外不同因素的挑战。一方面，随着重庆开埠，外资及以洋纱为代表的外国商品大量涌入，这不仅削弱了八省会馆对渝城商业的主导权，也因为外资商品在税收上享有优惠而对八省的商业发展形成极大的挑战。同时，由于渝城中非八省商帮如云贵商人的崛起，八省会馆主导渝城商业的局面在20世纪初已经完全被打破。

另一方面，八省会馆内部纷争更加频繁。光绪以后，渝城会馆内部围绕着会产的争夺、客长的争充矛盾不断。这些层出不穷的纠纷实质上反映出会馆作为控产机构，其既有的管理机制不能适应会馆内部群体利益的多维发展和官民对公产的认知。会馆公产的形成最初具有一定的公益性质，当移民已经完成本地化，不需要会馆来提供帮助的时候，他们对这些公产的争夺就变得更加激烈。而会馆最初形成的会产管理机制具有典型的模仿族产等中国传统公产的特征，排斥非会内成员对会产的管理与经营，这不仅让会产的保值增值变得不可能，同时也不被官方所认可。

第六章　八省客长与地方绅粮

笔者曾专文讨论过清代西南地区广泛存在的客长群体，对客长群体的任职资格、身份，客长制度与保甲制度进行了讨论。[①] 八省客长，在身份、地位和在地方上的影响力与一般意义上的客长有着较大不同。下文将以曾充任八省客长一职的具体人物为例，对其个人经历进行描述，在此基础上讨论清代渝城八省客长与地方绅粮之间的合作与竞争关系。

第一节　八省客长个人素描

八省客长在承办公务、参与各类诉讼纠纷的调处时，会给渝城地方政府提交各类状文，这些状文中不仅有八省客长的姓名，有时还会罗列其身份信息，如在咸同年间的档案资料中经常出现八省客长张先昭，其身份为捐职州同；程益轩，从九；孙师济，国子监典簿衔、训导；徐绣纯，知州衔；傅益，侯铨詹事府主簿；赵天锡，监生；蒋镕，训导；刘秉泽，侯铨州吏目；骆作霖，监生；夏如钊，知州衔；丁煊，从九等。[②] 从档案资料的有限信息中，我们发现八省客长的命运各不相同。

久负盛名的八省客长

江宗海在由地方士绅主导编纂的三部巴县地方志中，很少有对八省客长

---

① 拙文《清代四川客长制研究》，《史学月刊》2007 年第 3 期。又见拙著《移民、国家与地方权势：以清代巴县为例》，中华书局，2014，第 139—178 页。
② 《保甲局绅商张先昭等申解军饷银一万两解省一案》，6 - 4 - 846。

及某个会馆客长的记载。① 但江宗海是个例外，除了民国《巴县志》，民国
未刊的《江北县志稿》也有对他的记载。江宗海，字朝宗，祖籍湖北汉阳，
祖父江鉴来川充当幕师，遂留重庆。江宗海曾长期担任湖广会馆客长。民国
《江北县志稿》称：

> 江宗海，字朝宗，其先湖北汉阳人，祖父鉴，以幕来蜀，遂留重
> 庆。宗海有声誉，被推两湖客长。太平军兴，蜀接湘鄂，亦汲汲谋防
> 堵，宗海以客长奉令督办川东团练。于时，茶陵州人者，以骁悍名，又
> 宗海乡人，宗海乃遣人招募茶陵健儿五百，而身自训练之，号曰茶勇。
> 当事者因令宗海领之，于是茶勇之名赫然一震川东。未几，果有张五麻
> 子之乱，贼陷永川，进犯重庆，民大骇。时承平久，官吏恇怯无策画，
> 徒知闭城门，撤附郭民舍，以自扰而已，无敢言击贼者。宗海独请率练
> 勇出，与贼决死战。当事者壮而许之，贼薄老关口，闻有备，竟还，重
> 庆得以然无事者，宗海之力居多。其后办保甲，以清内奸；加新厘，以
> 裕饷源，官督办，约军务平即停征，皆宗海策也。咸丰八年，当道请办
> 积谷，抽取粮捐、厘金、房租，约可得积谷若干石，以备兵荒，集士绅
> 商议而底于成，宗海其有力焉。及年六十，人欲寿之，宗海不乐，以其
> 称觞之资设粥厂于城西之给孤寺，以每年十一月起两月为期。初办时，有
> 骤食至过量而死者，皆曰粥有毒，民大哗，宗海亲赴粥厂，立取粥，啜
> 之，群疑顿释。又请设斗息局，以裕粥厂经费。斗息者，盖就大小两江运
> 米船抵岸时而略取其息也。宗海他所兴办甚多，以非地方所系，故不著。②

民国《巴县志》在谈及巴县的斗息时称："县绅江宗海建议川东道王廷
植按斗取息，岁以为常，供工食外，别储之备冬。时施粥犹或不足，则取给

---

① 这是个很有意思的现象，民国《巴县志》的主修朱之洪和主要撰稿者曾吉芝等人均为八省
后裔，其中朱之洪和曾吉芝还曾担任过八省旅渝同乡联合会（民国前期八省会馆改名而成）
的会长，亦担任重庆八省积谷局主任和副主任之职。
② 民国《江北县志稿》，重庆图书馆编《重庆图书馆藏稀见方志丛刊》第 3 册，国家图书馆出
版社，2014，第 37—38 页。

于道库孳息之银，故重庆每年冬月二十日至正月二十日常于朝天、金紫、临江三门外就地敷厂糜粥济贫，分别老弱残疾妇女，不相杂厕，活人无算。"①

民国《巴县志·人物列传》中，对江宗海的事迹也进行了详细的记载。可以发现，对巴县地方社会来说，江宗海的功绩主要体现在四个方面：一是办理保甲团练总局，并亲自率领保甲团勇，抵御住了张五麻子对重庆的进攻，保全了地方；二是筹划新厘局，解决了渝城保甲团练总局的经费问题；三是筹办八省积谷，为渝城几十万人的口粮提供了保障；四是筹办粥厂、斗息，在每年冬春之际为穷苦人家无偿提供饮食，有利于社会安定。渝城斗息的抽收，直到民国初年，均由江氏子孙主办，至于具体征收的金额，"其数目与支出不可考，传闻年不过数百金"。②

萧淙，生卒年不详，原籍江西吉安府太和县。同治五年，经选举首次出任江西出省客长，后又五次出任客长，"历办保甲、新老厘局、赈灾、城工、平籴各局公事；暨至善、体仁、保节、全节、育婴、拯溺、救生各堂善举"。③可以说在同治、光绪朝，萧淙在渝城地方社会保持着较大的影响力。

萧淙对地方公益十分热心，积极参与地方公益事务的办理。巴县城隍庙，原有米市，设有市斗，由庙住持经理，"每斗取米一合，以资本庙焚献口食"。光绪初年，该庙遭火灾，卖米者遂分散各处，斗米也没法再取。光绪十五年，在八省客长萧淙的主持下，城隍庙得到修复，遂又招僧住持，该庙雇有伙夫帮工4人，每月需口食钱、香灯钱、工钱6200文，没有着落。萧淙建议巴县恢复市斗旧制，抽取斗息，这得到巴县县令的支持。④对地方公共建筑的培修，萧淙也十分热心，他曾多次建议培修治平坊罗汉寺等古迹。

作为移民客商和地方社会的代表，萧淙亦曾积极捍卫老百姓的利益。由他担任首事的宾兴、育婴、三费等局的经费的主要来源之一是契税。在契税

---

① 民国《巴县志》卷4上，第47b—48页a。
② 民国《巴县志》卷4上，第48页a。
③ 《江西会馆七府首事陈汝浩等与吉安府首事萧淙等因账目不清互控亏吞挪用会项银两卷》，6-6-527。
④ 《经修首事职员萧淙增禀恳于渝买卖米者照章交易抽息以作该庙焚献卷》，6-6-4534。

的缴交过程中，书吏和业主经常通过"炮税"的方式偷漏契税。光绪二十一年，萧淙向巴县县令报告，该县户房书吏"牟泽周、经书叶长青等，暗串三里业主，不粘宾兴与育婴串票，私行减价，税印透［偷］漏三局价值银数约二十万之多"，希望县令能够"饬监保转饬三里绅粮，新旧契约调房查验，如有未曾粘连三局串票，即系漏税无疑，限一个月内自行投房赴局补贴，以重公款而遵定章"。①

萧淙还积极参与会馆内纠纷的调处。光绪十二年，江西吉安府文会首士周克均与江西籍客商彭承福发生经济纠纷，巴县知县国璋判令彭承福将在渝的庆泰正铺房变卖还钱。该房经"公议酌定价值银二千二百两"，买主为江西会馆崇德清明会，其所获价银，"还给周谭氏银二百两，又退还押当银三百八十两，又九七色扣票银六十六两"，剩余的一千五百五十二两分别给了"吉府文会认收银一千两，崇德清明会认收银四百两，新真君会认收银一百五十二两"。在萧淙的调处下，彭承福的债务和资产得到了处理，"两造均已允诺，承福将银如数缴楚，克均、文炳等如数清收退还借据，均各具结备案"。② 光绪十三年，江西会馆丰城县会众李恩治与周海涛为争充江西丰城会馆首事发生诉讼，双方多次对簿公堂，萧淙作为江西会馆客长也多次参与纠纷的调处。③

萧淙担任客长期间曾经历多次诉讼，主要集中在他与江西其他府县的客长之间。来看江西会馆赣州府首事陈汝浩与吉安府首事萧淙互控案。④

光绪十一年腊月的某一天，江西会馆客长萧淙在八省会馆馆址与其他七省客长签署"具结互保"，由他出任江西出省客长时，收到了经过川东道道台批示的以江西赣州府首事陈汝浩为首的江西七府首事联名对他多次出任江西客长的指控，该诉状列举了萧淙自同治五年多次出任江西客长以来在任上的一系列行为，主要集中在三个方面：一是萧淙借担任客长一职的便利，利

① 《宾兴育婴三费公局首事职员萧淙等为书吏作弊私行减价税印禀请出示乡城晓谕调房查验新旧契约卷》，6-6-4379。
② 《江西会馆萧淙具告彭承福将周克均等房屋变费措骗银两不交事一案》，6-40-19732。
③ 《江西会馆丰城县周海涛私收佃租及公举李恩治接管首事卷》，6-6-6419。
④ 《江西会馆七府首事陈汝浩等与吉安府首事萧淙等因账目不清互控亏吞挪用会项银两卷》，6-6-527。

用公款讨好官员，进而打压乡人，"始则挟乡人之资以媚官长，继则借官长之威以制乡人"；二是萧淙在由江西客长担任首事的渝城善堂机构中挤压同事，为所欲为，"其在至善堂则逐首事陈松山，在体仁堂则控首事汪至川、毕东序，在太和县则屏弃□□□"；三是其长期担任江西出省客长及渝城保甲局、厘金局首事，有贪污公款的嫌疑，进而会对江西会馆和渝城地方公务带来伤害，"今且弃家不顾，终年盘踞公所，把持会事，窥伺两局。若听任意招摇，将来必至害伊胡底"。该指控言辞激烈，直言如果萧淙再次出任江西客长，那也只能代表江西吉安府，任上的事情均与江西其他七府无关。

面对陈汝浩和江西七府首事的指控，萧淙展开了强硬的反击，洋洋洒洒提出了八条反驳意见。

八省始议整饬□□□慎选举，禀奉前道宪彭核定刊碑，面给札委，均以奉札为始，照章整饬以后，应交何人，上保下接，煌煌宪谕，系为慎重公事，八省□□□□□□□□朦请。妄一。

职董理馆事，实因七邑公举迭辞不获。职弟达泗子定功，贸行有年，又承本郡同乡扶助□□顾家，只得一意营公，并未借公营私。该呈六人轮管省项，既浮又亏，既亏又欠，既欠又借。职轮有垫无欠，历曾垫过省□银七百余金，又钱二百余千，并未短息，力获公款，弃家营公。职苦心何意？该呈反指为职罪案。妄二。

赣州府籍寄渝，仅呈陈汝浩一人，□尽会祀滥则误公。抚州府黄锡恩、瑞州府梁靡煊二人公私劣迹，尤为昭著，具禀后均已染瘟骈故。临江府并无萧章山，乃汝浩等捏名。建府黎执中惨刻好讼，悖义忘亲。伊嫂尹氏哀词附呈，职曾在馆理斥。前岁又支子坤厚同戚曾澍霸绝吴文清产祀，沐恩断还，案存。又挪省款不还，众问即辞出馆，至今未理。南昌府龚绍遂去因讼握揣吴姓家产，职劝，秉公反恨。据吴麟振称伊经手讼费甚巨，又握吞□防捐款。因职频催愈怨。抚州府汤铭新，籍金溪，与黄锡恩一府两首，今又冒顶南康府名□□。前曾诈称捐职出仕，借银到手，至今未捐未还，又亏欠省款，欠借帐悬。该呈五府六人何堪办公！职曩念同乡迭面规劝，不惟不德，今呈反□为居心叵测。妄三。

职自奉公，以俭勉廉减食节用，兼身多病，应酬最少，不知所挟何质，所□何官□□□□制何乡人。该呈昧心诬陷至此。妄四。

至善堂由职创办，因今堂务稍弛，与陈松山商同整饬，议立规条，托其稽查，可传可质，何谓逐出？体仁堂善举前经职办，录有报销，后首事汪至川侵蚀善款，十年无帐。职同白善彬等禀请恩查整饬定章杜弊，转禀督藩臬道府宪有案。至川吞款，邀恩免究。该堂帮工毕东序即系梁应煊之戚。去岁在外招摇挪用善款被禀，畏咎。应煊挺耽立约限还了案。堂众何消，与职何涉？该呈无故摭拾。妄五。

职籍泰和县，凡本邑老成均经职举充首士，襄办会祀，□弃何人？职首董时，除汝浩外该五人均未入馆，不知老成指谁。因何空用会项八千有奇，或银或钱，是何会项？该六人何帐何凭，在中在保，并不确指。妄六。

职邑泰和，向无公所，经职商众倡修三年工竣，誓神明心。缘馆事需人料理，适职失偶有子，故不续娶。勘以在馆办公，何谓弃家盘踞？职邑会祀均举三班首士同办，与锡恩等各府县会揽办侵吞，浮支滥报，迥不同规，何谓把持？妄七。

职值办各局，禀定章程，请裁冗费，如期接卸，洁己办公，何谓窥伺。今遵定章，上保下接，并须七省同保结内声明。职等倘有行为不慎，请照常人加倍罪坐，何事招摇？职经七省结保，该六人并未列名保职，于彼何累？况职力顾省分大局，裁费护公，只期裨益。该呈反谓声明免累。妄八。

同时，萧淙还进一步指控参与此事的陈汝浩、龚绍遂、梁应煊、汤铭新、黎执中、黄锡恩在担任各府首事期间有亏欠会产的行为。

一、陈汝浩，光绪二年起至十一年止，该派项并多付、长付三项实共欠本银五十三两六钱四分。

一、龚绍遂，光绪十年至十一年止，该亏欠借三项本银六十八两九钱三分。

一、梁应煊，光绪十一年，该派项本银三十七两九钱。

一、汤铭新，光绪二年至十一年止，该借、欠、重付、少存四项本银二百八十一两零八分。

一、黎执中，光绪四年至十一年止，该充付、误付、拖用三项本银一百二十三两六钱六分。

一、黄锡恩，光绪十年该现存银二十一两一钱五分。

以上六人轮管省会，总共亏欠银五百八十六两三钱六分，有欠无垫。再以上各欠系经黄锡恩提集，查出亲笔注簿，合并声明。

此外，萧淙还列出了他担任江西会馆客长期间用私款奉公，为公垫资的情况。如同治八年垫用银五百四十七两七钱七分（经丰泰行付来）；光绪三年垫用银一百二十五两七钱七分，又垫用钱二百四十八千文；光绪七年垫用银一百一十一两，从本邑泰和县又垫用银二百七十八两八钱；光绪十一年本府吉安垫用银八十二两五钱二分。总共垫银一千一百四十五两八钱六分，又垫钱二百四十八千文。另外，据萧淙称，他还将担任客长期间的薪水银二百四十一两、夫马费八千四百文捐出公用。

萧淙对江西老家的公共事务亦十分关心。同治七年，江西重建西山万寿宫，需款甚多，萧淙为此"叠次知传本郡寄籍所属各同乡劝募乐助，连日催位，众姓捐□"，很快便收到捐资300两，最终江西会馆八府共捐资5000两。[①]

朱之洪（1871—1951），字叔痴，民国前期重庆"五老"[②] 之一。先辈世居安徽泾县，祖父庆彬公，始来渝城定居。父亲朱安焕，习缫丝及染色业，开店于渝城关庙街。朱之洪兄弟姊妹五人，他排行第三，也称朱三爷。据说朱之洪秉性敦厚，急公好义，曾多次为乡里排难解纷，有侠士风，好交游。

---

① 《江西吉安府监生萧淙承办江西万寿宫重建功果缴明助捐银两一案》，6－5－362。

② 重庆"五老"，分别为李公度、朱之洪、汪云松、温少鹤、李奎安，为民国前期，重庆学界、商界的知名人士，具有极高的社会影响力。除朱之洪外，李公度为驻军21军刘湘部政务处长，刘湘的军师；温少鹤、汪云松曾为重庆商会会长，汪还曾经担任重庆留法勤工俭学校校长，资助邓小平、聂荣臻等留法学习；李奎安曾担任巴县议事会议长。

朱之洪清末留学日本，并加入同盟会，曾担任重庆保路同志会会长，在辛亥革命过程中，朱之洪组织同盟会重庆支部，参加保路运动，推动成立蜀军政府，参加护国、护法战争。

1928年，朱之洪与重庆本地绅耆汪云松、温少鹤等人，倡议创办重庆大学。1929年8月，由刘湘主持的重庆大学筹备大会召开，朱在会上被选为筹备委员会常务委员，具体负责学校的招生、教授选聘、课程安排等校务工作。[①] 1933年，朱之洪担任重庆大学校董会副主席。

1923年，巴县成立文献委员会，众推朱之洪为委员长，重修《巴县志》。朱作为总编，为完成这项文献工作四处筹集经费，组织采访调查。1937年，志稿完成，共24册。该书是民国成立后，四川新修县志中最佳的一部。[②] 朱之洪还曾编辑《四川先烈备征录》，以志革命烈士的功绩。可以说，朱之洪是清末民初重庆地方政治的风云人物。1917年补选为国会议员，后曾当选四川省第二届省议会议员。

入民国后，朱之洪利用其在重庆政商两界的影响力，长期担任重庆八省积谷办事处主任，在保存八省积谷和服务地方公益方面继续发挥作用。表6-1为1931年，重庆八省积谷办事处成员名单。

表6-1　重庆八省积谷办事处职员、衔名一览

职衔	姓名	年岁	籍贯	通信处
主任	朱之洪	60	四川巴县，原籍江南	德兴里九号
副主任	曾吉芝	58	四川巴县，原籍江西	巴县教育局
副主任	谢绍穆	51	四川巴县，原籍福建	大井十七号
董事	黎植生	84	四川巴县，原籍广东	三牌坊古冈栈
董事	王达卿	77	四川巴县，原籍浙江	三牌坊蹇家院
董事	金润民	51	四川巴县，原籍江南	至善堂
董事	邓则恭	34	四川巴县，原籍陕西	泰华楼巷十二号
董事	谢绍穆	51	四川巴县，原籍福建	大井十七号

① 重庆大学校史编写组：《重庆大学校史》上册，重庆大学出版社，1984，第9—12页。
② 彭用仪：《忆朱之洪》，政协重庆市委员会文史资料委员会编《重庆文史资料》第36辑《重庆辛亥革命80周年纪念专辑》，西南师范大学出版社，1991，第95—105页。

职衔	姓名	年岁	籍贯	通信处
董事	李如舫	45	四川巴县，原籍江西	木货街五十号
董事	江季侠	42	四川巴县，原籍湖北	来龙巷十六号
董事	张秀峰	54	四川巴县，原籍山西	白象街大有里

资料来源：重庆市档案馆藏档案，档案号：0064－0008－00688。

上述名单中的成员均为八省后裔，其中积谷局主任朱之洪，副主任曾吉芝、谢绍穆更是民国初年重庆地方政府中有名的人物。

随着抗战军兴，国民政府内迁重庆，大量难民逃难至重庆，政府需要动用各种资源来支援抗战，救济灾民。八省积谷办事处所控制的八省积谷已然进入政府的视野，而这种具有"子孙会"色彩的管理模式显然不合时宜了。1939年三月二十九日，重庆市仓保管委员会成立，其主要宗旨就是要合并八省积谷办事处所管理的仓谷，要求将"八省积谷办事处现有存谷一并拨交市仓"，"八省积谷办事处所有仓廒借交市仓存储谷米"，"积谷办事处原有财产收益，除该处事务费用外，完全划入市仓基金，但财产仍由八省积谷办事处保管，市仓得派会计监察办事处账目"。[①] 可以说，重庆市仓保管委员会是要全面接收八省积谷办事处所管理的仓谷。这一措施似乎并未得到执行。1940年二月，重庆市临时参议会、重庆市社会局又联合发函，要求将八省积谷办事处所存积谷全部转由重庆市仓保管委员会接收，并称："八省积谷办事处产业及仓廒积谷原系就地抽收厘金购置，依理应完全归并市仓。"同时社会局办公室制定了总共七条的八省积谷接收办法。其第一条称：

> 八省积谷办事处现有积谷均在会府仓坝子一处，年代远近不一。既未逐年翻晒，亦未推陈出新。每廒所存积谷数量及存入时间复未标注记号。前准造册移交到会，虽有历年购置数目，但并未实行盘点，恐难免

---

① 《关于报送八省积谷办事处与市仓保管委员会对产业划分情形的呈、指令》，重庆市档案馆藏，档案号：0053－0022－00327。

无虫蛀鼠蚀及红腐霉坏情事。应逐一检验，俾知确数及品质。[①]

重庆市临时参议会、重庆市社会局要求对八省积谷办事处所藏积谷进行查验，在其发给八省积谷办事处的函内称：

> 查验收八省积谷办事处积谷仓廒及忠孝堂移交积谷一案，业经本局拟就办法，提交市仓保管委员会第五次常会通过。兹订本月二十三日（礼拜六）午前十钟会同有关各方前往查验积谷成色，以凭处理。除分通知外，相应函达，请烦查照准时指派代表前往半边街八省积谷办事处。俾便会同出发为荷。[②]

对此，八省积谷办事处主任朱之洪明确表示反对，"过去政府提取公益，类无良好结果，坚持愿接受本府之监督，不愿交出积谷产业"。后来几经磋商，达成折中办法，即八省积谷办事处"先将仓廒积谷交出，产业仍由该处自行保管"。[③]

曾吉芝，号纪瑞，原籍江西金溪。其祖父曾兰皋年少时，遇特大灾荒，田土颗粒无收，逃荒到重庆，在同乡所开的药材字号做学徒。曾吉芝17岁入巴县县学，补廪膳生，又举岁贡。光绪二十九年，曾与巴县举人江世芳等人创办开智小学堂，聘请向楚等人为该校教师，培养了民国前期重庆地方名人温少鹤等学生。光绪三十年（1904），重庆府要选派一批举人、秀才到日本弘文书院学习近代教育，曾吉芝名列其中。光绪三十二年，受川东道委派，曾吉芝参与创建川东师范学堂，光绪三十三年创建巴县中学堂并任监督。这两所学堂的创办时间，仅次于光绪三十年改东川书院为重庆府中学堂，为重庆最早的中学堂之一。光绪三十三年，巴县设学务局管理教育，曾

---

① 《关于出席第五次常会商讨验收八省积谷办事处积谷办法致重庆市参议会的函附办法》，重庆市档案馆藏，档案号：0054-001-00154。

② 《关于派代表查验八省积谷办事处积谷的函》，重庆市档案馆藏，档案号：0054-0001-00154。

③ 《关于报送八省积谷办事处与市仓保管委员会对产业划分情形的呈、指令》，重庆市档案馆藏，档案号：0053-0022-00327。

吉芝担任该局绅董。光绪三十四年，巴县学务局改劝学所，设劝学员若干，曾吉芝为巴县视学，任内大力推动赴日本留学，为重庆培养了一批留日学生。宣统三年调任四川省视学，视学下川东。民国初年，曾吉芝再任巴县中学校校长、巴县女子中学校校长、巴县教育局局长等职，为重庆地区的人才培养做出了贡献。

曾吉芝是同盟会会员，参加了推翻清王朝的运动。宣统三年十月初二日（1911 年 11 月 22 日），以杨庶堪为主盟的同盟会重庆支部领导起义成功，和平夺取清王朝川东道、重庆府、巴县地方政权，成立蜀军政府，领导 57 个州县。曾吉芝担任蜀军政府秘书院编制局局长，亲笔起草《蜀军政府设置地方司令官施行细则》六章四十一条，原稿现存重庆市博物馆。1915 年，调任四川省视学，视学上川南道。1924 年，回重庆再任巴县中学校长，后任巴县教育局局长。

重庆江西会馆馆产雄厚，清末民国，政府倡导"庙产兴学"，企图通过"以公济公"的方式剥夺会馆资产。各会馆往往通过自办学堂的方式来保存馆产。光绪三十三年，曾吉芝为江西会馆抚州府创立昭武小学堂，自任校长。江西会馆还创办了泰邑、临江两所小学。1928 年，江西会馆又在渝城万寿宫创办赣省中学，后改名赣江中学，曾吉芝担任校长至其逝世。

曾吉芝曾参与民国《巴县志》的编撰。1933 年，曾吉芝与朱之洪等着手筹设文献委员会及编纂委员会，参与《巴县志》的编纂工作，民国《巴县志》由时任四川大学文学院院长向楚主编，于 1937 年完成，曾吉芝被推选为审查主席。1942 年，曾吉芝病逝，时年 69 岁。民国时期重庆地方名人胡子昂、周钦岳、温少鹤均是其学生。①

锒铛入狱的八省客长

程益轩，又名程允升，原籍江南江宁府溧水县，捐同知衔，自咸丰十一年起充任重庆江南会馆首事，八省客长之一，重庆厘金局、保甲局首事。据

---

① 本段引自彭伯通《重庆最老的教育家曾吉芝》，政协重庆巴南区委员会文史资料委员会编印《巴南文史资料》第 13 辑，1996，第 133—134 页；《辛亥老人曾吉芝》，《重庆文史资料》第 36 辑《重庆辛亥革命 80 周年纪念专辑》，第 132—136 页。

巴县档案资料，程益轩身材中等，左额有黑痣一颗，右眉有黑痣两颗。

同治八年十一月，程益轩因"擅罚漏银，侵入私囊，把持招摇，舞弊不法"被参革。程益轩被参革其实还有更重要的原因，同治四年酉阳教案中，清政府认为赔款太多的主要原因是程"播弄分肥，为渝郡巨蠹"，程益轩得罪清廷，遂被遣送回江苏原籍。同治十年十月，程益轩潜回重庆，冒用五品顶戴，再次混入厘金局"把持公事"，被巴县地方政府拿获押解到省城成都。同治十年十月廿四日，在巴县举人王廷璋等人给县令的禀状中，程益轩回重庆及其被抓的原因和官方文书中的说法截然不同，禀文内称：

> 程益轩，原籍江南，伊父贸川，携眷住渝，历有年所。迨伊父殁，同乡举伊充当江南馆……客长，嗣奉道宪札办局务，因公招怨。前年奉钦宪饬解回籍，家无成丁，惟遗迈母、幼子与妻王氏在渝。去冬王氏病故，若非亲友相助不能归窆，孤苦零丁，惨难言状。伊母无奈，始寄信嘱令取保，告假来川，变卖房产完结经手事件，秋初抵渝，业经请中议卖，只俟停妥即行雇船回籍。本月初五日，忽奉宪票差唤，管押应候发落。举等何敢旁渎，惟念伊母苦节四十余载，现逾八旬，卧病不起。伏惟圣朝以孝治天下，凡居……恩恩高厚省释回家，俟调治稍瘥，即克期启程，万不敢稍为逗留。举等不揣冒昧协恳保释并求转详道府宪……①

但王廷璋等人的求情并没有取得效果，同治十一年十一月，程益轩再次被巴县王姓县令密拿，"解回原籍溧水县，严加管束，不准复出滋事"。同治十二年三月，程益轩以"伪冒职官"而被"问成军罪"，准备"金发福建省酌发安置"。四月初二日，禁卒报告，自同治十一年六月廿五日收监后，程益轩在同治十二年三月染病，经官医调治服药没有起色，"今病势愈笃，诚

---

① 《王廷璋等为程益轩在江南充当客长妻故母病协恳转详赏金回籍养老一案》，6-7-16667。

恐不测"，因此上报县令。① 因档案资料保存有限，我们并不知道程益轩究竟是否死在狱中，但程的命运是肯定的，是悲剧的一生。

第二节 八省客长与地方绅粮的竞争与合作

八省客长是清代重庆移民客长的代表，咸同以降，在重庆地方权力格局中，八省客长主要通过渝城保甲团练总局、厘金局及其附属公局发挥影响力。地方绅粮则通过同治时期成立的三费局、夫马局在地方权力网络中发挥着影响。借助不同的公局，八省客长与地方绅粮之间展开了竞争与合作。

八省客长与地方绅粮的竞争

早在渝城各类公局成立之前，移民与本地商人之间就因商品市场存在激烈的竞争关系。道光十五年，广东佛山的纽扣帮客商在渝城开铺贸易。在渝城纽扣铺首事周晴川的主持下，广东纽扣帮与四川纽扣帮达成协议，"客民们制造三系广扣，渝城川帮纽扣铺制造一系、两系纽扣发卖"，并议定"做广帮纽扣不得混做本地纽扣；本城作房，认后不得做蚁广帮扣子"。道光二十四年，本地商人姚金贵与人合伙开设纽扣铺，生产广扣，被广扣铺客商莫信成提告。据莫信成等称，姚金贵非但不服街邻、首事的调处，反将莫的店员、徒弟等数人殴伤。在县令已经审讯、出示意见后，还"勒要客民每家出银二十两，学徒每名派钱二千，匠师每名派钱四千，归入他们会内"，并且经常"率众多人，轮流在客民铺们滋闹"。② 渝城公局体系建立后，移民客商与本地绅粮利用公局这一平台展开了激烈竞争。

1. 咸丰十一年保甲局账目清算③

前已谈及，咸丰九年，起于云南的李、蓝义军逼近重庆。重庆地方政府借巴县城隍庙成立保甲团练局，招募团丁防范义军。该局初由巴县丁忧在籍

---

① 《禁卒刘坤为监犯人程益轩住监染疾延今势危禀乞一事》，6-5-16792。
② 《清代乾嘉道巴县档案选编》上册，第243页。
③ 《渝城十三坊绅士商民等禀请饬保甲局清算历来抽厘劝捐银两收支帐目以免缠讼一案》，6-4-147。

的陕西布政使段大章主持局务。两年后，段病故，八省客长遂长期主导保甲团练局事务，这引起了地方绅粮的强烈不满。咸丰十一年，渝城地方绅粮与八省客长围绕渝城保甲局账目展开了激烈的争论。下面就此案件做一详细梳理，并在此基础上分析八省客长与地方绅粮在地方事务中的竞争关系。

咸丰十一年九月十七日，渝城二十三坊绅士商民陈桂林、马廷材、彭福川、牟廷武、艾廷芳、汪世增、邬新发、萧聚镒等人以"舆论哗然、据实禀电"为题提告八省客长，状文称：

> 前道宪王筹办团防、议定章程，增抽货厘、积谷厘、百货厘、捐输等款，刊有成本可查。今奉道宪示谕，分二十等劝捐团费钱文，武庙设局催收，各坊绅公办，漏者补之，少者加之，渐有成效。集议之下，各行帮商号咸称历年抽厘办捐银至数十万两之多，有备无患，一朝闻警，取用裕如。迩值贼分邻近，军需吃紧，转行支绌，设法筹借，缓不济急，恐负各宪保卫地方至德。闻管保甲局之程益轩、傅益、张先昭、徐绣纯等，夏间曾在外挪借银一万两解济省饷。合无恳饬伊等，赶紧在外借银数万，以救眉急，一俟局帐算明归款。想伊等自称八省，公举殷实，既属好义急公，断无图远舍近。况保甲局甫设二年，何至耗费数万金，当必倬有余裕，不致贻误事机。众怕怀疑观望，莫不由此，绅民等无从周知，碍难解说。近日街谈巷议，啧有烦言。若属实收实用，帐经核算，自必踊跃趋公，何难筹款。窃思足□足兵，必先民信舆论。□此大局攸关，为此据情禀明，恳赏示期，饬局交帐，当众澂算，以服人心而息物议，亦维持款项之方且为善全局众之道□情□□。卑职□□无异。除饬局清算筹款外，理合禀请宪台，俯赐察核，饬算禀行饬筹款。

引起此次地方绅粮要求对八省客长经管保甲局账目进行查账的诱因是保甲局在经收了"数十万两"厘金银的背景之下，还要借银一万两解省。这让地方绅粮觉得保甲局经费是否存在被挪用、贪污的可能。

两天后，也就是九月十九日，川东道出示公告，同意进行账目清算，"传集二十三坊人等，订期清算局帐，深幸各色厘金为局支用，使大众咸知出入数目"。但不知为何，直到十月中下旬，并没有账目核算的结果。

咸丰十一年十月廿日，地方绅粮候补教职胡纯如、何焕章、章文生、韩绍晋，职员邹左之等以"庸材偾事、借公侵蚀，恳清算另换经理"为名，再次提出诉告。

> 旋于途间风闻保甲局执事等，以局中刊本银物价值，有不尽□实之处，四路请托，向各坊具禀列名之人婉慰，令其含糊了事。职等以军饷重件，无论有无诸□□非□，各坊监正所能核实，必□饬令，合郡大小绅耆、行帮、商贾，使所出厘金俱归实用，不□□□始服众心。职等查局中向系科甲大绅段方伯经理，今程益轩系前任涪州濮主□厨家丁，傅典学即傅益原是江北命案逃犯，徐绣纯、张先昭皆属庸碌市侩。伊等既非大绅大商，何堪当此巨任。即如去岁，贼近巴境，伊等各携局中公项银两百余两脱逃。今秋，贼扰綦、南、涪、黔，伊等又具禀辞退，使合城人心惊惶。似此庸材，如何倚为保障。现今恩宪时艰，军务浩繁，经费不敷，日夜焦劳，皆因局中执事，糜费浮报甚多，人心不服。如不严行整饬，将来渝郡经费愈形掣肘。是以禀祈另派大绅大粮大商贾，赴局经理，并祈传谕合城大小绅粮商贾，及各行帮出厘人等，眼同逐一彻底清算，以昭平允。

地方绅粮对由八省客长充任保甲局局绅的身份有了怀疑，认为八省客长要么是家丁、逃犯，要么是"庸碌市侩"，并不是事什么有德有钱的大绅大商，可以说地方绅粮认为八省客长既没有资格，也没有能力担任保甲局、厘金局局绅。

针对上述请求，巴县县令张秉堃认为可以对账目进行清查，但考虑到保甲局局绅由川东道任免，因此建议将该案提交给川东道审理，"据禀系为正本清源起见，事属可行。惟选派局士向非本县主政，既据径禀仰候道、府宪批示遵办"。

十月廿八日，地方绅粮增生张春良、何明贵、周志惠、汪如瀚等人以"滋蔓吞公、幸冀罢算、恳示定期、会核拘赔"之名具禀，继续质疑八省客长的能力和资格。

> 川东总局程益轩、傅益、张先昭、徐绣纯等，查系仆隶、罪犯、市侩流，大义未明，何能公忠体国。自去岁段果山方伯物故，今春局绅辞退。伊等乘间窥伺，不招自来，踞局肥家，群同□蚁，猖狂万状，侵蚀百端。即如去岁吞消简州坐探段委员银二十五两，今段委员本人在局清核议禀，经县□□婉劝，令程益轩等补还寝事。此其确证，余□类推。前□□陈元顺等、绅商陈铭三等暨阆城二十三坊监正陈桂林等，各具词禀控宪辕，已沐批示算帐逐局。伊等惟恐失权失利，即巧向道辕具禀辞退，朦蔽道宪莅任未久，弗悉伊等出身来历，假为请辞，实是请留，从此狼狈为奸，日益骄固算帐之举，竟成乌有。现在邑绅胡纯如等见道辕牌示赴辕呈请添出绅商清算。据称□道宪面谕已委员传集核理，纯如等随即赴委员朱公馆请谕算帐日期。殊朱委员婉言劝息，模糊拖延。似此袒护，必有请托。此何如事，岂可徇情。阆邑绅商闻之骇异。窃局中之费用实亿姓之脂膏，迟算一日则斯民济而伊等身家愈肥，将来谁肯捐输以塞无底之卮漏。为此，协恳示定日期，公同核算，以慰人心。惟是该局所刊出入支发，前后已多不符，且仅刊至去腊为止。若仅按已刊之本核算，定多影射，应请饬局将本年用数，全行抄出，合先后一律核算。庶用数清晰，更请将伊等拘赔，庶不致免脱无着。

从张春良等人的禀文来看，他们似乎感觉到八省客长与官方，特别与川东道的关系较为熟稔，推测其间存在"请托"的可能。张春良等人进一步要求对八省客长不仅要全面查账，而且要将其"拘赔"。

冬月初三日，地方绅粮文生涂柏、周京、柳先华、张严、涂□南，监生颜振义，职员沈文蔚、李文光、官尚贤、何慎之以"假冒绅商、吞公霸踞、恳鉴劣迹、饬算究追"之名具禀。

> 情川东总局，向系大绅段方伯管理，盖先慎重名器，然后能矢公忠。自去岁段方伯物故，今春局士辞退，遂有程益轩、傅益、张先昭、

金，不知如何支销，以致军需紧急，款项支绌，其中若无浮冒侵吞等弊，何至匿帐不算，纷纷潜逃，使绅商士庶，捐输抽厘人人切齿。况沐道宪批示，士民等无许一名不到，焉能任听程益轩等身肩重任，畏算脱逃，于地方公款大有关系。除张先昭、傅益早已远飏，恳赐关传外。为此，协恳差唤程益轩、徐绣纯等扣留示期，押令交出新旧各帐会算。抑或饬令八省取具妥保，无使□脱。庶可维持公款，快慰人心。绅等为地方军饷起见，是否有当。

对于地方绅粮要求"扣留程益轩、徐绣纯，恳赏关传傅益、张先昭"，巴县县令张秉堃批示："准先传程益轩等面询究夺。"

十二月初七，川东道派朱、杨二姓委员及重庆府曾姓经历，召集地方绅士在保甲局查账。十二月十三日，地方绅士胡纯如、陈桂林等人汇报了查账的过程。

情本月初六日，奉道宪檄委局员朱、杨，府经厅曾，牌示定期初七日，在局集众核算。绅商等遵于是日衣冠赴局，该局绅等便服傲慢，其轻视委员，玩视公事，已可概也。所有捐办厘金各行帮客商等，均忍饥鹄候。延至酉刻，程益轩、徐绣纯始以帐簿二本，抛掷桌案，呼众前观。虽注有张光昭、赵天锡经管字样，逐月更替而笔迹一手，墨痕一色，其入项捐输货厘等款，并不详晰指名；而荣宝升、聚兴美银钱来往，亦错杂其间。出项如军装、勇粮修造、工料、杂项支发等款，皆含混记数，并无花目可核。跟要银钱流水、草底各项坐帐，程益轩、徐绣纯等坠匿不现，言语支吾，称前道宪王、毛调帐上省，经张先昭、傅益带去未回。迨三委员反复开谕，始出捐输底簿一本、冬月钱流水草底一本、九月银流水草底一本，其余仍匿不现，无从核算。时已夜晚，只得将现簿五本，当众糊封，徐绣纯亲笔书押，众央现管货厘局事范主政笔批，历办花厘拣选知县张显理代押，凭邑绅何春元、汪问山、段东生等眼同三委员暂存。俟局绅专足赶回省帐，再期集算，并由局写字给众为凭。此中疑窦甚多，时因底簿未齐，碍难逐一指诘，姑遵委员回谕各散。但张先昭等既经禀奉道宪牌示，委员调齐簿据，逐一核算，即不应带帐上省，况已两月有余，先昭今归，何不遵示将帐带回，徒借逃避？另案未归之傅益，为□□外出情理之外。先昭等前于带帐赴省时，曾否禀明各宪有案，系奉何札，调何帐簿，当不至蔑违各宪批示，如此其甚。绅商等愚昧不知，合将遵期赴局匿帐难算缘由禀恳宪台，严饬局绅，将各流水坐帐底簿，尽数交出，以凭核算。庶公款可清，而群疑可释矣。均沾不朽，伏乞。

按照地方绅粮的说法，由于不少关键性的底簿被局绅张先昭等人带到省城去了，此次查账并没有取得效果。地方绅士对局绅不配合的做法表示了极大不满。重庆知府张廷桦在胡纯如、陈桂林等人的禀状中批示道："仰巴县即饬该局绅，迅将各流水坐应帐簿，悉数交出，对众核算，勿任匿延滋讼。"

地方绅粮没有等来再次查账，却等到了川东道道台赵友恭对上次绅粮查账的训斥。十二月廿三日，川东道给巴县的一份札文称：

为札饬事。案查前据二十三坊士民禀请，饬令保甲局绅呈簿算帐等情到道。当经本署道札委候补同知朱丞、重郡曾经历，订期核算在案。兹复据禀前情查核呈内姓名，仅陈桂林与何应绶等十人。兹阅来禀，复忝列数十余人，出头插渎，任意封簿，希图恃众把持，殊不成事。而首先列名之陈铭三等六人，并未出过厘金，尤为不应干预。至局中用项，有无侵吞浮冒，来春刊本普给，自可逐一查对。倘有不实，无妨指明禀究，何得聚集多人，纷嚣滋事。究竟此次忝列之数十人，系属何项绅商，是何意见，合填预印空白抄禀札饬。为此，仰该县查□□札事理，即便会同杨令、曾经历查明复，以凭按名查提讯究，并勒令将糊封簿本，与局中流水底簿一并交出，传齐原禀之二十三坊、陈桂林等，眼同逐一会算明晰，以释群疑而免缠讼。其原呈无名与事外之人，概不准其到局用杜搀越，毋违此札。

右札巴县　准此

253

川东道道台赵友恭对上次参与查账的地方绅粮群体的身份及目的有以下两点质疑：一是部分参与者从未缴纳过厘金，也就没资格进行查账；二是参与查账的地方绅粮中有数十人是之前没有具名的人员，此次突然加入，让川东道觉得有其他不可告人的目的。鉴于此，川东道决定等来年开春后，八省客长将账目整理好，"刊本普给"，让地方绅粮了解保甲局账目支出情况。八省客长、保甲局执事张先昭、徐绣纯、傅益、程益轩、刘崇荣、唐光辉、赵天锡、丁煊、骆作霖、彭步墀、夏如钊、刘朝光、熊学鹏、孙师济、江宗海、金含章、高诚、张树德等人亦表现出了配合川东道的态度，他们在十二月廿八日的"禀"文中表示：

> 为禀请发还流水底簿，以便刻本事。情本月初七日委员朱、经历曾、总局杨传集陈桂林等到局呈簿算帐。当经桂林等，将帐本封固，存经历衙门。旋因桂林等，复以违示匿帐，呈禀道宪，沐批，候来春刊本普给，自可逐一查对，并勒令将糊封簿本，与局中流水底簿，一并交出。等因。奉此。职等是以禀请仁恩，移知经历衙门，将局中流水底簿发局，以便照数刊印成本，偏散阖城，俾得人人共见，便于查对核算，庶足以释群疑而昭公信。伏乞。

换言之，他们打算按照川东道的方案，准备好帐簿来接受地方绅粮的查账。因档案资料原因，不清楚来年地方绅粮查账的情况。但可以肯定的是，八省客长还是继续担任保甲局、厘金局局绅，并没有受到此一案件的影响。如同治四年正月廿日，由八省客长、保甲局鲍崇礼、华永春、章作楷、郑国贤、骆定元、朱鸿洲、余大廷、刘愷、李忠元联名向川东道汇报了同治三年重庆保甲局的经费收支情况。[①] 但八省客长具体的人员发生了变化，此前的张先昭、徐绣纯、傅益、程益轩、刘崇荣、唐光辉、赵天锡、丁煊、夏如钊、刘朝光、熊学鹏、孙师济、江宗海、金含章、高诚、张树德均不在列。

该案较为详细、深刻地反映了八省客长与地方绅粮在地方事务中的竞争

---

① 《道府札发保甲局帐簿会同府局员细核盖印发局备查卷》，6-5-206。

关系。重庆保甲局团练总局是川东道 36 县团练事务的枢纽与核心，其局绅由川东道道台任免。保甲团练局的日常运行经费来自重庆的厘金收入，每年有银约十万两。按照清代各州县团练局绅的任免惯例，应由地方绅粮担任。重庆八省客长却是例外，他们以外来客商的身份长期担任保甲局局绅。同治元年，巴县举人文国恩、华燕琼亦对外来者担任主管本地安危的保甲局局绅是否合适提出质疑："独未思渝城非八省地方，八省客民非渝城生长□□□思义，渝城亿万姓身家系焉，于八省无关痛痒也。若有事，能信其不委而去。如上年张逆至老关口，渝城闭，时局中办事八省纷纷远飏，往事已可征矣。"① 易言之，文国恩等人认为八省客长对地方安危并不关心，其对地方并没有忠诚度。但这些质疑都没有能动摇八省客长在保甲局中的地位，其原因主要在于八省客长在重庆商业中的垄断地位，进而是重庆厘金的主要缴纳者。从该案的发展来看，掌握保甲局局绅任免资格的川东道明显是站在八省客长一边，获得地方当局的支持也是八省客长长期担任保甲局局绅的重要因素。

2. 夫马局②经费的征收与支出

夫马费，即军队、官吏、差使过境时，地方的接待费用。清代四川州县政府往往通过设立夫马局，以"借资民力"的方式征收这些临时性经费。其设置的时间"所从来久"，四川各州县并不一致。

巴县夫马局设置的时间比较早。咸丰四年九月，因为"黔省贼匪扰乱"，巴县在县城隍庙设立夫马局，由八省客长关允中、洪豫章、闽聚福、蒋容、晋安泰、楚宝善、郑国贤、广业堂担任局绅。这时，夫马局经费的征收对象主要是渝城各坊厢的铺户，按月征收。③

夫马局经费的征收方式不同于前面所谈的厘金局，主要靠各坊厢保正代为征收，这给了保正截留公款、中饱私囊的"良机"，"坊厢约保正等多将捐项收齐侵吞或收十缴一，以致日积月累，亏空渐深"。④ 咸丰五年六月三十

---

① 《举人文国恩等禀渝城保甲局借八省之名踞局固党射利揽权协恳严保剪除更换以复归章而章服民心事》，6-5-49。

② 拙文《清代四川夫马局简论——侧重于巴县》(《西南政法大学学报》2019 年第 5 期) 对清代四川夫马局进行了较为全面的研究，本节参考了其中部分内容。

③ 《八省首事关允中等具禀各坊保正曾洪兴等亏空夫马厘金钱文案》，6-4-905。

④ 《八省首事关允中等具禀各坊保正曾洪兴等亏空夫马厘金钱文案》，6-4-905。

日，夫马局局绅同时也是八省客长首事的关允中、洪豫章、闽聚福、蒋容、晋安泰、楚宝善、郑国贤、广业堂等人称，去年九月起至今年三月止，本城内外各厢坊，尚有厘金钱一千七百余串未缴。八省客长"雇人协往沿户清询，均称按数业已交给坊长厢长保正收讫"，"乃坊厢约保正等多将捐项收齐侵吞，或收十缴一"，以至局用亏空，八省客长详细列出了咸丰四年九月至五年三月共计七月各坊厢实交夫马经费的名单，具体如下。

宣化、巴字坊共该厘金钱一百一十二千四百四十文，保正曾洪兴。

东水坊共该厘金钱一百九十八千零八十一文，保正李德钦。

太平坊共该厘金钱一百零二千六百一十文，保正刘培金。

神仙坊共该厘金钱一百零三千四百三十七文，保正申洪顺。

仁和坊共该厘金钱九十九千八百零五文，保正刘廷扬，清查并无亏空。

太善坊共该厘金钱七十一钱八百八十文，保正梁一元。

杨柳坊共该厘金钱九十九千六百七十六文，保正康世昌。

崇因坊共该厘金钱六十七千二百六十三文，保正龙在江。

翠微坊共该厘金钱一百零二百廿文，保正彭金生。

千厮、西水坊共该厘金钱九十九千八百九十八文，保正杨天枢，清查并无亏空。

华光坊共该厘金钱十七千二百四十文，保正刘联升。

朝天坊共该厘金钱三十九千八百八十二文，保正游星亭。

定远坊共该厘金钱四十一千四百七十八文，保正刘联升。

南纪、望江坊共该厘金钱十四千七百五十文，保正蹇聚金。

治平坊共该厘金钱四十四千五百七十五文，保正陈兴发。

储奇坊共该厘金钱六十一千一百三十二文，保正邓洪发。

金紫坊共该厘金钱八千九百六十文，保正邹正明。

临江坊共该厘金钱二十六千零六十二文，保正梁祥太。

金沙坊共该厘金钱八十二文二百三十文，保正黄兴荣。

渝中坊共该厘金钱五十三千五百三十五文，保正汪沛霖。

洪岩坊共该厘金钱六十千零四百九十文，保正梁罗才。

通远坊共该厘金钱十四千一百一十文，保正阮洪发。

南纪坊共该厘金钱十七千一百零三文，保正萧廷发。

临江厢共该厘金钱八千七百廿文，保正陈作述。

丰碑厢共该厘金钱十一千七百六十五文，保正谢炳林。

朝天厢共该厘金钱四千九百一十八文，保正周万兴。

太平厢共该厘金钱十三千八百文，保正丁玉斌。

灵壁厢共该厘金钱十三千三百一十一文，保正尹正太。

金紫厢共该厘金钱二千七百五十文，保正尹正太。

东水厢共该厘金钱三千四百九十文，保正张炳荣。

红岩厢共该厘金钱七千八百三十文，保正蔡宗发。

千厮、西水厢共该厘金钱十七千文，保正范世麒。

太安厢共该厘金钱二千四百三十文，保正刘正兴。

莲花坊共该厘金钱十六千二百文。

以上总共各坊厢共该厘金钱一千七百一十四吊四百一十三文。

八省客长希望县令能够饬差追查，巴县县令批示："查去岁因黔匪不靖，渝城设立夫马公局，核计各坊厢每月捐项尽足敷用，乃坊厢约保正等多将捐项收齐侵吞或收十缴一，以致日积月累，亏空渐深，该首事等应即查明各厢□□夫马局捐项，上紧催收齐全以清款项。倘有不肖约保，从中侵蚀□□亦即查明，指名禀候拘案，严惩究追武庙捐项不得擅收，致兴讼端。"①

从上述事件可以看出，此轮夫马费主要由重庆城内的铺户承担，也就是主要由居住在城内的八省商人承担。同时，从夫马费的征收过程看，各坊厢长存在大量侵挪甚至贪污夫马费的行为，对经管夫马局的八省客长来说，这是一个较难处理的问题。杨濙喜之乱平定后，巴县的夫马局即被裁撤。

同治二年，陕西回民发动反清起义，成都通往北京的北大路道路阻塞，递京奏折、文书往来改由成都到重庆的东大路递送，在重庆会合后，由水路

①《八省首事关允中等具禀各坊保正曾洪兴等亏空夫马厘金钱文案》，6－4－905。

递运出川，这样一来，巴县各驿站接待费用就很浩繁。为此，巴县再次设立夫马局办理差务。

这次办理的夫马局的经费来源与咸丰年间的不同，这次的经费来自随粮加征，即每正粮一两，征收夫马一两，每年收款在六千余两，专款专用。而此次成立的夫马局，其局绅则主要由地方三里绅粮担任。八省客长主管的保甲局与三里绅粮主管的夫马局因差务的承担存在竞争，引发一系列矛盾。按照差务承办章程，"渝城往来经过兵差、军火夫马"由巴县保甲局承担，"官员流差均归夫马局供应"。同治四年，因为战事的关系，军队调动频繁，工作强度太大，保甲局希望这事由夫马局承担，自己好安心办理团练。同治五年十月十八，川东道道台锡佩给巴县保甲局、夫马局下达了将保甲局承办的兵差转给夫马局的札文，文称：

> 照得渝城往来经过，兵差军火夫马向系巴县核明给单持赴该局支发，其余官员流差均归夫马局供应，曾经议定，照办在案。乃近年差务络绎，时有给单赴局支取之事，恐既不免浮冒滥支，又复漫无限制，殊非核实办公之道。今本署道酌议每年由该局帮给巴县夫马局银四千两，即以同治五年十一月初一日为始，按月由该局照数将银送给归并巴县，一手经理撙节支发，嗣后凡有军火等差，均毋庸给单赴局支用，以归画一，而期节省。除札饬巴县遵照外合行札饬，为此札仰该局，即便遵照办理，毋违此札。等因。尊奉在案。敝局兹将十二月初一日起，至月底止，计一个月，夫马银，按照总数摊拨，局中经费银三百三十三两三钱三分三厘三毫三丝三忽，如数弹兑封固，拟合备文专差牒解为此合牒贵堂台请烦查照来牒事理希即将解到之夫马银两照数弹收支给，仍祈将收明银数日期赐复查，望□施行，须至牒者。
>
> 计牒解本年十二月分夫马银三百三十三两三钱三分三厘三毫三丝三忽。①

---

① 《夫马局首事雷心田等禀经费不敷，宪札饬渝城保甲局帮给经费银卷》，6-5-1029。

对这个方案，巴县夫马局是不同意的。同治五年十月三十日，夫马局首事雷心田、张森龄、李式槐、赵奉之、田芳斋在给川东道的禀文中称，"本属向无军需夫马局，历来兵差军饷、军装、军火以及一切差务悉由保甲局支应"，"迨至（同治）四年七月，保甲局绅刘秉泽等以禀明公议呈禀道宪，请将兵差一切夫马改归夫马局支发"。作为经费上的支持与补充，渝城保甲局"朝天、白市两号椿马草料改归夫马局"，另外每年"每年帮给银四千两"。运行一段时间后，夫马局局绅发现经费不支，"第查保甲局连年支发，无事之日，每年略计八九千金之谱，倘值多事之际，支发不知凡几，而夫马岁仅收银六千余两，现在邻氛未靖，本属差务络绎不绝，照章支发，尤恐不敷，而保甲局原为军务而设，今仅每年帮给夫马局银四千两，交职等支应军饷、军装、军火以及军营文武员弁夫马费用，更属浩繁，若支发不能接济，不免有误公事。且夫马局不过暂为驿站而设，三里绅粮吴钟瑶等业已禀请裁止在案，倘将来北路肃清，夫马停止，而军饷、军装、军火以及军营文武员弁过境，夫马应归何项筹款办理？"[①] 也就是说，保甲局原来办理兵差每年需银八九千两，现在每年仅补贴夫马局4000两白银，夫马局亏空太多，不愿意继续承办。巴县县令给出了两个解决方案：一是将补贴提高至每月400两，"遇闰照加"；二是由夫马局"暂行试办，若有不敷，再请筹拨处理"，即缺多少补多少。因档案保存的关系，尚不知兵差最后由谁来最终承担。

咸同年间巴县夫马局经费的征收与支出出现的两次变化，反映了八省客长与地方绅粮之间的竞争关系。咸丰年间巴县夫马局首次设立，经费主要来自居住在城内的八省客商，夫马费的征收由掌握地方经济实力的八省客长承办，这对八省客长来说是一个不愿意承担的苦差事，也因如此，此次成立的夫马局在地方乱平之后很快就解散了。第二次则因为陕西方面的回民起义，阻断了四川进京的川陕大道而改由经重庆的成渝大道，为了承办各种"流差"，巴县再次设立夫马局。此时渝城并没有出现地方军事危机，八省客长不愿意承担夫马费，夫马局局费主要来自地方的田赋附加，地方三里绅粮成为夫马局局绅。鉴于巴县兵差浩繁，由保甲局承担的兵差费用达到每年

---

① 《夫马局首事雷心田等禀经费不敷，宪札饬渝城保甲局帮给经费银卷》，6－5－1029。

八九千两之多，在川东道的支持下，巴县保甲局试图将承担兵差以每年补贴白银4000两的代价转移给夫马局承担，这势必造成夫马局承办经费不足，遂引发两局之间的诉讼纷争。保甲局与夫马局围绕着兵差承办的纷争实质上反映了八省客长与地方三里绅粮之间为维护各自利益，在地方政治舞台上的竞争。

八省客长与地方绅粮之间的合作

以公局为平台，渝城八省客长和地方绅粮在互相竞争的同时，亦有相互合作，形成了一个掌握地方权势的公局体制。我们以同治十二年五月巴县举行的宾兴盛会为例，对与会的各局局绅之背景进行简单的分析。现将各局绅士及其局名列为表6-2。

表6-2　同治十二年巴县宾兴会出席士绅名录

局名	局绅名	局名	局绅名
朝阳书院	翰林崔大人	保甲局	举人刘大老爷
老厘局	进士龚大人	宾兴局	举人张大老爷
团保局	进士卢大人	宾兴局	举人杨大老爷
字水书院	举人李大老爷	宾兴局	举人张大老爷
团练局	举人陈大老爷	团练局	金大老爷，字含章
团练局	李大老爷，字廷铺	保甲局	吴大老爷，字济源
保甲局	江大老爷，字宗源	新厘局	鲍大老爷，字崇礼
夫马局	张大老爷，字森龄	夫马局	周大老爷，字瑛
夫马局	季大老爷	夫马局	熊大老爷，字学鹏
夫马局	赵老爷，字芳山		

资料来源：《巴县示谕举行宾兴以修盛典而励英才卷》，6-5-389。

从表6-2的名单中，我们能看到一些熟悉的名字，如江宗源、金含章、张森龄等八省客长成员；崔焕章、[1] 龚瑛、[2] 杨吏清（道光二十九年举人）等为地方绅士。这些籍贯不同的地方精英通过宾兴局等公局联系在了一起，

---

[1] 崔焕章，巴县人，咸丰九年举人，同治四年二甲第32名进士，选翰林院庶吉士。

[2] 龚瑛，巴县人，道光十二年举人，二十年进士，曾任陕西礼泉县知县、乾州直隶州知州。

可以说，借由宾兴局这个平台，让他们暂时告别了省籍不同所带来的矛盾，而形成了以公局为平台的地方权势网络。

同治二年，重庆地方绅商反对将重庆城市的制高点，同时是渝城保甲团练总局办公地的崇因寺（又名长安寺）交给天主教法国川东主教区，引发民众毁坏教堂事件。① 本书不在于讨论此次教案所反映出来的中西方文化及经济冲突，而着眼于讨论在共同的"外敌"面前，原本存在竞争关系的八省客长与地方绅粮之间的合作关系。

咸丰八年，川东道王廷植奉令在城区办理团练，召集八省客长商议办团之事。由八省客长出银数千两，将崇因寺培修"作为川东三十六属保甲团练总局"，并兴建了部分设施，"前设官厅，后建武库，左修仓厫，右辟较场，并筑哨楼"。该寺遂成为川东道两府二州团练的指挥、后勤中心，其功能"不但保卫渝城，即三十三［六］属借支军装器械，亦无不由总局支应"。② 因此，"其地不特为渝中之名胜，庙祀因之，实亦东属之要岭，民命系之"。③ 当然，崇因寺也是八省客长地方影响力的象征。

同治元年十月初三日，天主教川东教区主教范若瑟④面见川东道吴镐，商议交接一事。川东道道台吴镐以"此寺虽属废庙，现设保甲局所，未便腾予"为由，说要与渝城八省客长、地方绅粮商议后才能决定。⑤

从地方绅粮的角度来看，崇因寺也不应划转给天主教一方。同治元年三月，太平军石达开部由涪州（今重庆涪陵区）入巴县，重庆防务更为吃紧。基于对地方安全的考虑，地方士绅认为，若此时将崇因寺改建为天主堂，"则公局无处可设，团练即易废弛"，建议天主堂改建别处，"以渝郡之大，僻静地方，所在皆有"，没必要"争用武之地"。但天主教一方坚持要将崇因寺改建成天主堂。

---

① 笔者曾从地方绅商的角度考察了此一事件发生的缘由，见拙著《移民、国家与地方权势——以清代巴县为例》，第292—299页。
② 民国《巴县志》卷16《交涉·教案》，第1页b—2页a。
③ 《教务教案档》第1辑，第1186—1187页。
④ 范若瑟，法国巴黎外方传教会教士，1838年来华，1856年任天主教川东教区主教。与地方相处不睦，任内迭起教案，经总署与法使交涉，1878年被撤回欧。
⑤ 《教务教案档》第1辑，第1166页。

261

当渝城的八省客长和地方绅粮得知总理衙门已经同意教会的请求后，便开始了一系列的反交割行动。八省客长闽聚福、洪豫章、傅省三，地方士绅刘成章、李聚义、沈玉轩、简景冈、郑永吉等数十人向巴县令呈请，反对将崇因寺交给天主教兴建教堂。他们一致认为北京总理衙门没有认真考察，误将崇因寺抵偿给教会，希望能够撤销这个命令；同时提出调解方案，希望教会在其他地方兴建教堂，建堂费用则由八省客长代为支付，但此方案未获得教会的同意。川东道道台吴镐、巴县县令张秉堃支持八省客长的主张，也一直拖着，没与教会办理交割手续。

同治二年正月二十四日清晨，巴县知县张秉堃召集渝城绅士，商议将长安寺交给天主教的具体事宜，"衿棍陈桂林、金含章，局恶程益轩、张先钊等……纠结兵勇痞匪约计千余，纷纷执械"，由绅商陈桂林等人率领，先至姜家巷将主教座堂真原堂打毁，后又分兵四路，将杨家十字传教士公馆，莲花池男女学堂、病院、育婴堂、孤老院，雷祖庙侧保婴医馆、复苏医馆等 18 处教民或教堂房屋、存放的货物等，全部打毁。同时打毁的还有石板街、桂花街、回回沟、南纪门等处教民住宅 20 余处。这样的"打教"行动持续了三天，直到二十六日才结束。后来据署川东道恒保汇总，共打毁渝城天主教公产及教徒私产 15 处 58 家，并打死教徒 1 人，伤数十人。① 教民财产损失据事后调查，估计在白银 30 万两左右。②

从教会一方提交的信息来看，此次"打教"的领导者主要为八省客长，如程益轩、张先钊等人，也包括陈桂林等地方绅粮在内。"打教"的时间恰好是重庆府科举考试期间，来自重庆府属各县的考生这时候都在重庆，不少考生还直接参与了"打教"行动。

教案发生后，成都将军崇实、四川总督骆秉章奏请将办事不力的吴镐撤职交部议处，前后共捕获参与"打教"的民众 60 余人，并将保甲局首事，亦是八省客长的张先钊、程益轩、徐秀纯、傅益等四人逮捕押解至成都，等候查办。③ 教会一方认为保甲局局绅张先钊等并监生陈桂林等为此次"打

---

① 《教务教案档》第 1 辑，第 1195 页。
② 《教务教案档》第 1 辑，第 1168 页。
③ 《教务教案档》第 1 辑，第 1199 页。

教"事件的主使者。[①]

教案发生后，成都将军崇实令候补道台恒保接任和八省客长关系密切的吴镐为川东道道台。恒保此前曾代理川东道，与天主教关系密切。[②] 恒保十分了解八省客长与地方绅粮之间曾因保甲局控制权的问题而产生了矛盾。到任后，恒保即以涉嫌侵吞局费为名，将八省客长张先钊、程益轩、徐秀纯、傅益轩四人逮捕解送至成都关押。教会方面也认为此四人是幕后主使，支持逮捕此四人。恒保在给成都将军崇实的密奏中特意解释了这样办的原因，八省客长"根底甚深，若因教案拿人，必至煽惑愚民，又生枝节"。[③] 恒保为了遏制八省客长在地方的势力，"时渝局向有练勇数百名，虑局绅借以把持，激成事变，于教民更有不利，复咨请前任提督蒋玉龙借名防堵綦南，暂住渝城以资弹压，并设法将局勇八百名札游击定全带赴叙永，以防堵黔匪为名暗抑其势"，[④] 将八省客长控制的团勇以防堵黔匪为名调至叙州府。

虽然程益轩等四人被捕，但案情没有朝教会希望的方向发展下去。八省客长动用各种资源，向恒保和教会施压，同时展示了渝城绅士的团结。恒保尚未进城，渝城绅士便发动反对恒保的运动，"传旗张贴，不准新官入城"，[⑤] 并向在京任官的八省子弟寻求支持，指责恒保阿附教会、滥用权力、逮捕局绅。成都将军崇实就说："秋间即有人在京师参奏恒道阿附艾嘉略等词，而省中承审各官，即不肯认真追问，闻解省之绅，有子弟现为京官，此等举动，明系暗为掣肘，否则恒道在川服官多年，何以从无参勘，忽于一办教案，便有过丛生?"[⑥] 不仅如此，八省客长还以崇因寺为据点，邀请地方士绅商量应对之策。据范若瑟的报告，八省客长在崇因寺每日"传集党羽、官衿、勇痞"，集结力量，成立"齐心会"，在寺"演戏治酒、结盟庆功"，摆席"百桌"，其气势"不亚临敌"。[⑦]

---

① 《教务教案档》第 1 辑，第 1121 页。
② 《教务教案档》第 1 辑，第 1147 页。
③ 《教务教案档》第 1 辑，第 1191 页。
④ 《教务教案档》第 1 辑，第 1184 页。
⑤ 《教务教案档》第 1 辑，第 1190 页。
⑥ 《教务教案档》第 1 辑，第 1199 页。
⑦ 《教务教案档》第 1 辑，第 1168 页。

范若瑟严惩八省客长、赔偿 30 万两白银的请求在八省客长的强烈反对下并没有得到满足。八省客长认为崇因寺祭祀关帝，可算入地方正祀之列，因此不能划给教堂，并指责天主教在这设堂动机不纯。"天主教堂之所欲设，其意只在便于传教，而其事无非劝人为善。便于传教，固不必在要害之区，劝人为善，又何必争用武之地。"① 同时，总理衙门发现法国公使在要求划拨崇因寺时说了谎，"前所指崇因寺乃闲废之寺，孰知尚有高大铜像在内，不能因天主教而毁佛教"，并指责法国公使当初不应蒙蔽，致生事端。②

作为负责地方安危的川东道道台，吴镐着重强调崇因寺为渝城保甲团练总局的所在地，"若以长安寺为天主堂，则公局无处可设，团练即易废弛，哨望失所凭依，兼与地方有碍"，这块地对天主教来说其意义仅在于传教，渝城地势广阔，"僻静地方，所在皆有"，没必要跑来抢这军事要地。③ 不得已，范若瑟从北京返回重庆后同意和巴县官绅士庶议和。同治三年底，双方终于达成协议，其要点有二：第一，范若瑟同意放弃将崇因寺改建为教堂的要求，另寻他处修建教堂，并放弃过去被没收充公的所有川东四所旧堂，崇因寺继续用作保甲团练总局办公场所；第二，八省客长同意进行赔偿，共计银 15 万两，先付 4 万两，余银分 4 年付清，该款在绅商公存款内筹给。④ 这些银两都由八省客长自筹解决，"皆系局绅自相议定，自为筹款，官不预闻"。⑤

至于被押解至成都的四位八省客长首事，后均以无罪释放。直接参与"打教"行动而被差役兵丁抓获的案犯最后也以普通的抢夺罪判罚，"照中国例惩办"，其中无一人被判重刑。至同治三年十月二十四日，八省二十三坊厢代表与川东道范主教签订合约，宣告此次教案最终得到完全解决。署川东道恒保的札示称："该县具禀八省二十三坊厢复议赔银十五万两了息教民控案两造各立合约一案。奉批据禀已悉。查渝城八省二十三坊厢绅商人等既据该府曾饬巴县查明，均愿与教民和好，并无勉强。范主教亦愿让给长安寺

① 《教务教案档》第 1 辑，第 1187 页。
② 《教务教案档》第 1 辑，第 1214 页。
③ 《教务教案档》第 1 辑，第 1187 页。
④ 《教务教案档》第 1 辑，第 1209 页，亦见 6-5-328。
⑤ 《教务教案档》第 1 辑，第 1209，1211 页。

永作办公总局，立有合同和约可凭，应即如禀办理。仰候据情转详将军督宪核办，缴回批合约存等因。奉此。合行札知。为此，札仰该县即便知照。毋违此札。"①

通过该案，八省客长与地方绅粮紧密合作，达到了捍卫地方利益的目的，也巩固了八省客长在地方权力网络中的核心地位。

＊ ＊ ＊

本章以素描的手法刻画了清代重庆八省客长的个体形象。移民客商一生中往往有多次机会充任客长，客长给他们带来的不仅是荣誉，也是责任。移民客商充任客长后往往具有强烈的责任感，任职期间，他们大多积极参与移民之间的纠纷调处及会馆与地方事务的办理，尽心尽力，但有的客长也因此惹上官司。

综上所述，客长与本地绅粮之间的关系总体上较为和谐，虽然有竞争，但更多的是合作。八省客长与本地绅粮各尽其责，从其各自掌管的公局职责范围来看，八省客长的影响力主要集中在治城之内，包括治安维持、厘金征收等；而三里绅粮则负责与田赋加征有关的赋税征收及广大农村地区的事务，如"三费"及后期的夫马费征收。基于渝城社会经济的发展及变化，特别是重庆开埠的影响，八省客长主导渝城厘金征收的局面逐渐被打破，这导致其在渝城的影响力有所削弱。光绪以降，随着"三费"这种主要以田赋加派名义征收的赋税增加，三费局逐渐成为征收地方各类经费以办理新政、施行地方自治的主要机构，这无疑扩大了本地三里绅粮在清末重庆地方社会中的影响力。

---

① 《巴县禀据渝城八省二十三坊绅商复议认赔银两了息民教控案两造各立合约赍呈府核转审批卷》，6－5－328。

第七章　民国初年的八省会馆

　　清末新政从官方的角度开启了全面近代化的进程。中华民国建立后，在某种程度上延续了此一趋向。民国初年，地方行政制度改革，废府留县，重庆商埠督办署以纽约、巴黎等城市为蓝本，进行兴学校、建公园、修马路、开辟新城区等市政建设，开启了重庆市政管理的近代化进程。八省会馆或主动或被动地参与其中。

　　民国前期，渝城军阀混战，川军、黔军、滇军、北洋军先后占据重庆，多次在重庆城内发生巷战，引发社会动荡。[1]　各路军阀割据一方，"就地划饷"，形成有四川特色的防区制，"从根本上说，1935年以前，重庆的发展处于一种主观上的封闭状态"。[2]　在防区时代，"重庆为通商巨埠，尤防区之富者，一有冲突，不能无争"。[3]　如长期驻防重庆的黔军袁祖铭部，"岁糜军饷至千万之多，川民膏脂，剥削殆尽"，[4]　各路军阀将由八省控制的会馆资产看成口中之肉。更重要的是，伴随着现代民族国家体制的建设，中央政府对地方社会公共资源的动员能力相较于传统社会更为强势有力。民国初年，八

---

① 民国《巴县志》卷21《事纪》，第56页b—76页b较为详细地将1912—1936年渝城的军事、政治大事件进行了编年，1913—1927年，各路军阀在重庆多次爆发军事冲突，有的冲突甚至发生在城内，如1913年9月，黔军黄毓成部与川军王陵基部发生巷战，"自朝至暮，枪声不绝"；1917年11月，北军吴光新部与黔军在重庆南岸发生冲突，"连日剧战，枪炮之声震入城内，居民骇愕"；1920年5月，川军刘湘部与黔军在重庆西郊高店子、瓷器口"激战数日夜"；1922年七月，川军第一军和第二军发生冲突，第一军将领邓锡侯与第二军将领杨森在巴县西里龙凤乡、白市驿"相持两日夜"；1923年7—10月，第一军与第二军在重庆多次发生激战，第一军周西成部占据南岸"铜元局凡八日，饱载铜元约四十余万钏而去"，"重庆被困历二十余日，西南两路交通断绝，城中食物价增四五倍，人民惶惧不知所出"。

② 张瑾：《权力、冲突与变革——1926—1937年重庆城市现代化研究》，重庆出版社，2003，第72页。

③ 民国《巴县志》卷21《事纪》，第67页a。

④ 民国《巴县志》卷21《事纪》，第71页b。

省会馆"仅保留积谷、水会、长安寺、五福宫、蚕神祠五事而已"。[①] 而这些资产还在不断地以各种理由被各级地方政府及其他组织所吞噬。

第一节　重庆建市前后的八省会馆

中华民国建立后，设重庆府知事兼领巴县事，不久废府留县，重庆则成为商埠之名称，不再是一级行政区。1921 年 11 月，四川各军总司令兼省长刘湘驻重庆，设重庆商埠督办公署，委命川军第二军军长杨森为商埠督办，以巴县、江北两县为管理区域。杨森将江北县城一带规划为新商埠区，以新区建设为主，旧城改造为辅，拟将江北一带建成重庆的汉口，但此一计划随着刘湘、杨森的战败而夭折。1923 年，川军第三师师长邓锡侯到达重庆，改重庆商埠督办公署为重庆市政公所，自兼督办，办理重庆市政。其后，川军第七师师长陈国栋、第七师第十四旅旅长朱宗悫相继接任督办。1926 年 6 月，刘湘驱逐黔军袁祖铭部，重新控制重庆，改重庆市政公所为重庆商务督办公署，唐式遵、潘文华先后担任督办，确定重庆上下游南北两岸环城三十里内为重庆市政区域，首次明确了重庆市地理范围，同年十一月将商务督办公署改为市政厅。[②] 1929 年 2 月 15 日，正式改重庆市政厅为重庆市政府。

参与重庆市政建设

20 世纪 20 年代，重庆常住人口已达 20 余万，流动人口亦有 20 余万，人口集中在渝中半岛狭长的范围之内。自 1921 年，重庆商埠督办署设立后，近 5 年的时间中，重庆先后经历了熊克武、刘湘、王文华、袁祖铭等部驻扎，"中间迭经战事，向任督办者率皆五日京兆，既无从容规划之时间，以致对外事业毫无表现；对内组织复欠完密，经费子虚，精神涣散"，[③] 重庆的市政建设毫无起色。1926 年，唐式遵在《重庆市政计划大纲》中指出：

---

① 《重庆八省积谷办事处产业图说》，1928 年石印本，第 1 页
② 傅润华、汤约生主编《陪都工商年鉴》，第 3 页。
③ 重庆市政府秘书处编印《九年来之重庆市政》，1936，第 12 页。

"（重庆）市政窳败，街道之狭隘，沟渠之秽污，煤烟之蒸蔽，其不堪居住，亦为全世界通商各埠所无，加之地狭人稠，肩摩踵接，非推行市政，力谋改造，实不足以策交通实业之发展。"①

从 1926 年刘湘独占重庆至 1935 年 7 月省府迁还成都，重庆政治局势相对稳定，为经济的发展和市政建设赢来少有的安定局面，重庆城市建设迎来了重要的发展时期。②

重庆商埠督办公署成立后，"数月以来，如整理旧街道，开辟新市场，创办中央公园，整顿城门交通，新建轮船码头，测量沿江马路，筹备自来水，改良电话电灯等要政"，③ 在重庆进行了大规模的市政建设。重庆商埠督办公署确立了重庆城市建设和改造的几大原则。

（一）积极开辟新市场以为旧城内小商业及住宅次第推移之场合；

（一）先整理旧城街市，酌量推展宽度，以谋整齐市容，便利交通；

（一）公用事业以扶助民营发展为目的，旧有基础者监督其改善，尚未发轫者诱导其兴举；

（一）学校社团先分别考查其内容，对症施方，徐谋匡济。④

在重庆城市兴建和改造过程中，兴建新的城区和城市道路建设与改造是重点。按照重庆商埠督办署的市政建设计划，"决于城内整理旧市场，而于城外开辟新市场。城内旧市场，又分为马路经过街道，与其他僻静街道，马路经过街道之最低宽度，又分为甲乙丙三等，甲等一丈六尺，一等一丈四尺，丙等一丈二尺，其他僻静街道，则因势利导，不甚加以限制。今者城内整理旧市场，业经督率完竣矣，城外开辟新市场，又已设局管理矣"。⑤ 新市

① 唐式遵：《重庆市政计划大纲》，重庆市政府秘书处编《重庆商埠汇刊》，重庆高埠督办公署，1926。
② 对此一时期重庆颇具"现代"意义的市政建设，张瑾教授做了较为全面的研究，参见氏著《权力、冲突与变革——1926—1937 重庆城市现代化研究》。
③ 重庆商埠督办公署编印《重庆商埠月刊》第 1 期，1927 年 1 月，"序"第 1 页。
④ 《九年来之重庆市政》第 1 编"总纲"，第 7 页。
⑤ 谢璋：《重庆新旧市场之改建》，《重庆商埠月刊》第 3 期，1927 年 1 月，"杂录"，第 1—6 页。

区位于重庆城门之外，嘉陵江沿线从通远门至南纪门，陆地从通远门至临江门外、通远门至上清寺一带。这些地方大部分都为荒冢，重庆地方政府为此成立重庆商埠新市场管理局，1927 年 7 月改为新市场迁坟事务所，专办迁坟事宜，该机构设办事员 4 人，其中司录事各 1 人，夫役 2 人。① 这次迁坟工作得到了包括八省会馆在内渝城各团体的支持，部分山西会馆义地就在此范围之内，山西会馆所拥有的坟地进行了动迁。②

按照计划，长江沿线从若瑟堂至曾家岩一带坟墓"不下万所"，"限期一律迁移"，重庆商埠新市场管理局约请渝城各慈善团体"集议办法，结果由各慈善团体分担迁移义务，经众赞许，克日即可开工进行"。③

后据统计，从 1927 年 8 月至 1934 年 3 月，政府共耗资两万多元用于迁坟，除有主之坟自行迁葬外，共计从新市区迁出土石各坟 45.5 万余冢，新增城市建设土地面积"八万数千方丈"。昔日的荒山坟地为繁华的街市和新的居民点所代替，重庆的繁华区域也逐渐从两江边向公路两侧、从下半城向上半城转移。④

同时，重庆市政府加强了对城区道路的改造和道路卫生的管理。1927 年 7 月《重庆商埠修改街面暂行规则》第五条规定"改修街面经费，由该段铺户公平摊派，推员经理，工程方面，亦须推员主办，以专责成"；第九条规定"凡改修街面，其挖填工程太大，经本署查勘属实者，由本署担任平基之工程及其经费，唯街面及沟渠之工程及经费，仍由该段铺户，自行照章修造"；第十五条规定"街面两旁，每五十尺，设一古老钱水洞，通达街沟"。⑤

重庆商埠督办公署还颁布了《重庆商埠整齐街面暂行办法》八条，对重庆的市容市貌进行改造，第二条规定"本埠大小铺户，一律将柜台或货架移

---

① 《重庆商埠月刊》第 7 期，1927 年 7 月，"公牍"，第 43 页。
② 《重庆市地政局关于办理遗爱祠坎下山西会馆地基登记事宜给周德侯的批》，重庆市档案馆藏，档案号：0069000100614010008802，页号：088。
③ 《重庆商埠月刊》第 7 期，1927 年 7 月，"公牍"，第 78 页。
④ 《九年来之重庆市政》，第 118—119 页。
⑤ 《重庆商埠月刊》第 7 期，1927 年 7 月，"规章"，第 5—8 页。

入临街门柱以内，与门柱平齐，不许于铺外摆设浮摊，或搁置物件"。①

上述市政建设导致重庆商埠督办署债务激增。1927 年 7 月，重庆商埠公款收支局局长李信玉称，"照得本署因各项工程，负债甚巨"，不得已裁撤二等局员二人以节资金。② 八省会馆是重庆城区拥有地产最多的机构，通过捐资等方式积极协助，有利于上述工作的顺利完成。重庆中国三峡博物馆保存有部分江南会馆在民国期间为城市捐款的收据，③ 从这些收据中，我们可以发现江南会馆在民国前期为地方公共设施建设多次捐款，1922 年 7 月 6 日，因重庆商埠督办处修公园，江南会馆捐款 12 元；1926 年，江南会馆捐生洋 50 元给重庆警察厅妇女救济所，资助其修建办公机构。该所建筑处给江南会馆的收据全文如下。

重庆警察厅妇女救济所建筑处为出具收据事，兹由江南馆先生捐来建筑费生洋五十元正，业经如数□□，特出收条为凭。此据。

筹备主任王兰辑

中华民国十五年十二月二十二日

1927 年，江北县下石梁厢团务处修建监狱，江南会馆再次捐洋 20 元。

八省会馆还通过捐款等方式参与了地方其他市政建设和社会公益。如重庆八省公益协进会参与创办和资助了重庆市市民医院。1929 年，重庆市政府召集城市绅商，成立医院筹备处，经过三年的筹备、选址和筹款，1932 年正式开院接诊。医院的经费一部分来自重庆八省公益协进会的月捐，不足之处由市政府补拨。

重庆中国三峡博物馆收藏的部分江南会馆捐资凭据中，还有一些能够证明该会馆在民国初年被动或主动地参与了地方公共事务。民国初年，巴县东水坊进行社区建设，江南会馆捐款大洋 10 元作为修街费；1926 年，江安盂兰会捐钱 30 文作为巴县练丁费；1926 年，江南会馆在冷水场田地缴纳洋 60

---

① 《重庆商埠月刊》第 5 期，1927 年 5 月，"规章"，第 1—2 页。
② 《重庆商埠月刊》第 7 期，1927 年 7 月，"公牍"，第 57 页。
③ 本节所引江南会馆捐资收据均来自岳精柱主编《江南会馆文书选编》。

元；同年，南纪门发生火灾，江南会馆捐洋 30 元；1927 年，江南会馆捐给巴县监狱草垫生洋 31 元正；1927 年 11 月，江南会馆由重庆八省积谷办事处代缴囚粮大洋 30 元正；1927 年 5 月 5 日，江南会馆捐了大洋 20 元给江北县下石梁厢团务办事处作建狱费；1927 年 2 月 22 日，因南纪门发生火灾，江南会馆由重庆八省积谷办事处转捐大洋 30 元正。其部分收据如下。

1925 年，弹子场玉桂团给江南会馆的收据。

　　今收到江南馆会地捐枪支生洋三大元
　　中华民国十四年八月十六日弹子场五桂团防图记

1927 年，重庆八省积谷办事处给江南会馆捐款的收条。

　　今代收到江南贵会馆交来囚粮捐三十元正
　　此据。

民国某年赈济总局付江南会馆功果钱的收据。

　　暂收到功果钱六十串文
　　上台照
　　江南馆首士　九月初十　赈济总局

参与渝城各类学校的创建

1. 参与创办中小学

前已谈及，清末新政"庙产兴学"运动中，重庆各会馆纷纷创办新式学堂，如私立泰邑小学、私立昭武小学等，这一运动持续至民国时期。

1927 年，重庆商埠督办公署对重庆各级学校进行了调查，其中由会馆创办的学校如表 7 - 1 所示。

表 7 – 1　1927 年渝城会馆创办学校统计

单位：个，人

名称	开办方	所在地	班数	学生总数	教职员数	经费及来源	备考
储才学校	楚省会馆	楚省会馆	3	50	5	楚省会馆开支	
广业学校	粤省会馆	下黉学	5	40	5	粤省会馆开支	
青年会平民夜课学校	四明旅渝同乡会	文华街 32 号	2	37	2	青年会支付	
泰邑小学	泰邑会	中陕西街 51 号	4	24	3	泰邑会支付	该校已办 20 余年
青年会英文夜课学校	石阳馆	54 号	3	34	4	开支由会支给	该校由美国人发起，由华人续办
青年会幼稚园	同上	附 4 号	2	25	3	同上	同上
青年会半日学校	同上	同上	2	25	3	同上	同上
昭武小学	江西会馆	陕西街万寿宫	5	75	9	年约 2500 元	
临江学校	临江会馆	三牌坊临江会馆	5	132	11	年约 3000 元	

资料来源：重庆商埠督办公署编印《重庆商埠月刊》第 4 期，1927 年，"统计事项"，第 1 页。

与清末新政时期渝城各会馆创立的学堂相比，此一时期会馆创办的学校不多，增加了湖广会馆创办的储才学校和广东会馆创办的广业学校，这些新办的学校规模均不算大。此外，出现了一些新的学校类型，如外语培训学校和以识字为目的的半日学校。

1936 年，重庆市政府公布了重庆江北、巴县两县私立中学的经费来源情况，主要有三类，"有教会出资设立者，有私人集资设立者，有会馆余款设立者"，[①] 同时，在 52 所私立小学中，由会馆资助的小学有私立四明小学、私立广业小学、私立昭武小学、私立泰邑小学等。这表明从 1927 年到 1936 年，会馆并没有兴办新的学校。

2. 参与创办重庆大学

民国前期，八省客长最重要的办学活动莫过于积极参与重庆大学的创

---

① 《九年来之重庆市政》，第 99 页。

办。1925 年，以李揆安①为首的"五老四学士"② 多次呼吁创办重庆大学。1925 年 8 月 31 日，《申报》上海版刊载了李揆安等建议筹办重庆大学的愿望，全文如下。

> 重庆。李揆安等建议创办重庆大学，以十二年房捐及本年公债半数为开办费、附加渝关税为经常费，俭（二十八）善后讨论会决议，咨省督两署核办、同日由发起人及各法团首领名流为筹备员，合组创兴重庆大学筹备会。（二十九日下午八钟）③

1925 年 9 月，重庆地方报纸《渝声》全文转载了李揆安之前发表于《重庆商务日报》上的《创兴重庆大学意见书》，该意见书就创办重庆大学的经费来源、校址选择、组织设置、筹备人员构成提出了建议，具体来说，建议"以十二年公债之半数及前四川东防督办筹借房租之全数共约五十万元拨作重庆大学开办费"，仿照广东大学"于关税上附加大学费"；筹备人员中包括"渝中各法团之首领"等。④ 1929 年 8 月，刘湘函请各界知名人士 200 多人参加重庆大学筹备会成立大会，聘请 55 人为筹备委员，八省客长朱之洪、曾吉芝、汪云松、温少鹤等均作为筹备委员参与了重庆大学的创办。该年 10 月 12 日，重庆大学在菜园坝杨家花园（现重庆菜园坝火车站）原刘湘二十一军马队营房正式开办，后勘定沙坪坝松林坡 900 余亩土地作为校址。

重庆大学的日常经费主要来自刘湘防区各县的肉厘加征，经刘湘批准，每只猪加收一角，全年预计可收费 85 万元作为重庆大学的运行经费。八省客长不仅全程参与了重庆大学的创办过程，也向其捐了不少田产、房产作为大学的校产。1926 年，八省公益协进会将其位于佛图关的一幅原本用作苗圃、地租约

---

① 李揆安（1879—1947），名光文，又名昌垣，亦称李奎安。清光绪五年生于巴县人和乡（今华岩镇），曾任重庆府中学堂教师，1921 年任巴县议事会副议长。

② "五老"指的是李揆安、李公度、朱之洪、温少鹤、汪云松，其中朱之洪、汪云松都曾担任过八省客长。"四学士"指的是沈懋德、吴芳吉、吕子芳、彭用仪。

③ 《申报》1925 年 8 月 31 日。

④ 《渝声》第 6 期，1925 年，第 27—28 页。

32 石的土地捐给重庆大学筹备处，由其放佃收租。① 双方的捐款合同如下。

　　　　立合同人：八省旅渝联合会
　　　　　　　　　重庆大学筹备处
　　一、此业移转之际，即由重庆大学筹备处收租以为预备进行之赀，本会不得异言，所有每年应纳之粮，概归大学筹备处完纳。
　　一、蚕神祠同时交与大学筹备处接收，但祠中所有创办蚕桑之前川东道姚公觐元神位，务宜永久保存，借资观感。
　　一、大学筹备完成时，应将此项交代向各公署立案。本会自为刊碑。
　　一、除大学筹备处外，或有划拨其他之事，筹备处非先得本会同意时，本会应将此业收回。

八省值年会长曾吉芝

洪寿山

邓辅卿

谢少穆

周远斋

广业堂

晋安泰

重庆大学筹备处主任李奎安

副主任温少鹤

中华民国十五年九月二十二日②

　　重庆八省积谷办事处亦进行了捐资，将其位于城内东华观镇后祠坡的一幅地基捐给重庆大学，并办理了土地产权变更手续。但这幅地基因捐资的时候，没有完全说明白土地面积，以致后来重庆大学一方认为重庆八省积谷办

---

① 民国《巴县志》卷11《农桑·森林》，第33页 a。
② 《关于补送八省积谷办事处及新八字等地合同及文件致重庆市地政局的公函，附：收条、合同等》，重庆市档案馆藏，档案号：01200001005910001187000，页号：187。

事处侵占了八九平方米。① 双方为此发生诉讼。

1929 年 10 月 12 日，重庆大学正式创办，刘湘兼任校长，同年开办预科，1932 年开办正科。重庆大学创办初期的经费主要是肉厘，也就是屠宰税。至抗战爆发前夕，重庆大学建成 3 院 10 系 1 科，有 34 个班，学生 720人，教职员 196 人。②

第二节　军人干政与现代国家建构下的八省系会产

民国初年，四川军阀混战不断。从 1916 年至 1933 年，大小军阀混战不下 300 余次，为了搜刮民产、筹集军饷，军阀以种种方式向商号、银行勒索捐款。"一曰派垫，实际上是垫而不还；二曰派捐，既系捐款，当然无须偿还；三曰以钞易现，即以不兑现钞票换取现金。"③ 在此背景下，八省所掌握之会产不断被地方政府和驻军吞噬。

民国初年，在现代化的名义之下，地方政府以各种方式没收、接收八省各会馆资产，八省客长为保住会产而不断在管理体制上进行改革，以适应政府的要求。如湖广会馆率先成立两湖同乡会，改会首制为会长制，后又改为委员制，民国后期改为监（理）事制。同时，八省客长亦积极参与各类地方公共事务。

民国时期，八省系的资产主要由两大部分组成：一是由八省客长掌握的八省公益协进会和八省积谷办事处的资产；二是浙江、江西、福建等八个省籍会馆及各省下属的府籍、县籍会馆所有的资产。

八省会馆产业

1912 年，渝城八省会馆改称八省商务分会，后又改名八省旅渝同乡会。1927 年 2 月，重庆八省旅渝同乡会会长朱之洪、重庆八省积谷局首士黎植生

---

① 《重庆市地政局关于国立重庆大学内永宁巷地产被重庆市八省积谷办事处侵占的公函》，重庆市档案馆藏，档案号：00690001005700200214000，页号：214。
② 张瑾：《权力、冲突与变革——1926—1937 年重庆城市现代化研究》，第 193 页。
③ 《重庆工商史料》第 3 辑《重庆工商人物志》，第 73 页。

在给重庆商埠督办公署的报告中详细地回顾了八省客长所持会产在民国前期的散落情况。

民国初年，八省客长所掌握的会产主要由"积谷、水会、长安寺、五福宫地址、蚕神祠"五部分组成。1912—1915年曾短暂地由巴县公署及东川道署管理，1915年8月，四川巡按使陈宧认为，八省客长所经管的五事"多属慈善公益之举，不在商会范围，仍由八省自行举董经理"，但这给八省会产的消散埋下了伏笔。长安寺"扼全城要害"，曾经是渝城保甲团练总局的办公之地，同治二年以八省客长为首的重庆官绅与法国天主教会为争夺此地爆发教案，最终以八省客长赔款15万两白银、天主教放弃在此修建教堂为条件结案，长安寺遂长期为八省会馆所有。① 此时，该地已归重庆佛学社。渝城水会局购置有水龙，雇有专职的消防人员，"地方胥受其利"，此时已改归官办，移交重庆市政公所接管。② 五福宫地址在光绪年间曾被住持道士王理清私卖给德、日等国，引起轩然大波，后由八省客长出面，"备银买回""永不转卖外人"，由八省会馆经管，此时已经"由各法团公决，改第二公园，旋改作中山公园"。蚕神祠此时已捐给新筹办的重庆大学。重庆八省旅渝同乡会所经管的会产仅剩积谷局所属会产。③

据朱之洪等人的统计，咸丰八年至民国初年之前，八省积谷常年存粮在三万石左右，"平粜二十余次"，至民国初年，"尚存一万九千余石"。④ 军政府财政部曾派员对八省积谷进行了调查，"学院署后尚存八十四廒，府署后尚存五十七廒，共储市斗谷一万九千四百四十六石六斗，并旧存银七千两"。到了1923年、1924年，地方军事动乱不断，"驻军乏饷，饬将积谷变卖"，总指挥赖星辉借去银1万元，财政厅厅长宋光勋借去银24000元；第三师师长邓锡侯借去银24600元；第二军军长杨森兵站部借去谷3846石；援川军兵站总监牛建丛借去谷2704石。经此折腾，"所存余谷不过四五石，多年积

---

① 笔者曾有专文讨论同治二年发生在重庆的教案，可参见拙文《重庆教案与八省客长：一个区域史的视角》，《社会科学研究》2007年第1期。
② 笔者曾有专文讨论重庆水会局、水会公所在渝城火灾防控中的作用，可参见拙文《从官方主导到官民合作：清代重庆火灾防控机制的演变》，《中华文化论坛》2019年第4期。
③ 《重庆商埠月刊》第2期，1927年2月，第33—36页。
④ 《重庆商埠月刊》第2期，1927年2月，第34页。

贮，至此一空"，府署后的仓廒几乎没粮可存，其地基甚至被用来出租。① 按照规定，自 1927 年始，重庆八省积谷办事处每年要交给重庆市仓保管委员会仓谷 100 石或等值的货币，如 1942 年，重庆八省积谷办事处交谷款 2 万元给重庆市仓保管委员会，用于购买仓谷。

虽然八省积谷办事处也曾多次向有关部分申请，要求拨还所借仓粮，但不得要领。1925 年 8 月，八省积谷局首事王载廷在给巴县知事的提案中称，"仓贮久悬，妨碍民食，恳查饬拨，俾还填买"，② 再次提出归还八省积谷。八省积谷办事处追还被强拨的仓谷和谷款的努力也取得了一定效果，1927年，追回杨森军队提拨的谷款 8600 元。

1927 年 6 月，按照川康边务督办公署指令，重庆八省积谷局"所办整理积谷，救济灾荒各项，均属地方公益事务"，"与官立局所别"，遂将其改组为重庆八省积谷办事处。③ 重庆八省积谷办事处的办公地址位于城内大梁子半边街。重庆八省积谷办事处设有董事会，八省各举一人担任，董事会公举主任一人、副主任二人，任期一年，可连举连任。董事会于每月 13 日开例会一次，由值月董事通知主任召集，若有临时事件，可开临时会议。

八省积谷办事处主任朱之洪等人尽心进行资产清理，1940 年，重庆市社会局称，当时八省积谷办事处的产业"除旧存银二千两外，复向巴县收支所索还借款八千二百元，□此两款先行购谷千石存储，并将田房产业加以整理"。④ 八省积谷办事处"自民国十五年起至二十七年止所购存老斗黄谷三千一百三十九石零六升，又积谷仓除奉令拆去九廒后，实有仓廒四十七廒"。⑤

重庆八省积谷办事处的产业除仓谷外，还包括一些田产、地产等不动

---

① 民国《巴县志》卷 4《赋役·仓储》，第 47 页 a—b。
② 《关于拨还八省积谷提案》，重庆市档案馆藏，档案号：0053—0030—00245。
③ 《重庆商埠月刊》第 7 期，1927 年 2 月，"公牍"，第 23 页。
④ 《重庆市社会局关于改正 1939 年度收支四柱报销表及房产损失租金数目表、1940 年度支出概算表错误给八省积谷办事处的指令》，重庆市档案馆藏，档案号：00980002000280 000058000，页号：058。
⑤ 《关于造报历年所购积谷及现有仓廒数目表的函》，重庆市档案馆藏，档案号：0354000 1000220000010。

产。据 1941 年 1 月重庆八省积谷办事处发布的四柱财产清册中载，1940 年该机构在巴县井口乡龙隐镇、江北石坪镇黑石场、南坪镇等多处拥有田产，在本市打铁街、千厮门、浮图关等多处拥有房产，该年共收田房租 8646570元。① 民国时期，重庆八省积谷办事处每年的收益除了该处必要的支出，其余均为公益之用，划入重庆市市仓基金。

1926 年秋，重庆商埠督办公署成立，积极进行市政改良，当时的公署财政每月仅有几千元的收入，完全不能够支持如此浩大的工程。重庆商埠督办潘文华"几经擘画经营，各种附加，月可收入三万余元"，② 也就是通过征收各种捐税，提拨各种地方性公共资源来办理市政，解决经费之不足。1928 年，重庆市政府以八省会馆每年的节余款项"历系值年会首所把持，以致时肇纠纷，悬案莫结"为由，整顿八省会馆资产，八省会馆的产权逐渐发生转移。该年十二月十六日，重庆市政府遵照国民政府"督促改进市区内一切公益慈善团体"的命令，"召集各该会馆首士到府剀切开导，厘订办法"，集中所有会馆产业，成立八省公益协进会，试图统纳八省会馆之资产，归重庆市政府监督办理。

重庆八省公益协进会的成立过程，在时任重庆市市长潘文华主持编撰的《九年来之重庆市政》第八章有较为详细的介绍。该章标题为"八省公益协进会"，文章首先谈及了八省会馆会产的形成过程，"各省留寓本市经商者，多以陕西、江南、江西、福建、浙江、山西、广东、两湖等八省为尤盛。旧由旅渝人士各设会馆，捐集资财，购买田房产业。历年既久，资产日趋丰隆"。但这些会产在原有的管理方式下却没有产生应该有的社会效益，文章继续谈道："年入款项，原案系作祭祀酒席消耗及补助公益，资送流落渝地同乡之用，节余款项，历系为值年会首所把持，以致时肇纠纷悬案莫结。近年乃有拨作倡办学校经费之举，亦不过借以保存产业，收支仍未公开，办学亦鲜成绩。"因此，对八省会馆产业进行整顿不仅是地方的要求，同时也是国民政府的命令，"本府深虑此项远大基业化为乌有，爰遵中央督促改进市区内一切公益慈善团体之明令，召集各该会馆首士到府剀切开导，拟订办

---

① 《重庆八省积谷办事处一九四零年一至十二月之四柱清册表》，重庆市档案馆藏，档案号：00600003000600000016，页号：87。

② 《重庆商埠月刊》第 1 期，1927 年 1 月，"序"。

法，集中各会馆全部产业"，改组原有的八省会馆及其管理模式。①

1929 年 1 月 26 日，八省公益协进会成立，主要职责是受重庆市政府指派"监督办理市区教育公益慈善事业"，用其会产作为"市民医院、救济院之经常费用"。② 成员由八省各会馆出代表一人，有财力的会馆出小会代表一人及市公益委员会的代表组成，共有 17 个成员单位，八省每个省籍会馆每月均要资助其 10 元作为办公费用，议定每月一日为会员大会时间。八省公益协进会成立之初，便制定了《八省公益协进会章程》来规范该会的运作，其部分内容如下。

第一条　本会由重庆市八省会馆及市公益委员会合组而成，定名曰重庆八省公益协进会。

第二条　本会以集合八省会馆所现有之财产，改善其原办教育慈善事业为宗旨。

第九条　各会馆大会小会报交本会之财产，由本会负责保管，全权支配。除左列各项外，概作教育及慈善事业之用。

一、各会馆现负外债均由本会核实其负债原因及确数，设法偿还。

一、各会馆每年春秋焚献费及修整费与茶会费。

一、各会馆之贫苦会友每年疾病死亡，抚恤费及资遣回籍费与年终救济费。

一、本会常年会费。

一、各会馆之义地悉行保留。

第十条　本会将各会馆所原办之教育慈善事业谋为有系统有规模之办法，其旧有设施之适宜者，悉保留之。③

从上述章程中我们可以看到，八省公益协进会成立后，各省会馆，不管是省籍会馆还是府州县会馆的会产都被集中起来，由八省公益协进会统一支配，作为全市的教育慈善运行经费。这可以说改变了八省会馆原有的"子孙

---

① 《九年来之重庆市政》，第 84—85 页。

② 《九年来之重庆市政》，第 85 页。

③ 《重庆市八省公益协进会暂行简章》，重庆市档案馆藏，档案号：0110 - 3 - 162 - 116。

会"色彩，会产的收益由八省后裔支配变成整个城市的公益支出。八省会馆原有资产交重庆市财政局管理，与八省会馆签订房产租佃合约的也纷纷换成与重庆市财政局的租佃合约。如当时承佃八省会馆铺房的重庆益州商店店主罗灿然在给重庆市财政局的呈内说："商于民国十七年三月租佃过街楼八省公所房屋伙卖，益州商店曾经双方同意立有合同。昨奉钧局派员面谕，所有八省公所房屋现已移归大局管理，嘱即前来投佃。当时商因未经八省公所值年告知，爰即往询以重手续。旋由值年金春亭等答称，此房确已转移大局管理。"① 要求仿照与此前八省会馆签订的租房协议，同重庆市财政局签订新的租房合同，这说明八省会馆已失去了对部分地产的拥有权。

各省会馆产业

民国前期，重庆各省籍、府籍会馆均有一定的产业。1927 年重庆商埠督办公署曾派员进行了调查（表 7 - 2）。

表 7 - 2　1927 年重庆部分同乡会馆产业情况

会馆名	所在地	会产	备注
江西石阳馆	中陕西街五十四号	五千元	每年收青年会租金六百元，其中扣捐三百元，余做办会之用
福建会馆	下大河顺城街一号		
山西会馆	顺城街二十一号	每年收租银一千七百元	除开支及用度外，余款则作施济之用
云贵公所	绣壁街		现驻第三十二师师部，未便咨询

资料来源：《重庆商埠月刊》第 3 辑，1927，"统计事项"，第 16—18 页。

从内容来看，表 7 - 2 所显示的内容并不是当时重庆各省会馆产业的全部调查情况，只能算是抽样或部分调查。

除了八省会馆所有的积谷，各省会馆产业也多有被驻军侵蚀、被迫交纳战费或被地方政府强行提拨的情形。如广东会馆所属产业，1913 年 12 月 14 日，八省商务分会代广东会馆给四川东川道尹公署发去公函，要求驻军将占

---

① 《关于查收八省公所的呈、批。附：契约》，重庆市档案馆藏，档案号：0064 - 008 - 01251。

据的广东会馆侧洋楼归还。函称：

> 为据情呈恳事，案据广东会馆商民黎遇春、卓子振、卓子蔚齐、王
> 肇先、骆雅丞、曾焕文、陈子箴、潘百城，公记号广源发，普讯号泰安
> 和、同盛德、怡和合等呈称，敝省商号自粤来渝贸易，渝埠房屋昂贵，
> 站店租房均多不便。商等集资在会馆左侧修建洋楼一所，预备旅渝粤商
> 坐号营业之用。前经地方未靖，旅渝商贾无多，致有军营驻扎。嗣以地
> 方安奠，同乡旅渝源源而来，亟应收拾洋楼安插，以通交易。现军营业
> 经移去，讵第二师军医各员尚然占据，并闻欲将此楼设立军医处所。不
> 念商情紧要，只期自适其适。查各营军士，从无霸占民房者。商等此间
> 洋楼，察使体恤商情。饬令该军医处另觅公地建设，腾还商等洋楼。俾
> 商旅安居乐业，与商务而免哀鸿。此呈等情据此。查该省洋楼原系粤商
> 集资修造，似非公地可比，该省在敝会范围之内。为此据情呈恳可否饬令
> 移还该商，另觅公地立所兴医，出自恤商保民之意。伏候批示，饬遵
> 此呈。
>
> 川东观察使王
> 会长　童泗贤
> 中华民国二年十二月十四日①

广东会馆侧洋楼由广东籍在渝商人集资修建而成，平时供广东商人居住
经商之用。清末民初，部分商人避祸还乡，楼内房屋无人居住。军队遂借机
占据，作为营房。地方局势稳定后，商人纷纷返渝，发现原有房屋已被强
占。广东会馆希望由东川道出面将由军队占据的会馆洋楼收回，作为在渝粤
商经营之用。此一个案可以说反映了民国初年八省会馆产业面临的普遍性问
题，即八省所属公产遭到政府、军队及其他团体的挪用甚至强占。

民国前期，四川地方军队数量极度扩张，不仅人数众多，亦造成军费不

---

① 《八省商务分会呈请转军机处迁还广东馆侧洋楼案》，四川省档案馆藏，四川东川道尹公署
191-1-702。

敷使用，强行掠夺民产的情形时常发生。下面是一张 1920 年陆军第九混成旅步兵第二团付给江南会馆军饷的收据。

> 第二团团长朱邦纪，今领导　旅长发给职团全团十一月份官佐、士兵、弁护夫及缮干共洋一万三千二百八十四元七角九分九厘整。所领是实，实发洋一万三千二百七十一元二角一分二厘。
>
> 中华民国九年二月五日具

该单据表明，该团军费由江南会馆用馆内公款支给。类似的情况不少，1928 年 11 月 22 日，重庆八省公益协进会给了江南会馆一张收据，显示江南会馆捐了 17142 元的伤兵费。1921 年 10 月，黔军战败，退出重庆，临行前，黔军以炸毁重庆为要挟，向重庆总商会索饷 200 万元。为避免战火殃及无辜，在八省客长朱之洪、曾吉芝的斡旋下，重庆总商会向黔军交款 80 万元，黔军才和平撤出重庆。虽然暂时不知这笔捐款中摊派分给八省各会馆的金额，但应该不会太少。

八省公产不仅支付了大量战时军费，1926—1932 年占据重庆的刘湘所属二十一军的军备扩充费用，也大多来自包括八省客商在内的重庆商民。刘湘购买了航空、兵舰等新式武器，导致军费激增，"悉恃举债办理"，重庆商民"贷与二十一军者，竟达三千数百万元"，加重了商民的负担。[1]

1927 年 7 月，刘湘第二十一军第六师特科团工兵连以驻地"毁败不堪""受病甚伙"为由，希望将驻地迁往位于朝天门顺城街"房廊宽阔"的福建会馆和与之为邻的三元庙。福建会馆以馆内为"日商堆栈"为名，不愿刘湘军队进驻。该部遂通过重庆商务督办公署，强令福建会馆、三元庙不得"假冒搪塞"，阻碍该部进驻。[2]

部分会馆产业也因会众争夺等因素，面临被瓜分甚至消失的境地。渝城福建会馆在渝城产业本就不多，民国初年会馆又遭回禄，只剩地基一幅。

---

① 《重庆经济概括》，第 16 页。
② 《重庆商埠月刊》第 7 期，1927 年 7 月，"公牍"，第 131—132 页。

1922年，以年租银400两出租修建旅馆，约定十年后"拆房还基"。1932年，租期已到，此时福建会馆"会员俱多物故"，对如何处置这份共有的会产，会员的态度出现了不同，"贫苦无依"者希望将地基售卖，"均望卖分，聊资补济"；有的会员希望继续出租收益。双方为此发生纠纷，遂有人提议将地基售卖，将一半收益捐给政府，一半用于会内成员的救济之费。① 但这一倡议的实施势必会造成福建会馆产业完全消失的局面。同样的情况也发生在广东会馆。1940年，广东会馆成员潘少臣等人称，会馆所属产业"现值数十万元之巨，每年收益亦有二万余元"。② 因会内民众对会馆资产的处理有不同看法，潘少臣等人提议在清查会馆账目后，将会馆部分产业捐给政府。毫无疑问，这一建议若得到实施，广东会馆的百年基业势必同样化为乌有。对此问题，后文还有详细的讨论。

　　针对地方政府不断提拨八省会产或强迫其捐款，八省会馆有时亦通过法律的途径来维护自身的权利。

　　1929年，重庆市政府成立后，随即拆城墙、修马路，开辟新城区。重庆市政府将城外七星岗、观音岩、枇杷山一带的坟迁走来扩大市区面积，同时将长江南岸的弹子石、海棠溪和江北县的江北镇、溉澜溪、刘家台、香国寺等地划归重庆市政府管辖。在此过程中，重庆市政府准备提用陕西会馆同心堂义地918方丈作为城市建设用地和兴修学校之地，这无疑会损害原来的业主陕西会馆的利益。作为会馆方面的主管及利益代言人，重庆八省公益协进会主席陈养愚在给当时的市长潘文华的公函中要求市政府收回成命，并列举理由数项：其一，同心堂田业收入已经作为市民医院的运行经费之用；其二，此块土地上有大量的陕西移民的坟茔，若被征用，无法安置；其三，《八省公益协进会章程》第五章第九条规定各省会馆之义地悉行保留，此规定得到了市政府的核准备案。但陈养愚的要求并没有得到满足，该年十一月

---

① 《关于办理重庆市福建会馆房产及租金纠纷的呈、函》，重庆市档案馆藏，档案号：0051-0003-00188-0000-001-000。
② 《关于报送清查广东会馆历年账目情形致财政局的函》，重庆市档案馆藏，档案号：00640008006270000068000，页号：68。

十日，市政府的回函明确答复，"碍难执行"。①

八省会馆内部对市政府提拨会产的做法其实也是有反对声音的，他们采取不交会款等方式进行反抗。1936 年 7 月 28 日，重庆八省公益协进会主席陈养愚在给重庆市市长的呈内称："两湖齐安每年六百元延抗不缴，借办学以搪塞，以退会为要挟，连编〔篇〕累牍，声明脱离关系。由是其他各会缴款亦多拖延。前次钧府传案追收，仅缴二百元认捐炭窑亦无着落，均在钧府有案未结。若不查案究追，影响市民医院经费甚巨。"② 虽然资料所限，暂时还不知道重庆市政府最终是如何让齐安公所缴纳每年 600 元的会款的，但从这段资料我们发现，各个会馆都在采纳各种方式来避免缴纳会款，如兴办学校等。

* * *

虽然八省会馆所属产业在清末经历了"庙产兴学"运动及内部的争产纠纷后有所损失，但这对拥有较大规模资产的八省会馆来说，影响并不是很大。民国前期，部分会馆的公产数量和价值还在继续增加。

民国初年，伴随着近代国家建设，更由于重庆军人政权的武力强取，重庆会馆资产经历了一个不断被政府、军队提拨的过程，亦即所谓的"地方公产国家化"的过程。③

另外，八省会馆一方有时亦会通过司法途径来维护自身利益。如清末民初，政府提拨八省会馆产业兴办新式学堂，不少会馆就采取主动兴办小学的办法，在满足政府推动新式学堂建立的要求之下，达到保存会产的目的。

---

① 《关于保留同心堂的呈、指令》，重庆市档案馆藏，档案号：0053 - 0030 - 00040。
② 《关于追缴欠款的呈、指令》，重庆市档案馆藏，档案号：0066 - 0002 - 00043。
③ 拙文《清至民初重庆乡村公产的形成及其国家化》(《清史研究》2020 年第 1 期) 对民国初年重庆地区乡村公产的国家化进程进行了较为详细的讨论。

第八章　民国中后期的八省同乡组织

1937 年 7 月 7 日，卢沟桥事变爆发，中国抗日战争进入全面抗战阶段。11 月 20 日，国民政府发表移驻重庆宣言，所属各部院及企业、学校陆续沿长江溯流而上，迁往重庆。随之而来的是大量人口内迁，重庆人口从 1936 年的 471018 人快速增长到 1942 年底的 830918 人，到 1945 年时，已达到 1266464 人。① 大量 "下江人" 来到重庆，仅江苏同乡就达 5 万人以上。② 重庆人口构成发生的变化也反映在同乡组织上。1945 年，据重庆市社会局统计，抗战时期，重庆的同乡组织达到了 100 多个。③

抗战时期，重庆的同乡组织有 "坐渝" 与 "旅渝" 之分。清代移民重庆的八省同乡，即当年的八省遗老，也多半变成地方的士绅，与土著无异，原籍家乡已成为记忆，遂自名为 "坐渝" 同乡，办理地方的公益事业。④ 新来的同乡，自名为 "旅渝" 同乡，成立了各类旅渝同乡会等组织。虽都为同乡会，但两类组织有着不同的管理模式，政府对其态度也有所不同。坐渝同乡与旅渝同乡之间围绕着会产的产权、管理矛盾不断，这给渝城的会馆馆产纠纷增加了新的因素。

八省会馆在重庆城区拥有大量的不动产，可以说是渝城最大的地主，这使得八省系在战时的渝城民众生活中发挥着重要的作用，比如难民的安置与救济，学校的兴办及大量内迁企业、军事设施的兴建，八省系提供了资金或土地的支持。

---

① 傅润华、汤约生主编《陪都工商年鉴》，第 9 页。
② 《吾苏旅渝同乡会各县同乡会第二次会谈》，《复苏》第 1 卷第 6 期，1942 年，第 30 页。
③ 《重庆市社会局、浙江旅渝同乡会关于报送一九四五年会员大会经过情形并缮具修正章程的呈、指令》，重庆市档案馆藏，档案号：00600005000010000018。
④ 窦季良：《同乡组织之研究》，第 83 页。

第一节　八省公益协进会与战时的渝城生活

抗战全面爆发后，作为陪都的重庆成为世界四大反法西斯中心之一，这个深处内陆的城市成为世界关注的焦点。

重庆市人口向缺精确的统计，从 1935 年开始，重庆市警察局开始统计人口数量，1940 年后，重庆市区人口有一快速增长的势头。表 8 - 1 为 1927—1945 年重庆市区人口变化情况。

表 8 - 1　1927—1945 年重庆市人口变化情况

单位：人

年份	人口	年份	人口
1927	208294	1937	475968
1928	238423	1938	488662
1929	238017	1939	415208
1930	253899	1940	394092
1931	256596	1941	702387
1932	268992	1942	766617
1933	280449	1943	830918
1934	369396	1944	950614
1935	379058	1945	1266464
1936	471018		

资料来源：傅润华、汤约生主编《陪都工商年鉴》第 1 编，第 7—9 页。

从表 8 - 1 可知，抗战以后，特别是 1940 年以后，重庆的城市人口有了快速的增长，这些新增人口，大部分是外省人，即所谓的"下江人"。这些外来人口，除随政府西迁的公务人员、军队、企业职工、学校师生外，不少是背井离乡，逃难到重庆的人。如何寻求政府或社会在生活上的救济，是他们必须要解决的问题。

1938—1941 年，由于国民政府缺乏防空力量，重庆成为对日本空军不设防的城市，日军的无差别轰炸给重庆军民带来重大的损失和人员伤亡。八省公益协进会充分利用其掌握的善会、善堂，如磁器街的至善堂、东水门内的普善堂、金沙岗的崇善堂、九块桥的体心堂、铜鼓台的存心堂、通远门内的培德堂等，[①] 积极参与到难民救助等活动中。抗战时期，八省会馆"还开展慰劳献金、空袭救济、侨（难）胞救济等活动，互助已超出同乡范围"。[②]

八省会众，亦即所谓的坐渝同乡，在籍贯上和这些外省难民属于同乡，基于对同乡的感情，八省会馆积极参与难民的安置和救济活动。这些新移民初来之时，政府往往建议其通过同乡组织寻找安身之所，"婉劝该难民等应各向所属同乡会设法觅居分谋住屋之解决"。按照重庆市政府的规定，从1938年7月份起，重庆八省公益协进会应"每月担负经费一千元至抗战结束"。[③] 各省旅渝同乡会亦积极参与家乡的灾难救济。孙樾在谈到近代同乡会的功能或作用时认为："（同乡会）在社会福利视野还没有普遍高度发展以前，对旅居在外、流落失所、遭遇困难的乡人，可于可能范围内，予以适当的帮助或救济……健全的同乡会，在政府无法普遍顾及为数过多的失所群众时，可以发挥力量，补助政府之不逮。"[④]

不管是坐渝同乡组织还是旅渝同乡组织，其救济方式和对象主要有以下几个方面。

一是对同乡难民生活的救济。1945年7月28、31日，有两批由涪陵转移过来的难民230人到渝，这批难民之前安置在涪陵振济委员会收容所，但难民认为"涪陵地处偏僻，谋生不易，意图在渝觅屋居住，从事小贸，借资度日"，遂结伴来渝。但此时的重庆有人口大量会集，"房屋缺乏之际，寻求大量房屋，自极困难"，"唯在新屋未觅得前，为表示政府始终关切之德意，及令该难民等仍集居江西会馆"，即让他们暂时入住赣江街84号江西会馆。[⑤]

---

① 唐幼峰编《重庆旅行指南》，重庆书店，1933，第18页。
② 黄友良：《四川的会馆》，四川省政协文史资料委员会编《四川文史资料集粹》第6卷《社会民情编及其他》，四川人民出版社，1996，第21页。
③ 《重庆市政府关于设所收容难民、告知经费摊额给重庆市八省公益协进会的命》，重庆市档案馆藏，档案号：00980002000360000171000。
④ 孙樾：《同乡组织的时代任务及其将来——纪念江苏旅渝同乡会新建会所落成》，《复苏》第2卷第6期，1944年，第2—3页。
⑤ 《关于安置江西会馆内新迁近驻由涪陵来渝虽民的呈、指令》，重庆市档案馆藏，档案号：0053-0013-00149-0400-477-000，页号：477。

1944 年 3 月 3 日，浙江旅渝同乡会通过重庆振兴会给浙江籍难民易惠沅发放救济费 500 元。[①] 内战爆发后，八省坐渝同乡会亦对流落重庆的同乡进行救济。1949 年 9 月 2 日，流亡重庆的 30 余名江西籍学生，"漂泊异乡、举目无亲，不惟求学大感困难，而一日生活亦将无法维持"，向江西旅渝同乡会去函求助。[②]

二是对在渝同乡的求职、入学或日常生活提供帮助。抗战期间，重庆待业人数激增，市场竞争激烈。据重庆职业指导所 1943 年 5 月报道，五年来"求职者共 23542 人，其中男性 20011 人，女性 3531 人；而五年来介绍职业成功者仅 3000 人，占求职人数的 12.7%，其中男性 2659 人，占求职人数的 13.3%，女性 341 人，仅占求职人数的 9.7%"。[③] 大量新移民在寻找就业机会，而渝城的同乡会成了他们最好的帮手。

流落重庆的学生，在学费无着、求学无门之时，往往向同乡会求助，希望其能伸出援手。如江西籍的中国公学学生黄汇源、萧明哲，因家乡沦陷，早已与家人"音讯隔绝，经济中断"，失去了收入来源。此时中国公学要求他们缴纳学费，二人"内心如焚，无可为计"，不得已向江西旅渝同乡会求助，"设法措缴"，借款交费。[④] 因资料残缺，不知二人是否借款成功。但从黄汇源、萧明哲二人向同乡会去函求助可以看出，同乡会之前的确做了一些资助逃难学生入学的工作。

1944 年，江苏旅渝同乡会成立，八月一日至十月廿日，经济救助 136 人，免费看病 20 人，医院治疗 5 人，升学辅导 15 人，旅居问询 387 人，代写信件 3 人，租用信箱 3 人，介绍职业 1 人。[⑤] 1944 年，山西籍学生高永崇来渝，先后在国立三十六中、私立友仁中学学习，后考入中央工校就读。1946 年，因家乡遭遇战火，"家庭接济断绝"，高永崇向山西旅渝同乡会呈请，希望能"予

---

① 《浙江旅渝同乡会关于准予发给易惠沅救济费致该员的函》，重庆市档案馆藏，档案号：00600001002570000024。
② 《关于请速予设法救济上江西旅渝同乡会的呈》，重庆市档案馆藏，档案号：01480001000430000112，页号：239。
③ 周勇主编《重庆通史》第 3 卷，第 1144 页。
④ 《关于救济黄汇源、萧明哲致江西旅渝同乡会的公函》，重庆市档案馆藏，档案号：00610015000990000058000，页号：58。
⑤ 《复苏》第 2 卷第 10 期，1944 年，"海风"，第 15 页。

以救济，或函传中央工校准予申请公费"。① 1948 年 9 月，山西旅渝同乡会为重庆大学的山西籍学生王绍华提供了家庭贫困的证明，为其申请救济金提供帮助。② 1948 年，重庆启伟运输商行向山西旅渝同乡会提出申请，希望他们能够给该行山西籍庄客许欲光、王金沼、吕玉清等人返乡填发证明文书。③

会馆为客死重庆的同乡提供义地或停放棺柜的场地。前已谈及，清代八省各会馆在重庆近郊都有面积不等的义地用来安葬客死渝城的同乡。这些义地在民国时期还在继续发挥作用，如南岸广东会馆义地，民国初期入葬坟墓就已达到 1000 多座。山西会馆虽然在近郊没有义地，但该会馆在重庆两路口大田湾建有遗爱祠，为同乡提供放置棺柜的场地。1941 年，因日军轰炸，房屋、围墙被损坏，棺柜四散而被毁。④

三是对原籍家乡的资助或救济。1943 年上半年，山西全省受灾。山西旅渝同乡会成立晋灾救济会，由孔祥熙担任理事长，负责在重庆的募款捐助事项。募捐主要采取义演、义卖的方式。该年四、五两月，山西旅渝同乡会在渝城第一剧院组织平剧义演 30 天，募得赈款 18 万元，交通银行、美丰商业银行均有捐款。⑤ 六月，山西旅渝同乡会又在渝城举办义卖活动，向于右任、冯玉祥、程潜等社会名流征集书画作品进行义卖，筹集捐款。

1944 年，福建发生疫情，损失惨重，福建旅渝同乡会电请国民政府卫生署从英国捐款项下拨款救济资金 200 万元，购买药品运闽救灾。⑥ 1943 年，浙东地区受灾，浙江旅渝同乡会发动"褚主席理事陈、刘两副主席理事，亲向孔兼委员长请愿救助，并迭电行政院振济委员会四联总处，陆续核发赈款

---

① 《高永崇关于申请救济上山西旅渝同乡会的呈》，重庆市档案馆藏，档案号：006000030004500000010，页号：26。

② 《山西旅渝同乡会关于证明王绍华家庭贫困的证明书》，重庆市档案馆藏，档案号：00600003000450000009，页号：22。

③ 《重庆启伟运输商行关于请核发许欲光、高滋生、王金沼等返乡证明书致山西旅渝同乡会的函》，重庆市档案馆藏，档案号：00600003000450000007，页号：15。

④ 《关于取缔大田湾山西会馆停放置棺柜的呈、指令》，重庆市档案馆藏，档案号：53－0020－00455－0000－072－000。

⑤ 《重庆市社会局、山西旅渝同乡会关于准予筹募赈济款的呈、公函、指令》，重庆市档案馆藏，档案号：00600001005640001024，页号：255。

⑥ 《旅渝同乡会请中央助闽抗疫》，《新福建》第 6 卷第 3 期，1944 年，第 70 页。

四百一十万元，农贷四十万元，办理本省急振及农村善后”，该会亦在重庆各大剧院演戏募捐，共募得善款208710元。①

兴办学校

抗战期间，重庆城区人口增加，需要入校就读的学龄儿童也大量增加，对中小学学位的需求扩大，因此，政府需要筹办更多的学校予以解决。八省各个会馆的馆址成了最好的办学地址。在办学过程中，作为馆址产权方的各省会馆与政府之间围绕着租金等产生诸多矛盾。

1. 陕西会馆馆址办学案

1928年，重庆市社会局教育科租用陕西会馆三元庙荒废基址兴办市立第二小学，也就是马王庙中心小学。当时约定租期十年，每年租金300元。政府曾拨专款修建三层楼房一座，并对学校环境进行了整治，该校被称为“本市最完善之小学”。1940年，双方所签的租约将于年底到期。此时，重庆市内地价租金上涨较多，陕西会馆方不愿意按照之前约定的价格将地基租给重庆市政府，提出重庆市政府每年要给租金5000元，而重庆市政府一方认为“新租约未成立前，本年仍照旧付给租金三百元，并拟于续订租约时酌予增加租金二百元，改为每年租金五百元”，双方在租金方面分歧较大。②

1942年9月15日，陕西会馆提出新的解决方案，他们在给重庆市政府的函中称，“原订租约早于二十九年底即已满期，大府继续占用之外，社会局尚另租有其他机关，自行收取租金，既不交付本会，又延不订约，强占会产，为法外之收益，于法何以依据之外。后准函前由除之将大殿及左右两厢□会，分别租与航空委员会招生办事处暨炼油厂五□总筹备处外，为顾全公益起见，仍愿以大殿后房舍，□廉租与大府作为开办学校之用”。③ 陕西会馆方指出重庆市社会局租用其馆址并没有全部用于办学，而是将部分建筑转租

---

① 《浙江省旅渝同乡会关于规定一九四三年十月三十一日举行一九四三年会员大会上重庆市社会局的呈》，重庆市档案馆藏，档案号：00600005000010000002，页号：3。

② 《关于更改陕西旅渝同乡会付给三元庙租金的呈、指令》，重庆市档案馆藏，档案号：0053 - 0022 - 00086 - 0000 - 015 - 000。

③ 《关于将陕西旅渝同乡会所有三元庙房屋作为办理学校之用致重庆市政府的函》，重庆市档案馆藏，档案号：0053 - 0022 - 00086 - 0000 - 081 - 000。

给了第三方，并收取了租金。1942 年 9 月 28 日，陕西会馆在给重庆市政府的函中详细列出了重庆市社会局通过转租获得的收益，"贵属社会局又以本会该房屋自行分租与工务局车务管理处，月租八十元；及路灯管理处月租七十元。于租满后独占行收纳，计自三十年一月至三十一年八月底共计三千元不□本会，调查属实，且有各关系机关账簿可凭"。① 陕西会馆实际上是要求将这些转租收益交给他们。基于办学的公益需要，陕西会馆仍愿意将部分用于办学的馆址继续租给重庆市社会局，"现本会愿以该处大殿以后房屋租与大府办学之用"。②

重庆市社会局给重庆市政府提交了三个方案来处理续约问题，重庆市社会局在报告中称：

> 查三元庙现有房屋，多系前市政府所修，或加以培修，用去经费不少，将来市立第二小学迁回时，仍须在该处办理，且国民教育实施纲领有学校得借用民房屋之规定，似不能听其收回，兹斟酌各种情形，拟订处理此案办法三种：
>
> 一、承认来函所述之原租约，租期既满，重订租约或延长租期，但该会是否同意续租，尚成问题。
>
> 二、不续订租约，并强迫其拆去所修旅馆。
>
> 三、维持现状，不订约亦不听其收回。
>
> 此三种办法中，是否可以择一而行，究以何者为当，理合备文呈请。③

重庆市吴市长甚至亲自出面与陕西会馆方进行商谈，"将后面房屋，租为校舍，租期五年，并约续订租约"，但这个租约最终没有签订，会馆方

---

① 《关于派员商催腾让陕西旅渝同乡会三元庙房屋的函、训令》，重庆市档案馆藏，档案号：0053-0022-00086-0000-111-000。
② 《关于派员商催腾让陕西旅渝同乡会三元庙房屋的函、训令》，重庆市档案馆藏，档案号：0053-0022-00086-0000-111-000。
③ 《关于拟定陕西旅渝同乡会收回三元庙房屋处理办法的呈、指令》，重庆市档案馆藏，档案号：0053-0022-00086-0000-011-000。

"以房屋租与间杂人等，高租贸利，致使一完善之校舍，一部分成为旅馆，一部分成为烟赌杂居之所，一部分成为少数军人家属占住"，造成"仅有过去自建之三楼房屋，容量过小，教学困难，每期投考学生逾千，而收录不过一百，十之八九，均告失学"的局面。[①]

1947年，该学校又面临扩建。该年7月，重庆市第一区区民代表高允斌等人提出建议案，请求"市府限期筹款租购陕西会馆房屋及太华楼中心校前面房屋，以扩充太华楼马王庙中心学校校舍"。具体理由如下：

> 查第一区学龄儿童，据统计约有四五千人。现有市立小学三所，共二十六班，每班以五十名计，可收容一千三百名，其余三四千人均无学校可入，无条件失学。复查马王庙中心学校，前面大殿以迄两厢房屋，原为该校校舍，现在复员建国时期应即收回为办学之用。又太华楼前面房屋主权人现在价售最适宜为该校校舍之用。故拟请市府筹款租购该两处房屋，以扩充该两校之校舍，借资收容学生而利教育。

并提出解决办法，有如下三条：（一）由市府拨款办理；（二）由市府命令该区地方筹款办理；（三）指定专人负责办理。限期一月内完成。[②]

为促成此事，重庆市市长张笃伦专门给与陕西会馆首事关系较好的重庆市参议院院长康心如去信一封，希望他能出面谈成此事。

> 心如吾兄大鉴：敬启者，本市第一区马王庙中心学校舍，一部分原系租佃陕西会馆房屋。现该区学龄儿童众多，亟应扩充校舍。惟刻无公共房屋攫用，恪由地方人士再租全部会馆，作为校舍，俾资容纳学生。吾兄素与陕西会馆主持人相契，热心教育，尤不遗余力。特请体念一区

---

① 《关于租用陕西会馆全部房屋为第一区马王庙中心学校校舍上重庆市参议院的呈》，重庆市档案馆藏，档案号：0054000100065000000061000。

② 《关于筹款租购陕西会馆房屋及太华楼前面房屋以扩充马王庙中心学校校舍致重庆市教育局的公函。附第一区区民代表会建议案》，重庆市档案馆藏，档案号：00540001000650000073000。

学童众多，无处入学之苦，惠赐鼎力协助促成，期速承租。若能免费允佃，教育局当照捐资与学襄奖条例，转请给奖仁，盼示复，而此敬颂。

　　　　　　　　　　　　　　　　　　　　　　　时祺

　　　　　　　　　　　　　　弟张笃伦拜启三月七日

因资料限制，此案最终结局尚不清楚。

2. 江西会馆馆产办学案

1941 年夏，日军轰炸重庆，从城区疏散到第八区黄沙溪的人口达到 2000 余家，适龄儿童亦有上百人。为了解决小孩的入学问题，该地警察所长兼镇长邱升恒以教育为百年大计为由，报请重庆市社会局（当时教育科隶社会局），临时征用江西会馆闲置馆址开办黄沙溪中心校。至 1949 年，学校已发展到拥有在校学生 500 余名的规模。黄沙溪中心校开办时，校舍属于临时征用，并没有办理产权。江西会馆将此馆址卖给了私人机构传宝年堂。1948 年春，传宝年堂声称黄沙溪中心校校址产权为私人所有，向法院申请，要求学校"拆房还基"，引起学生家长、当地所在保长及教育行政部门的坚决反对。1949 年 6 月 23 日，家长委员会成员陈之敬等人向重庆市教育局、重庆市政府呈请，认为"教育为百年大计，即系私产，亦应慷慨捐赠，或会同商筹，评贾征用"，建议"将江西会馆废址，征用永作黄沙溪中心学校校址，以免学龄儿童有失学之苦"。同时，黄沙溪中心校所在的地方政府如重庆市第八区区公所区长及下属的三个保的保长也认为："（若）令其迁移与停办，五百学子即将失学，实非政府教育建国之意旨"，"况观公营庙会，政府明令准改为学校，以期教育普及，以无用作有用，法良意美。岂利用江西会馆废址而建学校竟不可乎?"指出地方政府征用庙产办学是政策许可的。1949 年 7 月 29 日，重庆市教育局局长万子霖向重庆市市长杨森请示："查黄沙溪中心校，自开办以来，规模宏大，成绩优良，早为社会人士所洞悉。其校址即为传宝年堂之私产，亦应踊跃捐输，或商办征用手续，乃竟诉诸法院强制执行，似为意气用事，昧于大义。兹奉前因，理合具文呈请钧府，鉴核体念该校实无适当地址可资迁移，准予将江西会馆废址，征用作为永久校址，并乞转南地方法院，对于校舍折屋还基一节，暂缓执行。俾顺舆情，而维百年大计。"杨森大致支持重庆市教育局的方案，"查黄沙溪中心校家长会呈请征用江西会馆废址，作为该校舍案，事系征用民地，必须法院特注，而时间与手续更非短期而能完成。本案拟由府面请法院暂缓执行，一面并饬教育局召集地主及地方绅首、民政局，及本府秘书处和有关机关会商。由该校向地主成立租佃，或借用手续"。这一方案不行再考虑征用馆址的办法。[①]

政府也出台政策，支持会馆等社会力量办学，国民政府发布的《修正土地赋税减免规程》第四条规定："私立学校办理具有成绩者，其教学用地，得依法减免赋税，但校产非供教学之用者，不在减免之列。"[②] 1948 年，渝城吉安小学据此要求对部分校产免税。

八省会馆不动产的利用

抗战期间，八省各个会馆的不动产除了用于办学，还被租给政府或企业机构，这也给各会馆带来了收入。如广东会馆在抗战前每年不动产租金收入有七八千银元。会馆的产业主要有以下几种利用方式。

1. 租与行政企事业机构

重庆盐务稽核处负责重庆地区的私盐缉私等工作，其名下的一处公寓与江南会馆敦谊堂的义地相连，1935 年 4 月，江南会馆泾县敦谊堂将其义地一幅租给重庆盐务稽核处。契约如下：

> 立承佃地址文约人重庆盐务稽核处，今凭证佃到江南会馆泾县敦谊堂喻家坡稽核处协理公寓球场后面坟地一幅，其界下面及左右两方均与稽核处地方相连，所有地势情形暨尺寸附图载明此项坟地，系稽核处永作建筑围墙之用。其地内有坟墓大小五座，此项坟墓由稽核处永远保存，

---

① 《关于征用江西会馆废址为黄沙溪中心校校址的呈、指令》《关于征用江西会馆废址做中心校永久校址的呈、指令、公函》《关于将江西会馆废址用作黄沙溪中心学校校址撒谎能够区公所的呈》，重庆市档案馆藏，档案号：0053 - 0020 - 00364 - 0000 - 001 - 000、0053 - 0020 - 00364 - 0000 - 006 - 000、00570013001230000049000。

② 《关于免征吉安小学赋税给江西吉安旅渝同乡会的批》，重庆市档案馆藏，档案号：00640008021170000055，页号：206。

听其坟主入内拜扫，不加干涉。议定每年认纳佃租市洋五元正。按年先交，由收款人出给收条为凭。如承佃人退佃时，则由承佃人拆去所佃□围之围墙，交还原地，始能解除租佃契约。而出佃人亦不得借词退佃，及增租等事。再稽核处房屋左侧方尚有坟墓二座，由稽核处围墙围入，此坟亦由稽核处完全保存。恐口无凭，特立佃放合约二纸，各执为据。

凭证：黄德谦、徐序五

代笔：张醴泉　中华民国二十四年三月二十五日①

重庆盐务稽核处租用敦谊堂此份义地来修建围墙，年租金大洋 5 元，此后不得增加。租约同时规定，对于租地内的 5 座坟墓及位于稽核处房屋附近的 2 座坟墓，墓主后人仍可入内祭扫。

民国时期，重庆地方政府成立了一些新的社会机构，如民众教育馆、反省院等。这些具新的机构往往是租用八省各会馆的馆址进行兴办或改建的。下面以山西会馆、福建会馆的馆址利用为例进行讨论。

前已谈及，山西会馆位于渝城太平门和储奇门之间，后毁于火灾，会馆建筑不存，仅存基址一幅。1930 年，四川军阀刘湘下令在此兴建反省院，② 有两栋建筑，现仅存一栋四四方方的三层小楼。反省院高峰时曾关押数百名共产党员、共青团员，是重庆除白公馆、渣滓洞以外关押共产党人的监狱。

位于渝城陕西路 19 号的天后宫福建会馆房屋，自 1931 年起，就一直租给重庆市政府，1936 年，重庆市政府将福建会馆馆址用于开办重庆民众教育馆，同时分租 10 余间房间给重庆市度量衡检定所。当时议定每年租金 300 元，1943—1945 年，涨至年租金 24000 元。1941 年，福建旅渝同乡会向重庆市立民众教育馆发函，有收回房产之意。4 月 26 日，重庆民众教育馆馆长高鸿缙在给重庆市社会局的呈文中讲述了该馆租用福建会馆馆

---

① 《重庆盐务稽核处佃到江南会馆泾县敦谊堂喻家坡产业的佃约》，重庆市档案馆藏，档案号：0069000100753000018000，页号：18。

② 《巴县县政府关于划拨山西会馆庙基建筑反省院致重庆市土地局的函》，重庆市档案馆藏，档案号：0064000801230000025，页号：84。

址的过程。

　　窃查本馆房屋，原系重庆市政府于民国二十年向八省同乡联合会租赁，于二十六年拨馆使用。嗣联合会解散，市政府仍照原约年给租金国币三百元由福建会馆收取，旋福建旅渝同乡会组织成立，与福建会馆兴争产之讼，经其同乡调解，仍归福建会馆管业，是在法律上该会馆为房主，握有产业所有权。市政府为佃户，本馆则佃户之支属也，馆长于民国二十八年六月接任，时值本市五三五四大轰炸之后，馆屋震荡破碎，职员复多迁避赴乡，馆长鉴于陪都民教事业之重要，乃力图镇静，安集员役，修缮房舍，添置器具，增购图书及陈列物品，夙夜孜孜。瞬将二载，方期再图推进，略树楷模，□侧闻福建旅渝同乡会有开会提议将本馆所用房屋收回全部或一部之说，馆长殊为惶惑。盖此项福建会馆房屋，自市政府租用以来，历年均有改良，于院内修筑防空洞，费款巨万，历时一年，于侧面开辟巷道，铺石砌路，所费亦已不赀，事由工务局经办，有案可查；二、本馆负责守职，经轰炸冒万死而不离，该房屋得以保存，乃复时加修葺，经营整治，栽花种草，植树补墙，该房屋乃有今日之可观。福建同乡会不于需人照守之时提议收回，乃于此苟完苟美之时提议收回，市政府与八省同乡联合会所定租约俱在。市政府与钧局有案，不难查阅，政府为推行政教，必要时对于民产且可估价收买，而况于租用之民教机关，该同乡会乃擅发收回之议，是于情理契约及国家政令，均有未合，本馆负有推行陪都民教之重责，所有筹设博物陈列室及办理各项训练宣传事业，已感房屋不敷支配，绝无余屋可资退回房主，而现时本市又无其他较大房屋可以迁让，且本馆经营此项环境，颇费人力、物力与时间，即另有较大场所可迁，亦属最不经济之办法，是以该同乡会之提议及要求，实无允诺之可能。且照法律言之，该同乡会不宜有产权，有产权者福建会馆也，向市政府接洽房屋租事，应为福建会馆，而不为福建同乡会。馆长诚恐福建旅渝人士，不明此事本末，激于一偏之私，蒙请中央要人，向市政府要求，而市政府无案可资参考，难以置答，理合缕述本馆房屋租用修缮改良环境暨不能迁让各情由，备文呈请鉴核，赐予转呈市政府备查，实为公便。①

就福建旅渝同乡会打算收回福建会馆馆址一事，高鸿缙在呈中提到几个重要的反对理由：一是重庆市政府与八省同乡联合会就福建会馆馆址的租约还在期限范围内；二是重庆市立民众教育馆在过去十年的租佃过程中，曾多次对馆址进行维护，否则，该馆建筑早就因为日机的空袭而坍塌，因此，他们不应该被驱逐；三是福建旅渝同乡会并非该馆的产权方，该馆的产权人是福建会馆，因此，福建旅渝同乡会的主张不应得到支持。最终，福建旅渝同乡会收回馆址的主张没有得到落实。

1944 年，重庆市立民众教育馆进行装修，与福建会馆重新签订租约：

福建旅渝同乡会、重庆市教育局租约草约全文
立承出租房屋文约人福建旅渝同乡会（简称甲方）、重庆市教育局（简称乙方）令将双方议定租约列左。
一、乙方向甲方承租陕西街福建会馆文昌殿全部，及天后宫正殿下厅（以天井地基横过为界）大厢房两边礼堂左右侧小院各一座。每年议定租金三万六千元，于每年一月十日以前全部付清。
二、天后宫下厅大礼堂，及男女厕所、天井□□防空洞、走廊等，甲乙两方共同保持清洁。
三、房屋由乙方承租后，所有房屋上漏下湿，概由乙方负责修理。但遇天灾，或其他不可抗力，致房屋一部，或全部损坏时，应由双方协议，于三个月内修缮，所需费用由双方负担。
四、本房应纳一切捐税概由乙方负责。
五、本房屋乙方不得转租，或让与其附属，或任何其他机关居住，如有发现此项情事，甲方得随时收回之。
六、乙方在未得甲方书面同意前，不得在租地范围内加建房屋。乙

---

① 《关于福建旅渝同乡会收回重庆市立民众教育馆馆址的呈、指令》，重庆市档案馆藏，档案号：0053 - 0022 - 00086 - 0000 - 002 - 000。

方既得甲方同意后，在租地上所修建之各种房屋，于乙方觅定新办公地址迁移时，应最迟于抗战结束一年内，所有建设无条件交与甲方接收，不得拆卸。但乙方在租地上新建房屋，未及一年即行迁移办公地址时，应向甲方要求补偿建造费三分之一。

七、如遇天灾，或其他意外房屋一部，或全部受损坏时，应于三个月内加紧修建，否则由甲方全部收回。

本租约自民国三十三年一月一日起施行

> 出租人：福建旅渝同乡会代表人　　签名盖章
>
> 承租人：重庆市教育局代表人　　签名盖章

重庆市教育局秘书组对该租约提出了7条修改意见，如"原草约第一项□□'礼堂'两字之下函'全部付清'等字应改为'礼堂左右侧小院各一座，议定月纳租金两千元于每月十日以前支付之'等语；（说明）租用房屋范围及月租数额，系根据教育局原呈所称经与甲方商致及承杨秘书长吩咐，再租用房屋，一次预付全年租金，核与现行之战时房屋租赁条例之规定不合，故易为按月付租"。①

1943年6月，鉴于"战时陪都房屋极为困难"，福建旅渝同乡会将房产以四年为期，租与重庆市度量衡检定所。②

1937年10月，国民政府正式决定迁都重庆，大量政府机构、学校、企业等随之西迁入川。渝城本就地窄人稠，为了让与前线战事密切相关的军需企业尽早复工复产，国民政府动用军事行政力量，将八省部分会馆馆址征用为军需企业的厂址。

国民政府军政部第一被服厂，前身为清朝北洋水师被服作坊，1933年改名为军政部武昌被服厂，1938年改为军政部第一被服厂内迁重庆江津。1938年7月，随着武汉战役的爆发，国民政府急于将尚滞留在湖北的被服厂剩余

---

① 《关于报送福建会馆租用草约上重庆市政府的呈》，重庆市档案馆藏，档案号：0053 - 0020 - 00610 - 0000 - 099 - 000。

② 《重庆市社会局、重庆市度量衡检定所、重庆市政府关于催还福建旅渝同乡会所租房屋的呈、指令》，重庆市档案馆藏，档案号：00600002002120000021，页号：106。

员工、机器和原材料等迁至重庆，并尽快复产，国民政府军事委员会给重庆市市长李宏锟下令，要求将位于朝天门一带的陕西会馆和福建会馆馆址腾空，作为第一被服厂临时厂址，以接收机器设备、原料和工人。全然不顾当时陕西会馆的馆址正作为教育部中小学教师服务所、市立第二小学之用，福建会馆馆址作为四川妇女学校、求精女子中学及商人货栈之用。①

随着城市扩容及后来的大量"下江人"内迁，重庆房屋需求大增，会馆所属地产被征用为平民住宅用地。1936 年 11 月，重庆市政府与商人康心如等联合成立平民住宅建筑公司筹备处，修建平民住宅，拟征用江南会馆位于江北青草坝的义地 15751 市平方公丈，建筑房屋 20 栋，其地价为 7000 元，由政府作为官股入股。但江南会馆并不愿意。1937 年 1 月，八省公益协进会所属江南大会称，该会在江北县的义地因重庆市政府准备修建平民村落而被全部征用，而该地本属江南会馆资产，不属官产，不能随便征用，遂向市政府提出抗诉。② 江南会馆的主张在当时的形势下，肯定得不到政府的支持，该义地地块最终还是建成了平民住宅。同样，内迁的企业也租用会馆土地修建房屋。1939 年，兵工署第二十工厂租用江西会馆位于重庆南岸铜元局的地块一幅，面积约 5127 平方丈，修建工友住宅。③

抗战前期，重庆城经受了多次日军的无差别轰炸，人员、财产损失惨重。为了便于防火和救灾，1939 年，国民政府在渝城扩建马路、兴建消防通道，便于救灾力量调配的同时也有助于防范火势的蔓延，为此，重庆地方政府拆除了部分规划范围之内的建筑物，其中有多处属于八省公益协进会的房产。④

国民政府内迁重庆后，在重庆城周边兴建了大量的军事基地、军工企业，其土地部分来自征用或租用八省各会馆的馆址或义地。试举三例如下。

1939 年 1 月，国民政府海军总司令部迁至重庆，所属海军监造处在"南

---

① 《关于划拨陕西两会馆为第一被服工场的呈、训令》，重庆市档案馆藏，档案号：0053 - 0030 - 00045 - 0000 - 055 - 000。

② 《关于依法发给市民救济费的呈、指令》，重庆市档案馆藏，档案号：0064—0008—01242。

③ 《韩雪鸿关于拟请俯请赣江中学所请改江西会馆租约上陈哲生的签呈》，重庆市档案馆藏，档案号：01750001018280000002 页号：156。

④ 《关于重庆市消防联合会会址租赁问题的呈、指令》，重庆市档案馆藏，档案号：0053 - 0027 - 00082 - 0300 - 064 - 000。

岸野猫溪假石梁、施家坡两处"征用江南会馆义地在内的土地 5565 市亩，"起盖厂屋、制造军用品"。①

1939 年，军政部兵工署第二十工厂②扩建，拟在重庆南岸沿江区域征用土地 195346 市亩，其中包括广东会馆位于南岸地名康家湾、赵家湾的两百余亩义山在内。重庆市政府以"府财地字第一七二号"向广东会馆发函，希望其就地价及附着物的赔偿问题与军政部兵工署第二十工厂进行协商。1939 年 4 月 8 日，广东会馆首事何绍休、薛海如以"为广东山一带会产，疑难转让，谨陈困难情形"为由向重庆市政府提请请求，表达了不愿被征用的愿望，函称，"以其收益为发展会务兴办各项公益事业，及收恤粤籍同乡之用"，"征收土地法有明文，公务所需，应无私人置喙之余地"，但"该地情有特殊，若果一旦征用，则受其害者将不仅为会属诸人"，具体来说，其给出了三点理由。

一、属会前经依法立案，并办有广业小学一所，校址即在本市下簧学广东会馆内。近以敌机肆虐，滥施轰炸，曾于上月二十二日奉有钧府社字第三七三号训令，饬即克日疏散，以免无谓牺牲。复经校务会议商讨结果，即决定在广东山麓另建新校址一所，一俟落成，即行迁往，现已庀材鸠工，开始兴建。今若将该地征为兵工厂厂址，则不特各项工程全属虚靡，且使迁移计划成为泡影，直接威胁数百儿童生命、学业之安全，间接即不啻违反钧府限期疏散之明令，利害相权，似不如由该厂另勘厂址之为得也。

二、近以暴敌凭凌，乡土变色，粤籍同人流寓渝者甚众。当此厉行疏散人口之际，该地既系会产，以为粤民避难之所，自属最为适宜，故此时卜居者已不乏人，一旦若被征用，则将使数千里流亡而来者，顿感

---

① 《关于检发江南会馆租用山地情形得函、训令》，重庆市档案馆藏，档案号：0064000800743000008000，页号：80。

② 军政部兵工署第二十工厂，原为四川军阀刘湘所建的第二十一军子弹厂，1937 年国民政府接管后改名为四川第一兵工厂，1938 年 3 月再次改名为军政部兵工署第二十工厂。国民政府迁都重庆后，将南京金陵兵工厂的枪弹厂的人员、设备迁至重庆，与原第二十厂进行统一整编，至 1940 年，新增厂房面积 1 万多平方米，是当时我国最重要的枪弹生产单位，有"第一弹药库"之称。

栖止无所之痛，此诚不能不□恳钧府为体念者也。

　　三、该地因为会产，历年以来凡新旧亡故乡人遗骸，均□于斯，积年既久，荒冢累累，以至一千有余。今若悉令迁移，必至困难横生，盖以墓田之难觅，人事之迁转，绝非短期内所能□事。①

从后面的情形来看，这一建议被重庆市政府及第二十工厂同意："已布置重要厂房三座，现已开始施工建筑，该地密通本厂原址，且在征用新地□围以内，位于军事区域之地虬，自不适于迁建小学及留备避难者建筑住宅，原呈（一）（二）两项所述，□令确有此项拟议，亦□属窒碍难行，非主管机关所能允许，至于坟墓难迁一节，本厂原已顾及，曾经声明设法保护，避免迁让，自当维持原议，该会馆所请保全南岸康家湾赵家湾间会产地亩不予征用一节，以妨碍军事建筑，碍难照办，准函前由，除径行通知该会馆知照外，相应函复，即请查照办理为何。"②

　　不久，军政部兵工署第二十工厂就向广东会馆发出通知："广东山地区建筑清水池一座惟该地现有坟墓四座计潘姓一座霍姓一座无名氏二座（依照墓碑记载）亟应迁移以利兴建。"③ 这表明该厂的厂址建设已经开始。

广东会馆会产纠纷

　　民国中后期，八省各会馆的馆产加速流失，一方面，由于政府的不断提拨，呈现出"国家化"倾向；另一方面，又面临由抗战新移民组织的"旅渝同乡会"发起的财产争夺，同时，在会馆内部，会众之间、会馆与寺僧④

---

① 《关于办理免征广东会馆地产的呈、函、谕单、批》，重庆市档案馆藏，档案号：006400080 07740000012000 页号：12。

② 《兵工署第二十工厂关于回复所请保全会馆产地亩不予征用一案、碍于军事建筑碍难照办致重庆市政府、广东会馆的公函、通知》，重庆市档案馆藏，档案号：01750001012210000003 页号：10。

③ 《兵工署第二十工厂关于转知潘姓、霍姓迁移坟墓致广东会馆的笺函》，重庆市档案馆藏，档案号：01750001013240000006 页号：74。

④ 据窦季良的调查，抗战前，渝城湖广会馆馆产连年涉讼，湖广会馆的管理被寺僧长期霸占。抗战爆发后，大量两湖民众到重庆，在国民政府参政会参政员孔庚主持下，湖北旅渝同乡会从寺僧手中夺回了馆产。见氏著《同乡组织之研究》，第 41 页。

围绕着馆产权益的争夺也日趋激烈。抗战前期，广东会馆尚有不少产业，甚至以其利息在乡间办有广业小学一所。

1939 年 11 月，广东会馆会众潘少臣、陈叔应等五人以会首何绍休（何当时兼任广业小学校董）长期把持、贪污会产为由，要求对广东会馆所属资产进行清算，同时愿将广东会馆 20 余万的资产捐赠给政府，"作建设之需"。在分析此案的过程之前，先简单介绍当事双方的情况。

原告潘少臣，其祖辈就来到重庆，为广东会馆的创始人之一，其父辈曾出任过广东会馆的会首，潘少臣曾听其父辈讲起过广东会馆的会产构成情况及每年账目的管理、报销流程。

原告陈叔应，广东会馆会众，本人曾在前任会首任内管理过会馆的账目，对广东会馆的账目较为清楚。

被告何绍休，年轻时就在广东会馆工作，潘少臣说他曾经长期在广东会馆当"小使"，后受到潘少臣等人父辈的提携，逐渐进入广东会馆的管理层。从 1927 年开始，担任广东会馆的会首，同时也是广业小学的校董，1939 年时，其已经 70 余岁。

据潘少臣等人的统计，1939 年广东会馆所拥有的馆产至少高达 20 余万元（表 8 - 2）。

表 8 - 2　1939 年广东会馆所拥有的馆产

馆产	馆产价值
黉学码头会馆全部	十四五万元
会馆侧小院	八九千元
米花街八十四五号铺面二间	八九千元
打铜街三十八号大院一院铺面一间	二万五六千元
太华楼巷一号染房二号齐昌公二小院	八九千元
黉学码头十七、十八号小院	一万元
鸡街五十九、六十号铺面二间	五六千元
铜元局街子田产三十六石	一万余元
浮图关协台子田产四十二石	一万五千元
浮图关江西后田产十八石	七八千元

续表

馆产	馆产价值
陈□□应交大会账项	二千余元
川康银行存款	四千元
暇悮楼餐馆存款	五百元
会馆内各器具	八九千元

资料出处：《重庆市政府关于检送潘少臣将广东会馆全部产业捐赠国家给重庆市社会局的训令》，重庆市档案馆藏，档案号：0060000300043000011。

潘少臣、陈叔应等人认为，这些馆产长期被广东会馆会首何绍休把持和霸占，在给重庆市财政局的呈文中明确表达了他们的诉求：

> 呈为把持会产、霸占公有、移公肥私、实存鲸吞，是以民等自愿将先辈私人集资组织成立之广东会馆全部产业约值洋二十余万元（系前几年所估价目，现在当然数倍于昔矣）以补助抗战于万一，稍尽国民天职，倘其所报不实，自甘反坐，并恳提成作奖，以维民等生活事。

简单地说，潘等人的诉求集中在三点：一是指控何绍休把持、霸占公产；二是自愿将广东会馆所属公产捐献给政府；三是希望政府能从捐献的公产中提出一定比例，返回给潘等人，以维持他们的生计。可以看出，潘少臣等人的策略十分巧妙，他们可能认为依靠自身的力量很难对何绍休这些年经手的账目进行清算，所以提议将会产捐给政府，希望通过政府的力量来达到进行账目清算，进而认定其贪污公产之名的目的。[①]

随即，潘少臣、何笙谱等人指出了之所以认为何绍休担任会首后，贪污

① 在民国时期的渝城会馆馆产纠纷中，将馆产捐给政府，依靠政府的力量对会馆内的对立方进行财产清算或打击成为一种常见的策略。1932 年，福建会馆发生馆产纠纷，会众李铁珊、卢宗恒等人提议将会产捐给市政府以“补充会费，及建设民众团体事业经费”，但同时“恳祈赏收提十分之三作俵散孀居贫苦会员，而资补救，余则补充经费，以公济公”，具体来说，“除应给报捐奖金外，并提取二分之一作为贵府经费，实为公便”，通过这一策略达到打击对手、报效国家和个人分利的目的（《关于办理重庆市福建会馆房产及租金纠纷的呈、函》，重庆市档案馆藏，档案号：0051－0003－00188－0000－001－000）。潘少臣等人的策略和福建会馆李铁珊等人的策略极为相似。

了大量会产的原因：

> 自民国十八年本会会务交由该何绍休接管以来，迄今已届十载，在起初三四年前，尚随意敷衍，以资搪塞；最近五六年来，因见民等诚朴可欺，更变本加属［厉］，不许民等过问。如有请其报销账项，伊则东推西缓，仅口头答复，那里做好事去，若那里施什么又去若干。民等实没奈伊何，如有知暧昧者，伊则私贿洋数十元或百元不等，现以根深稳固，则分文均不给矣。

潘少臣、何笙谱等人还列举了何绍休的一些具体的贪污事例：

> 如民国二十四年卖小花园得洋九千余元，去年八月份分江西坡地皮得洋五百元，今又欲将本会左侧染房变卖，已议价洋数千元，不日成交，以上系民等所知，不知者尚不止此……并将会内贵重物品（如抱柱、工灯、字画、木器、锡铜器、绣花、彩图数十堂等）均为吞没变卖，或搬运回家作为私有，现该绍休家内尚可查出。[①]

潘少臣等人还向重庆市政府保证，如果所列举的贪污指控失实，他们愿意接受惩罚。

面对送上门的捐款，重庆市政府表现出愿意接收的态度。但此前的地方团体捐款，一般都是捐资方主动提出后，政府来接收，而潘少臣等人的捐款方式此前并没有先例。他们要求政府在清算完广东会馆的账目后，以贪污罪的名义对会首何绍休治罪，然后政府才能获得馆产。重庆市财政局、重庆市社会局最初的方案是希望广东会馆内部就捐款达成一致。

1940 年 2 月 12 日，重庆市财政局、重庆市社会局联合召集潘少臣、何绍休等人进行问讯，会议由社会局王德暇科长主持，双方的发言如下：

---

① 《杨知白关于派员会商改组广东会馆内部组织上包华国的呈》，重庆市档案馆藏，档案号：00600003000430000012，页号：30。

原告代表潘少臣陈述：

被告何绍休把持会产以来，将近十年，毫无报销，会众屡次提出质问，被告总云学校经费开支过巨，及奉令津贴市民医院经费太多，早成入不敷出现状等词搪塞，如有会友逼令交出收支账据，彼乃出钱暗地运动塞口，实际乃假公肥私，查学校学费收入已够开支，市民医院亦未遵令津贴，何从演出收支不敷现象，致大众会友同意与其由彼假公肥私，无庸捐赠国家。

原告代表陈叔应陈述：

被告何绍休把持会产，尚不仅将经常收入吞没，且将会内重要物品任意变卖图饱私囊，在民国二十四年变卖小花园会产得价九千余元，去年八月又卖江西坡地皮得价五百元，其他变卖房地简直不可拇计，但所有收入一点均无报销，全体会众业经数度提出控告均由伊运动撤回，所以我们会众才呈请捐公，令钩局既仍保留本会组织，仍应请政府监督清算旧账后，再定改组办法。

被告何绍休陈述：

广东会馆产业于民国十三年即已改并，小会成立之广业两级小学校董事会，职管迄今已届十五年，每年补助广业学校津贴市民医院，所有收入，早已不够支销，收支账目并经呈请前市府及教育局查核有案。至出卖小花园售与兴萧，系因该房早经取有押金贰仟捌佰元，无法偿还，又屡因入不敷出，方始呈准市府派赖科员映宗监督召开大会通过出售。我因年老曾经多次提出辞职，请大会派人接收，大会未准，且校董系由大会选出，除我一人外，遂有王心文、单玉齐、薛海如等九人负责，我何尝把持会产肥私？

王科长宣告：

两造报告经过均属在会产，是否因公上开支一节，令何绍休既经声明支销报具有案，自非彻算账目不足以排此纠纷，所有改组问题准在清算账目后再定，至清算办法俟本局与社会局筹商后再为通知。①

---

① 《关于监督改组广东会馆内部组织的呈、令。附会议记录》，重庆市档案馆藏，档案号：0053-0015-00468-0000-003-000，页号：003。

1940 年 5 月 18 日，重庆市政府会计室对广东会馆的账簿进行了第一次清算，清算的账簿是由广东会馆提交的"银钱总簿一本"，经会计室"初步核算结果，数字方面大致尚属无误，唯其中收支款目，内容是否翔实，殊有实地调查详细之必要"。会计室遂召集原被两造进行问讯，潘少臣等人称"公所产业现值数十万元之巨，每年收益亦有二万余元，自民国十八年七月，由何绍休担任会首后，即意存侵占，十年来迄未公开报账，会众自难甘服。至公所应用账籍，系依会别设，置有数十种之多，此次何绍休所呈之账簿一本，系备对外报告官厅之用，并非真实账册，对内不足为凭等语"，而被告何绍休并未到局应讯。会计室工作人员认为，潘少臣等人"所述各节，无论是否实在，然以拥有数十万财产之公所，其款项收支及记载必无如是之简单，可以断言。且公所惯例，多喜化整为零，往往每项收入，指定每项用途，即单独设立簿册，与他项完全划开，如公款中之专款制度者，今欲明瞭其整个收支状况，自非将全部账册加以查算"。重庆市会计室的工作人员建议"迅将该公所所有历年全部账籍契招凭证暨广业校收支账册等，一并缴呈听候核算"，"会同原被告及由公所会员中推出公正人士若干，澈底盘查，以收事半功倍之效，而免遗误不实之处"。①下面是此次查账的谈话记录：

> 谈话笔录
> 日期：二十九年五月十二日
> 地点：重庆市参议会会计室
> 被询者：原告潘少臣、何笙谱、黎廷芳、陈叔应
> 问：你们都是广东公所会员么？
> 答：是的。
> 问：你们控告广东公所会首何绍休把持会产是么？

---

① 《关于清查广东会馆历年账目情形的呈、令。附谈话笔录》，重庆市档案馆藏，档案号：0053 - 0015 - 00468 - 0000 - 009 - 000，页号：009。

答：是的。

问：你们过去都曾担任过会首没有？

答：我们本人虽没有担任过会首，但我们祖父父亲伯父都曾经担任的，并且过去每年开会，我们都到场。

问：过去公所买卖田产都开会讨论么？

答：何绍休当会首以前，每次都公开召集会众讨论，我等均到场。

问：何绍休当首以后曾召集过会议没有？

答：没有公开召集过，买卖田产由何集二三人秘密讨论。

问：那几个人呢？

答：薛海如（公所财务主任）住广东会馆，齐昌公潘必元（广学校董）住南岸簸箕石，骆级三（广学校董）住江北鸡鸣寺。

问：这本账簿可靠么？（出示何绍休呈造之广东公所大会银钱总账）

答：这是伪账。

问：何绍休当会首以前的账目也是假的么？

答：也是假的。

问：为什么原因呢？

答：会馆有真假两种账簿，真的对内，假的对外报官厅之用，因为在过去摊款等事很多，恐将真实情形报告，会方产业受有影响，但对内这本账簿是不足为凭的。

问：真的账簿你们知道有哪几种？

答：民国十九年交与何绍休的，我记得有六种，祖会账簿三本，大会账簿三本，中元会账簿三本，嘉潮会房捐捐小账簿一本，还有一时记不清了，请向何绍休追取，自可查出。

问：民国十八年前的收支账目没有问题么？

答：那时完全公开，没有问题。

问：何绍休以前的负责人是谁？移交时你们都在场么？

答：是廖向丹的父亲（已故），账目是陈叔应亲自所交。

问：你们知道何绍休是在什么地方舞弊呢？

答：他籍口开办学校，每年浮报很多，并且对会众也没有报销，还有锡器铜器绣花棹围宫彩及全部像俱，约值数万元，都被何薛二人私吞。

问：你们知道公所每年收入多少？

答：房租在抗战前有七八千元，现在一万多，统共每年有一万余元。

问：每年支出若干？

答：支出有学校经费，每年二千余元，市民医院最近二三年内未取。

问：将来真实账簿取出后，你们对查账有没有意见呢？

答：我们愿具结算责查账。请追缴各项账簿，还有历年收房租之祖折，内有佃户盖章，请一并追缴，当可水落石出。

询问者俞国钧被询问者原告潘少臣、何笙谱、黎廷芳、陈叔应

可以说，重庆市地方政府第一次的馆产清算以失败告终。重庆市会计室建议此后对广东会馆账簿清算时，应"由该会馆召集大会，公推公正人士负责清理，如认为清算不当，则聘请会计师办理，政府只能立于监督他人地位"，[①] 建议重庆市政府不再插手广东会馆内部的账簿清理过程。重庆市市长吴国桢遂令"该会馆限期召集大会，推选清算人负责盘查"，将清算结果上报市政府。[②] 因日军空袭重庆，会众都逃往乡间避难，召开会员大会进行馆产账簿的清理推迟到该年的12月26日。此次清算大会，广东会馆方选举出陈文华等7人充当清算员，重庆市财政局亦派人全程监督。对于清算结果，据陈文华称，"会馆历年账款，均无错误"，而潘少臣等人则认为"所有账据，皆系伪造"，双方可以说是各执一词。[③] 重庆市财政局建议提交法院，由法院来审理此一经济案件。

---

① 《关于清算广东会馆历年账款的通知、训令》，重庆市档案馆藏，档案号：0064000800627 0000035000。

② 《重庆市政府关于报送清查广东会馆历年账款情形给重庆市社会局的训令》，重庆市档案馆藏，档案号：00600003000430000003。

③ 《关于转饬何绍休将广东会馆历年账目呈送的呈》，重庆市档案馆藏，档案号：0064000800 6270000062000。

此案正沿着不利于原告潘少臣等人的方向前进，若通过清算账簿证明何绍休没有把持、霸占馆产，潘少臣等人势必要背上诬告之罪。1941 年 1 月，潘少臣等人向重庆市财政局局长刁培然去函，就 12 月进行的清算过程控告重庆市社会局派来监督的洪姓委员办事不公，曾当面指责他们："你们双方均不能再谈了，前缴之伪账簿由你们盖章领去，以后无论你们递好多报告，市府各局均不能受理，并且要办你等诬告之罪。"加之他们认为"绍休手腕敏捷、活动力强"，暗示此次账簿清算过程被何绍休动了手脚，洪姓委员有受贿之嫌。①1942 年 5 月 4 日，潘少臣等人越过重庆市政府，向国民政府军事委员会委员长侍从室提呈控告何绍休霸占馆产之举，此呈得到当时国民政府最高领导人蒋介石的批示，要求重庆市政府再次对广东会馆何绍休经手的所有账簿进行清算。②

因资料限制，本案的最终结果尚不可知。

第二节　坐渝同乡与旅渝同乡间的会产纠纷

抗战全面爆发后，大量外省人来到重庆，他们纷纷组织同乡会，这给重庆的会馆带来了新的血液。③据 1939 年 5 月由国民党中央直属重庆市执行委员会社会科编制的《重庆市人民团体名册》，1937 年，重庆的川外各省同乡会共 16 个，至 1941 年，重庆同乡组织增加到 39 个，其中省级 19 个、府县级 20 个。1941 年 6 月，国民党重庆市党部详细编列了各省同乡会的详细情况（表 8-3）。

---

① 《关于报送广东会馆被何召休独占情形上刁局长的呈》，重庆市档案馆藏，档案号：006400 08006270000058000。

② 《重庆市政府、潘少臣关于报送何绍休侵吞广东会馆产业的呈、批》，重庆市档案馆藏，档案号：00600003000430000001。

③ 张瑾认为抗战时期，重庆的外省移民成分十分庞杂，通常是长江中下游的各省籍人士，随同"下江人"入川的还有大量国民政府的各界要人。同时，由于"下江人"与"上海模式"的天然联系，其和"工业化""现代化"直接画上等号，"下江人"简直就是中国最现代的人群，拥有优越的社会心态。见氏著《权力、冲突与变革——1926—1937 年重庆城市现代化研究》，第 278—289 页。

表 8－3　1941 年重庆同乡会情况统计

名称	负责人	成立日期	最近改组年月	许可证号数或备案机关	地址
南京旅渝同乡会	穆华轩	二十七年六月	二十九年十二月	本会社字第 163 号	中华路 76 号附 1 号
安徽旅渝同乡会	王葆斋	二十七年四月		本会准	张家花园
安徽和县旅渝同乡会	鲁佩璋	二十八年四月		本会社字第 207 号	打铁街文德宿舍
江西旅渝同乡会	黄介民	二十八年三月	二十九年十二月	本会社字第 131 号	陕西街该堂会馆
江西九江旅渝同乡会	聂世琦	二十八年四月			时事新报聂世琦转
江西临江旅渝同乡会	邓天民	二十九年五月			三牌坊临江小学校仁寿宫
江西永新旅渝同乡会	李天骥	二十九年五月		本会社字第 245 号	曾家岩 44 号附 5 号
江西吉安旅渝同乡会	李□君	二十六年四月			下陕西街中心小学
湖北旅渝同乡会	孔庚	二十四年三月	二十九年二月	市党部、政府立案	下簧学巷 8 号
湖北黄冈旅渝同乡会	万毓昆	二十八年四月		市党部、政府立案 57 号指令	准中三路 103 号
湖北阳新旅渝同乡会	曹澄智	二十九年五月		本会社字第 229 号	临江门顺城街 8 号
湖北云梦旅渝同乡会	褚汇宗	二十九年二月		本会社字第 229 号	劝功局街 47 号
湖南旅渝同乡会	王卓九	二十九年二月			东水门芭蕉园
江苏旅渝同乡会	丁文玺	二十七年七月		市指委会社 173 号	临江门顺城街
江苏无锡旅渝同乡会	薛明剑	二十七年十月	二十九年十二月		望龙门 1 号
江苏武进旅渝同乡会	徐复	二十七年十一月			苍坪街 63 号
江苏徐属旅渝同乡会	顾子扬	二十八年七月		本会社字第 211 号	南岸玄坛庙永园
江苏嘉定旅渝同乡会	吴蕴初	二十八年三月			状元桥天元化电厂
江苏江阴旅渝同乡会	田士捷	二十七年八月		指委社 179 号	新运总会章楚转

续表

名称	负责人	成立日期	最近改组年月	许可证号数或备案机关	地址
河南旅渝同乡会	徐鉴泉				回水沟 86 号
浙江旅渝同乡会	应子文	二十四年四月			文华街 31 号
浙江绍兴旅渝同乡会	王延松				文华街 31 号
浙江湖州旅渝同乡会	扬子镜	二十七年三月		本会社字第 246 号	文华街 69 号
浙江宁波旅渝同乡会	王静富	二十八年		本会社字第 197 号	林森路 190 号
浙江嘉属旅渝同乡会	褚辅成	二十八年一月		本会社字第 199 号	国参汤又新转
浙江温属旅渝同乡会	姚琮	二十八年三月			杜品石转工运指导处
福建旅渝同乡会	郑枚	二十六年六月		市指委会社字第 125 号	福建会馆
广东旅渝同乡会	黄伯耀	二十四年八月	二十九年十二月	本会备案	林森路 263 号
山西旅渝同乡会	孟北益	二十六年八月			正阳街 9 号
冀鲁旅渝同乡会	景玉泉	二十八年七月		本会社字 212 号	柴家巷仁济堂二楼
新疆旅渝同乡会	麦斯武德	二十七年十月	二十九年		李子坝嘉陵新村 5 号
西康旅渝同乡会		二十七年七月			
潼属旅渝同乡会	李重光	二十七年十月		市指委会 124 号	
辽吉黑热旅渝同乡会	李梦庚	二十七年		社 13 指令	柴家巷 46 号
陕西旅渝同乡会	康心之	二十五年十二月		本会社字第 247 号	中二路 39 号第一集团军办事处
云南旅渝同乡会	马晋三				
察哈尔旅渝同乡会	文宜裁	二十九年七月		本会社字第 252 号	两路口经济寄宿舍
吉林旅渝同乡会	王家桢	三十年四月		社 265 号	
河北旅渝同乡会	马伯超	三十年四月		社 270 号	北平大饭店

资料来源：重庆市档案馆、重庆师范大学合编《中华民国战时首都档案文献·战时社会》，重庆出版社，2014，第 100—101 页。

从表 8 - 3 可以看出，这些旅渝同乡会大多成立于 1938 年之后。某些同乡会组织人数较多，如江苏旅渝同乡会有会员 8000 余人，下属有南京、无锡、常州等 24 个市级或县级同乡会组织。1945 年 10 月，河北旅渝同乡会召开第三届会员大会，签到者即达 864 人，"因会场狭小，未得签到者，尚有相当人数"。①

这些旅渝同乡会，是按照 1942 年重庆国民政府颁布的《人民团体组织法》成立的。按照该法令，政府允许民众自行组织团体，但在组织体系上提出要求，如必须公开选举理事、监事，并提出了人员数额要求，如理事不得多于 25 人，监事不得多于 11 人，每次会议，国民党地方党部和社会局或警察局均要派人参加。② 1931 年，国民政府《人民团体组织方案》公布，"确实是旧会馆转型为同乡会组织促动力"。③

1943 年 10 月 31 日，浙江旅渝同乡会在重庆夫子池新运服务所召开"浙江旅渝同乡会三十二年度会员大会"。国民党重庆市党部代表蒋公达参加，发言认为浙江旅渝同乡会的职责"不谨在于敦睦乡谊，为同乡谋福利，尤其要领导同乡增强抗战建国的力量，协助政府"。④ 重庆市社会局代表韩觉剑的发言亦认为："同乡会是为同乡谋福利，今后应该要有工作，如办学校，办理救济等，要拟定一个计划来推动。"⑤ 1944 年 10 月 29 日上午，福建旅渝同乡会年会在夫子池新运模范区忠义纪念堂举办，重庆市警察局第二分局派一名叫何伯龄的警官去旁听，事后提交报告："窃职奉派往新运总会监视福建旅渝同乡会三十三年会员大会一案，遵即前往该会，于是日上午九时许开始，临时主席为何公干，至十一时散会。会议中并无违法情事，理合报请鉴核！"⑥

---

① 《河北通讯》第 2 期，1945 年，第 24 页。

② 《浙江旅渝同乡会关于报送会员大会会议记录及之职员名册上重庆市社会局的呈。附会议记录履历册》，重庆市档案馆藏，档案号：00600005000010000004，页号：16。

③ 窦季良：《同乡组织之研究》，第 48 页。

④ 《浙江旅渝同乡会关于报送会员大会会议记录及之职员名册上重庆市社会局的呈》，重庆市档案馆藏，档案号：00600005000010000004，页号：16。

⑤ 《浙江旅渝同乡会关于报送会员大会会议记录及之职员名册上重庆市社会局的呈。附会议记录履历册》，重庆市档案馆藏，档案号：00600005000010000004，页号：16。

⑥ 《关于报送监视福建旅渝同乡会开会情形上重庆市警察局的呈》，重庆市档案馆藏，档案号：00610015032180000165000，页号：165。

这些旅渝同乡会往往邀请本籍知名同乡为理事或名誉理事，以增加同乡会的号召力和组织活动能力。窦季良注意到，"目前重庆的各地同乡会，其名誉理事，和理监事或主席大都是现任中央高级官吏或在政治上有相当地位的人"，如湖州旅渝同乡会中有国民党中央委员 8 人。① 再举若干例子。1939 年 4 月，安徽旅渝同乡会成立大会在重庆商会举行，到会会员数百人，选举出胡春霖、张恨水等理事 35 人，潘赞化等监事 11 人。② 1942 年，浙江旅渝同乡会成立，改组了原来的浙江会馆，浙江旅渝同乡会主席理事为褚辅成，陈果夫、陈立夫、朱家骅、陈诚等 53 人为名誉理事。山西旅渝同乡会理事长为孔祥熙，河北旅渝同乡会会长为川军将领、国民革命军 31 集团军副总司令许绍宗。

与繁荣的旅渝同乡会相比，渝城原来的会馆组织则越来越萎缩。抗战时期，窦季良先生曾走访渝城各大会馆，"会馆的馆址于今均已荒凉满目，访问其人，多不易见，并因日寇的轰炸，断壁颓垣，触目皆是。其残存者多修整租赁与公私机关学校或场厂了。履其地者实不胜'荆棘铜驼'之感"。③ 虽然八省会馆已不再有往日的辉煌，但由于其拥有大量的不动产，特别是仓谷，八省客长仍然还是按照其原来的模式在一定范围内发挥着作用。

我们注意到有的旅渝同乡组织由原来的会馆，也就是坐渝同乡组织改组而成。如江西临江旅渝同乡会即由江西临江公所改组而成，"凡前江西临江会所会员，及江西旧有临江府属之清江、新淦、新喻、峡江四县旅渝同乡，年在十八岁以上，经本会会员二人之介绍者，均得登记入会"，其会产包括桂花园、石桥乡、傅家蒲三处田土产及林森路 320、316、314、312、308、302、304、291、287、337、333、285、283 号各房产为临江小学固定教育基金，林森路惠中旅馆 287 号房产为临江籍学生补助金固定基金。④

但更多的旅渝同乡组织则由随国民政府内迁重庆的新移民另组而成。如

---

① 窦季良：《同乡组织之研究》，第 65 页。

② 《中央日报》1939 年 4 月 3 日，第 3 版。

③ 窦季良：《同乡组织之研究》，第 86 页。

④ 《江西旅渝同乡会会章》，重庆市档案馆藏，档案号：00650001012190000122000，页号：122。

浙江会馆，在1922年已基本停止会务，而新的浙江旅渝同乡会则是在1942年1月改组而成。当然，还有更多的旅渝同乡组织是完全新设的。也有个别旅渝同乡组织往往邀请八省客长成员出任其理事，如江苏旅渝同乡会常务理事中就有江南会馆客长温少鹤，当时他另一个职务是重庆商会的会长。

旅渝同乡会的经费一般由三部分组成：入会费，即会员入会时交纳的会费；年费，即每个会员每年应交的费用；特别费，即会员主动的捐款。① 大部分旅渝同乡组织都面临经费不足的困境。我们来看江苏旅渝同乡会创修会址的经过。

1938年，江苏旅渝同乡会成立，下辖21个属县同乡会，会址最初在林森路重庆市商会内。1939年5月，商会大楼被日军空袭炸毁，江苏旅渝同乡会便"辗转迁移，迄无定所"。1942年12月，该会成立会所筹建委员会，打算修建永久性的会址。为了节约资金和时间，"岙主觅屋修缮，不事兴筑"，经江南会馆的同意，"允将乡贤祠房屋，借作会所，由会自行修葺"。修缮工程进行中，"该馆一部分负责人，对此忽持异议"，修建会址计划不得不另行筹计。1943年3月，江苏旅渝同乡会选址于重庆七星岗巴蔓子将军墓侧德兴里9号，购买地基58方丈，初步预算198万元，因物价上涨等因素，最终花费700多万于1944年7月10日建成，建筑各具功能的房间23间，含大会堂1座、会议厅1大间。②

上述过程反映了两个事实：一是旅渝同乡会经费不敷使用；二是旅渝同乡会希望能和坐渝同乡组织，也就是会馆进行合作，利用其既有的会址或会产，进行同乡活动。如江苏旅渝同乡会想利用江南会馆馆址作为办公场所，虽曾达成初步合作，但因有人反对而最终未成功。

1940年，国民政府相继颁布《非常时期人民团体组织法纲领》《非常时期党政机关督导人民团体颁发》等法令，对同乡会组织的设立和日常活动进行监管。申请了许可证的旅渝同乡组织也借此穿上了合法的外衣，而原来的

---

① 《中国战时首都档案文献·战时社会》，第221页；《浙江省旅渝同乡会关于规定一九四三年十月三十一日举行一九四三年会员大会上重庆市社会局的呈》，重庆市档案馆藏，档案号：0060000500010000002。

② 《会所筹建经过》，《复苏》第2期，1944年，第21页。

会馆则变成了"非法"的民间团体，若双方发生诉讼，则对坐渝同乡组织十分不利。1940年后，旅渝同乡组织与坐渝同乡组织为了原来八省会产的产权归属，多次发生诉讼，影响较大且旷日持久。

此一时期，八省其他省籍会馆，如福建、浙江、广东会馆均与旅渝同乡会之间发生过产权纠纷，我们后面将会进行详细讨论。

福建旅渝同乡会与福建会馆

抗战期间，渝城有福建旅渝同乡会和福建会馆这两个由福建移民组成的对立组织。1942年，重庆市社会局专门派员调查了这两个移民组织的状况，"前者系抗战后来渝人士（大多系公务员）所组成，后者之主持人系久居本市之福建人"，[①] 旅渝同乡会成员大都为政府官员，内迁的高校、企业人员。

福建旅渝同乡会与福建会馆围绕着"坐落朝天门之天后宫业产"产生争夺，此案历经多年，也一波三折。这两个同乡组织对渝城福建会馆既有的会产认识存在极大差异，"彼等（福建会馆）认为，福建会馆房屋系以前旅渝之少数福建人出资修建，自属少数人之私产，其他福建人不得干预。福建旅渝同乡会则认为应属全体福建人所有"。[②] 1937年，福建旅渝同乡会成立，"与福建会馆兴争产之讼，经其同乡调解，仍归福建会馆管业，是在法律上该会馆为房主，握有产业所有权"。[③] 同年，重庆市政府的下属机构重庆市民众教育馆以每个月300元的租金向福建会馆租用馆址，这表明当时重庆市政府认可福建会馆拥有其馆址产权。但福建旅渝同乡会一方似乎并不承认这一判决，据1941年重庆市社会局派员了解到的情况，福建旅渝同乡会争夺产权失败后，"遂在法院起诉并上诉至最高法院，听说至今仍未解决"[④]。

---

① 《关于派员调查福建同乡会要求收回福建会馆房屋情形的呈、指令》，重庆市档案馆藏，档案号：0053 – 0022 – 00086 – 0000 – 018 – 000。
② 《关于派员调查福建同乡会要求收回福建会馆房屋情形的呈、指令》，重庆市档案馆藏，档案号：0053 – 0022 – 00086 – 0000 – 018 – 000。
③ 《关于福建旅渝同乡会收回重庆市立民众教育馆馆址的呈、指令》，重庆市档案馆藏，档案号：0053 – 0022 – 00086 – 0000 – 002 – 000。
④ 《关于派员调查福建同乡会要求收回福建会馆房屋情形的呈、指令》，重庆市档案馆藏，档案号：0053 – 0022 – 00086 – 0000 – 018 – 000。

但从档案资料来看，至少在 1941 年，福建旅渝同乡会已经掌握了馆址产权的话语权。福建旅渝同乡会内部多次讨论，要求收回租给重庆市民众教育馆的馆址自用，"福建同乡会最近曾在该馆开会一次，根据以往经验该会每开会一次必要求收回房屋一次"。① 1943 年福建旅渝同乡会发给重庆市社会局一份关于召开会员大会的请示，称"窃属会卅二年度会员大会，订于九月十九日上午十时在本市陕西街属会会址内（即民众教育馆内），举行大会并改选理监事，理合呈请钧局派员出席指遵，实感德便"。② 虽然上述行文还不能完全断定重庆市民众教育馆的产权已归福建旅渝同乡会，但至少能够看出他们已经获得了该馆址的使用权。③ 1943 年后，福建会馆权益方均为福建旅渝同乡会，如 1943 年，福建旅渝同乡会与国民政府财政部签订协议，财政部重庆直接税局租用该馆部分房屋；1944 年，福建旅渝同乡会甚至和重庆市教育局签订了出租福建会馆文昌殿、天后宫正殿下厅等部分福建会馆设施的租房合约，每月租金 2000 元，按月支付，从合约的签订来看，福建旅渝同乡会似已获得福建会馆馆址的产权。④ 1945 年，四川美丰银行信托部租用福建会馆部分房间作为仓库，福建会馆产权方为福建旅渝同乡会。

1943 年，重庆市社会局下发社元二会字第零七零号立案证书，将原属福建会馆所管产业，包括坐落于朝天门之天后宫业产转交，由福建旅渝同乡会向重庆市地政局登记领证，证书证件号为陕西路马王庙镇第 213 号、第 214 号、第 215 号、第 224 号，也就是说上述地块产权归福建旅渝同乡会。

福建旅渝同乡会能在 1943 年获得福建会馆的实际产权与此一时期重庆的政治环境及福建旅渝同乡会自身的构成有密切关系。1943 年，福建旅渝同

---

① 《关于派员调查福建同乡会要求收回福建会馆房屋情形的呈、指令》，重庆市档案馆藏，档案号：0053 - 0022 - 00086 - 0000 - 018 - 000。

② 《福建旅渝同乡会关于报送召开会员大会日期并派员指导上重庆市社会局的呈》，重庆市档案馆藏，档案号：00600005001330000003，页号：8。

③ 从其他材料来看，1941 年后，福建旅渝同乡会的办公地址就在陕西路 19 号福建会馆即重庆市民众教育馆内。见《福建旅渝同乡会关于请派员出席会员大会致重庆社会局的代电》，重庆市档案馆藏，档案号：00600005001340000005。

④ 《关于报送福建会馆租用草约上重庆市政府的呈（附草约）》，重庆市档案馆藏，档案号：0053 - 0020 - 00610 - 0000 - 099 - 000。

乡会共有成员 178 人，以 40 岁以下的年轻人居多，工作单位包括立法院、委员长行营、国府文官处、国府主计处、最高法院、重庆高等法院、司法部、考试院、国民党中央党部监察委员会、禁烟督察处、银行公会等党、政、军、商、学各界。福建旅渝同乡会的常委由著名爱国侨商胡万里①、江超西、王精一三人担任，执委包括委员长行营办公厅第五科科长郑毅等人。这表明，在与坐渝同乡的竞争中，福建旅渝同乡会与政府的关系更为密切，也更善于利用政府资源。福建旅渝同乡会在诉讼中，就不止一次利用国民政府主席林森的影响。

抗战胜利后，大量新的福建移民如胡万里等人先后离开重庆，福建旅渝同乡会成员发生了很大的变化，围绕着福建会馆产权的纠纷再起。1948 年，时年 81 岁的原福建会馆成员刘履安向重庆市社会局去呈，谈及当年福建会馆将所有的地契转交给福建旅渝同乡会的过程，是"由借而租馆地为办事处"，易言之，福建会馆当时将馆址给福建旅渝同乡会办公是借给他们的，他还解释了当时将地契交给胡万里等人保管的原因是"误以为系胡文虎胞侄巨商股实，可暂保存"，言外之意，有上当受骗的味道，认为这些新来的同乡"欲再私相盗卖朋分，并想将他人财物房产均一网打尽"，并强调福建会馆的资产"系先人清初来川创建"，只有他们才有继承的权利，因此向重庆市社会局申诉，请求"收回会馆主权，绝不再租再借，并饬令即交出红契查阅，以保会馆产业主权"。福建旅渝同乡会一方以福建会馆原有产业已经由重庆市社会局在 1943 年发给了产权证书为由不愿归还，刘履安等人提出申诉，认为是源于"福建会馆过去业产甚多，因会员意见庞杂，遂有自私自利之徒，乘机盗卖，事实具在，无可讳言。兹本会为严密管理起见，所有已登记之地产，经确定为本会产权，应永远保存，勿容再有盗卖情事"，希望重庆市政府能明确出示保护产权的禁令。②

---

① 胡万里，福建龙岩永定人，时为爱国侨商、东南亚华侨首富胡文虎所有的虎标永安堂重庆分公司经理。

② 《重庆市社会局、刘履安、邹□封关于应呈请法院解决福建会馆红契问题的呈、批》，重庆市档案馆藏，档案号：00600005001340000035，页号：132。

浙江旅渝同乡会与浙江会馆

渝城浙江会馆，创建于前清乾隆初年，其馆址位于储奇门内之四牌坊，面积约计地五亩五分。民国初年，时局动荡，浙江会馆会众纷纷返乡，会务于1922年短暂停止。1935年，浙江会馆改组为浙江同乡会，并获得国民党重庆市党部发给的证书，馆内保留有同乡录200余册，章程100余册。民国时期，浙江会馆还拥有一定的产业，交由经理徐献坪负责打理。据浙江旅渝同乡会的调查，民国时期，浙江会馆的产业主要由以下四部分组成（表8-4）。

表8-4 民国时期浙江会馆馆产构成

产业	产业内容
储奇坊三牌楼住宅	住宅一所；坐北朝南铺面三间，平屋三进
马厂坡范刚君遗产	巴县直里甲马厂坡土地，载粮一两一钱二分；浮图关夜雨寺土地；浮图关谢家花园土地。岁收地租一百余石
江北厅敦义庄产业	未明确记载
一牌坊凤祥银楼之房产	未明确记载

资料出处：《浙江旅渝同乡会清理浙江会馆产业第一次审查报告》，重庆市档案馆藏，档案号：00690001005620000005000，页号：5。

1942年1月，浙江旅渝同乡会召开第一届会员大会，选举出了理事会，并选举褚辅成为浙江省旅渝同乡会理事长。1945年5月5日下午，第三届浙江旅渝同乡会会员大会在七星岗来苏堂，即江苏旅渝同乡会会址召开，到场的会员有130余人，选举出第四届浙江旅渝同乡会理事。表8-5是新当选的理事长、常务理事、理事、候补理事、监事及候补监事名单及其职务。

表8-5 第四届浙江旅渝同乡会理事、候补理事、监事、候补监事情况统计

会内职务	姓名	职务/单位	会内职务	姓名	职务/单位
理事长	褚辅成	国民参政会参政员	理事	林竞	党政工作考核委员会秘书
常务理事	陈其采	国民政府主计处主计长	理事	李俊夫	中粮公司副局长

续表

会内职务	姓名	职务/单位	会内职务	姓名	职务/单位
常务理事	屈映光	振济委员会副委员长	理事	戴铭礼	财政部钱币司司长
常务理事	王正廷	中央委员	理事	潘仰山	豫丰纱厂总经理
常务理事	袁道冲	国家总动员会议秘书处秘书	理事	严慎予	国民政府文官处文书局
常务理事	黄元秀	军委会铨叙厅厅附	理事	沈钧儒	律师公会会长
常务理事	王晓籁	国民参政会参政员	理事	周佩箴	中国农民银行董事长
常务理事	马文车	振济委员会委员	理事	王澂莹	中国农民银行监察人
理事	俞佑廷	四明银行	理事	王延松	华华公司总经理
理事	邵力子	国民参政会秘书长	理事	陈凌云	监察院参事
理事	童蒙正	交通银行总管处处长	理事	胡升鸿	交通部技术厅厅长
理事	樊崧甫	中将高级参谋	理事	张强	中央委员
理事	刘百闵	中国文化服务社总社社长	候补理事	陆费萱孙	中央信号局
候补理事	沈仲毅	国营招商局处长	候补理事	水祥云	重庆市临时参议会候补参议员
候补理事	陈汉清	美丰大楼	候补理事	郑洪福	浙江庆余堂总经理
候补理事	方文政	律师	候补理事	朱子爽	中央图书杂志审查委员会
候补理事	汤又新	国民政府参军处	候补理事	范霞轩	国民政府主计处
候补理事	叶中青		候补理事	周守良	
候补理事	江一平	国民参政会参政员	常务监事	姚琮	军委会办公厅副主任
常务监事	钱永铭	国民参政会参政员	常务监事	刘鸿生	大柴专卖公司经理
监事	谢蘅瑰		监事	吴鼎昌	国民政府文官处处长
监事	陈大齐	考选委员会主任	监事	苏景由	三民主义编纂委员会主任
监事	姜绍谟	军委会参议	候补监事	王伯平	军委会会计科长
候补监事	陶玄	国民参政会参政员	候补监事	沈孙斋	前缉私署秘书
候补监事	金祖懋	中央海外部			

资料出处：《重庆市社会局、浙江旅渝同乡会关于报送一九四五年会员大会经过情形并缮具修正章程的呈、指令。附：会议记录、章程》，重庆市档案馆藏，档案号：00600005000010000018，页号：81。

319

从表 8-5 可以看出，浙江旅渝同乡会的理、监事主要由当时在重庆的浙江籍国民政府官员、商人及部分社会知名人士组成，理事长为褚辅成。[①]这份名单中甚至还有一些我们比较熟悉的名字，如担任国民参政会秘书长一职的邵力子，以及律师公会会长沈钧儒，这表明在战时的陪都，浙江旅渝同乡会有着较强的社会影响力。

乾隆年间，在渝的浙江商人以经营瓷器的湖州府商人和经营药材的宁波府商人最多。乾隆十二年浙江会馆《始建碑记序》也表明，修建浙江会馆的资金"宁慈实捐银七千余金，湖府实捐银七千余金，其杭嘉绍金严数府来渝经营者稀少，所捐无几"，由于这些会馆具有"子孙会"的传统色彩，即谁出钱捐资兴建会馆，会馆的权益就由谁的后裔继承。因此，有清一代甚至到抗战之前，浙江会馆的田产、房产收益均由当时出资者后裔掌握，具体来说，就是两个控产组织湖宁公所及宁兴公的后裔。

1941 年 10 月、1942 年 1 月，浙江会馆湖宁公所经理徐献坪以湖宁公所、宁兴公的名义，[②] 向重庆市财政局、社会局申请确认湖宁公所和宁兴公对浙江会馆馆址的产权。1942 年 6 月，重庆市财政局土地登记处对该申请案进行公示，引起浙江旅渝同乡会理事长褚辅成的关注。浙江旅渝同乡会计划在这幅地基上修建新的浙江会馆建筑和中正堂，因此去函要求重庆市财政局取消徐献坪的产权公示，并不断向重庆市社会局、财政局进行申诉，要求其不要确认浙江会馆的产权归属。浙江旅渝同乡会理事会内部亦对此问题先后召集三次会议进行讨论，试图在厘清浙江会馆既有产业的来源、构成的基础上，提出应对策略。《浙江旅渝同乡会清理浙江会馆产业第一次审查报告》载有他们搜集到的资料情况。

---

① 褚辅成（1873—1948 年 3 月 29 日），字慧僧，一作惠生，浙江嘉兴人，九三学社发起人之一，中国著名的社会活动家。1938 年赴重庆，任国民参政会参政员。

② 按照湖宁公所经理徐献坪的说法，湖宁公所系乾隆五年由湖州（磁器帮）、宁波（药材帮）商人出资购地作为堆栈之用；宁兴公户头下所属房产，系浙东宁慈众商之栈房，他"住渝二十余年，系代保管"。见《重庆市社会局、重庆市地政局关于复查浙江旅渝同乡会产权的公函、训令》，重庆市档案馆藏，档案号：00600005000010000014。

所依据之文件如次：《巴县志》文两纸、乾隆五年九月卖契两纸、光绪五年十二月碑示全文三纸、民国二十八年重庆市政府批一纸、浙江馆三字精传拓片一纸、列圣宫钟文拓本四纸、全浙同乡会改组委员会记录四册（分天地元黄字号二十年三月改组起）、浙江旅渝同乡会记录一册（二十八年附二十七年）。①

通过这些材料，褚辅成试图证明湖宁公所、宁兴公并不是浙江会馆馆产的合法继承人，浙江会馆的既有馆产是浙江民众在渝的公产，而不是少数人的私产。在 1943 年 11 月召开的浙江旅渝同乡会第二届会员大会上，褚辅成报告了会产纠纷的来龙去脉。

我们要建造中正堂，首先是要确定地点，如果要在浙江会馆里面，就有点小纠纷。浙江旅渝的同乡，最早来的是宁波湖州两属，所以浙江会馆大部分是宁波湖州两属同乡出钱建的，后来又有杭州绍兴同乡，于是，浙江会馆就成为四府的。因此，对于地址问题，就有点争执，有少数同乡认为会馆的产业不是全省的，所以，就组织清理浙江会馆产业委员会。经详细研究，发现几个证据：

第一，有碑记，即是以前会馆的产业，有一部分产业是绍兴范刚公的被和尚卖去，后来由同乡打官司争回来；

第二，巴县志书上，载有列圣宫即浙江会馆，奉祀钱穆、伍员等神，为重庆八大会馆之一，是浙江的公产；

第三，是物证，即是房子的砖上每块有浙江馆三字，铁钟上有浙江众商公铸字样。②

---

① 《浙江旅渝同乡会清理浙江会馆产业第一次审查报告》，重庆市档案馆藏，档案号：0069000
　1005620000005000。

② 《浙江旅渝同乡会关于报送会员大会会议记录及之职员名册上重庆市社会局的呈》，重庆市
　档案馆藏，档案号：00600005000010000004。

图 8-1　1942 年浙江会馆后门

说明：左右壁上均嵌有"列圣宫，后门外官路阔九尺五寸，直通刁家巷大道"之石刻碑文。

1944 年 5 月 14 日，褚辅成在给重庆市社会局的呈文中继续申诉，重申了上述三个理由。

又光绪五年为范刚遗产涉讼，重庆府正堂沈，断归渝城浙江会馆经管，载入谕示碑文。年前浙江会馆正殿被敌机轰炸后所剩残砖均铸有"浙江馆"三字，而列圣宫旧铸大铁钟尚存馆址，会馆后门左右壁上均嵌有列圣宫，后门外官路阔九尺五寸，直通刁家巷，大道之石刻碑文，证据确凿，斑斑可考。再就承买契据观之，其所书出笔人原为刘梅仙等暨周达辉等，于乾隆五年及乾隆四十六年先后出卖与浙省众客。所谓浙省众客原系指全省而言并非专属于浙江某府，其契旁虽又写某为某府人云云，似系事后添注，不足为据。①

褚辅成认为徐献坪等人是利用保管契约的便利，"故意将列圣宫户划分两断为湖宁公所、宁兴公二户……希图侵占"。② 褚辅成在后续给重庆市社会局的呈文中强调，"徐献坪仅以经管公有财产报存契约之便，妄自假借名义意图占有公产"，浙江旅渝同乡会是合法组织，"查人民团体组织条例规定无论其为社团或财团法人均须呈请主管机关依法许可设立与核准立案"，要求"徐献坪停止以湖宁公所等名义非法活动并请函地政局撤销其朦请登记以维法令而存公产"。③

我们发现，浙江旅渝同乡会与浙江会馆湖宁公所之间的产权争夺主要集中在以下几个方面。

首先，浙江会馆的产业是少数人的私产还是所有浙江籍民众的公产。从浙江旅渝同乡会提供的证据来看，他们试图证明浙江会馆的产业是公产而不是少数人的私产。我们之前已经详细叙述了浙江会馆的财产主要来自在渝经商的湖州府和宁波府商人，事实上，算不得是所有浙江籍民众的公产。乾隆五年及乾隆四十六年土地买卖契约上提到的"浙省众客"，褚辅成认为这指的是"全省而言并非专属于浙江某府"，其实并不符合实情，因为契约上注明了这些"众客"的籍贯，基本上都是湖州府和宁波府，如契约上出现的郑予仪（湖府人）、叶子宣（湖府人）、楼□修（宁府人）、秦予超（湖府人）、贾晋乡（湖府人）、钱履丰（湖府人）、陈德维（湖府人）、周圣占（宁府人）、缪汉公（宁府人）、周圣符（宁府人）。所以，浙江旅渝同乡会对此点的申述理由并不能成立。

其次，浙江旅渝同乡会多次强调，他们是依法成立的人民团体，"唯有浙江省旅渝同乡会足为独一无二之合法继承人"，希望重庆市社会局能够

---

① 《重庆市社会局、浙江旅渝同乡会关于组织浙江省旅渝同乡会财产管理委员会并更正财产登记的呈、公函》，重庆市档案馆藏，档案号：00600005000010000010。

② 《重庆市社会局、浙江旅渝同乡会关于组织浙江省旅渝同乡会财产管理委员会并更正财产登记的呈、公函》，重庆市档案馆藏，档案号：00600005000010000010。

③ 《重庆市社会局、浙江旅渝同乡会关于派员制止假借浙江会名义申请登记事宜的呈、指令》，重庆市档案馆藏，档案号：00600005000010000018，页号：81。

"呈请认定浙江省旅渝同乡会合法继承浙江会馆在法律上之地位"。[①] 言外之意，浙江会馆湖宁公所未经政府批准成立，"查人民团体组织条例规定，无论其为社团或财团法人，均须呈请主管机关依法许可设立与核准立案"，[②] 因而不是合法团体，当然也不是一个合法的财团法人，不应该享有继承浙江会馆产业的权利。从 1942 年浙江旅渝同乡会第一届会员大会召开后，浙江旅渝同乡会就十分强调其合法身份，每次会员大会均严格按照国民政府颁布的相关法规及流程来办理。1943 年 10 月 31 日，浙江旅渝同乡会在重庆夫子池新运服务所召开三十二年度会员大会，按照规定，会议通过了《浙江旅渝同乡会章程》。[③] 1945 年 5 月 5 日下午，第三届浙江旅渝同乡会会员大会在七星岗来苏堂借江苏旅渝同乡会会址召开，共有会员 130 余人参加，浙江旅渝同乡会理事会邀请了国民党重庆市党部、重庆市社会局、重庆市警察局、救济善后总署的代表与会。1946 年，浙江旅渝同乡会年度会员大会于三月十七日（星期日）上午 9 时在夫子池新运服务所召开，重庆市社会局亦派科长一名参加。这可以说是浙江旅渝同乡会后来能够成功获得产权的关键点。

另外，浙江籍的一些知名人士，如邵力子，时兼任浙江旅渝同乡会理事，也为浙江旅渝同乡会获得产权出力不少。1945 年 4 月 3 日，邵力子给重庆社会局局长包华国去信，希望重庆市社会局能够认定浙江旅渝同乡会合法继承浙江会馆的地位。

    华国局长勋鉴：

    敬启者，敝省同乡会理事长褚辅成先生，于本年三月二十七日具呈贵局，为请求认定浙江旅渝同乡会，合法继承前浙江会馆在法律上之地位一案。谅邀鉴察，事关乡人全体福利，务乞迅赐批准备案，俾旧有基础维持

[①] 《重庆市社会局、浙江省旅渝同乡会关于切实清查浙江会馆产权的呈、公函、指令》，重庆市档案馆藏，档案号：00600005000010000012。

[②] 《重庆市社会局、浙江旅渝同乡会关于派员制止假借浙江会名义申请登记事宜的呈、指令》，重庆市档案馆藏，档案号：00600005000010000017。

[③] 《浙江省旅渝同乡会关于规定一九四三年十月三十一日举行一九四三年会员大会上重庆市社会局的呈。附：候选人名单、章程》，重庆市档案馆藏，档案号：00600005000010000002，页号：3。

不坠，未来设施推行无阻，则浙江人当拜嘉惠于无既矣。专此奉恳，祗颂

勋绥

邵力子拜启

浙江旅渝同乡会最终能获得会产使用权的理由可能是他们对这幅土地的用途，1942 年 10 月 17 日，褚辅成在给重庆市财政局的信中明确表示他们将在这块地基上"建造浙江旅渝同乡会会所并中正堂，以示崇敬最高领袖"，[①]也就是给蒋介石建造"生祠"。从此后浙江旅渝同乡会多次会议的议程来看，均有为建造中正纪念堂募款、设计及具体建造的议题，浙江旅渝同乡会还发放了浙江会馆建筑委员的聘书，如：

聘书

兹敦聘乡台为浙江会馆建筑委员。

此致

虞顺蔚、俞佐廷先生

浙江旅渝同乡会理事长褚辅成

中华民国三十四年七月二十三日[②]

事实上，浙江旅渝同乡会在 1944 年 1 月便获得了浙江会馆馆址的使用权。该月三日浙江旅渝同乡会呈给重庆市社会局有关其办公地点迁址的报告中称："本会于三十三年一月二日由文华街三十一号迁移至林森路三百二十八号，前浙江会馆内办公，除呈报重庆市政府暨财政局外，仰祈鉴察备查。"[③]

浙江旅渝同乡会担心浙江会馆湖宁公所或其他机构会取得这幅土地的产权，因此于 1944 年 7 月 3 日专门给重庆工务局去函："凡关于该项基地，如

---

① 《重庆市财政局关于展期办理林森路浙江会馆馆址登记事宜的通知、代电》，重庆市档案馆藏，档案号：0069000100562000001000。

② 《浙江旅渝同乡会关于聘请虞顺蔚、俞佐廷为浙江会馆建筑委员的聘书》，重庆市档案馆藏，档案号：0091000400002000012000。

③ 《浙江旅渝同乡会关于报送迁移会址上重庆市社会局的呈》，重庆市档案馆藏，档案号：0060000500001000006。

有以私人或任何名义向钧局申请发给建筑执照者，请予停止，以免纠纷在案。"① 7 月 11 日，浙江旅渝同乡会还专门成立财产管理委员会，并出台《浙江省旅渝同乡会财产管理委员会章程》，选聘由沈钧儒、郑洪福等法律、实业界人士组成的浙江省旅渝同乡会财产管理委员会，专职处理后续产权纠纷。②

但浙江旅渝同乡会一直未能获得这幅土地的产权。1945 年 5 月，浙江旅渝同乡会内部在讨论此事时也颇为苦恼，"本会理监诸台以谊应同乡，不忍对簿公庭，屡经会议洽商，终无圆满解决办法，长此延宕不决，全省颜面何存！"重庆市地政局曾建议其向法院起诉，不知是担心在法律层面上赢不了，还是所谓的同乡之间"不忍对簿公庭"，浙江旅渝同乡会一直未向法院上诉。③ 相反，在此前一直负责调解的重庆市社会局向司法院提出了诉讼后，重庆旅渝同乡会则提出要重庆市地政局出面进行调处。④ 1945 年 7 月 23 日，重庆市地政局提出调解方案，"段牌坊 200 号地址由浙江同乡会负责登记之，194－3 号地址由徐献坪代表登记"，也就是令双方分割原浙江会馆的地基。对于这个调解方案，浙江旅渝同乡会表示认可，但徐献坪一方未表明态度。⑤

1945 年 12 月 4 日，浙江旅渝同乡会还在浙江会馆原址举行新馆建修的奠基仪式，但随着抗战胜利，包括理事长褚辅成在内的浙江籍官员、商人纷纷离渝回到南京、上海，渝城浙江会馆新会所和中正堂一直到 1949 年重庆解放，都没有修建起来。

* * *

抗战全面爆发以后，重庆被定为陪都，大量来自长江中下游的难民随着

---

① 《关于报送浙江会馆附近产权图上重庆市工务局的呈》，重庆市档案馆藏，档案号：0060005002540000040。
② 《重庆市社会局、浙江旅渝同乡会关于填送旅渝同乡会财产管理委员会章程及会员名册的呈、指令》，重庆市档案馆藏，档案号：00600005000010000008。
③ 《王乃安、屠介桐、何凤鸣等关于商讨浙江会馆重建事宜上浙江省旅渝同乡会的呈》，重庆市档案馆藏，档案号：00910004000040000032000。
④ 《重庆市社会局、重庆市地政局关于派员携带有关文件前往地政局的谈话的公函》，重庆市档案馆藏，档案号：00600005000010000015。
⑤ 《重庆市社会局、浙江旅渝同乡会关于派员制止假借浙江会名义申请登记事宜的呈、指令》，重庆市档案馆藏，档案号：00600005000010000017。

国民政府内迁至重庆。新的历史背景赋予了八省会馆新的任务，也带来了新的挑战。

八省会馆的产业在抗战中发挥了重要的作用，如对难民的救济和安置，兴办学校等。同时，八省会馆的产业遇到了新的问题，除产业的内部纠纷外，此一时期，新的同乡成立的旅渝同乡会与八省会馆之间为了争夺产业，纠纷不断。相较于原来的会馆管理模式，旅渝同乡会在组织体系上更符合国民政府对强化人民团体管理的要求，因而更获得政府的支持。同时，旅渝同乡会的成员多来自随政府西迁的军公教及商人团体，与国民政府的关系更为密切。在与会馆的馆产纠纷中，旅渝同乡会往往会成为最后的胜利者。1944年3月，八省公益协进会主席陈养愚在给重庆市政府、重庆市社会局呈请解散的函中无奈地表达了失望的情绪：

> 查本市八省会馆历年久远，至民国十七年由公益委员会及八省客长协商定名为重庆市八省公益协进会，办理教育及慈善事业。自国府莅渝，各省人士来渝者众，各会馆均成立旅渝同乡会。于各该会馆之事务均能自谋改进，无须本会之领导……本会已无事务可办，亦无款项可收，自无存在之必要。昨经开会决议自行解散，呈报备查等情。据此，当经本局指令，准予解散。①

虽然八省公益协进会没有立即解散，但在民国最后几年的重庆地方政局中，已见不到其影子了。

---

① 《关于重庆市八省公益协进会请求解散的呈、指令》，重庆市档案馆藏，档案号：0053 - 0022 - 00214 - 0000 - 047 - 000。

结　语

　　本书详细展示了渝城八省会馆诞生、发展、壮大及其逐步衰落的过程。
八省会馆自身的发展变化与其在渝城地方权力网络中的影响、地位密切相
关。在"安土重迁"的传统社会中，移民及移民组织可以说一直都处于地域
社会的边缘，游离于地方权力网络体系之外。由于明清之际长期的战乱及地
处两江交汇的繁荣地带，移民商人组织在重庆地方权力网络中经历了从边缘
到中心后又衰落的过程。

　　在康熙年间到清末这两百多年的时间里，八省客长经历了从同乡团体、
行业协会的仲裁者到重庆地方权力网络核心的过程，其地位在咸同年间达到
顶峰。咸同时期的八省客长，正如朱之洪在《重庆八省积谷办事处产业图
说》的序中所说："八省团体代表之见重于当时，实官绅合作之力有以致
之。"① 这个过程的转变同下述几个因素紧密相关。其一，巴县商业繁荣所带
来的影响。经过各省移民一百多年的发展，嘉庆时期，巴县的商业已经十分
繁荣。其二，八省会馆已完全控制了巴县的商业网络，"今查渝城各行户，
大率俱系外省民人领帖开设"，当时共设行户 151 家，领帖开行的 109 户中，
有 107 户为八省会馆成员。② 其三，咸同军兴以后，清王朝各项开支大规模
增长，地方州县财政也随之吃紧，加之重庆周边县份动乱不断，川东道、重
庆府奉令办理团练、保甲，各类支出均仰仗八省会馆。八省会馆成为重庆府、
巴县地方政府主要的收入来源之一。其四，八省客长在地方社会中多年努力经
营的结果。八省会馆走向重庆地方权力网络的核心势所难免，这一趋势"显示
一种本身运作多半与地方官府无关的利益团体已经产生"。③

---

① 《重庆八省积谷办事处产业图说》，1928 年石印本，第 1 页。
② 《清代乾嘉道巴县档案选编》上册，第 253 页。
③ 艾马克：《晚清中国的法律与地方社会：十九世纪的北部台湾》，台北：播种者文化有限公
　　司，2003，第 265 页。

　　光绪中晚期以后，由于各个会馆自身的原因，八省会馆的内聚力减弱，会众之间围绕着会产的争夺日甚一日，大量会产在这些无休止的争吵中被变卖。"在同一城市的熔冶炉里，经济与社会的力量无时不在削弱各种地缘组织原有的畛域观念。共同经济利益促成超地缘的业缘结合，长期全面接触促成土客间的社会同化。"① 同时，中英《烟台条约》签订后，重庆被列为对外开放的城市，一方面，大量外资企业依靠其独特的地位和雄厚的实力，抢夺了部分此前一直由八省客长控制的商业资源；另一方面，其他商业财团也进入了重庆的商业市场。在内外竞争对手的共同作用下，八省客长失去了对重庆市场的独占地位，慢慢地走向衰亡。

　　咸丰以后，清政府陷入内忧外患，各类开支大增，从财政支出上说，四川在这个时候也从传统的"受济省"变为"协济省"，同时由于地方办理团练开支甚巨，征收各类"税外之税"的公局在巴县成立，这意味着公局体制的形成。巴县地方公局明显具有移民社会发展的烙印，这反映在不同省籍的民众掌握着不同的公局上。移民商人与本地绅士之间围绕着公局的控制权而展开竞争，同时，他们又利用各个公局的平台共同为地方事务服务，呈现出既竞争又合作的关系。

　　八省公益协进会与八省积谷办事处的命运，其实是众多传统时代中国民间组织在近代化过程中所面临的集体困境。这一困境的形成，从经济层面上讲，八省会馆能在清中期的重庆盛极一时的主要原因是八省会馆的商人控制了重庆"进出口"贸易，成为当地主要的商人群体。清代中期，重庆大量的地方公益性支出都仰赖八省商人的厘金和捐款。但清晚期以后，随着重庆对外通商，大量洋行进驻重庆。据统计，从1890年到1911年，英、法、美、德、日各国相继在重庆建立洋行、公司、酒店、药房，共51家。② 而在重庆码头停靠的船只也以英美的船只为主，中国船只的数量仅有30%上下，可以说西方国家控制了川江的航运。③ 相较于洋行可以依靠其在政治、经济上的超国民待遇，八省商人在与洋行的竞争中逐渐失去了控制重庆贸易的优势。

① 何炳棣：《中国会馆史论》，第111页。
② 隗瀛涛、周勇：《重庆开埠史》，重庆出版社，1983，第50—53页。
③ 王笛：《跨出封闭的世界——长江上游区域社会研究（1644—1911）》，第283—285页。

从政治层面上讲，潘文华主政重庆时在"改良市政"的口号下，进行了大量的市政建设，设置了众多传统时代并未有的、具有新式色彩的公益组织，如市民医院、女子中学。在地方财政并不富裕的情况之下，动用既有的地方公共资源是必然的选择。同时，由于国民政府内迁重庆，重庆的地方政局发生了极大的变动，大量的军政要员随着国民政府内迁，这让八省公益协进会等民间团体失去了政治上的依托。

从八省会馆内部来说，会馆始建的目的是"联系乡谊及护持初来乡之人"，① 乡土观念较为浓厚，内部也比较团结，具有明显的"子孙会"色彩，表现为强烈的宗族化倾向。自晚清至民国后，为了争夺"出省客长"或会产，各会馆成员间诉讼不断，最终导致分崩离析的局面。

---

① 民国《姚安县志》卷49，第2页 a。

参考文献

资料

正史及政书

《圣祖仁皇帝实录》，中华书局 1985 年影印本。

康熙《四川总志》，康熙十二年刻本。

雍正《四川通志》，雍正十一年刻本。

嘉庆《四川通志》，嘉庆二十一年刻本。

万历《重庆府志》，万历三十四年刻本。

道光《重庆府志》，道光二十三年刻本。

乾隆《巴县志》，乾隆二十六年刻本。

同治《巴县志》，同治六年刻本。

民国《巴县志》，1939 年刊本。

乾隆《云阳县志》，乾隆十一年刻本。

嘉庆《郫县志》，嘉庆十八年刻本。

嘉庆《什邡县志》，嘉庆十七年刻本。

道光《蓬溪县志》，道光二十五年刻本。

同治《新宁县志》，同治八年刻本。

光绪《洪雅县志》，光绪十年刻本。

光绪《南川县志》，光绪二年刻本。

光绪《奉节县志》，光绪十九年刻本。

民国《犍为县志》，1937 年刊本。

民国《大竹县志》，1928 年刊本。

民国《邛崃县志》，1938 年稿本。

民国《灌县志》，1933 年铅印本。

民国《姚安县志》，1948 年铅印本。

民国《重庆乡土志》（稿本）。

民国《江北县志稿》，重庆图书馆编《重庆图书馆藏稀见方志丛刊》，国家
　　图书馆出版社，2014。

蓝勇主编《稀见重庆地方文献汇点》上册，重庆大学出版社，2013。

档案

台北故宫博物院编《宫中档雍正朝奏折》第 6 辑，台北故宫博物院，1978。

《大清光绪新法令》第 16 册。

中研院近代史研究所编《教务教案档》第 1 辑，台湾精华印书馆股份有限公
　　司，1974。

清代巴县档案，四川省档案馆藏。

民国《巴县县署》档案，四川省档案馆藏。

四川省档案馆编《清代巴县档案汇编（乾隆卷）》，档案出版社，1991。

四川大学历史系、四川省档案馆主编《清代乾嘉道巴县档案选编》上册，四
　　川大学出版社，1989。

四川大学历史系、四川省档案馆主编《清代乾嘉道巴县档案选编》下册，四
　　川大学出版社，1996。

四川省档案馆编《清代巴县档案整理初编·司法卷·嘉庆朝》，西南交通大
　　学出版社，2018。

黄月波等编《中外条约汇编》，商务印书馆，1935。

其他资料

阿奇博尔德·约翰·立德乐：《长江三峡及重庆游记：晚清中国西部的贸易
　　与旅行》，谢应光译，重庆出版社，2018。

阿奇博尔德·约翰·利特尔：《扁舟过三峡》，黄立思译，云南人民出版
　　社，2016。

阿绮波德·立德：《穿蓝色长袍的国度》，陈美锦译，译林出版社，2016。

于成龙：《于清端政书》，《景印文渊阁四库全书》第 1318 册，台湾商务印

书馆，1986。

李鼎元：《师竹斋集》，清嘉庆刻本。

佚名：《重修文昌桥志》，光绪八年刻本。

罗学钊：《退思轩全集》，重庆中西书局代印，1930年罗氏排印本。

余治：《得一录》，黄山书社，1997年影印本。

周询：《逢庐文丛》第1辑，任竞、王志昆校注，西南师范大学出版社，2020。

朱之洪：《重庆八省积谷办事处产业图说》，1928年石印本。

重庆市政府秘书处编印《九年来之重庆市政》，1936。

傅润华、汤约生主编《陪都工商年鉴》，文信书局，1945。

四川省政协文史资料委员会编《四川文史资料集粹》第6卷《社会民情编及
　　其他》，四川人民出版社，1996。

政协四川省委员会文史资料研究委员会编《四川文史资料选辑》第32辑，
　　四川人民出版社，1984。

政协四川省重庆市委员会文史资料研究委员会编印《重庆文史资料选辑》第
　　3辑，1979。

政协四川省重庆市委员会文史资料研究委员会编印《重庆文史资料选辑》第
　　27辑，1986。

政协重庆市委员会文史资料研究委员会编《重庆文史资料选辑》第36辑
　　《重庆辛亥革命80周年纪念专辑》，西南师范大学出版社，1991。

政协重庆市委员会文史资料研究委员会编《重庆文史资料选辑》第37辑，
　　西南师范大学出版社，1992。

中国民主建国会重庆市委员会、重庆市工商业联合会文史资料工作委员会编
　　《重庆工商史料》第1辑，重庆出版社，1982。

中国民主建国会重庆市委员会、重庆市工商联合会文史资料工作委员会编
　　《重庆工商史料》第3辑《重庆工商人物志》，重庆出版社，1984。

政协四川省巴县委员会文史资料委员会编印《巴县文史资料》第11辑，1994。

政协重庆市巴南区委员会文史资料委员会编印《巴南文史资料》第13辑，1996。

政协重庆市中区委员会文史资料委员会编《重庆市中区文史资料》第4辑，
　　内部发行，1992。

郑鸿笙：《中国工商业公会及会馆、公所制度概论》，《国闻周报》第 2 卷第 19 期。

重庆中国银行编辑《重庆经济概况》，上海新业印书馆，1934。

窦季良：《同乡组织之研究》，正中书局，1943。

彭泽益主编《中国工商行会史料集》下册，中华书局，1995。

舒新城编《中国近代教育史资料》中册，人民教育出版社，1981。

唐幼峰编《重庆旅行指南》，重庆书店发行，1933。

岳精柱主编《江南会馆文书选编》，重庆出版社，2023。

周勇、刘景修译编《近代重庆经济与社会发展》，四川大学出版社，1987。

报刊

《商务官报》《四川官报》《东方杂志》《广益丛报》《申报》《重庆商埠月刊》《渝声》《重庆商埠汇刊》《复苏》《新福建》《河北通讯》《中央日报》

著作

艾马克：《晚清中国的法律与地方社会：十九世纪的北部台湾》，播种者文化有限公司，2003。

白思奇：《地方在中央：晚清帝都内的同乡会馆、空间和权力》，秦兰珺、李新德译，中国社会科学出版社，2018。

重庆市博物馆《巴渝文化》编辑委员会编《巴渝文化》第 4 辑，重庆出版社，1999。

重庆湖广会馆管理处编《重庆会馆志》，长江出版社，2014。

重庆大学校史编写组编《重庆大学校史》上册，重庆大学出版社，1984。

陈世松：《大迁徙："湖广填四川"历史解读》，四川人民出版社，2016。

陈世松：《大移民："湖广填四川"故乡记忆》，四川人民出版社，2015。

陈世松：《大变迁："湖广填四川"影响解读》，四川人民出版社，2009。

陈亚平：《寻求规则与秩序：18—19 世纪重庆商人组织的研究》，科学出版社，2014。

付春杨：《清代工商业纠纷与裁判——以巴县档案为视点》，武汉大学出版社，2016。

高鸿志：《近代中英关系史》，四川人民出版社，2001。

何炳棣：《中国会馆史论》，中华书局，2017。

何智亚：《重庆湖广会馆——历史与修复研究》，重庆出版社，2006。

胡汉生：《李蓝起义史稿》，重庆出版社，1983。

顾德曼：《家乡、城市和国家——上海的地缘网络与认同（1853—1937）》，
　　宋钻友译，上海古籍出版社，2004。

蓝勇、黄权生：《"湖广填四川"与清代四川社会》，西南师范大学出版
　　社，2009。

李明编著《中国民俗大系·四川民俗》，甘肃人民出版社，2004。

梁勇：《移民、国家与地方权势——以清代巴县为例》，中华书局，2014。

罗威廉：《汉口：一个中国城市的商业和社会（1796—1889）》，江溶、鲁西
　　奇译，中国人民大学出版社，2005。

骆振宇：《清代渝城（重庆）的火灾与火政》，重庆出版集团，2011。

马晓粉：《清代云南会馆研究》，西南交通大学出版社，2019。

聂宝璋：《中国买办资产阶级的发生》，中国社会科学出版社，1979。

彭伯通：《古城重庆》，重庆出版社，1981。

全汉昇：《中国行会制度史》，百花文艺出版社，2007。

史玉华：《清代州县财政与基层社会：以巴县为个案的考察》，经济日报出版
　　社，2008。

邱澎生、陈熙远编《明清法律运作中的权力与文化》，台北：联经出版公
　　司，2009。

孙晓芬编著《清代前期的移民填四川》，四川大学出版社，1997。

谭红主编《巴蜀移民史》，巴蜀书社，2006。

王日根：《中国会馆史》，东方出版中心，2007。

王笛：《跨出封闭的世界——长江上游区域社会研究（1644—1911）》，中华
　　书局，2001。

隗瀛涛主编《重庆城市研究》，四川大学出版社，1989。

隗瀛涛主编《辛亥革命与四川社会》，成都出版社，1991。

隗瀛涛主编《近代重庆城市史》，四川大学出版社，1991。

吴晓美：《商镇兴衰：洪江的商业历史与地域社会建构》，社会科学文献出版社，2021。

周琳：《商旅安否——清代重庆的商业制度》，社会科学文献出版社，2021。

周勇：《重庆：一个内陆城市的崛起》，重庆出版社，1997。

周勇主编《重庆通史》，重庆出版社，2002。

张渝：《清代中期重庆的商业规则与秩序：以巴县档案为中心的研究》，中国政法大学出版社，2010。

张瑾：《权力、冲突与变革——1926—1937年重庆城市现代化研究》，重庆出版社，2003。

论文

四川大学城市研究所编《中国与世界：多元视野下的中国城市史研究（论文集）》，成都，2018年10月。

曹树基：《清代中期四川分府人口——以1812年数据为中心》，《中国经济史研究》2003年第1期。

陈蔚等：《清代四川城镇聚落结构与"移民会馆"——人文地理学视野下的会馆建筑分布与选址研究》，《建筑学报》2011年S1期。

邓亦兵：《清代前期内陆粮食运输量及变化趋势——关于清代粮食运输研究之二》，《中国经济史研究》1994年第3期。

范金民：《清代江南会馆公所的功能性质》，《清史研究》1999年第2期。

范金民：《把持与应差：从巴县诉讼档案看清代重庆的商贸行为》，《历史研究》2009年第3期。

冯筱才：《中国大陆最近之会馆史研究》，《近代中国史研究通讯》第30期，2000年9月。

傅裕：《广东三栈的百年沧桑》，《红岩春秋》2019年第1期。

何绪军、王银田：《清代四川地区湖广会馆的产生与社会整合》，《三峡论坛》2017年第4期。

梁勇：《清代四川客长制研究》，《史学月刊》2007年第3期。

梁勇：《清至民初重庆乡村公产的形成及其国家化》，《清史研究》2020 年第 1 期。

梁勇：《清代重庆公估局与地方商贸秩序》，《西华师范大学学报》2020 年第 2 期。

谯珊：《专制下的自治：清代城市管理中的民间自治——以重庆八省会馆为研究中心》，《史林》2012 年第 1 期。

王笛：《清代重庆移民社会与社会发展》，天津社会科学院历史研究所、天津城市科学研究会编《城市史研究》第 5 辑，天津社会科学院出版社，1993。

王日根：《国内外中国会馆史研究评述》，《文史哲》1994 年第 3 期。

王日根：《明清会馆的时代演进》，《历史研究》1994 年第 4 期。

王日根：《清中后期政府对会馆的监管》，《厦门大学学报》2013 年第 5 期。

王兴文、王红：《明清会馆研究的四大论题——基于近百年学界研究的分析》，《中国史研究动态》2019 年第 2 期。

伍仕谦：《一座内容丰富的文献宝库——巴县档案》，《文献》1979 年第 1 期。

吴慧：《会馆、公所、行会：清代商人组织演变述要》，《中国经济史研究》1999 年第 3 期。

袁月：《清代成都会馆与成都社会发展》，《成都大学学报》2018 年第 5 期。

谢放：《清前期四川粮食产量及外运量的估计问题》，《四川大学学报》1999 年第 6 期。

周琳：《城市商人团体与商业秩序——以清代重庆八省客长调处商业纠纷活动为中心》，《南京大学学报》2011 年第 2 期。

张忠民：《清代上海会馆公所及其在地方事务中的作用》，《史林》1999 年第 2 期。

后　记

清至民国时期的四川，可以说是会馆的世界。不仅府县州城，甚至偏远乡村场镇，都有数目不一的各省会馆，如湖广会馆、江西会馆、福建会馆等，这些会馆往往也被移民称为"家庙"。在一些商业繁荣、位于交通要道的州县，甚至出现了五省会馆、七省会馆、八省会馆甚至十省会馆这样的会馆联合体。如果说宗族是理解明清华南社会的钥匙，那么会馆就是理解清代包括四川在内的西南地区社会的密码。

对清至民国重庆会馆的研究兴趣，始于我的博士学位论文研究计划。我在博士学位论文里用一个章节讨论了清代重庆的八省会馆。由于博士学位论文的主题限制，对重庆八省会馆的研究并没有全面展开。博士毕业后，我回到重庆工作，这让我有更多的时间去继续清至民国重庆八省会馆资料的搜集和研究工作。2007—2018 年，我几乎每个寒暑假都会用 1—2 周的时间去四川省档案馆抄录清代巴县档案资料。

四川省档案馆给读者提供的清代巴县档案目录中，并没有重庆八省会馆的专题目录，与八省会馆有关的档案资料散见于清代各朝的内政、经济、司法、工商等各大类中。虽然每一个卷宗都有题名，能够大致判断该卷内容是否与八省会馆相关，但更多的与八省会馆有关的卷宗需要读者从馆方提供的胶卷中慢慢找寻，然后进行抄录。其实，我一开始并没有格外关注八省会馆，对巴县档案资料的抄录与整理主要集中在"客长""公局"等与地方管理制度相关的方面。由于八省会馆或者说八省客长与上述研究主题密切相关，久而久之，积累下不少关于八省会馆的史料，于是便有了对重庆八省会馆进行全面资料整理和研究的兴趣和愿望。

从完成的顺序来看，这是我有关清代巴县档案研究的第三本专著（第二部有关清代公局的研究专著正在出版中），也是博士毕业后研究计划之外的作品。若没有北京用友基金会的资助，本书及它的姊妹篇《清至民国重庆八

338

省会馆资料长编》（即将由巴蜀书社出版）就不可能问世，在这里，感谢北京用友基金会的资助，使得我有条件实现这个学术心愿。

本书在资料搜集、整理过程中得到了多位同学的帮助。四川大学历史文化学院硕士生吴佳音、李静，重庆师范大学历史与社会学院硕士生李雪梅、朱俊倪参与了部分资料的搜集与整理工作；我的博士生王位、赵成智，硕士生任思宇、徐若然对部分资料进行了核对和整理工作，在此一并表示感谢。

2019 年底，我回到阔别 15 年、曾经学习 7 年的母校——厦门大学工作。熟悉的校园环境、温暖的人际关系、宽松的工作氛围，让我有更大的冲劲、更多的时间来进行本课题的研究和写作，对母校、母院的再次接纳深怀感激！

本书的出版除得到北京用友基金会的资助外，厦门大学历史与文化遗产学院亦提供了部分出版经费，在此表示感谢。

梁　勇

2023 年 7 月 11 日

图书在版编目（CIP）数据

会馆与地方权力网络：清至民国重庆八省会馆／梁
勇著. -- 北京：社会科学文献出版社，2023.11
ISBN 978 - 7 - 5228 - 1996 - 9

Ⅰ.①会… Ⅱ.①梁… Ⅲ.①会馆公所 - 介绍 - 重庆
Ⅳ.①K928.71

中国国家版本馆 CIP 数据核字（2023）第 121963 号

会馆与地方权力网络：清至民国重庆八省会馆

著　　者／梁　勇

出 版 人／冀祥德
责任编辑／李期耀
责任印制／王京美

出　　版／社会科学文献出版社·历史学分社（010）59367256
　　　　　地址：北京市北三环中路甲29号院华龙大厦　邮编：100029
　　　　　网址：www. ssap. com. cn
发　　行／社会科学文献出版社（010）59367028
印　　装／三河市龙林印务有限公司

规　　格／开本：787mm × 1092mm　1/16
　　　　　印　张：21.5　字　数：340千字
版　　次／2023 年 11 月第 1 版　2023 年 11 月第 1 次印刷
书　　号／ISBN 978 - 7 - 5228 - 1996 - 9
定　　价／128.00 元

读者服务电话：4008918866